História do Direito Falimentar

História do
Direito Falimentar

DA EXECUÇÃO PESSOAL À PRESERVAÇÃO DA EMPRESA

2018

Rodrigo Tellechea
João Pedro Scalzilli
Luis Felipe Spinelli

HISTÓRIA DO DIREITO FALIMENTAR
DA EXECUÇÃO PESSOAL À PRESERVAÇÃO DA EMPRESA
© Almedina, 2018

AUTOR: Rodrigo Tellechea,
João Pedro Scalzilli, Luis Felipe Spinelli.
DIAGRAMAÇÃO: Almedina
DESIGN DE CAPA: FBA
ISBN: 9788584934058

Dados Internacionais de Catalogação na Publicação (CIP)
(Câmara Brasileira do Livro, SP, Brasil)

Tellechea, Rodrigo
História do direito falimentar : da execução pessoal à preservação da empresa / Rodrigo Tellechea, João Pedro Scalzilli, Luis Felipe Spinelli. -- São Paulo : Almedina, 2018.

Bibliografia.
ISBN 978-85-8493-405-8

1. Devedores e credores - Brasil 2. Direito comercial 3. Direito empresarial 4. Falência - Brasil - História 5. Falência - Leis e legislação - Brasil 6. Insolvência I. Scalzilli, João Pedro. II. Spinelli, Luis Felipe. III. Título.

18-20996   CDU-347.736(81)

Índices para catálogo sistemático:
1. Brasil : Direito falimentar 347.736(81)
Maria Alice Ferreira - Bibliotecária - CRB-8/7964

Este livro segue as regras do novo Acordo Ortográfico da Língua Portuguesa (1990).

Todos os direitos reservados. Nenhuma parte deste livro, protegido por copyright, pode ser reproduzida, armazenada ou transmitida de alguma forma ou por algum meio, seja eletrônico ou mecânico, inclusive fotocópia, gravação ou qualquer sistema de armazenagem de informações, sem a permissão expressa e por escrito da editora.

Novembro, 2018

EDITORA: Almedina Brasil
Rua José Maria Lisboa, 860, Conj.131 e 132, Jardim Paulista | 01423-001 São Paulo | Brasil
editora@almedina.com.br
www.almedina.com.br

O que se deve exigir do escritor, antes de tudo, é certo sentimento íntimo (...), ainda quando trate de assuntos remotos no tempo e no espaço.
Machado de Assis, Instinto de Nacionalidade, 1873.

Aos pequenos Eduardo (Dudu) e Gabriela (Gabi), com a esperança que a curiosidade e a busca pelo conhecimento acompanhem a trajetória de vida de vocês. Para Enory e Inez, em agradecimento por mostrarem a importância do estudo da história.

NOTA DOS AUTORES

O estudo da História do Direito Comercial e de seus institutos sempre nos pareceu indispensável à compreensão dessa fascinante disciplina jurídica. Mais do que uma necessidade, trata-se de verdadeira paixão — no caso, arrebatamento compartilhado fraternalmente pelos autores deste ensaio, um autêntico fascínio por descortinar as origens das coisas sobre as quais nos debruçamos na academia e na prática forense.

Se o assombro é princípio basilar da filosofia, o desejo por conhecimento, a paixão pelo saber (*libido sciendi*) foi a mola propulsora que deu origem à presente obra — puro deleite, fruto do mais genuíno amor pela matéria que nos acolheu. Isso porque, nessa empreitada, não estivemos interessados em qualquer tipo de dominação nem quisemos resolver enigmas atuais e do passado. Não ambicionamos construir dogmas, abstrações ou teorias. Decidimos, apenas, ir o mais fundo possível nas entranhas do direito concursal, deparando-nos com a estranheza de frente, deixando-nos impregnar e encantar por ela, para devolvê-la à vida — na forma de livro — ainda mais instigante e desafiadora.

O estudo da história é tão vital para nós que, de alguma maneira, tentamos fazer dele um retrato de todo nosso trabalho — não só deste, mas de todos os outros que já elaboramos. Nesse esforço, não almejamos a perfeição ou mesmo produzir material acabado e inconteste. Muito pelo contrário. O poético está na própria imperfeição — que, afinal de contas, é inerente a qualquer trabalho do homem.

Evidente que o trabalho apresenta imperfeições, mesmo porque, se é bem verdade que um livro está mais para "uma corda que se corta do que para um nó que se desata", como disse Jéronimo da S. de Araújo em seu

O perfeito advogado (Perfectus advocatus)[1], obra de 1743, essa produção é um exemplo perfeito da metáfora. Por isso, não se espera nada além de que se aceite o presente livro como "um campo aberto e espaçoso". Aliás, como já dito alhures, deve-se perdoar o escritor, "pois ele dá o que tem". Afinal de contas, parafraseando mais uma vez o autor português: "Fiz o que pude. Envio-vos dez maças de oiro colhidas em árvore selvagem; amanhã, mandarei outras".

E este livro se conjuga justamente no imperfeito, porque o mais que perfeito foi apenas o prazer de concebê-lo entre amigos que compartilhavam de uma paixão comum e que estavam inseridos em ambiente acadêmico que se demonstrou propício para esse tipo de investigação — infelizmente, ainda tão carente no Brasil. O fervor com que nos dedicamos a tal estudo tem origem justamente na influência dos mestres que guiaram nossa formação.

Assim, vale o registro: ainda durante o mestrado, no já distante ano de 2007, em uma aula em que nos foi apresentada, pela primeira vez, a seminal obra de Theodor Mommsen (*Römische Geschichte*, ou História de Roma, que rendeu ao autor o Nobel de Literatura em 1902), foi dito pelo querido mestre regente da disciplina, professor Peter Walter Ashton: "Em direito comercial, tudo se explica pela história". Essa lição nunca mais foi esquecida. Mais adiante, já no curso do doutorado, pelas lições de José Alexandre Tavares Guerreiro, foi-nos apresentado Alessandro Lattes (*Il fallimento nel diritto comune e nella legislazione bancaria della Repubblica di Venezia*, 1880, e *Il diritto commerciale nella legislazione statutaria delle città italianne*, 1884) e, nas aulas de Paulo Campos Salles de Toledo, Umberto Santarelli (*Per la storia del fallimento nelle legislazioni italiane dell'etta intermédia*, 1964; *L'esperienza Giuridica Basso-Medievale*, 1977). Ainda, nas aulas e no convívio com os mestres Erasmo Valladão, Francisco Satiro, Eduardo Secchi Munhoz e Carlos Klein Zanini, sempre vieram a lume as vivas lições de Vivante, Ascarelli e Comparato, invariavelmente profundas em se tratando da investigação histórica dos institutos de direito comercial. Foram ensinamentos que nos marcaram profundamente.

Dessa forma, aos poucos, fomos percebendo que se quiséssemos entender a origem das sociedades comerciais, das letras de câmbio, da falência

---

[1] ARAÚJO, Jéronimo da S. de. *O perfeito advogado (Perfectus advocatus)*. Sem editora. Trad. de Miguel Pinto de Meneses sobre um dos raros exemplares da edição única de 1743 da obra "Perfectus advocatus", existente na Faculdade de Direito de Coimbra.

e dos mais diversos institutos de direito mercantil, deveríamos, com raras exceções, recorrer a Levin Goldschmidt (*Universalgeschichte des Handelsrechts*, ou "História Universal do Direito Comercial") e a outros clássicos do direito comercial, da história do comércio e da própria história econômica.

Então, quisemos marcar aqui, nesta singela nota dos autores, todo nosso agradecimento aos mestres que nos aproximaram da história do direito comercial.

E a paixão pela história, no nosso caso, acabou por se amalgamar com outra flama, uma que exerce sobre nós irresistível atração: a escrita. Já foi verbalizado que escrever é a arte do risco: *ou o escritor coloca tudo em jogo, ou não merece esse nome*. Nosso risco aqui foi assumir uma empreitada que nos consumiu uma quantidade incontável de tempo pelo simples gosto de pesquisar, de conhecer, de descobrir e, sobretudo, de partilhar. Nada além disso nos moveu nesse projeto, até porque não se trata de uma dissertação ou de uma tese; não há título acadêmico em jogo; não é um trabalho encomendado; ou mesmo se cuida de um livro que se pretenda comercializável.

Já se disse que a poesia, dentre todas as artes, é a mais pura, pois não há interesse econômico envolvido. O escultor e o pintor podem viver do resultado do seu trabalho. Outros artistas também. O poeta dificilmente. Para Vinicius de Moraes, o poeta não escreve poesia, *é poesia*. Escreve porque sente. Escreve porque precisa desesperadamente fazê-lo. Esse ensaio sobre a evolução do direito falimentar representa o risco puro e simples de nos dedicarmos, de corpo e alma, a um projeto única e exclusivamente pelo sentimento de que precisávamos fazer, porque queríamos fazer e porque nos realizamos ao fazer. Pensando bem, parece que todos, ao fim e ao cabo, deveriam ter o direito inalienável de não se afastar das coisas do coração. Ao escrever o presente ensaio, fomos guiados por esse sentimento.

AGRADECIMENTOS

Se é verdade que o maior presente que se pode dar a alguém é o nosso tempo, porque, quando uma pessoa dá o seu tempo, ela dá uma porção de sua vida que nunca terá de volta, temos débito impagável com aqueles que apaixonada e desprendidamente se doaram para tornar possível a publicação deste livro.

Em função dos ensinamentos dos mestres cujas lições já foram mencionadas na "Nota dos autores", das conversas, esclarecimentos e indicações de Luiz Fernando Valente de Paiva e Paulo Penalva Santos, sem esquecer do exaustivo e crucial trabalho de revisão dos originais do presente livro empreendido por Alessandro Hippler, Daniela Fabro, Gabriel Garibotti, Lara Pizzatto e Pietro Webber, estamos em grande débito.

Cientes de que se trata de contribuição inestimável, resta-nos, ao menos, agradecer, carinhosamente, a cada um dos amigos acima citados. Sem o auxílio de vocês, nenhum livro teria sido escrito.

Porto Alegre/RS e São Paulo/SP

SUMÁRIO

Capítulo 1. Introdução 19

    1. Colapso Patrimonial do Devedor e a Legislação Falimentar......................21
    2. Objeto de Estudo 24
    3. Método investigativo 26

Capítulo 2. Antiguidade 33

    1. Índia, Egito e Grécia: Fragmentos 34
    2. Roma: Breve Contexto Histórico..37
        2.1. *Lei das XII Tábuas: A Responsabilidade Pessoal do Devedor* 45
        2.2. Lex Poetelia Papiria: *A Introdução Da Responsabilidade Patrimonial* 50
        2.3. Lex Aebutia *e* Lex Iulia*: a Expropriação Patrimonial* 52

Capítulo 3. Idade Média 67

    1. A Alta Idade Média:
    a Derrocada do Comércio e o Recrudescimento da Execução......................70
    2. A Baixa Idade Média: o Advento da Revolução Comercial........................75
        2.1. *As Cidades Medievais* 79
        2.2. *A Organização Jurídica* 85
        2.3. *A* Lex Mercatoria *e a Legislação Estatutária Falimentar* 88

Capítulo 4. Idades Moderna e Contemporânea 105

1. Perspectiva Histórica..105
   1.1. A Idade Moderna e a Formação dos Estados Nacionais 105
   1.2. A Revolução Industrial e o Progresso Civilizatório 110
2. A Evolução da Legislação Falimentar 114
   2.1. O Processo de Codificação: a Influência do Direito Francês 117
   2.2. Mudança de Paradigma: o Papel do Direito Norte-Americano 123
   2.3. A Busca Pela Convergência: Principles and Guidelines *do Banco Mundial*.143

Capítulo 5. Os Regimes Concursais no Brasil 155

1. Período Colonial..156
2. Período Imperial..165
3. Período Republicano 176
4. Período Atual..193
   4.1. A Câmara dos Deputados e o Projeto de Lei 4.376/1993 196
   4.2. O Senado Federal e o Projeto de Lei 71/2003 198
   4.3. A Lei 11.101/2005 199

Capítulo 6. Apresentação da Lei 11.101/05 201

1. Causas da Crise e Tentativa de Superação..202
2. Regimes Jurídicos..205
   2.1. Recuperação Judicial..206
   2.2. Recuperação Extrajudicial 208
   2.3. Falência 211
3. Objetivos 216
4. Princípios 219
   4.1. Preservação da Empresa 220
   4.2. Separação Entre a Sorte da Empresa "Atividade"
   e a do Empresário "Titular da Atividade" 228
   4.3. Retirada da Empresa Inviável do Mercado 231
   4.4. Tratamento Paritário dos Credores 232
   4.5. Interesse e Participação Ativa dos Credores 238
   4.6. Redução do Custo do Crédito 240
   4.7. Proteção ao Trabalhador 242
   4.8. Preservação e Maximização dos Ativos do Falido 245
   4.9. Celeridade, Eficiência e Economia Processual 246
   4.10. Favorecimento das Empresas de Menor Porte 249
5. Reformas Legislativas: Panorama 250

Capítulo 7. Considerações Finais 259

Referências 265

Rodrigo Tellechea 285
João Pedro Scalzilli 285
Luis Felipe Spinelli 286

Capítulo 1. Introdução

O crédito, como oxigênio da economia[2], é parte indissociável do mundo contemporâneo[3]. Como ressalta Thaller, os negócios não podem dele prescindir da mesma forma que o homem não pode prescindir do ar que respira[4]. Trata-se de conquista tão relevante para o desenvolvimento da Civilização que seria possível compará-lo ao domínio do fogo pelo homem; e, tal como este último, o crédito e as dívidas são conquistas que envolvem perigo[5].

A história do direito falimentar — ou, caso se prefira uma abordagem mais ampla, do direito da insolvência (*i.e.*, "o conjunto de normas que regulam as consequências jurídicas das dificuldades econômicas do devedor que não podem cumprir suas obrigações nas condições originalmente pactuadas com seus credores") —, por ser matéria interdisciplinar, na qual confluem diversas disciplinas jurídicas relacionadas ao regime da crise econômico-financeira[6], apresenta, ao longo do desenvolvimento da Civi-

---

[2] A expressão é utilizada por: MARTINS, Alexandre de Soveral. *Um curso de direito da insolvência*. 2 ed. rev. e atual. Coimbra: Almedina, 2016, p. 13.
[3] WARREN, Elizabeth; WESTBROOK, Jay Laurence; PORTER, Katherine; POTTOW, John A. E. *The law of debtors and creditors*. New York: Wolters Kluwer, 2014, p. 4.
[4] THALLER, Edmond. *Des faillites en droit comparé*, t. I, Paris: Arthur Rousseau, 1887, p. 128.
[5] WARREN; WESTBROOK; PORTER; POTTOW. *The law of debtors and creditors...*, p. 4.
[6] EZQUERRA, Juana Pulgar (dir.); GILSANZ, Andrés Gutiérrez; VARONA, Fco. Javier Arias; LÓPEZ, Javier Megías (coord.). *Manual de derecho concursal*. Madrid: Wolters Kluwer, 2017, p. 38. Ver, também: GLEUβNER, Irmgard. *Insolvenzrecht*. Heidelberg: C. F. Müller,

lização Ocidental, um processo interessantíssimo de evoluções e retrocessos no que diz respeito ao tratamento dispensado ao devedor e ao credor.

Nesse particular, a análise da evolução do direito da insolvência se mostra essencial para a compreensão do estágio atual da disciplina. Não se pode examiná-la sob um ponto de vista estático, muito menos considerando interesses isolados. A esse propósito, veja-se que cada credor, individualmente, possui incentivos para "quebrar os dedos" do devedor a fim de encorajá-lo a saldar as suas dívidas o mais rápido possível. Porém, se dez credores quebrarem, cada um, um dedo do devedor, então este muito provavelmente não conseguirá trabalhar e nenhuma dívida será adimplida. Levado o exemplo ao extremo, um devedor morto não pode pagar nada; e, de fato, a coisa toda é ainda pior, pois o defunto deixa as dívidas do funeral[7].

Ocorre que, apesar da singeleza de tal ilustração, o direito falimentar sempre foi tido como uma parte sombria (*a gloomy part*)[8] do direito; e a falência, encarada como *un problema insoluto ed insolubile*[9]. Não por outra razão, o direito da insolvência possui um elevado grau de enredamento (*la cuadratura del círculo del derecho comercial*)[10], entrelaçando-se com as mais diversas disciplinas e institutos, o que se materializa na complexidade das suas mais variadas questões — que se mostram, muitas vezes, de difí-

---

2015, p. 1-2; LEITÃO, Luís Manuel Teles de Menezes. *Direito da insolvência*. 6 ed. Coimbra: Almedina, 2015, p. 15-17.
[7] WARREN; WESTBROOK; PORTER; POTTOW. *The law of debtors and creditors...*, p. 7.
[8] NOEL, Francis Regis. *A history of the bankruptcy law*. Washington: Potter & Co., 1919, p. 7. Em sentido semelhante: WARREN, Charles. *Bankruptcy in United States history*. Boston: Harvard University Press, 1935, p. 3.
[9] A frase é atribuída a Caveri na inauguração dos trabalhos da comissão governamental italiana para a elaboração do Código do Comércio, de cuja equipe foi presidente (CUZZERI, Emanuele. Del fallimento. In: BOLAFFIO, Leone, VIVANTE, Cesare (coords.). *Il Codice di Commercio commentato*. 2 ed. Verona: Tedeschi e Figlio, 1901, p. 7). Em sentido semelhante: RENOUARD, Augustin-Charles. *Traité des faillites et banqueroutes*, t. I. Paris: Guillaumin, 1857, p. 7-9.
[10] "'Las quiebras son la cuadratura del círculo del derecho comercial', escreveu, por sua vez, o Dr. Lisandro Segovia. A falência é a grande espinha da legislação comercial, já o havia dito Desière, antigo presidente do tribunal de comércio do Sena, promotor da reforma comercial da França". (CARVALHO DE MENDONÇA, José Xavier. *Tratado de direito comercial brasileiro*, v. VII. 6 ed. atual. por Roberto Carvalho de Mendonça. Rio de Janeiro: Freitas Bastos, 1964, p. 58). Em sentido semelhante: VIANNA, Sá. *Das fallencias*. Rio de Janeiro: L. Figueiredo, 1907, p. 45.

cil endereçamento, mesmo nos modernos processos de reestruturação e insolvência.

A despeito dessas peculiaridades, trata-se de seara jurídica cuja história é riquíssima e cujo desenvolvimento pode ser traduzido pelo subtítulo empregado nesta obra: "da execução pessoal à preservação da empresa". É essa a história que se quer contar: o processo de evolução do direito da insolvência desde uma execução que recaía exclusivamente sobre o corpo do devedor para um conjunto de normas que busca preservar o valor da empresa, no melhor interesse de todas as classes afetadas pela crise do negócio — e como isso pode ajudar a explicar e a aplicar o direito vigente.

1. Colapso Patrimonial do Devedor e a Legislação Falimentar

A crise — passageira ou duradoura — é intrínseca à exploração de uma atividade econômica. Já foi dito que há apenas duas coisas certas na vida: "a morte e os impostos". Com os negócios, a situação é a mesma. Todo e qualquer empreendimento econômico irá, inexoravelmente, entrar em crise e perecer. É apenas uma questão de *tempo*. Sendo inafastável a crise, o sistema jurídico dispõe de meios para lidar com ela, pois os efeitos deletérios que assolam o patrimônio do devedor também se estendem à comunidade de indivíduos e de negócios que gravitam no seu entorno[11].

Essa espécie de falha de mercado[12] demanda, como referido, intervenção legislativa[13] — tema, aliás, que preocupa governantes e legisladores desde sempre[14] —, cuja diretriz basilar está ancorada em dois pilares: *(i)*

---

[11] HOLZ, Eva; POZIOMEK, Rosa. *Curso de derecho comercial*. 3 ed. Montevideo: Amalio M. Fernandez, 2016, p. 447.
[12] O sistema de preços e a lógica de funcionamento do mercado são os mais eficientes mecanismos de organização econômica desenvolvidos pelo homem para satisfazer as necessidades gerais da população. Isso não significa, no entanto, que tais instrumentos não tenham inconsistências e imperfeições, traduzidas, pela literatura, na expressão "falhas de mercado". O endereçamento de tais falhas se dá, geralmente, por meio da regulação, seja por um terceiro (por exemplo, o Estado), seja pelos próprios indivíduos/empresas, que se denomina autorregulação. Sobre o tema, ver: HAYEK, Friedrich A. The use of knowledge in society. In: _____. *Individualism and economic order*. London: Routledge & Kegan Paul Ltd., 1948.
[13] SORANI, Ugo. *Il fallimento, note e ricordi dell'esercizio della professione e legislazione comparata*. Roma: Società Editrice Dante Alighiere, 1896, p. XI.
[14] HOLZ; POZIOMEK. *Curso de derecho comercial...*, p. 447.

no tratamento paritário entre os credores (*par conditio creditorum*)[15] diante do naufrágio econômico do devedor[16] — o que, para alguns, outorga um certo ar socialista ao direito falimentar[17] — e (*ii*) na prevenção (e punição) da prática de atos fraudulentos pelo devedor em detrimento da comunidade de credores[18].

O colapso patrimonial do devedor gera uma espécie de associação para repartição dos danos (*associazione pel riparto dei danni*)[19] ou comunhão de perdas, da qual participam, em menor ou maior grau, todos os envolvidos[20]. Os efeitos são graves; as questões jurídicas e econômicas, tormentosas. Em razão disso, não é exagero afirmar que a seara falimentar não é um *locus* para iniciantes, podendo, também, confundir os desatentos. Sua prática expõe, sem eufemismos, situações de conflito de interesses no curso da

---

[15] Segundo A. Ramella, nas relações jurídicas de direito privado impera o princípio de que cada indivíduo deve vigiar e cuidar do seu próprio direito (*vigilantibus jura succurrunt*). Porém, quando o devedor se encontra materialmente falido e seu patrimônio é incapaz de satisfazer uma universalidade de credores, o sistema de normas deve ser alterado para fins de partilhar o prejuízo da falência do devedor proporcionalmente entre todos os credores (*principio dell'uguaglianza della perdita dell'uguale contributo in questa*), respeitada certa ordem legal de preferência (*priorità legale*). Evita-se, assim, a aplicação das regras do sistema executivo tradicional (individual), no qual vigora o *del prior in tempore potior iure* (RAMELLA, Agostino. *Trattato del fallimento*, v. I. Milano: Libraria, 1903, p. 1-3). Vivante entende ser um dever de justiça social impor ao legislador a obrigação de regrar o processo de partilha de todos os bens do devedor e divisão entre a totalidade dos credores na mesma medida por meio de um procedimento único; assim como as partes (credor e devedor) foram parceiros na bonança (ganhos) devem sê-lo também na ruína (perdas) (VIVANTE, Cesare. *Il fallimento civile*. Torino: Fratello Boca, 1902, p. 3-4). No mesmo sentido: ASCARELLI, Tullio. *Istituzioni di diritto commerciale*. Milano: Giuffrè, 1938, p. 407.

[16] Como reforça Sorani: "È giocoforza quindi disciplinare l'iniziativa di tutti i concorrenti in una forma di rivendicazione legale la quale faccia ricadere, per quanto è possible, i danni e le perdite in proporzione eguale su tutti i creditori. La cupidigia e l'astuzia che, troppo spesso mirano a snaturare il carattere di buona fede dele speculazioni commerciali, cedono all'azione imparziale e serene della legge; gl'interessati debbono dividersi secondo I principi di giustizia gli avanzi del naufrágio". (SORANI. *Il fallimento, note e ricordi dell'esercizio...*, p. XI).

[17] THALLER, Edmond. *Traité élémentaire de droit commerciale*. Paris: Rousseau, 1898, p. 808.

[18] LEVINTHAL, Louis E. *The early history of bankruptcy law*. University of Pennsylvania Law Review, 66 U. Pa. L. Rev. 223-250 (1918), p. 225.

[19] VIVANTE. *Il fallimento civile...*, p. 4.

[20] KOHLER, Josef. *Lehrbuch des Konkursrechts*. Stuttgart: Ferdinand Enke, 1891, p. 1-2. É o que se chama de "princípio da comunhão das perdas" (*Grundsatz der Verlustgemeinschaft*) (HESS, Harald. *Insolvenzrecht*: Großkommentar in zwei Bänden. 2 Aufl. Heidelberg: F. C. Müller, 2013, p. 5).

exploração de uma atividade econômica empresarial, que se tornam prementes e agudas nos momentos imediatamente anteriores (e posteriores) à decretação da quebra e à concessão de remédios recuperatórios[21] (entre nós, a recuperação judicial e/ou recuperação extrajudicial).

Em virtude desses particularismos, afirma-se que a lei falimentar é de grande magnitude, sendo que suas dificuldades advêm da natureza do seu objeto[22]. É legislação que "gasta-se depressa no atricto permanente com a fraude"[23] e, também, por ocasião das grandes crises econômicas, motivo pelo qual seus regramentos legislativos e suas reformas não são longevas (nem buscam a perenidade)[24].

Sabe-se, desde muito tempo, que a lei não tem a virtude de resistir à passagem do tempo, caindo facilmente em descrédito diante do avanço dos ponteiros do relógio. Essa constatação, porém, ganha maior destaque na esfera falimentar, justamente pelas características multidisciplinares que a rodeiam. Tendo como objetivo cumprir funções variadas e complexas, a debilidade de um só órgão ou agente econômico é suficiente para abalar o equilíbrio do sistema inteiro[25]. Por esses motivos, a disciplina concursal tem sido ao longo dos anos objeto de assaz crítica doutrinária[26].

Embora os predicados tenham contornos de realidade — pois a multidisciplinaridade da matéria é tão encantadora quanto desafiadora[27] —, a dificuldade descortina uma série de possibilidades, dentre as quais se situa o foco de estudo do presente ensaio, a saber: a formação do direito

---

[21] RIPERT, Georges. *Tratado elemental de derecho comercial*, v. IV. Trad. Felipe de Solá Canizares. Buenos Aires: Tea, 1954, p. 199-200.

[22] CARVALHO DE MENDONÇA, José Xavier. *Das fallencias e dos meios preventivos de sua declaração*, v. I. São Paulo: Gerke & Cia, 1899, p. 7, 11.

[23] VALVERDE, Trajano de Miranda. *A fallencia no direito brasileiro*, v. 1, parte I. Rio de Janeiro: Freitas Bastos, 1931, p. 27.

[24] Segundo Mr. Laroze, no relatório apresentado em 1889 sobre a reforma da liquidação judicial na Lei Francesa: "(...) os povos que mais se têm distinguido pelo commercio em todos os séculos, não deixaram passar duas gerações sem reformar as regras estabelecidas para a realização e liquidação dos bens dos devedores insolventes. Mas, se o problema de uma boa lei de fallencia acha-se universalmemte proposto, não parece ter sido resolvido vantajosa e definitivamente em parte nenhuma" (CARVALHO DE MENDONÇA. *Das fallencias e dos meios preventivos de sua declaração*, v. I..., p. 12).

[25] THALLER. *Des faillites en droit comparé*, t. I..., p. 1-2.

[26] A título ilustrativo: PETRIS, Antonio de. *L'abolizione del fallimento*. Venezia, 1879.

[27] THALLER. *Des faillites en droit comparé*, t. I..., p. 5.

falimentar a partir de uma perspectiva histórica — e dos seus experimentos laboratoriais.

O aprofundamento de tais questões faz emergir interrogações, questionamentos e desdobramentos funcionais de utilidade prática, que, ao fim e ao cabo, nos aproximam do almejado equilíbrio ("justo meio termo")[28] legislativo entre os interesses do credor, dos *stakeholders* e a preservação da empresa[29-30] — ou, nas palavras de Montluc e Sorani, uma solução ancorada em princípios equitativos, que traga uma justa repartição dos prejuízos e dos benefícios do processo falimentar para todos os atingidos pelos seus efeitos[31].

2. Objeto de Estudo

Qualquer ensaio que pretenda trabalhar a história de algo ou de alguém[32] precisa fixar uma data no tempo e um lugar no espaço[33]. Respeitando essa

---

[28] Para Sá Vianna, uma das grandes qualidades de uma boa lei de falências é o justo meio termo: "para o devedor não ser indulgente ou severo de modo exclusivo; para o credor nem tardio nem precipitado" (VIANNA. *Das fallencias...*, p. 45).

[29] Com base na experiência do Código Francês de 1808, Renouard refere que o sucesso ou insucesso de uma determinada lei falimentar não depende apenas de elementos jurídicos, mas também de causas econômicas, políticas e sociais. Ao fim e ao cabo, conclui que legislação boa é aquela que inspira os comerciantes a preferir o tratamento judicial a outras formas irregulares de liquidação do seu patrimônio e pagamento dos seus credores (RENOUARD. *Traité des faillites et banqueroutes*, t. I..., p. 176).

[30] Em sentido semelhante, Carvalho de Mendonça, citando o discurso de M. Chamberlain, presidente do *Board of Trade* da Inglaterra, no processo de votação do *Bankruptcy Act* de 1883 na Câmara dos Comuns, refere: "(...) o legislador deve proteger, tanto quanto possível, o salvamento (*to protect the salvage*) e diminuir o número de naufrágios (*to diminish the number of wrecks*)". (CARVALHO DE MENDONÇA. *Das fallencias e dos meios preventivos de sua declaração*, v. I..., p. 11).

[31] MONTLUC, L. A. de. *La faillite chez les romains*. Paris: Alcán-Levy, 1870, p. 4. Ver, também: SORANI. *Il fallimento, note e ricordi dell'esercizio...*, p. XII.

[32] Sobre o tema, vale lembrar de um conhecido provérbio árabe que trata da relação entre o indivíduo e suas circunstâncias históricas: "os homens se parecem mais com sua época do que com seus pais" (BLOCH, Marc. *Apologia da história ou o ofício do historiador*. Trad. André Talles. Rio de Janeiro: Jorge Zahar Ed., 2001, p. 7).

[33] FERREIRA, Waldemar. *As directrizes do direito mercantil brasileiro*. Lisboa: Anuário Comercial, 1933, p. 38.

premissa investigativa[34], este estudo inicia sua trajetória nas civilizações da Antiguidade, passando por Roma, pelas Idades Média e Moderna, chegando, finalmente, à Era Contemporânea.

Se a fonte de pesquisa é extensa, o objetivo do estudo é restrito: (*i*) evidenciar a evolução do tratamento jurídico dispensado ao devedor e ao seu patrimônio; (*ii*) identificar os princípios que construíram a base essencial dessa área de concentração; e (*iii*) destacar a relevância da pesquisa histórica para a compreensão funcional do atual direito da insolvência e das soluções legais existentes para o soerguimento da empresa.

Como bem destaca Sheila Cerezetti: o sistema concursal passou, nos seus primórdios, por um período eminentemente punitivo (centrado na pessoa e no corpo do devedor). Adentrou, depois, uma fase patrimonial cujos objetivos eram exclusivamente liquidatórios, em prol da satisfação dos credores. Alcançou, também, propósitos conservativos, mediante a utilização de mecanismos preventivos e suspensivos (concordata), fundados em interesses essencialmente privados do devedor. Por fim, atinge um período de valorização da preservação da empresa, em decorrência do reconhecimento dos interesses que em torno dela gravitam (*e.g.*, trabalhadores, comunidade e fornecedores, entre outros). Migrou, assim, de um sistema que visava, inicialmente, à proteção individual do credor ou do devedor, para uma proteção funcional da economia e da coletividade, devido ao reconhecimento de diversos interesses na manutenção da empresa[35].

Essa é a história que queremos contar.

3. Método investigativo

---

[34] A correção da premissa está estampada nas palavras de Eric Hobsbawm, retiradas do ensaio em que o historiador examina os sentidos do passado: "Ser membro de uma comunidade humana é situar-se em relação ao seu passado (ou da comunidade), ainda que apenas para rejeitá-lo. O passado é, portanto, uma dimensão permanente da consciência humana, um componente inevitável das instituições, valores e outros padrões da sociedade humana." (HOBSBAWM, Eric. *Sobre história*. Trad. Cid Knipel Moreira. São Paulo: Cia das Letras, 2013, p. 25).
[35] CEREZETTI, Sheila Christina Neder. *A recuperação judicial de sociedade por ações* – o princípio da preservação da empresa na Lei de Recuperação e Falência. São Paulo: Malheiros, 2012, p. 83 (notas 185 e 187) e 426.

O estudo da história não é um passatempo inútil[36] nem fetichismo acadêmico[37]. Muito pelo contrário, os historiadores investigam dados de realidade e suas evidências[38]. No que toca à Ciência Jurídica, em particular, a historicidade é um atributo essencial[39] e sua construção é fruto de um tortuoso e pendular caminho de evolução (e involução) da Civilização — trajetória essa que não pode ser entendida nem interpretada senão à luz dos acontecimentos históricos que lhe deram origem[40].

Aqui, particularmente, o desenvolvimento do comércio é uma parte indispensável à história da Civilização e é o subsídio mais importante para a história do direito comercial[41] — que, como categoria histórica, está estritamente conectado à evolução e progresso do capitalismo[42].

Se a história do direito privado moderno (especialmente a área de concentração do direito civil) é caracterizada por traços dogmáticos rígidos, de índole lógico-dedutiva e prescritiva[43], o espírito do direito comercial[44],

---

[36] MISES, Ludwig von. *Teoria e história*. Trad. Rigoberto Juárez-Paz. Madrid: Unión Editorial, 1975, p. 256.

[37] GILISSEN, John. *Introdução histórica ao direito*. 2 ed. Trad. A. M. Hespanha e I. M. Macaísta Malheiros. Lisboa: Fundação Calouste Gulbekian, 1995, p. 13.

[38] Como destaca Eric Hobsbawm: "Defendo vigorosamente a opinião de que aquilo que os historiadores investigam é real. O ponto do qual os historiadores devem partir, por mais longe que possam chegar, é a distinção fundamental e, para eles, absolutamente central, entre fato comprovável e ficção, entre declarações históricas baseadas em evidências e sujeitas à evidenciação e aquelas que não o são." (HOBSBAWM. *Sobre história*..., p. 8).

[39] SANTARELLI, Umberto. *L'esperienza giuridica basso-medievale*. Torino: Giappichelli, 1977, p. 3; GROSSI, Paolo. *A ordem jurídica medieval*. Trad. Denise Rossato Agostinetti. São Paulo: Martins Fontes, 2014, p. 27.

[40] ASCARELLI, Tullio. Antigona e Porcia. In: _____ *Problemi giuridici*, t. II. Milano: Giuffrè, 1959, p. 9-10.

[41] GOLDSCHMIDT, Levin. *Storia universale del diritto commerciale*. Torino: Unione Tipografico-Editrice Torinese, 1913, p. 11.

[42] ASCARELLI, Tullio. O desenvolvimento histórico do direito comercial e o significado da unificação do direito privado. *Revista de Direito Mercantil, Industrial, Econômico e Financeiro*, v. 37, n. 114, p. 237-252, abr./jun. 1999; ASCARELLI, Tullio. *Corso di diritto commerciale*. 3 ed. Milano: Giuffrè, 1962, p. 85 ss.

[43] WIEACKER, Franz. *História do direito privado moderno*. 3 ed. Trad. A. M. Botelho Haspanha. Lisboa: Calouste Gulbenkian, 1967, p. 13 ss.; GOLDSCHMIDT. *Storia universale del diritto commerciale*..., p. 12-13.

[44] Na visão de Sorani, a razão para a distinção entre direito comercial e direito civil repousa no espírito de progresso que anima os comerciantes na realização de seus negócios, na constante necessidade de inovar nas suas atividades mercantis e na relação fértil existente entre essas práticas e a letra da lei (SORANI. *Il fallimento, note e ricordi dell'esercizio*..., p. XIV).

por seu turno, carrega consigo um caráter controverso[45], formado a partir de uma intensa influência da prática mercantil[46] e de um método indutivo de pesquisa[47] — partindo da observação da realidade para chegar à disciplina jurídica aplicável ao fenômeno sob análise[48-49].

A velocidade e a dinamicidade do universo dos negócios determinam o forjar das regras legais e costumeiras. Nesse observatório mercantil, direito e economia se entrelaçam de tal forma que os limites fronteiriços de cada área se embaraçam, assumindo uma intensa e profícua relação de troca[50]. O direito comercial, nesse contexto, instrumentaliza — sob o formato da técnica — o bombeamento de oxigênio para os batimentos do coração da economia de mercado[51], que tem no crédito seu alicerce de sustentação.

Embora extremamente rica e proveitosa, essa aparente flexibilidade metodológica demanda uma descrição precisa e uniforme da realidade dos fatos, despida de falhas e eticamente segura, o que torna o cumprimento da tarefa extremamente complexo. Somente a reconstrução histórica confiável permite ao intérprete capturar a essência dos institutos jurídicos, identificando sua longevidade funcional e sua utilidade para o direito contemporâneo[52].

Nesse ponto, há, ainda, um agravante: narrar a história do direito comercial a partir de fontes secundárias é tarefa, no mínimo, arriscada. Afi-

---

[45] THALLER. *Des faillites en droit comparé*, t. I..., p. 2.
[46] SOUZA, H. M. Inglez de. *Prelecções de direito comercial*. Rio de Janeiro: Typographia Leuzinger, 1906, p. 43.
[47] MOSSA, Lorenzo. Scienza e metodi del diritto commerciale. *Rivista di Diritto Commerciale*, v. XXXIX, n. I, 1941, p. 97-99.
[48] Segundo Alfredo Rocco, qualquer investigação científica do direito mercantil deve envolver as seguintes searas: (*i*) estudo técnico e econômico das suas relações sociais; (*ii*) o estudo histórico-comparativo do desenvolvimento dos diversos aspectos das suas instituições no tempo e no espaço; (*iii*) o estudo exegético das suas normas; e (*iv*) o estudo sistemático dos seus princípios, considerando sua interação com os preceitos e princípios gerais do direito civil e gerais do direito (ROCCO, Alfredo. *Principios de derecho mercantil*. 10 ed. Trad. Revista de Derecho Privado. Ciudad de México: Nacional, 1981, p. 73-74).
[49] Conforme destaca Bolaffio: "La materia comercial contrapuesta a la materia civil, es, por consiguiente, el presupuesto de aquellas relaciones sociales que son reguladas directamente por las leyes comerciales, por los usos mercantiles y subsidiariamente por las leyes civiles." (BOLAFFIO, Leon. *Derecho mercantil*. Trad. José L. De Benito. Madrid: Reus, 1935, p. 28-29).
[50] MACHADO, Brasilio. *Direito commercial*. São Paulo: Mignon, 1909, p. 214; SOUZA. *Prelecções de direito comercial*..., p. 51.
[51] MOSSA. Scienza e metodi del diritto commerciale..., p. 126.
[52] WIEACKER. *História do direito privado moderno*..., p. 5-6.

nal de contas, que serventia teria um esforço de investigação sobre essas origens quando o único objeto de exame disponível são fontes históricas indiretas, isto é, os fragmentos da história colhidos dos relatos de outros autores? Em uma perspectiva investigativa, esse é um questionamento honesto a se fazer.

Efetivamente, a diversidade das teorias propostas, as contradições quanto aos próprios fatos investigados e a impossibilidade de diretamente pesquisar as fontes primárias podem tornar de duvidoso proveito a discussão analítica das fontes secundárias. Essa preocupação é enfatizada se levarmos em consideração a profundidade e o valor dos trabalhos de estudiosos e juristas-historiadores como Stracca[53], Pertile[54], Goldschmidt[55], Huvelin[56], Rehme[57], Weber[58], Lattes[59], Bonfante[60], Mossa[61] e Galgano[62] ou mesmo, para o caso específico da história do direito concursal, autores como Montluc[63], Vainberg[64], o próprio Lattes[65], Kohler[66], Sorani[67], Thal-

---

[53] STRACCA, Benvenuto. *Tractatus de mercatura seu mercatore*. Veneza: Lugduni, 1556.
[54] PERTILE, Antonio. *Storia del diritto italiano:* dalla caduta dell'Imperio Romano alla codificazione, v. III, IV. Torino: Unione Tipografico Editrice, 1893-1894.
[55] GOLDSCHMIDT. *Storia universale del diritto commerciale...*
[56] HUVELIN, Paul. *L'histoire du droit commercial*. Paris: Leopold Cerf, 1904; _____. *Études d'histoire du droit commercial romain* (histoire externe – droit maritime). Paris: Librairie du Recueil Sirey, 1929.
[57] REHME, Paul. *Historia universal del derecho mercantil*. Trad. de E. Gómez Orbaneja. Madrid: Editorial Revista de Derecho Privado, 1941.
[58] WEBER, Max. *The history of commercial partnerships in the Middle Ages*. Trad. de Lutz Kaelber. Lanham, Boulder, New York, Oxford: Rowman & Littlefield Publishers, Inc., 2003.
[59] LATTES, Alessandro. *Il diritto commerciale nella legislazione statutaria delle città italiane*. Milano: Ulrico Hoepli, 1884; LATTES, Alessandro. *Studi di diritto statutario*. Milano: Ulrico Hoepli, 1886.
[60] BONFANTE, Pietro. *Storia del commercio*, v. I, II. Torino: UTET, 1936.
[61] MOSSA, Lorenzo. *Historia del derecho mercantil en los siglos XIX y XX*. Trad. Francisco Hernandez Borondo. Madrid: Revista de Derecho Privado, 1948.
[62] GALGANO, Francesco. *Lex mercatoria*. 5 ed. Bologna: Il Mulino, 2010.
[63] MONTLUC. *La faillite chez les romains...*
[64] VAINBERG, Sigismond. *La faillite d'après le droit romain*. Paris: Nationale, 1874.
[65] LATTES, Alessandro. *Il fallimento nel diritto comune e nella legislazione bancaria della Repubblica di Venezia*. Venezia: M. Visentini, 1880 (reimprezione).
[66] KOHLER. *Lehrbuch des Konkursrechts...*
[67] SORANI. *Il fallimento, note e ricordi dell'esercizio...*

ler[68], Carvalho de Mendonça[69], Arcangeli[70], Rocco[71], Levinthal[72], Noel[73], Warren[74], Cassandro[75] e Santarelli[76].

Isso se deve ao fato de a maioria deles ter tido o interesse e a possibilidade de analisar as raízes históricas do direito comercial na sua própria fonte e essência, ou seja, nos remotos documentos e costumes comerciais oriundos e praticados em Roma e nas cidades medievais, sobretudo na Itália[77], não se limitando a reproduzir o que os outros historiadores haviam escrito sobre determinada matéria. Como refere Collingwood — revelando o ofício do verdadeiro historiador —, a história atua por meio da interpretação das provas, dos documentos, e não da simples reprodução daquilo que foi dito por outros[78].

Porém, além do estudo histórico, que já impõe os seus próprios desafios, é importante atentar para o ensinamento de Vivante, que no prefácio do *Trattato di diritto commerciale* já alertava para a importância da investiga-

---

[68] THALLER. *Des faillites en droit comparé*, t. I, II...
[69] CARVALHO DE MENDONÇA, José Xavier. A Lei Federal dos Estados Unidos da América. *S. Paulo Judiciário*, v. II, n. 5, mai. 1903, p. 299-324; CARVALHO DE MENDONÇA. *Das fallencias e dos meios preventivos de sua declaração*, v. I...
[70] ARCANGELI, Argeo. Gli istituti del diritto commerciale nel costituto senese del 1310. *Rivista di Diritto Commerciale, Industriale e Marittimo*, v. IV, p. 243-255, 1906.
[71] ROCCO, Alfredo. *Il fallimento*. Napoli: Fratelli Bocca, 1917.
[72] LEVINTHAL. *The early history of bankruptcy law*...
[73] NOEL. *A history of the bankruptcy law*...
[74] WARREN. *Bankruptcy in United States history*...
[75] CASSANDRO, Giovanni. *Le rappresaglie e il fallimento a Venezia nei secoli XIII-XVI*. Con documenti inediti. Torino: S. Lattes, 1938.
[76] SANTARELLI, Umberto. *Per la storia del fallimento nelle legislazioni italiane dell'età intermedia*. Padova: CEDAM, 1964.
[77] Sobre o tema, ver: MUTINELLI, Fabio. *Del commercio dei veneziani*. Venezia: Filippi Editore, 1835; PIRENNE, Jacques Henri. *Medieval cities*: their origins and the revival of trade. Princeton: Princeton Universities Press, 1980; PIRENNE, Jacques Henri. *História econômica e social da Idade Média*. São Paulo: Jou, 1978; LE GOFF, Jacques. *A bolsa e a vida*: a usura na Idade Média. Brasília: Editora Brasiliense, 1989; LE GOFF, Jacques. *Mercadores e banqueiros da Idade Média*. Trad. Antônio de Pádua Danesi. São Paulo: Martins Fontes, 1991; LE GOFF, Jacques. *A Idade Média e o dinheiro*. 2 ed. Trad. Marcos de Castro. Rio de Janeiro: Civilização Brasileira, 2014; CARAVALE, Mario. *Ordinamenti giuridici dell'Europa medievale*. Bologna: Il Mulino, 1994; GROSSI, Paolo. *Introduzione al Novecento giuridico*. Bari: Laterza, 2012; GROSSI. *A ordem jurídica medieval*...
[78] COLLINGWOOD, R. G. *A idéia de história*. Trad. de Alberto Freire. Lisboa: Editorial Presença, 1972, p. 17; MISES. *Teoria e história*..., p. 251-253.

ção histórica e técnica do direito comercial[79] — conselho absolutamente coerente para alguém que dedica o primeiro volume da sua grande obra à Levin Goldschmidt, professor da Universidade de Berlim, cuja *Universalgeschichte des Handelsrechts* consiste, como já referimos, em um dos marcos fundamentais do estudo das origens desse ramo do direito.

A rigor, em quase toda bem-acabada obra de direito comercial há um relevante esforço de investigação histórica, revelando uma preocupação do estudioso acerca dos aspectos mais profundos do instituto examinado. A preocupação é justificável: as ideias constituem os dados irredutíveis de um estudo histórico sério[80]; uma análise ajuizada depende da disposição do pesquisador em descer às entranhas mais profundas do instituto ou do seu regime jurídico[81] — investigação que pode revelar elementos cruciais para a sua boa compreensão e contextualização no universo jurídico.

É justamente isso que ocorre com o direito comercial, como gênero do qual o direito falimentar é parte integrante, não restando dúvidas de que a compreensão da lógica que perpassa o funcionamento da atividade comercial é condição indispensável para o entendimento da sistemática que circunda a matéria[82].

Vale dizer, a matéria concursal, na condição de desdobramento natural da área de concentração do direito comercial, tem como objeto primordial regrar os azares da fortuna, do crédito e dos negócios, além de ordenar o concurso universal (coletivo) dos credores do devedor. Apresenta, em razão disso, uma formidável construção histórica e uma conexão umbilical com a economia[83]. No entanto, como aponta Santarelli, o estudo da origem histórica da ciência exige mais do que a compreensão do progresso e da evolução das figuras e institutos identificados no espaço temporal da investigação: demanda, especialmente, a apresentação de uma reconstru-

---

[79] VIVANTE, Cesare. *Trattato di diritto commerciale*, v. I. 5 ed. Milano: Francesco Vallardi, 1922, p. IX-X.
[80] MISES. *Teoria e história...*, p. 167.
[81] SORANI. *Il fallimento, note e ricordi dell'esercizio...*, p. XIV.
[82] Sobre a história do comércio, ver: BONFANTE. *Storia del commercio*, v. I, II...; LUZZATTO, Gino. *Storia del commercio*, v. I. Firenze: G. Barbera Editore, 1914; SEGRE, Arturo. *Storia del commercio*. Torino, Genova: S. Lattes & Co. Editori, 1923; SCHMIDT, Max Georg. *História do comércio*. Rio de Janeiro: Athena Editora, 1933; LEFRANC, Georges. *História breve do comércio*. Lisboa: Editorial Verbo, 1962.
[83] ROCCO, Alfredo. Studi sulla teoria generale del fallimento. *Rivista di Diritto Commerciale e degli Diritto Generale delle Obbligazioni*, v. IV, 1910, p. 669-670.

ção fidedigna, sistemática, funcional e unitária sobre a matéria, na tentativa de validar conclusões definitivas sobre o surgimento da espinha dorsal do direito falimentar contemporâneo[84].

Correto está, portanto, Pontes de Miranda, para quem "não se pode conhecer o presente, sem se conhecer o passado, não se pode conhecer o que é, sem se conhecer o que foi"[85-86]. Mas não apenas isso, como bem ressalta Mises: "A história olha para trás, para o passado, porém a lição que ela ensina diz respeito ao que está por vir. Ela não ensina um quietismo indolente; ela instiga o homem a emular os feitos das gerações anteriores"[87]; e encerra Ascarelli: "O jurista assim terá o seu ponto de partida na história e voltará a olhar para a história no seu ponto de chegada"[88].

Evidentemente, o objetivo aqui é muito menos ambicioso. Não temos a pretensão de avocar para nós a arriscada tarefa de confrontar as múltiplas teorias propostas acerca da origem exata de cada um dos institutos ou dos regimes do direito falimentar. O que se pretende — e esse, sim, é o real objetivo — é proceder à reconstrução desta disciplina jurídica e de seus principais institutos para fins de permitir ao leitor uma compreensão

---

[84] SANTARELLI. *Per la storia del fallimento...*, p. 2-3.

[85] PONTES DE MIRANDA, Francisco Cavalcanti. *Tratado de direito privado*, v. I. 4 ed. São Paulo: Revista dos Tribunais, 1983, p. XV. Ou, como leciona Oliver Holmes, "a vida do direito não tem sido lógica, tem sido experiência": "The life of the law has not been logic: it has been experience. The felt necessities of the time, the prevalent moral and political theories, intuitions of public policy, avowed or unconscious, even the prejudices which judges share with their fellow-men, have had a good deal more to do than the syllogism in determining the rules by which men should be governed. The law embodies the story of a nation's development through many centuries, and it cannot be dealt with as if it contained only the axioms and corollaries of a book of mathematics. In order to know what it is, we must know what it has been, and what it tends to become." (HOLMES JR., Oliver Wendell. *The common law*. (reprint; originally published: Boston, Little, Brown & Co., 1881). New York: Dover Publications, 1991, p. 1).

[86] É apropriado, nesse contexto, o apontamento de March Bloch, um dos inauguradores da noção de "história como problema" e crítico da visão de história como a "ciência do passado" – para o autor a história seria mais "a ciência dos homens, ou melhor, dos homens no tempo" – sobre o passado e sua interpretação: "The past is, by definition, a datum which nothing in the future will change. But the knowledge of the past is something progressive which is constantly transforming and perfecting itself." (BLOCH, Marc. *The historian's craft*. Manchester: University Press, 1992, p. 48).

[87] MISES, Ludwig von. *Teoria e história*. Trad. Rafael Sales de Azevedo. São Paulo: Instituto Mises Brasil, 2014, p. 210.

[88] ASCARELLI. Antigona e Porcia..., p. 15.

vertical da matéria, bem como fazê-lo descobrir a razão de ser de certos princípios, regras, regimes e institutos jurídico-falimentares[89].

---

[89] Em sentido semelhante: ESTEVEZ, André Fernandes. Das origens do direito falimentar à Lei n. 11.101/05. *Revista Jurídica Empresarial*, n. 15, ago./jul., 2010, p. 12.

Capítulo 2. Antiguidade

O estudo da história das civilizações antigas mostra que o regime individual de responsabilidade pelas dívidas sofreu uma série de mutações no decorrer dos séculos, passando de uma sistemática essencialmente pessoal para uma eminentemente patrimonial. O presente capítulo examinará as principais transformações desse sistema.

No direito contemporâneo, o patrimônio é a garantia geral dos credores[90]. As obrigações que pesam sobre uma pessoa recaem exclusivamente sobre seus bens e direitos, a projeção econômica da sua personalidade[91]. A responsabilidade é, portanto, patrimonial e não pessoal[92], razão pela qual o corpo do devedor não responde pelas obrigações assumidas e inadimplidas no curso da sua existência.

Embora esse seja o esquema básico de responsabilidade por dívidas no mundo contemporâneo, nem sempre foi assim. A responsabilidade exclusivamente patrimonial deriva de uma evolução histórica que remonta a priscas eras, delineando um movimento pendular de evoluções e involuções — especialmente no que diz respeito ao tratamento dispensado ao devedor, que ora recrudescia, ora se humanizava. É sobre essa evolução histórica que trata a análise a seguir.

---

[90] Nesse sentido, vide o art. 789 do Código de Processo Civil Brasileiro promulgado no ano de 2015 ("O devedor responde com todos os seus bens presentes e futuros para o cumprimento de suas obrigações, salvo as restrições estabelecidas em lei").
[91] AUBRY, Charles; RAU, Charles. *Cours de droit civil français*. 5 ed. Paris: Marchal e Billard, 1917, p. 366.
[92] CUNHA, Paulo. *Do patrimônio*. Lisboa: Minerva, 1934, p. 206-207.

1. Índia, Egito e Grécia: Fragmentos

O comércio era amplamente praticado pelos antigos[93] e a coação física do devedor sempre pareceu ao homem desse período histórico o caminho natural para a cobrança das dívidas[94]. Nas civilizações da Antiguidade, o credor quase sempre podia, à margem da prestação jurisdicional do Estado, aprisionar o devedor, escravizá-lo, até executá-lo e esquartejá-lo, em caso de inadimplemento[95] — o que evidencia o caráter originariamente penal (e privado) das regras endereçadas aos indivíduos que não cumpriam com suas obrigações[96].

Fragmentos desse momento da história são apresentados pela doutrina: na Índia, o direito hindu desenvolveu o *Manusmrti* ou "Memória de Manu"[97], que possibilitava a submissão do devedor ao trabalho escravo, sem excessos brutais[98]; mas, se o devedor fosse de casta superior, aceitava-se o pagamento em prestações, de acordo com as suas possibilidades[99].

---

[93] LEEMANS, W. F. *Old-babylonian merchant*. His business and social position. Leiden: Brill, 1950, p. 5.
[94] SORANI. *Il fallimento, note e ricordi dell'esercizio...*, p. XIV; LEVINTHAL. The early history of bankruptcy law..., p. 230.
[95] DE SEMO, Giorgio. *Diritto fallimentare*. Padova: CEDAM, 1968, p. 29-30; REQUIÃO, Rubens. *Curso de direito falimentar*, v. 1. 3 ed. São Paulo: Saraiva, 1978, p. 6.
[96] RIPERT. *Tratado elemental de derecho comercial*, v. IV..., p. 201.
[97] Segundo Bento de Faria: "Alguns séculos antes da era de Jesus Cristo surgiu na Índia uma Codificação atribuída a Manú, inculcado como filho de Brahma e pai do gênero humano, cuja existência, porém, alguns consideram duvidosa. Esse livro, escrito em sânscrito e em verso, intitulado Código de Manú (Manava – Dharma – Sastra), é um tratado de moral e de legislação. Atestam alguns de seus parágrafos que, em tão remotíssima época, já se cuidava da situação do credor não pago para assegurar-lhe a execução do respectivo crédito por meio do trabalho coativo a que ficava sujeito o devedor, com observância do regime das castas, mas sem os excessos brutais que, posteriormente, se verificaram." (BENTO DE FARIA, Antônio. *Direito comercial*, v. IV. Rio de Janeiro: A. Coelho Branco, 1947, p. 9).
[98] SORANI. *Il fallimento, note e ricordi dell'esercizio...*, p. XIV. As punições eram, no entanto, bastante severas. Almachio Diniz leciona que: "Nas leis de Manu, no Livro IX, refere-se que, entre os indianos, o devedor era encerrado num círculo do qual não se podia afastar, sob pena de morte, só readquirindo a sua liberdade depois de ter sido o credor completamente reembolsado. O credor segurava o devedor e punha-o a ferros (*bala, bolat kara*), fazendo-o trabalhar, na maioria dos casos, como seu escravo (*Karma*), sob convencionadas condições de trabalho (*dasapatra*)" (DINIZ, Almachio. *Da fallencia*. São Paulo: Monteiro Lobato, 1924, p. 10).
[99] BUTERA, Antonio. *Della frode e della simulazione*. Torino: UTET, 1934, p. 1; LEVINTHAL. *The early history of bankruptcy law...*, p. 230.

Segundo relato de Marco Polo, permitia-se, também, a execução por meios indiretos: o credor se apossava da casa do devedor e não permitia sua saída do local (podendo levá-lo à morte) até o pagamento da dívida[100].

Na Mesopotâmia, havia um sistema jurídico desenvolvido, especialmente no âmbito do direito privado[101], com maior destaque para os contratos[102]. A Babilônia (especialmente no intervalo entre 1957 e 1534 a.C.), reconhecida como a grande civilização mercantil da antiguidade, formulou sofisticados arranjos mercantis e monetários entre seus comerciantes (*tamkarum*), especialmente os que praticavam o comércio marítimo. Este tipo de comércio era, aliás, bastante desenvolvido, o que pode ser explicado pela sua privilegiada posição geográfica da Mesopotâmia, situada entre os rios Tigres e Eufrates[103].

O próprio Código de Hamurabi continha previsão no sentido de que o devedor podia ser alienado a terceiros e reduzido à posição de escravo para pagamento do débito[104]. No entanto, após o decurso do período de seis anos, a dívida era remida e o devedor liberado[105].

Já no Egito há uma forte conexão entre culto religioso, honras fúnebres e cobrança de dívidas[106]. Sabe-se, por exemplo, que, diante do falecimento do devedor, havia a possibilidade de o credor tomar para si o cadáver (uma

---

[100] SORANI. *Il fallimento, note e ricordi dell'esercizio...*, p. XV.

[101] Refere J. Gilissen que a Mesopotâmia "(...) conheceu as primeiras formulações do direito. Os Sumérios, os Acadianos, os Hititas, os Assírios, redigiram textos jurídicos que se podem chamar de 'códigos', os quais chegaram a formular regras de direito mais ou menos abstractas. (...) Os Mesopotâmios praticavam a venda (mesmo a venda a crédito), o arrendamento (arrendamentos de instalações agrícolas, de casas, de arrendamento de serviços), o depósito, o empréstimo a juros, o título de crédito à ordem (com cláusula de reembolso ao portador), o contrato social. Eles faziam operações bancárias e financeiras em grande escala e tinham já comandita de comerciantes. Graças ao desenvolvimento da economia de troca e das relações comerciais, o direito da época de Hamurabi criou a técnica dos contratos, ainda que os juristas não tivessem chegado a construir uma teoria abstrata do direito das obrigações" (GILISSEN. *Introdução histórica ao direito...*, p. 52, 63).

[102] AYMARD, André, AUBOYER, Jeannine. *História geral das civilizações:* o Oriente e a Grécia Antiga, t. I, v. 1. 3 ed. Trad. Pedro Moacyr Campos. São Paulo: Difusão, 1960, p. 163.

[103] LEEMANS. *Old-babylonian merchant...*, p. 1, 22 ss.

[104] Segundo Leemans, o devedor podia autoalienar-se ao credor para saldar sua dívida. O autor entende, no entanto, que essa prática já tinha sido abolida quando da vigência do Código de Hamurabi. (LEEMANS. *Old-babylonian merchant...*, p. 17).

[105] LEVINTHAL. *The early history of bankruptcy law...*, p. 230; BUTERA. *Della frode e della simulazione...*, p. 1.

[106] AYMARD; AUBOYER. *História geral das civilizações*, t. I, v. 1..., p. 84 ss.

espécie de promessa de entrega[107]/penhor[108]), a fim de privar o morto das honras fúnebres, coagindo os parentes e amigos a pagar a dívida para resgatar o defunto[109] — ou, no caso de o enterro já ter ocorrido, o inadimplemento autorizava o credor a remover a múmia e fechar a tumba, sem qualquer participação da família do devedor[110].

Ademais, os egípcios (na era de *Bocchoris* – 772-729 a.C.) entendiam que a relação entre Estado e devedor era superior à do devedor e seus credores, de modo que o Faraó — a quem cabia o dever de assegurar a boa administração e a boa justiça[111] — podia requisitar a prestação de serviços públicos pelo devedor na condição de agente público em tempos de paz e de soldado em tempos de guerra[112].

Na Grécia antiga, por sua vez, a regra era a servidão pessoal do devedor ao credor, enquanto aquele estivesse impossibilitado de solver a dívida. Houve, entretanto, momentos mais extremos na Civilização Helênica, como nos tempos de Draco, quando, então, podia-se alienar o devedor e até matá-lo em razão de suas dívidas[113]. Esse *modus operandi* acabou sendo revisto pelas reformas legislativas de Sólon[114], que atenuaram a gravidade das penas[115] por influência das transformações humanitárias ocorridas no direito egípcio, adotando uma espécie de confisco patrimonial como forma de satisfação do débito[116].

---

[107] RENOUARD. *Traité des faillites et banqueroutes*, t. I ..., p. 14.
[108] DINIZ. *Da fallencia...*, p. 10
[109] THALLER. *Des faillites en droit comparé*, t. I..., p. 40-41; SORANI. *Il fallimento, note e ricordi dell'esercizio...*, p. XVII; BUTERA. *Della frode e della simulazione...*, p. 2.
[110] LEVINTHAL. *The early history of bankruptcy law...*, p. 229.
[111] AYMARD; AUBOYER. *História geral das civilizações*, t. I, v. 1..., p. 28.
[112] LEVINTHAL. *The early history of bankruptcy law...*, p. 231.
[113] NOEL. *A history of the bankruptcy law...*, p. 15.
[114] Há relatos na doutrina de que Solon, no século VI a.C., determinou a soltura de todos os devedores de Atenas, em decorrência de uma espécie de crise de desvalorização monetária, o que supostamente deu novo rumo às regras falimentares helênicas. (DINIZ. *Da fallencia...*, p. 10). No mesmo sentido: NOEL. *A history of the bankruptcy law...*, p. 15; AYMARD; AUBOYER. *História geral das civilizações*, t. I, v. 1..., p. 69.
[115] MONTLUC. *La faillite chez les romains...*, p. 5.
[116] BUTERA. *Della frode e della simulazione...*, p. 1; SORANI. *Il fallimento, note e ricordi dell'esercizio...*, p. XVIII-XIX; REQUIÃO. *Curso de direito falimentar*, v. 1..., p. 6; DINIZ. *Da fallencia...*, p. 10.

Em síntese, é o que vale a pena ser referido de período tão longínquo da História[117]. O exame mais aprofundado e interessante inicia, inevitavelmente, em Roma.

2. Roma: Breve Contexto Histórico

Em uma perspectiva histórica, Roma (a chamada "Cidade Eterna") representa a vitória da ideia de universalidade sobre o princípio das nacionalidades[118].

A história da civilização romana ocidental[119] (anos 754 a.C. a 476/565 d.C.)[120] pode ser dividida em três grandes períodos: (*i*) o monárquico (anos 754 a 510 a.C.); (*ii*) o republicano (anos 510 a 30 a.C.); e (*iii*) o imperial (anos 30 a.C. a 476/565 d.C.)[121], período durante o qual Roma ditou as leis da nossa civilização[122].

---

[117] Para aprofundamento sobre tema, entre outros já citados, ver, especialmente: THALLER. *Des faillites en droit comparé*, t. I..., p. 37-47.

[118] JHERING, Rudolf Von. *O espírito do direito romano*, v. 1. Trad. Rafael Benaion. Rio de Janeiro: Alba, 1943, p. 11; AYMARD, André, AUBOYER, Jeannine. *História geral das civilizações:* Roma e seu império, t. III, v. 3. 2 ed. Trad. Pedro Moacyr Campos. São Paulo: Difusão, 1958, p. 82.

[119] O direito bizantino ou romano-helênico vigorou no Império Romano do Oriente a partir de 476 a.C. — data que, para uma parcela da doutrina, seria 565 d.C., ano da morte do Imperador Justiniano, cujo reinado iniciou em 527 d.C., responsável pela edição do *Corpus Iuris Civilis* entre os anos 529 e 534 d.C. — até sua queda em 1453 (CHAMOUN, Ebert. *Instituições de direito romano*. 3 ed. Rio de Janeiro: Forense, 1957, p. 17).

[120] BRAGAGNOLO, Giovanni. *Storia romana*. Dalla fondazione di Roma alla caduta dell'Imperio Romano d'Occidente. 2 ed. Torino: Tipografia Vicenzo Bona, 1896, p. I.

[121] A divisão da história de Roma em grandes períodos não é unânime na doutrina, embora a diferença entre as classificações não seja materialmente significativa. Por exemplo, Paul Huvelin classifica a história romana em quatro grandes fases: (*i*) das origens de Roma (754 a.C. = 1 ano de Roma) até o término da 1ª Guerra Púnica (241 a.C.); (*ii*) do ano 241 a.C. até o estabelecimento do Império (29 a.C.); (*iii*) do Alto-Império, com o advento de Augusto (29 a.C.) ao advento de Constantino como Imperador (324 d.C.); e (*iv*) do Baixo-Império, com o advento de Constantino (324 d.C.), à morte de Justiniano (565 d.C.). (HUVELIN. *Études d'histoire du droit commercial romain*..., p. 1).

[122] Segundo Jhering: "Três vezes Roma ditou as leis do mundo e por três vezes serviu de traço de união entre os povos: primeiro, pela unidade do Estado, quando o povo romano ainda se achava na plenitude de seu poderio; depois, pela unidade da Igreja, desde o início da queda do Império; e, finalmente, pela unidade do Direito, ao ser ele adotado durante a Idade Média (JHERING. *O espírito do direito romano*..., p. 11). J. Gilissen explica que "O direito romano não desaparece com a derrocada do Império Romano no Ocidente, no século V. Subsiste no Oriente, no Império Romano do Oriente ou Império Bizantino, em que vai conhecer uma

Durante esse extenso intervalo temporal, os romanos não se dedicaram exclusivamente à agricultura[123], à conquista, à política e ao ócio[124]. Embora a atividade agrícola tenha sido sua fortaleza econômica[125], além de sinal de dignidade e honradez[126], eles também desenvolveram o comércio[127] e a indústria[128], inclusive por intermédio de corporações de ofício[129] e engenhosos ajustes societários — que permitiram o tráfego nacional e internacional (incluindo o comércio de escravos), a associação entre banqueiros, a exploração de minas, de obras públicas, a coleta privada de tributos (um dos grandes entraves dos mercadores) em favor de Roma, entre tantas outras atividades bastante sofisticadas[130].

evolução própria durante dez séculos (Secs. V-XV). No Ocidente, o direito romano sobrevive durante algum tempo nas monarquias germânicas que se formaram aí, graças à aplicação do princípio da personalidade do direito. Depois de um eclipse de alguns séculos (Secs. IX-XI), o direito romano, tal como tinha sido codificado em Bizâncio no séc. VI, na época de Justiniano, reaparece no Ocidente, graças ao estudo que os juristas dele fazem no seio das universidades nascentes (Secs. XII e XIII). Este renascimento do direito romano constitui um facto capital na formação do direito moderno na Europa Ocidental." (GILISSEN. *Introdução histórica ao direito...*, p. 18).

[123] A história agrária de Roma descortina, entre uma série de questões relevantes, a relação um tanto quanto confusa entre o direito público e o direito privado, especialmente no que se refere à noção de território, propriedade e sua exploração, inclusive sob uma perspectiva jurídica. O tema é minuciosamente tratado em: WEBER, Max. *Historia agrária romana*. Trad. V.A. Gonzálvez. Madrid: Akal, 2004.

[124] BONFANTE. *Storia del commercio*, v. I..., p. 98; HUVELIN. *Études d'histoire du droit commercial romain...*, p. 1-75.

[125] A despeito disso, a civilização romana não foi responsável por avanços científicos nas técnicas agrícolas, na construção de máquinas, em conhecimentos teóricos destinados a inovar na produção artesanal, alimentícia e industrial. (AYMARD; AUBOYER. *História geral das civilizações*, t. III, v. 3..., p. 78-79).

[126] VAINBERG. *La faillite d'après le droit romain...*, p. 1 ss.

[127] Vainberg refere, no entanto, que até na época de Cícero havia um forte preconceito social e público em face da atividade comercial. (VAINBERG. *La faillite d'après le droit romain...*, p. 2).

[128] SOUZA. *Prelecções de direito comercial...*, p. 26.

[129] DE PAULA, Eurípedes Simões. As origens das corporações de ofício. As corporações em Roma. *Revista de História*, São Paulo, v. XXXII, n. 65, p. 3-68, jan./mar. 1966.

[130] Sobre as sociedades e outras formas organizativas da empresa em Roma, ver: LEIST, B. W. *Zur Geschichte der römischen Societas*. Iena: Ed. Gustav Fischer, 1881; ARANGIO-RUIZ, Vicenzo. *La società in diritto romano*. Napoli: Casa Editrice Dott. Eugenio Jovene, 1950; DI PORTO, Andre. *Impresa collettiva e schiavo "manager" in Roma antiga*: II sec. a.C. – II sec. d.C. Milano: Giuffrè, 1984; GUARINO, Antonio. *La società in diritto romano*. Napoli: Jovene, 1988; SALOMÃO FILHO, Calixto. "Societas" com relevância externa e personalidade jurídica. *Revista de Direito Mercantil, Industrial, Econômico e Financeiro*, v. 81, p. 66-78, 1991; WARDE JÚNIOR,

É consenso que os romanos foram os grandes juristas da antiguidade[131] e a história desse direito é a mais orgânica, contínua e progressiva de que se tem conhecimento no universo jurídico. Direito esse que manteve intacto, durante grande parte do seu desenvolvimento, seu espírito interpretativo e a essência de suas fontes, instituições, costumes, princípios e tradições, sendo justamente essa constância seu maior traço diferenciador[132] — e, justamente, o que pode ter colaborado para a sua derrocada[133]. Em razão disso, para a maioria dos autores, a importância de Roma transcende a ideia de fonte ou origem do direito[134]; sua autoridade reside justamente no ar revolucionário e assertivo[135] da transformação que orientou todo o pensamento jurídico e no fato de ter se tornado um verdadeiro "elemento de civilização moderna"[136].

Walfrido Jorge. *Responsabilidade dos sócios*: a crise da limitação da responsabilidade e a teoria da desconsideração da personalidade jurídica. Belo Horizonte: Del Rey, 2007.

[131] GILISSEN. *Introdução histórica ao direito...*, p. 18; HESPANHA, António Manuel. *Cultura jurídica europeria*. Florianópolis: Boiteux, 2005, p. 123.

[132] BONFANTE, Pietro. *Storia del diritto romano*, v. I. 4 ed. Milano: Giuffrè, 1958, p. 3.

[133] Ao abordar as causas para a queda do Império Romano, Le Goff destaca que a tradição de Roma, historicamente contrária a inovações, inclusive na seara jurídica, contribuiu para seu declínio, especialmente na segunda metade do século II, quando começou a ser atacada pela erosão de forças de destruição e de renovação (LE GOFF, Jacques. *A civilização do ocidente medieval*. Trad. Monica Stahel. Petrópolis: Vozes, 2017, p. 17).

[134] Segundo Pietro Bonfante, o grande momento da história do direito romano teve início com a edição do *Corpus Iuris Civilis*, obra do Imperador Justiniano no século VI d.C., formado pelo (*i*) *Digesto* ou *le Pandette*; (*ii*) *le Istituzioni*; (*iii*) *il Codice*; e (*iv*) *le Novelle* (BONFANTE, Pietro. *Istituzioni di diritto romano*. 3 ed. Milano: Francesco Villardi, 1902, p. 1-2). Bonfante refere, ainda, que o direito romano passou por três principais fases de evolução: (*i*) *Il Comune di Roma e Il diritto quiritario* (*ius quiritium*), 754-200 a.C.; (*ii*) *Lo Stato Romano e il diritto delle genti* (*ius gentium*), 141 a.C.-235 d.C.; e (*iii*) *La monarchìa elleno-orientale e Il diritto elleno-orientale o romano-ellenico*, 305/306-565 d.C. (BONFANTE. *Storia del diritto romano*, v. I..., p. 9).

[135] AYMARD; AUBOYER. *História geral das civilizações*, t. III, v. 3..., p. 236.

[136] Jhering destaca com maestria que: "No fundo, como na forma, todas as legislações modernas baseiam-se no Direito romano, que chegou a ser, para o mundo moderno, como o cristianismo, como a literatura e a arte grega e romana, um elemento de civilização, cuja influência não se limita unicamente às instituições que lhe pedimos. Nosso pensamento jurídico, nosso método e nossa forma de intuição, toda a nossa educação jurídica, são romanos, si é que se pode chamar romana uma cousa que encerra uma verdade universal, que só os romanos tiveram o mérito de haver desenvolvido até o seu mais alto grau de perfeição." (JHERING. *O espírito do direito romano...*, p. 20). Para uma visão da influência do direito romano sobre a tradição jurídica europeia, especialmente o direito português, ver: HESPANHA. *Cultura jurídica europeia...*, p. 123.

Mas, a despeito do progresso no desenvolvimento de noções jurídicas complexas, como a de pessoa e a de coisa/bem corpóreo (fruto da sua tendência à abstração e à centralização)[137], os romanos não diferenciaram direito civil e direito comercial[138] — mesmo porque não precisaram fazê-lo[139]. A rigor, não chegaram nem a estabelecer uma separação nítida entre o direito público e o direito privado[140].

E, nesse particular, sabe-se que a estruturação de uma disciplina jurídica especial de insolvência pressupõe a existência de condições institucionais mínimas, tais como o desenvolvimento do mercado de crédito, a definição de arquétipos legais bem formatados e o estabelecimento de normas claras quanto ao cumprimento de obrigações[141], algumas das quais foram pouco desenvolvidas no contexto romano.

Embora seja arriscado buscar uma conexão direta entre os institutos concursais atuais com aqueles utilizados em Roma[142] — pois não é dado confundir precedentes que apresentam afinidades estruturais e funcionais com as raízes históricas às quais o instituto está diretamente conectado[143] —, alguns tratadistas enxergam no direito romano as origens do direito falimentar contemporâneo. Em nosso sentir, essa orientação não está equivocada. Apesar de o direito comercial propriamente dito ter se formado organicamente nas cidades italianas durante a Idade Média, não

---

[137] GOLDSCHMIDT. *Storia universale del diritto commerciale*..., p. 60-61.
[138] VAINBERG. *La faillite d'après le droit romain*..., p. 6; CARVALHO DE MENDONÇA. *Das fallencias e dos meios preventivos de sua declaração*, v. I..., p. 1. Apesar disso, Huvelin refere que uma série de instituições criadas pelo direito privado (*v.g.*, presunção de solidariedade e de onerosidade das obrigações comerciais, a simplificação dos procedimentos formais) encontrarem vasta aplicação na prática comercial romana (HUVELIN. *Études d'histoire du droit commercial romain*..., p. 77-86).
[139] ASCARELLI, Tullio. *Panorama de direito comercial*. São Paulo: Saraiva, 1947, p. 1 ss.
[140] BONFANTE. *Istituzioni di diritto romano*..., p. 13-14; MACHADO. *Direito commercial*..., p. 227.
[141] ROCCO. *Il fallimento*..., p. 132.
[142] CORDEIRO, António Menezes. *Manual de direito das sociedades*, v. 1. 2 ed. Coimbra: Almedina, 2007, p. 51.
[143] A advertência está em: SCIALOJA, Antonio. Sull' origine delle società commerciali. In: *Saggi di vario diritto*, v. I. Roma: Società Editrice del Foro Italiano, 1927, p. 240.

se pode deixar de reconhecer a influência de Roma sobre certas matérias mercantis medievais, inclusive sobre a falência[144-145-146].

Feita essa advertência, pode-se dizer que o direito romano arcaico apresenta os primeiros traços de institutos do direito concursal, os quais encontraram amplo espaço para desenvolvimento na legislação estatutária medieval. A título ilustrativo, dentre tais inovações está o *pactum ut minus solvatur* que, em sua essência, representava uma espécie de concordata da

---

[144] VAINBERG. *La faillite d'après le droit romain...*, p. 5; RENOUARD. *Traité des faillites et banqueroutes*, t. I..., p. 19; THALLER. *Des faillites en droit comparé*, t. I..., p. 1 ss; RAMELLA. *Trattato del fallimento*, v. I..., p. 18-19; BRUNETTI, Antonio. *Lezioni sul fallimento*. Padova: CEDAM, 1936, p. 10; PROVINCIALI, Renzo. *Manuale di diritto fallimentare*. 2 ed. Milano: Giuffrè, 1951, p. 45; SANTARELLI. *Per la storia del fallimento...*, p. 24 ss; GARRIGUES, Joaquín. *Curso de derecho mercantil*, t. V. 7 ed. Bogotá: Temis, 1987, p. 10; FERNANDEZ, Raymundo L. *Tratado teorico-practico de la quiebra*. Buenos Aires: Compañia Impresora Argentina S. A., 1937, p. 221; LEVINTHAL. *The early history of bankruptcy law...*, p. 236; MONTEIRO, Honório. *Preleções de direito comercial*. São Paulo: USP, 1937, p. 2.

[145] Cumpre registrar, no entanto, que a expressão "falência" não era conhecida dos romanos. Surge apenas na Idade Média como uma adjetivação para o comerciante que "falha" no cumprimento de suas obrigações (SUPINO, David. *Istituzioni di diritto commerciale*. 14 ed. Firenze: Barbera, 1919, p. 464-465). Como explica Adroaldo Mesquita da Costa: "A palavra falência provém do latim *fallere* – enganar – porque na sua derivação etimológica exprime o fato do devedor que engana, que falta ao cumprimento do próprio empenho, à satisfação dos seus próprios compromissos. Esta palavra aparece usada nos Estatutos da Idade Média, em que os falidos são denominados *falliti* ou *fallentes* (Roma); *ratti* ou *rompenti* (Genova); *fugitivi* (leis lombardas); *cessanti* (Firenzi); e em que o fato da falência, o fato de o indivíduo faltar ao pagamento de suas dívidas se denominava *fallita* ou *banca rotta*." (COSTA, Adroaldo M. *A falência*. Porto Alegre: Nação, 1941, p. 4).

[146] Aliás, a propósito do direito romano, várias são as obras específicas que podem ser indicadas para maior aprofundamento, entre elas aquelas que foram aqui utilizadas como fonte subsidiária de pesquisa: ARANGIO-RUIZ, Vincenzo. *Istituzioni di diritto romano*. 14 ed. Napoli: Casa Editrice Dott. Eugenio Jovene, 2006; CHAMOUN. *Instituições de direito romano*...; IGLESIAS, Juan. *Derecho romano*. 15 ed. Barcelona: Ariel, 2007; JUSTO, A. Santos. *Direito privado romano II*: direito das obrigações. 2 ed. Coimbra: Coimbra Editora, 2006; KASER, Max. *Direito privado romano*. Trad. de Samuel Rodrigues e Ferdinand Hämmerle. Lisboa: Fundação Calouste Gulbenkian, 1999; MARKY, Thomas. *Curso elementar de direito romano*. 8 ed. São Paulo: Saraiva, 1995; MARRONE, Matteo. *Istituzioni di diritto romano*. 3 ed. Palermo: Palumbo, 2006; MOREIRA ALVES, José Carlos. *Direito romano*. 14 ed. Rio de Janeiro: Forense, 2007; SCHULZ, Fritz. *Derecho romano clásico*. Trad. de José Santa Cruz Teigeiro. Barcelona: Bosch, 1960.

maioria, cujos efeitos se estendiam ao direito sucessório até o advento da figura do inventário[147-148].

Nesse contexto, porém, as condições impostas aos devedores eram rigorosas e cruéis[149]. Respondiam pessoalmente perante os seus credores com sua liberdade, sua honra, sua vida e seu corpo[150]. Submetidos à execução privada[151] de caráter penal[152], os devedores sofriam infâmia, incapacidade de se tornar sacerdote, obrigação de prestar caução em juízo, podendo, ainda, ser escravizados[153], vendidos no exterior (*trans Tiberim*) e até sofrer,

---

[147] PROVINCIALI, Renzo. *Trattato di diritto fallimentare*, v. I. Milano: Giuffrè, 1974, p. 4-5; PROVINCIALI. *Manuale di diritto fallimentare...*, p. 45.

[148] Vale destacar que, no direito romano clássico, o herdeiro respondia ilimitadamente pelos débitos da herança. Havia, na verdade, a transferência das dívidas do *de cujus* para o herdeiro, que respondia frente aos credores como se o débito fosse seu. Para aprofundamento sobre o tema, ver: MARCHI, Eduardo C. Silveira. *Da concordata no concurso de credores*. São Paulo: Quartier Latin, 2010.

[149] LISBOA, José da Silva. *Princípio de direito mercantil e leis de marinha*, t. I. 6 ed. Academica: Rio de Janeiro, 1874, p. XXIX.

[150] JHERING. *O espírito do direito romano...*, p. 104-105.

[151] Explica Jhering que a natureza privada da justiça decorre da certeza do direito do credor: "Todo o direito, pois, tem sua origem na defesa privada e na vingança. (...) Só há processo onde é debatida a pretensão; quando é evidente, a execução tem lugar em seguida e só o interessado é quem a acompanha, não tendo as autoridades motivo para intervir. (...) Quem tem um direito evidentíssimo, não tem necessidade da autoridade para fazê-lo reconhecer, nem para realizá-lo. Consegui-lo concerne somente ao interessado e não conhecemos nenhuma disposição do direito antigo que lhe imponha a cooperação da autoridade, ou sequer a seu respeito tenha conjeturado. Não há dúvida, certamente, que, em caso de necessidade o magistrado não hesitasse em intervir; mas sua intervenção não era um elemento necessário do antigo processo de execução. Êste se apoia, evidentemente, no tácito pressuposto de que a resistência contra uma defesa privada justa não é de prever – basta somente a fôrça do interessado. As penas cominadas contra a desobediência nasceram mais tarde." (JHERING. *O espírito do direito romano...*, p. 97-98).

[152] Segundo A. Ramella, as penas de caráter penal eram aplicadas diretamente pelos credores do devedor, assumindo, portanto, uma natureza privada. Sabe-se, no entanto, que, ao longo da evolução do direito, tais punições assumiram o caráter público, dando origem ao direito penal, tal qual o conhecemos. (RAMELLA, Agostino. *Trattato del fallimento*, v. II. 2 ed. Milano: Libraria, 1915, p. 521-522). No mesmo sentido: ROCCO. *Il fallimento...*, p. 132.

[153] Como destaca Bento de Faria: "O cidadão romano não podia tornar-se escravo, em Roma, mas, podia, por várias causas, ficar em situação quase servil (*loco servi*), ou *in mancipio*, do que lhe resultava a incapacidade jurídica análoga a do escravo" (BENTO DE FARIA. *Direito comercial*, v. IV..., p. 14, nota de rodapé 1).

simbolicamente, esquartejamento para que a partilha do seu corpo pudesse ser feita entre seus credores[154].

Apesar de efetivamente responder com a sua liberdade, sua vida e sua honra, mesmo no direito romano arcaico não se tem notícia de esquartejamento e partilha propriamente ditos do corpo de um devedor. Pareceu a alguns estudiosos que a divisão do corpo do devedor em partes e a sua posterior partilha entre os credores teriam um caráter místico, simbólico, não material/real — algo próximo de uma maldição, típico da magia e da religião romanas. Por meio dessa ação mística, as partes do corpo do devedor seriam entregues às divindades maléficas como uma espécie de castigo pelo inadimplemento da obrigação para com vários credores[155]. E pela conhecida supersticiosidade do homem romano, é de se acreditar que tal maldição pudesse, de fato, ter algum efeito coativo importante sobre ele em direção ao adimplemento.

A pessoa do devedor era, portanto, a garantia — inclusive convencional — do credor quanto ao adimplemento da obrigação assumida[156]. Esse quadro geral somente se alterou com a substituição da responsabilidade pessoal — prevista na Tábua III da Lei das XII Tábuas — pela responsabilidade exclusivamente patrimonial[157]. Os primeiros institutos de direito falimentar contemporâneo decorreram justamente dessa transição, como resultado da necessidade de instrumentalizar a execução meramente patrimonial — pois, até então, as obrigações tinham caráter eminentemente pessoal e as ferramentas executivas tinham por objeto a coação física do devedor, não a expropriação do seu patrimônio para pagamento da dívida[158].

Isso tudo porque, ainda que o devedor tivesse avantajado patrimônio, não podiam os credores tocá-lo, pois o pensamento jurídico dos romanos simplesmente não concebia a execução por outro modo que não o da agressão pessoal[159]. Como a explicação é contraintuitiva, pois, aos olhos do

---

[154] BRUNETTI. *Lezioni sul fallimento...*, p. 11; FERREIRA, Waldemar. *Tratado de direito comercial*, v. 14. São Paulo: Saraiva, 1965, p. 6.
[155] FERREIRA. *Tratado de direito comercial*, v. 14..., p. 6; MARCONDES, Sylvio. *Direito comercial*: falência (direito comercial: 4º ano). São Paulo: Faculdade de Direito da Universidade de São Paulo – Centro Acadêmico XI de Agosto, 1954, p. 4.
[156] RAMELLA. *Trattato del fallimento*, v. I..., p. 19.
[157] DE SEMO. *Diritto fallimentare...*, p. 30; FERREIRA. *Tratado de direito comercial*, v. 14..., p. 5.
[158] MARCONDES. *Direito comercial...*, p. 4.
[159] VALVERDE, Trajano de Miranda. *Comentários à Lei de Falências*, v. I. 2 ed. Rio de Janeiro: Forense, 1955, p. 6.

homem contemporâneo, a execução patrimonial simplesmente faz mais sentido do que a execução pessoal[160], vale desvelar a razão histórica disso.

Em primeiro lugar, não é possível descartar a importância do instinto primitivo da vingança e do real desejo do credor de ver o seu devedor amaldiçoado em função do não cumprimento de uma obrigação. Embora essa explicação seja fidedigna com o contexto e com os costumes da época, a investigação precisa levar em consideração outros fatores e hipóteses que, muito provavelmente, foram decisivos para a concepção de um sistema baseado na execução estritamente pessoal.

A doutrina aventa algumas suposições relevantes: (*i*) a existência de um instinto primitivo de vingança do credor contra a pessoa do devedor, que talvez se satisfizesse mais com a agressão do que com a recomposição patrimonial, sentimento típico de uma sociedade ainda rudimentar; (*ii*) o caráter privado, penal e processual da execução aliado à configuração de uma garantia da plebe contra eventual ganância dos patrícios, que tenderiam a se apoderar do seu patrimônio caso a execução patrimonial fosse admitida; e (*iii*) a existência de um enorme respeito dos romanos pela propriedade, de natureza coletiva (especialmente no que se refere a bens imóveis), decorrente de sua religião doméstica[161-162-163].

---

[160] Segundo Rocco, o conceito jurídico que sustenta a transição do sistema de responsabilidade pessoal do devedor para o da responsabilidade patrimonial gira em torno da ideia de adimplemento da obrigação por meio da equivalência da prestação. O foco da execução do credor passa a ser a satisfação da obrigação propriamente dita por meio do valor correspondente no patrimônio do obrigado e não da obtenção coativa do pagamento do débito pelo devedor ou por terceiro (ROCCO. *Il fallimento*..., p. 131-132). No mesmo sentido, ver: RAMELLA. *Trattato del fallimento*, v. I..., p. 19-20; PERCEROU, Jean. *Des faillites & banqueroutes et des liquidations judiciaires*, t. I. Paris: Rousseau, 1909, p. 5.

[161] ROCCO. *Il fallimento*..., p. 132-140, 181; CARVALHO DE MENDONÇA. *Tratado de direito comercial brasileiro*, v. VII..., p. 12, nota ao pé da p. 1; MENDES, Octavio. *Fallencias e concordatas*. São Paulo: Saraiva, 1930, p. 1-2.

[162] Para aprofundamento sobre a religião doméstica dos romanos, ver o clássico: COLANGES, Fustel de. *A cidade antiga*. 5 ed. São Paulo: Martins Editora, 2004.

[163] Nesse particular, Levinthal refere a prática do *sitting d'harna* como fato ilustrativo do caráter religioso das sanções na Índia e no Nepal similar à figura do *fasting on* que existiu na *ancient* Irlanda: "In both, the creditor placed himself before the debtor's doorway, there to remain until the debt was paid. The expected payment was seldom delayed, for public opinion would have punished instantly and severely the debtor who allowed his creditor to become exhausted or to die of starvation before his door." (LEVINTHAL. *The early history of bankruptcy law*..., p. 229).

Como quer que seja e como a seguir será examinado, é inequívoco que, em um primeiro estágio, a execução dava-se unicamente sobre o corpo do devedor ao mesmo tempo em que não tinha sido desenvolvido o conceito de cessação de pagamentos, cujo aparecimento decorreu de uma necessidade eminentemente econômica durante o período medieval[164].

2.1. Lei das XII Tábuas: A Responsabilidade Pessoal do Devedor

A investigação histórica conduz à severidade e à crueldade das penas romanas aplicadas à pessoa do devedor (*qui non habet in oere solvat in corpore*)[165], que era chamado *decoctus*[166] (*i.e.*, dissipador, pessoa arruinada, a quem se dispensava tratamento degradante)[167]. Essa é, sem sombra de dúvida, a nota característica do direito romano primitivo em matéria de execução[168] (o caráter pessoal da obrigação), aliada, em menor medida, à preocupação com a universalidade do concurso[169] e ao tratamento igualitário dos

---

[164] De acordo com Levinthal: "(...) but for a very long time, indebtedness was regarded as an anomaly, as a special privilege, as a perversion of the traditional and customary method of dealing. A contract executed by only one of the contracting parties was regarded as an incomplete conveyance. The creditor who had performed his part of the transaction had little cause to fear default on his debtor's part. Public opinion provided two sanctions, each of them extremely powerful, by which the debtor was compelled to perform his part of the contract, which the ancients thought ought never to have been postponed. One sanction was religious in character; the other was the peculiarly severe form of the primitive procedure of execution." (LEVINTHAL. *The early history of bankruptcy law...*, p. 229).

[165] CARVALHO DE MENDONÇA. *Das fallencias e dos meios preventivos de sua declaração*, v. I..., p. 1.

[166] Segundo Adroaldo Mesquita da Costa, com base nas lições de Stracca, em época mais remota a falência se denominava *decoctio*: "*Decoctio* vem do verbo *decoquere*, cozinhar, porque, paulatinamente, há uma diminuição de valores patrimoniais, como acontece com os alimentos que se vão destruindo pela decocção. Empregada por escritores mais modernos, a palavra já se encontra, entretanto, no latim clássico: *decoctus*." (COSTA. *A falência...*, p. 4).

[167] BENTO DE FARIA. *Direito comercial*, v. IV..., p. 7-8.

[168] CARVALHO DE MENDONÇA. *Das fallencias e dos meios preventivos de sua declaração*, v. I..., p. 1-2.

[169] FERNANDEZ. *Tratado teorico-practico de la quiebra...*, p. 221-222.

credores (*jus paris conditions creditorum*)¹⁷⁰, ainda que o objeto de interesse fosse o próprio devedor¹⁷¹.

A Lei das XII Tábuas (*Lex Duodecim Tabularum* ou *Codice Decemvirale*)¹⁷² — o primeiro marco na evolução do direito primitivo romano¹⁷³, de cunho eminentemente privado, rústico e incompleto¹⁷⁴, que vigorou de 451 a.C. a 450 a.C. —, dispensava um tratamento crudelíssimo ao devedor¹⁷⁵, mais especificamente aquela que se acredita ser a Tábua III, que tratava das normas contra os inadimplentes — ou, como refere Bento de Faria, "Direito das Dívidas"¹⁷⁶.

Nesse particular, salienta Honório Monteiro que o direito anterior acabou sendo codificado na Lei das XII Tábuas¹⁷⁷, restando o primitivo modo de lidar com o devedor insolvente — materializado na figura da *in partes secare*, isto é, na divisão dos membros do devedor fugitivo e, por conse-

---

[170] NAVARRINI, Umberto. *Trattato teorico-pratico di diritto commerciale*, v. VI. Torino: Fratelli Bocca, 1926, p. 19; FERRARA JR, Francesco; BORGIOLI, Alessandro. *Il fallimento*. 5 ed. Milano: Giuffrè, 1995, p. 52-53; MOSSA, Lorenzo. *Diritto commerciale*, parte II. Milano: Società Editrice, 1937, p. 637-638.

[171] MONTLUC. *La faillite chez les romains...*, p. 4.

[172] Melchiorre Roberti refere que a lenda em torno do surgimento da Lei das XII Tábuas remonta a um momento de luta entre patrícios e plebeus, que determinou a organização de uma comissão extraordinária para visitar a Grécia, com o objetivo de estudar as leis daquele país e retornar com um código capaz de regular a vida em Roma. Ao fim e ao cabo, o grupo de estudiosos retornou com dez tábuas, às quais foram acrescidas mais duas. Deixando-se a lenda de lado, trata-se de uma compilação de regras, usos e costumes de períodos históricos distintos e não um código escrito por uma comissão de especialistas (ROBERTI, Mechiorre. *Lineamenti di storia del diritto dalle origini di Roma ai nostri giorni*, v. I. Milano: Giuffrè, 1933, p. 36). Segundo Moreira Alves, trata-se de uma compilação do direito romano levada a cabo por volta dos anos 450 a.C., literalmente inscrita em doze tábuas de bronze afixadas no Fórum romano — para que todos, especialmente os plebeus, pudessem ter conhecimento do direito vigente —, que consistia em um resumo dos costumes romanos amoldados desde os tempos da fundação daquela civilização. (MOREIRA ALVES. *Direito romano...*, p. 25-29). Para Bonfante, a Lei das XII Tábuas era uma legislação essencialmente de direito civil, representando o nível cultural relativamente avançado dos romanos, especialmente a propensão singular dessa civilização para a seara jurídica, embora o tom primitivo e cruel de algumas disposições mereça severas críticas (BONFANTE. *Storia del diritto romano*, v. I..., p. 122).

[173] BONFANTE. *Storia del diritto romano*, v. I..., p. 119.

[174] BONFANTE. *Storia del diritto romano*, v. I..., p. 123.

[175] Ao tratar da crueldade da Lei das XII Tábuas, Noel refere que suas disposições "(...) alleged to have been 'more Draconic than Draco'" (NOEL. *A history of the bankruptcy law...*, p. 16).

[176] BENTO DE FARIA. *Direito comercial*, v. IV..., p. 14.

[177] MONTEIRO. *Preleções de direito comercial...*, p. 2.

guinte, do seu patrimônio[178] — literalmente entalhado na mais importante das leis de Roma, a qual deu início à distinção entre execução coletiva e individual[179] e esboçou a ideia da repartição dos ativos do devedor[180].

Vainberg examina as minúcias das três primeiras tábuas, que continham normas de cunho processual, mencionando a discussão doutrinária sobre a existência de diferenciação legal e procedimental — que, segundo Savigny, existiu e foi mantida na *Lex Gallije Cisalpinae* — entre dívidas contraídas em dinheiro e dívidas de outra natureza[181]. Seja como for, a execução romana era eminentemente privada e a condição de devedor, quer por sentença condenatória (*iudicatus*) ou por confissão/admissão (*confessus*) judicial, imputava ao inadimplente o dever de cumprir a obrigação após sua citação para estar em juízo (*ius vocatio*)[182]. Caso ele não o fizesse dentro do prazo esperado — 30 dias (*triginta dies justi*) depois do julgamento ou da confissão —, sobre a sua pessoa recaíam os efeitos da *manus iniectio*[183] ("por a mão sobre a pessoa do devedor")[184], o mais antigo procedimento executivo romano, que consistia na sua detenção pelo credor — e condução até um magistrado — até que o pagamento fosse efetivado ou que alguém assumisse a responsabilidade pela dívida (sendo esse terceiro chamado de *vindex*)[185-186].

---

[178] PAJARDI, Piero. *Manuale di diritto fallimentare*. Milano: Giuffrè, 1969, p. 54.
[179] REQUIÃO. *Curso de direito falimentar*, v. 1..., p. 6
[180] MONTLUC. *La faillite chez les romains...*, p. 5.
[181] VAINBERG. *La faillite d'après le droit romain...*, p. 7-13; BONFANTE. *Storia del diritto romano*, v. I..., p. 166-167.
[182] ARANGIO-RUIZ, Vicenzo. *Historia del derecho romano*. 4 ed. Trad. Francisco de Pelsmaeker e Ivanez. Madrid: Reus, 1980, p. 89.
[183] LEVINTHAL. *The early history of bankruptcy law...*, p. 231; ARANGIO-RUIZ. *Historia del derecho romano...*, p. 90. Para aprofundamento sobre o aspecto processual do instituto, ver: FERRARA JR.; BORGIOLI. *Il fallimento...*, p. 52.
[184] JHERING. *O espírito do direito romano...*, p. 115.
[185] ROCCO. *Il fallimento...*, p. 134; MONTEIRO. *Preleções de direito comercial...*, p. 2. Para detalhamento do procedimento da *legis actio per manus injectionem* e sua interpretação à luz do antigo processo judicial da *legis actiones* e das formas solenes de justiça privada, ver: JHERING. *O espírito do direito romano...*, p. 115 ss.
[186] Segundo Sá Vianna, "Entre o *vindex* e credor ficavam estabelecidas relações jurídicas, que eram desde logo resolvidas pelo magistrado, sendo que, no caso de falta aquelle ao cumprimento da obrigação, que contrahira, era coagido a pagar o dobro do valor devido, como pena pela demora causada ao credor" (VIANNA. *Das fallencias...*, p. 3). Arangio-Ruiz destaca que as partes podiam estabelecer um procedimento mais simples e menos perigoso para os créditos derivados de uma estipulação privada (ARANGIO-RUIZ. *Historia del derecho romano...*, p. 90).

Se nenhuma dessas hipóteses se materializasse, o credor podia levar consigo o devedor para sua casa (adjudicação, *addictus*), deixando-o amarrado com um nervo de boi ou com grilhões durante 60 dias, período durante o qual vivia às suas próprias expensas, caso tivesse algum patrimônio, ou por conta do credor — que deveria alimentá-lo diariamente com uma libra de farinha ou mais, de acordo com a sua liberalidade[187].

O período de 60 dias servia para que credor e devedor pudessem chegar a um acordo acerca de como a dívida seria honrada — era possível fazê-lo, inclusive, com a sua força de trabalho —, sendo relevante referir que, durante esse ínterim, o devedor não perdia sua cidadania, tampouco o seu patrimônio, caso houvesse[188]. Esse último ponto é interessante, pois ressalta o caráter essencialmente pessoal da responsabilidade, na medida em que a execução recaía efetivamente sobre a pessoa do devedor, ainda que existisse patrimônio disponível, o qual, a princípio, restava intocado[189].

Vencido esse intervalo temporal sem que se chegasse a um acordo sobre as dívidas, o devedor passava à condição de escravo[190]. Nesse momento, já poderia o credor levá-lo à feira para ser vendido, ou resgatado, caso alguém aparecesse para pagar ou se responsabilizar pela dívida[191]. Se depois de três feiras consecutivas (*trinis nundinis continuis*) não ocorresse a venda nem o resgate, o devedor sofria a *capitis diminutio maxima*, que consistia na perda da sua capacidade civil, passando à condição de propriedade do credor, que poderia mantê-lo aprisionado, vendê-lo fora do território romano (*trans Tiberim*), matá-lo ou até esquartejá-lo, caso houvesse mais de um credor

---

[187] BUTERA. *Della frode e della simulazione...*, p. 2-3; SAMPAIO DE LACERDA, J. C. *Manual de direito falimentar*. 10 ed. Rio de Janeiro: Freitas Bastos, 1978, p. 28. Na mesma linha, segundo Rocco, Honorio Monteiro e Sá Vianna, o credor "mantinha-o preso em cadeiras de ferro, diz o Digesto, de peso não excedente a 15 libras e tendo uma alimentação de 2 libras de farinha por dia" (ROCCO. *Il fallimento...*, p. 134; MONTEIRO. *Preleções de direito comercial...*, p. 2; VIANNA. *Das fallencias...*, p. 3).

[188] SAMPAIO DE LACERDA. *Manual de direito falimentar...*, p. 28.

[189] SAMPAIO DE LACERDA. *Manual de direito falimentar...*, p. 28.

[190] Como destaca Sá Vianna, "O estado de escravidão, assim imposto ao devedor, como pena em que incorria, abria exceção ao princípio geral do direito civil da inalienação da liberdade, ainda mesmo por acto voluntário e convencional" (VIANNA. *Das fallencias...*, p. 5).

[191] BENTO DE FARIA. *Direito comercial*, v. IV..., p. 15.

(*Tertiis nundinis partes secanto*) — pouco importando se cortassem para mais ou para menos[192].

Existia um consenso social e pedagógico em Roma, que foi absorvido pela cultura medieval, no sentido de que a insolvência era uma irresponsabilidade e, assim sendo, deveria ser exemplarmente punida[193]. Nesse contexto, a crueldade das penas aliada à natureza privada do procedimento executivo da *manus iniectio* — que, em contrapartida, exigia a exposição pública da dívida, com longos prazos para pagamento — buscava intimidar e pressionar o devedor (ou terceiro), induzindo-o ao adimplemento voluntário da obrigação[194].

Nessa primeira fase, a responsabilidade era eminentemente pessoal (*i.e.*, *un diritto verso il debitore e sul il debitore*)[195], restando intacto o patrimônio do devedor, ou seja, não havia nenhum direito *direto* do credor contra os bens do devedor[196]. O patrimônio só era atingido por via *indireta* (efeito reflexo), pois a coação física fazia o devedor pagar caso ele tivesse meios para tanto[197]. Aplicava-se, em Roma, literalmente o provérbio "He who cannot pay with his purse pays with his skin"[198]. Não era tolhida apenas a

---

[192] VIANNA. *Das fallencias...*, p. 4; BENTO DE FARIA. *Direito comercial*, v. IV..., p. 15; FERNANDEZ. *Tratado teorico-practico de la quiebra...*, p. 222. Como quer que seja, aqui já se referiu que o esquartejamento do corpo do devedor era meramente simbólico/figurado, não ocorrendo de fato (FERREIRA. *Tratado de direito comercial*, v. 14..., p. 7). "Para a honra da natureza humana (...) nenhum historiador registra caso algum dessa prática". (BENTO DE FARIA. *Direito comercial*, v. IV..., p. 15). O esquartejamento simbólico serviria de gozo aos credores, posto pensarem poder perseguir o devedor na outra vida (SAMPAIO DE LACERDA. *Manual de direito falimentar...*, p. 29). Reitere-se que o romano era muito supersticioso e que a religião e a magia — as quais, inclusive, se confundiam — exerciam forte influência em sua vida, daí a gravidade da pena, a qual era provavelmente encarada com grande seriedade, embora de pequena aplicação prática (THALLER. *Des faillites en droit comparé*, t. I..., p. 14 ss). No mesmo sentido: RAMELLA. *Trattato del fallimento*, v. I..., p. 12; VIVANTE. *Il fallimento civile...*, p. 5. Em sentido contrário, defendendo que pena podia restar aplicada em face do devedor: DE SEMO. *Diritto fallimentare...*, p. 30.

[193] VIGIL NETO, Luiz Inácio. *Teoria falimentar e regimes recuperatórios*. Porto Alegre: Livraria do Advogado, 2008, p. 49, nota 83.

[194] ROCCO. *Il fallimento...*, p. 136-137.

[195] ROCCO. *Il fallimento...*, p. 138.

[196] FERREIRA. *Tratado de direito comercial*, v. 14..., p. 6.

[197] FERRARA JR.; BORGIOLI. *Il fallimento...*, p. 52-53; NAVARRINI. *Trattato teorico-pratico di diritto commerciale*, v. VI..., p. 9; FERREIRA. *Tratado de direito comercial*, v. 14..., p. 6.

[198] LEVINTHAL. *The early history of bankruptcy law...*, p. 231.

liberdade e a honra do falido; a própria vida do devedor era posta ao bel prazer do credor[199].

Esse aspecto pessoal da punição, aliado às penalidades de caráter moral e religioso, ajuda a compreender a inexistência — e até certo ponto a desnecessidade — de leis falimentares como procedimento especial de cobrança em Roma[200]. A rigor, é difícil imaginar que um devedor com patrimônio suficiente para adimplir a dívida fosse se sujeitar ao procedimento executivo da *manus iniectio* (ou mesmo do *nexus*, que será analisado abaixo)[201]. Como veremos a seguir, a segunda fase se caracteriza justamente pela transição da responsabilidade pessoal para um sistema de responsabilidade patrimonial.

2.2. Lex Poetelia Papiria: *A Introdução Da Responsabilidade Patrimonial*

O rigor das regras contra a pessoa do devedor foi atenuado por influência do direito pretoriano[202]. Aproximadamente no ano de 428 a.C., a *Lex Poetelia Papiria*[203] proibiu a usura e extinguiu a servidão como penalidade para o não pagamento das dívidas, assim como a possibilidade de vender ou matar o devedor, proscrevendo as cruéis disposições da Lei das XII Tábuas relativamente ao devedor inadimplente[204] (*non corpus debitoris sed*

---

[199] LEVINTHAL. *The early history of bankruptcy law...*, p. 231.
[200] LEVINTHAL. *The early history of bankruptcy law...*, p. 231.
[201] ROCCO. *Il fallimento...*, p. 138.
[202] RAMELLA. *Trattato del fallimento*, v. I..., p. 19; CARVALHO DE MENDONÇA. *Das fallencias e dos meios preventivos de sua declaração*, v. I..., p. 2.
[203] Observa-se uma imprecisão na doutrina com relação ao momento de extinção da antiga *manus iniectio*. Por exemplo, Levinthal refere que: "In 326 B. C. the old *manus injectio* was modified and mitigated by a *lex Poetelia*, but execution against the person continued for about two centuries. Execution against the debtor's property was first employed only in the case of debts owed to the State. If a man were condemned upon a criminal charge to pay a pecuniary penalty, and refused or was unable to pay, the praetor would grant possession of his estate to the quaestors, who sold it to the highest bidder *(sector)*. It was not until about 105 B. C. that a praetor named Publius Rutilius introduced proprietary execution for the satisfaction of private debt." (LEVINTHAL. *The early history of bankruptcy law...*, p. 232). Aqui, embora Rocco faça referência ao pretor Rutilio como suposto criador do sistema da execução patrimonial, entende ser improvável que um único indivíduo tenha sido responsável por conceber um sistema de tamanha complexidade (ROCCO. *Il fallimento...*, p. 142-143).
[204] MONTLUC. *La faillite chez les romains...*, p. 5; FERREIRA. *Tratado de direito comercial*, v. 14..., p. 7; FERRARA JR.; BORGIOLI. *Il fallimento...*, p. 53.

bona obnoxia)²⁰⁵. Essa legislação prestou um grande serviço ao progresso da liberdade civil em Roma²⁰⁶, representado o marco fundamental da substituição do sistema de responsabilidade pessoal do devedor para o de responsabilidade/execução patrimonial²⁰⁷ — isto é, correspondeu à evolução de um sistema legal baseado na retaliação para a equivalência/compensação²⁰⁸. E, por isso, é interessante o exame do contexto em que veio a lume tal lei, justamente para compreender o porquê dessa transição.

A doutrina observa que, durante a vigência das disposições da Lei das XII Tábuas, a rigidez e a impiedade da execução determinaram a criação de um contrato formal de bastante aceitação social: o *nexus*²⁰⁹⁻²¹⁰. Por meio dele, o devedor sem recursos para fugir à coação corporal obrigava-se a prestar serviços ao credor, como se um servo fosse, a fim de pagar a sua dívida²¹¹. Segundo consta, esse sistema gerou inúmeros abusos, ocasionando uma reação bastante violenta contra a possibilidade de coação

---

²⁰⁵ GARRIGUES. *Curso de derecho mercantil*, t. V..., p. 10.
²⁰⁶ RENOUARD. *Traité des faillites et banqueroutes*, t. I..., p. 12.
²⁰⁷ NOEL. *A history of the bankruptcy law*..., p. 17; BRUNETTI. *Lezioni sul fallimento*..., p. 11.
²⁰⁸ Segundo Levinthal: "In the Roman law we can very clearly perceive the evolution of proprietary execution step by step, but we find that underlying this evolution there is an abstract and rather vague notion of execution as conceived by the Roman jurisconsults. They regarded the person of the debtor not merely as a pledge for the payment of the debt: 'it is the person, they said, who is *obligated*. and it is the person to whom the creditor *must* look to be paid; there is no execution except personal execution, and it is for the debtor to say whether he will save himself by sacrificing his property.' To them, the seizure of the debtor's body, which was primarily responsible for the debt, was the seizure of his total legal personality. The transition in Roman procedure was from execution against the person to execution against the debtor's estate in its entirety, to the sale of what was known as his universal succession, for the benefit of as many creditors as cared to avail themselves thereof." (LEVINTHAL. *The early history of bankruptcy law*..., p. 233).
²⁰⁹ Thaller ressalta a diferença entre a figura do *addictus* e do *nexus*. Enquanto na primeira o devedor era aprisionado pelo credor, tornando-se posteriormente escravo, o devedor, na segunda, prestava serviços ao credor na expectativa de que seu trabalho devolvesse sua liberdade (THALLER. *Des faillites en droit comparé*, t. I..., p. 25-26). A caracterização da figura do *nexus* como um contrato, uma espécie de autoemancipação do devedor por meio da prestação de serviços ao credor para pagamento do seu débito também está em: ROCCO. *Il fallimento*..., p. 135.
²¹⁰ Rocco refere que, se a ingerência das autoridades públicas (pretores e magistrados) no processo de execução privada da *manus iniectio* era pequena, no procedimento do *nexus* era inexistente (ROCCO. *Il fallimento*..., p. 135).
²¹¹ BUTERA. *Della frode e della simulazione*..., p. 3; SAMPAIO DE LACERDA. *Manual de direito falimentar*..., p. 30; VIANNA. *Das fallencias*..., p. 6-8. Ver, também: MONTEIRO. *Preleções de direito comercial*..., p. 3; MOREIRA ALVES. *Direito romano*..., p. 478-479.

física do devedor, indignação que teve seu ápice em um episódio narrado por Tito Lívio[212], envolvendo um jovem chamado Caius Publius[213].

Consta que esse jovem contraiu dívida para pagar as despesas fúnebres de seu pai junto a um homem inescrupuloso e de tendências degeneradas. Em razão disso, foi celebrado o *nexum*[214] com este pernicioso sujeito que, simpatizando com o jovem Caius, "tentou conquistar-lhe afagos libidinosos". Porém, não tendo sucesso em sua investida, passou a maltratar e castigar o jovem rapaz, fato que teria gerado grande repúdio e revolta social[215].

Em reação ao sistema que permitia tal tipo de abuso, especialmente em decorrência de pressões populares e da atuação dos pretores, passou a vigorar, no ano de 428 a.C., a *Lex Poetelia Papiria*, que reduziu o caráter privado do procedimento, aumentou a ingerência/participação do magistrado, proibiu o homem livre de se obrigar como servo para o pagamento de dívidas[216] e aboliu a faculdade do credor de encarcerar o devedor, de vendê-lo como escravo ou mesmo de matá-lo[217]. Assim, restando proscrita a execução sobre o corpo do devedor — base do sistema de responsabilidade pessoal —, o foco da execução passou para os bens do devedor, inaugurando o sistema de responsabilidade patrimonial[218].

2.3. Lex Aebutia e Lex Iulia: *a Expropriação Patrimonial*

O progresso da civilização romana e o desenvolvimento de novas técnicas e conceitos jurídicos permitiram o alargamento da visão romana de pessoa; antes considerada como ser dotado, única e exclusivamente, de personalidade física e psicológica, passa a ser vista como um indivíduo, dotado de

---

[212] Tito Lívio foi o grande historiador do período romano, embora seu evidente patriotismo exija a leitura de sua obra com algum ceticismo. Sobre o tema, ver: AYMARD; AUBOYER. *História geral das civilizações*, t. III, v. 3..., p. 156 ss.
[213] RENOUARD. *Traité des faillites et banqueroutes*, t. I..., p. 12; BUTERA. *Della frode e della simulazione...*, p. 3; SAMPAIO DE LACERDA. *Manual de direito falimentar...*, p. 30.
[214] VAINBERG. *La faillite d'après le droit romain...*, p. 39-61.
[215] RENOUARD. *Traité des faillites et banqueroutes*, t. I..., p. 12-13; VAINBERG. *La faillite d'après le droit romain...*, p. 86-87; SAMPAIO DE LACERDA. *Manual de direito falimentar...*, p. 30.
[216] BUTERA. *Della frode e della simulazione...*, p. 3; MONTEIRO. *Preleções de direito comercial...*, p. 3.
[217] ROCCO. *Il fallimento...*, p. 141; FERREIRA. *Tratado de direito comercial*, v. 14..., p. 7.
[218] FERREIRA. *Tratado de direito comercial*, v. 14..., p. 7; SAMPAIO DE LACERDA. *Manual de direito falimentar...*, p. 30.

personalidade jurídica, capaz de ser proprietário de bens e direitos, que formam seu patrimônio, e respondem diretamente por suas dívidas[219].

Compreendido esse avanço e banido o regime da responsabilidade pessoal (ou atenuada a crueldade das penas)[220], foram criados instrumentos jurídicos capazes de efetivar a expropriação do patrimônio do devedor[221]. O primeiro grande passo nessa direção se deu com a simplificação do sistema existente, com o advento da *Lex Aebutia*, e, posteriormente, da *Lex Iulia*, que extinguiram o sistema da *legis actiones*[222], inaugurando um novo

---

[219] PERCEROU. *Des faillites & banqueroutes et des liquidations judiciaires*, t. I..., p. 4. Para aprofundamento sobre o tema, ver: THALLER. *Des faillites em droit comparé*, t. II..., p. 33, 47 ss.

[220] O tema admite interpretação divergente por parte da doutrina. Autores de renome defendem que não houve a extinção imediata do regime da responsabilidade pessoal do devedor, mas sim uma atenuação da crueldade das penas aplicadas ao devedor. Por exemplo, Renouard refere que a figura do *nexum* foi abolida por alguns anos da prática romana (sendo retomada posteriormente), enquanto o instituto do *addictio* subsistiu a figura do *nexus* (RENOUARD. *Traité des faillites et banqueroutes*, t. I..., p. 13 ss). Em sentido semelhante, Rocco entende que a *Lex Poetelia Papiria* não extinguiu completamente o sistema da responsabilidade pessoal; houve, na verdade, uma atenuação do caráter penal das sanções impostas à pessoa do devedor, permanecendo o referido regime como um meio de coação da vontade do devedor em direção ao adimplemento da dívida (ROCCO. *Il fallimento...*, p. 141).

[221] Inglez de Souza relata que a migração do regime da responsabilidade pessoal para a responsabilidade patrimonial decorre da superação de uma visão religiosa bastante comum em Roma: "Quando a propriedade collectiva cedeu o lugar à individual, ainda assim a liberdade, ou mais explicitamente, a capacidade jurídica, ficou limitada ao *pater-familias*. E a propriedade soffria também grandes restricções por ser vedada a alienação dos immoveis, que devem ser conservados para perpetuação do culto dos deuses dos lares. Do mesmo modo as obrigações foram, por muito tempo, inalienáveis, visto terem o caracter de vinculo essencialmente pessoal, contrahido perante os deuses e cuja violação importava uma offensa a elles e à pessoa do credor. Dahi a vingança privada, com todo o seu cortejo, até o *in partes seccanto; si plus minusve seccuerint nec fraude est*. Mas o espirito pratico dos Romanos comprehendeu logo a inutilidade da vingança privada; operou-se então uma transformação – o vinculo pessoal foi substituído pelo vinculo patrimonial, os bens do devedor passaram a responder pelas suas dividas, — e isto significava um golpe terrível contra a inalienabilidade dos immoveis" (SOUZA. *Prelecções de direito comercial...*, p. 12-13).

[222] CARVALHO DE MENDONÇA. *Das fallencias e dos meios preventivos de sua declaração*, v. I..., p. 2. A propósito, o direito processual romano pode ser divido basicamente em três sistemas ou fases (o processo das ações da lei, o processo formular e o processo extraordinário), sendo o primeiro deles o das *Legis Actiones* ("Ações da Lei"), assim chamadas porque relacionadas diretamente com a Lei das XII Tábuas. Esse período se estendeu da fundação de Roma – 754 a.C. – até o ano de 149 a.C. Excessivamente formalista, o procedimento — todo ele oral — era um reflexo da cultura de um povo primitivo e supersticioso, estando baseado em solenidades rigorosíssimas, em que determinadas fórmulas verbais e gestos deveriam ser reproduzidos

regime processual (chamado de "sistema formulário", simplificado e livre das antigas formalidades)[223] e conduzindo a uma transformação radical no processo de execução[224].

Nesse período surge, mais uma vez por criação pretoriana[225] — em decorrência do poder de *imperium* que lhes fora outorgado e da *Lex Iulia* —, a possibilidade de os credores serem imitidos na posse dos bens do devedor[226], a *pignoris capio*[227] e, na sequência, a *missio in bona*[228], medidas

---

nos mínimos detalhes, sob pena de nulidade do processo, o qual não poderia ser proposto novamente (SANTOS, Moacyr Amaral. *Primeiras linhas de direito processual civil*, v. 1. 5 ed. São Paulo: Saraiva, 1977, p. 36-37). Para aprofundamento, ver: BRUNETTI. *Lezioni sul fallimento...*, p. 11 ss; ROCCO. *Il fallimento...*, p. 143 ss.

[223] O chamado "sistema formulário", segunda fase do processo civil romano e que se estendeu de 159 a.C. até aproximadamente 300 d.C., estava livre das antigas solenidades. Foi introduzido em função do momento histórico de Roma, período de grande expansão comercial e conquistas territoriais (o sistema abraça o período da República), fazendo necessário um regime processual em que estrangeiros pudessem pleitear seus direitos perante as autoridades romanas, em decorrência da necessidade de resolver os conflitos entre estrangeiros, e entre esses e os romanos, cada vez mais comuns em função da expansão de Roma (no sistema anterior, somente os romanos podiam se socorrer das autoridades judiciárias). Por tudo, ver: SANTOS. *Primeiras linhas de direito processual civil*, v. 1..., p. 36-40; CARVALHO DE MENDONÇA. *Tratado de direito comercial brasileiro*, v. VII..., p. 12, nota ao pé da p. 1.

[224] MONTEIRO. *Preleções de direito comercial...*, p. 3.

[225] O pretor não era um magistrado. Sua função era específica e bastante limitada, embora extremamente relevante para a evolução do direito romano: ditar o direito nas controvérsias privadas (*la iuris dictio*). Para aprofundamento sobre a função exercida pelos pretores, ver: BONFANTE. *Storia del diritto romano*, v. I..., p. 279 ss.

[226] RENOUARD. *Traité des faillites et banqueroutes*, t. I..., p. 17 ss.

[227] Rocco destaca que a figura da *pignoris capio* não objetivava a satisfação do credor por meio do bem apreendido em si; representava, na verdade, um meio de coação da vontade do devedor para fins de induzi-lo ao pagamento da dívida. A imissão do credor na posse era de natureza privada, sem auxílio da autoridade pública (ROCCO. *Il fallimento...*, p. 140, 150). No mesmo sentido, segundo Rodrigo Uria, a grande diferença entre a *pignoris capio* e a *missio in bona* está na possibilidade dos credores venderem os bens a terceiros para pagamento da dívida, o que era permitido apenas na segunda figura (*missio in bona*). A primeira (*pignoris capio*) tinha como objetivo a apreensão dos bens do devedor para retenção ou destruição e objetivava coagi-lo ao pagamento da dívida (URIA, Rodrigo. *Derecho mercantil*. 12 ed. Madrid: Aguirre, 1982, p. 800). Para aproundamento sobre o procedimento da *pignoris capio*, ver: FERNANDEZ. *Tratado teorico-practico de la quiebra...*, p. 223-224.

[228] De acordo com Carvalho de Mendonça, "A *missio* não despia o devedor da propriedade nem da posse jurídica dos seus bens; privava-o apenas da administração, que passava ao *curator*, nomeado pelo magistrado *ex consensu majoris partis creditorum*. O patrimônio do devedor constituía um penhor em benefício dos credores." (CARVALHO DE MENDONÇA.

assecuratórias, de caráter cautelar (*custodia rerum et observatio*)[229], sem, no entanto, transferir-lhes a propriedade dos bens (apenas sua administração). De acordo com a nova sistemática, o devedor — solvente ou insolvente, com débito singular ou coletivo[230] — era submetido ao mesmo procedimento: mediante a prática de determinados atos (*v.g.*, fuga ou desaparecimento, negativa ou desídia de participar de julgamentos, admissão de débito sem qualquer iniciativa de pagamento)[231], perdia a administração dos seus bens para evitar o desvio patrimonial[232].

Após examinar o arrazoado (*causa cognita*), o pretor expedia um decreto judiciário (*ex edicto*), que autorizava a medida solicitada e a posse, adquirindo os credores (não apenas o requerente)[233] um *pignus praetorianum*[234]. Essa situação era apregoada em editais (*proscriptiones*)[235] fixados durante 30 dias, se vivo o devedor, e 15, se estivesse morto, nos lugares mais públicos da cidade, para o conhecimento de todos, justamente para que alguém pudesse remir a execução, caso fosse do seu interesse[236].

Tratado de direito comercial brasileiro, v. VII..., p. 13). No mesmo sentido: RAMELLA. *Trattato del fallimento*, v. I..., p. 20.

[229] FERRARA JR.; BORGIOLI. *Il fallimento*..., p. 52-53.
[230] ROCCO. *Il fallimento*..., p. 148.
[231] LEVINTHAL. *The early history of bankruptcy law*..., p. 235.
[232] ROCCO. *Il fallimento*..., p. 150.
[233] SORANI. *Il fallimento, note e ricordi dell'esercizio*..., p. XX.
[234] VIANNA. *Das fallencias*..., p. 13; MONTEIRO. *Preleções de direito comercial*..., p. 4; CARVALHO DE MENDONÇA. *Tratado de direito comercial brasileiro*, v. VII..., p. 12-13; PROVINCIALI. *Manuale di diritto fallimentare*..., p. 46.
[235] A publicidade do procedimento tinha objetivo dúplice: (*i*) permitir a participação dos demais credores na *missio*; e (*ii*) autorizar que o devedor ausente e/ou fugitivo, seus amigos e parentes tivessem a oportunidade de adimplir a dívida, o que reforça o caráter da execução como meio de coação da vontade. (ROCCO. *Il fallimento*..., p. 153).
[236] Segundo Ferrara Jr. e Borgioli, a legislação romana buscava se livrar do devedor. Por exemplo, se o devedor não aparecesse vivo depois de decorrido determinado período da sua fuga, presumia-se sua morte, repassando-se a totalidade da dívida aos sucessores (que era denominado de *bonorum emptor*). (FERRARA JR.; BORGIOLI. *Il fallimento*..., p. 53).

Vencido o prazo assinalado no edital (parte preliminar do processo)[237], passava-se à segunda fase (execução), intitulada *venditio bonorum*[238-239-240], na qual os credores, reunidos em assembleia, escolhiam um dos seus, denominado *magister bonorum*[241] — figura predominantemente privada, responsável por arrolar, vender em bloco os bens da massa e, se necessário,

---

[237] Segundo Carvalho de Mendonça: "Esse processo obrigatório, preliminar da *venditio bonorum*, tomou a designação específica de *mission in possessionm rei servanda causa* para diferenciar-se das outras missiones, e representava não só a introdução ao *concursus creditorum*, como também alta medida conservatória de direitos, impediente de desvios e abusos: *custodia, oservatio et proscriptio bonorum*." (CARVALHO DE MENDONÇA. *Das fallencias e dos meios preventivos de sua declaração*, v. I..., p. 2).

[238] Vale destacar que a *venditio bonorum* utilizada pelos particulares foi inspirada na *bonorum sectio*, utilizada pelo Fisco, de forma privativa, para cobrança dos tributos. Em síntese, tratava-se de um processo executivo consistente na venda pública em massa dos bens que o Estado obtinha em razão de conquistas militares ou confiscos decorrentes de condenações criminais ou sucessões pelo tesouro (VIANNA. *Das fallencias...*, p. 13; MONTEIRO. *Preleções de direito comercial...*, p. 3). Em algumas hipóteses (*v.g.*, menor sem representante legal), concedia-se a *missio* sem a *vendita* (ROCCO. *Il fallimento...*, p. 149).

[239] Segundo Raymondo Fernandez, a transição do instituto da *missio in possessionem* como meio de coação pessoal do devedor para a *bonorum venditio* como forma de satisfação patrimonial do credor ocorreu somente por volta do ano 636 da história de Roma. (FERNANDEZ. *Tratado teorico-practico de la quiebra...*, p. 224-225).

[240] Lembre-se que o instituto da *venditio bonorum* também era aplicado às execuções individuais – e não apenas às execuções coletivas. (FERNANDEZ. *Tratado teorico-practico de la quiebra...*, p. 227).

[241] O *magister* era uma espécie de agente de confiança dos credores que o elegeram (e não do Juiz ou da falência em si). Não era, portanto, um agente público. Se, por exemplo, após a sua escolha, mas antes da venda dos bens, outro credor (que não pertencia ao grupo que participou da eleição) obtivesse a *missio in bona*, seria classificado de forma independente dos demais e teria direitos idênticos ao do *magister*. Nesse sentido, destaca Levinthal: "The effect of the Praetorian *missio in bona* was to confer on the creditors who obtained it a private right to sell the entire estate of the debtor, and the *magister* was one of the creditors whom his co-creditors elected as their "master" to exercise this right on their behalf. If after the election of the *magister*, but before the sale had been actually carried out, another creditor also obtained a *missio in bona*, this other creditor, who of course had taken no part in electing the *magister*, ranked independently side by side with the *nagister*, and had the same rights. The *magister* was merely the agent of the particular creditors who had elected him; he was in no sense a public officer entrusted by the Praetor with the conduct of the bankrupt's affairs." (LEVINTHAL. *The early history of bankruptcy law...*, p. 240). Rocco ventila a possibilidade de a função do *magister* incluir, além da preparação processual para a venda dos bens, também a administração do patrimônio na hipótese de prolongamento da operação premilinar de venda, assemelhando-se, nesse caso, à figura do curador (ROCCO. *Il fallimento...*, p. 155).

ajuizar ações judiciais[242]. Esses procedimentos eram anunciados pelo prazo mínimo de 30 dias, mediante decreto do magistrado, em editais contendo a *lex bonorum vendedorum*, cujo intuito era certificar que os bens arrecadados representavam a universalidade do patrimônio do devedor, bem como levantar a totalidade das dívidas a pagar, inclusive as de natureza hipotecária e seus valores[243]. Os bens eram vendidos ao terceiro (*bonorum emptor*)[244] que oferecia o maior quinhão aos credores, os quais deviam renunciar à possibilidade de cobrar o montante remanescente do terceiro adquirente — mas não do devedor, que permanecia responsável por tal

---

[242] RAMELLA. *Trattato del fallimento*, v. I..., p. 21; SORANI. *Il fallimento, note e ricordi dell'esercizio...*, p. XXI; LEVINTHAL. *The early history of bankruptcy law...*, p. 236; BONFANTE. *Storia del diritto romano*, v. I..., p. 496.

[243] Rocco destaca que a apreensão de todo o patrimônio do devedor (*i.e.*, sua "personalidade econômica") se justificava para os romanos na medida em que consistia numa medida equivalente, em termos de eficácia, à apreensão da sua pessoa, como ocorria no regime anterior de responsabilidade. O mesmo raciocínio se aplica à sucessão universal do *bonorum emptor* e ao fato de satisfação da obrigação do credor ocorrer por meio da substituição da pessoa do devedor e não pela conexão direta entre prestação assumida e patrimônio. Subsiste, portanto, a natureza pessoal da obrigação (e não real), já que a única forma de satisfação do débito permanece sendo o pagamento pelo devedor — originário ou terceiro. O autor dedica algumas páginas para explicar, com maior detalhamento, a figura do *bonorum emptor*, comparando-o a uma espécie de herdeiro, diante da morte ficcional do devedor. (ROCCO. *Il fallimento...*, p. 146-148, 154-156).

[244] Ramella explica com precisão a figura do *bonorum emptor* e os efeitos jurídicos decorrentes da adjudicação dos bens do devedor: "In *bonorum emptor*, cui s'aggiundicavano i beni, succedeva in tutti i reali e obligatori diritti del patrimônio del debitore, cioè in tutti i diritti e doveri di lui, il quale quindi veniva ad esser liberato; tanto che, più che una esecuzione reale nel verso senso, si compieva una sostituzione nella persona dell'obligato, ciò che conferiva carattere aleatorio all'acquisto del bonorum emptor. Ond'è che il prezzo d'acquisto non consisteva in somma determinata di danaro, ma nell'olbbligazione di soddisfare i creditori in una quota parte dei loro crediti, nella misura cioè risultante dall'importo dell'aggiudicazione. Poichè l'acquisto del *bonorum emptor* rappresentava una sucessione universale, così egli godeva puramente della proprietà pretoria, non già *iuris civilis*; non acquistava quindi ipso iure i diritti dell'insolvente: aveva però le actiones utiles (*rutilianae, servilianae*), e cosi pure la vindicatio utilis, la bonitaria proprietà, e più tardi l'interdictum possessorium per impadronirrsi delle cose corporali, acquistando poi, per mezzo dell'usucapione, al proprietà quiritaria." (RAMELLA. *Trattato del fallimento*, v. I..., p. 21-22). Sobre o tema, especialmente a questão da sucessão universal do *bonorum emptor* e seu escopo de atuação, ver, também: BRUNETTI, Antonio. *Diritto fallimentare italiano*. Roma: Foro Italiano, 1932, p. 50; BONFANTE. *Storia del diritto romano*, v. I..., p. 496-497.

quantia[245], isto é, pela integralidade da dívida a descoberto[246]. Ao final, o produto da venda era partilhado entre todos[247]. Cabia ao juiz examinar a legitimidade dos credores que participavam do rateio decorrente da alienação dos bens do devedor para fins de evitar que o concurso abrangesse créditos insubsistentes. Os credores retardatários, por seu turno, tinham o direito de mover uma ação *in factum* para concorrer no rateio dos valores com os demais participantes do processo[248].

Daí a grande semelhança da prática romana com o processo falimentar dos dias de hoje[249], como anotaram Thaller[250], Levinthal[251], Ramella[252], Bonfante[253], Carvalho de Mendonça[254], Sá Vianna[255], Honório Monteiro[256] e Provinciali[257].

O devedor já não mais se tornava escravo, tampouco poderia ser vendido ou morto, como ocorria no período anterior. A responsabilidade era essencialmente patrimonial (apesar de o executado sofrer, ainda, uma "nota de infâmia"[258]), vislumbrando-se na *missio in bona debitoris*, na *venditio*

---

[245] ROCCO. *Il fallimento...*, p. 147, 157.
[246] CARVALHO DE MENDONÇA. *Das fallencias e dos meios preventivos de sua declaração*, v. I..., p. 2.
[247] VIANNA. *Das fallencias...*, p. 14-15; LEVINTHAL. *The early history of bankruptcy law...*, p. 235.
[248] RAMELLA. *Trattato del fallimento*, v. I..., p. 21
[249] Em sentido contrário, leciona Brunetti, para quem o direito falimentar romano consistia em um processo de execução forçada dos bens do devedor. Para o autor, a falência tinha um caráter eminentemente privado, governado pela iniciativa individual e muito distante do direito concursal moderno. Além disso, os conceitos de cessação de pagamento e desequilíbrio patrimonial eram desconhecidos entre os romanos, que baseavam a decretação da quebra na condenação do devedor (*judicatus, confessus, indefensus*) ou na confissão mediante juramento. (BRUNETTI. *Diritto fallimentare italiano...*, p. 49-51). Na mesma direção, defendendo a origem medieval e não romana do instituto da falência, ver: SOUZA. *Prelecções de direito comercial...*, p. 353.
[250] THALLER. *Des faillites en droit comparé*, t. I..., n. 8.
[251] LEVINTHAL. *The early history of bankruptcy law...*, p. 236.
[252] RAMELLA. *Trattato del fallimento*, v. I..., p. 20.
[253] BONFANTE. *Storia del diritto romano*, v. I..., p. 497.
[254] CARVALHO DE MENDONÇA. *Das fallencias e dos meios preventivos de sua declaração*, v. I..., p. 2.
[255] VIANNA. *Das fallencias...*, p. 18.
[256] MONTEIRO. *Preleções de direito comercial...*, p. 4.
[257] PROVINCIALI. *Manuale di diritto fallimentare...*, p. 46.
[258] PROVINCIALI. *Manuale di diritto fallimentare...*, p. 46. Em dado momento da história de Roma, a nota de infâmia implicava, também, a exposição dos falidos nos espetáculos públicos, para serem objeto de riso e zombaria (CARVALHO DE MENDONÇA. *Tratado de direito*

bonorum e na *distractio bonorum* as origens do princípio da igualdade entre os credores[259] e da universalidade da execução coletiva[260].

Em linhas gerais, essa evolução — de meio de coação da vontade do devedor para a execução direta do bem para fins de satisfação da prestação por equivalência ("satisfação por equivalência")[261] — foi a radical transformação que se sucedeu no processo executivo romano[262].

Era admitido, ainda, pela *Lex Iulia*, que o devedor de boa-fé (*debitor bona fidei*)[263] oferecesse aos credores em pagamento do seu débito todo o seu

---

comercial brasileiro, v. VII..., p. 12-13). Não se pode deixar de lembrar que o caráter vexatório da falência se estende, em certa medida, até os dias de hoje. Se o preconceito romano passou para a Idade Média na ideia de que o mercador inadimplente "falhava" ("falir" vem de "falhar", como já visto) e não mais poderia praticar o comércio — problema que era resolvido com a quebra da banca na qual ele expunha seus produtos na feira (daí a alusão à "quebra da banca" e às expressões "quebra" e "bancarrota" como sinônimos de falência com suspeita de fraude) —, ainda nos dias de hoje a falência encerra, especialmente nos países em que o catolicismo é predominante, um juízo moral sobre o seu responsável, além de conferir-lhe a pecha, quase sempre irreversível, de mau comerciante, desonesto e fraudador.

[259] Segundo Bonfante, a *venditio bonorum* teve como inspiração a *sectio bonorum*, procedimento por meio do qual o Estado buscava a satisfação do seu crédito em face dos seus devedores. A *venditio bonorum* — cujas regras ainda não evidenciavam a plena transição para o regime da responsabilidade patrimonial do devedor — tinha o caráter facultativo, sendo utilizada por um ou mais credores — com benefício para a totalidade deles, mesmo diante de pedido individual ou de apenas uma parcela — em casos de necessidade (*i.e.*, ausência ou fuga do devedor). (BONFANTE. *Storia del diritto romano*, v. I..., p. 495).

[260] Refere A. Ramella que: "Cosi, nella mission in bona, il creditore veniva immesso nelle sostanze del debitore, non soltanto per sè, ma per tutti i creditori. Onde è che la sua immissione non è un proprio possesso, ma una detenzione, una custodia nell'interesse proprio e degli altri creditore, essendochè l'esecuzione giovava a tutti; sicchè si genera senz'altro il concetto dell'università della procedura, di una massa di creditori che prende possesso dei beni del debitore e la cui realizzazione pode a beneficio di tutti, rispettando cosi la *par conditio momnium creditori*." (RAMELLA. *Trattato del fallimento*, v. I..., p. 20). No mesmo sentido: GARRIGUES. *Curso de derecho mercantil*, t. V..., p. 10.

[261] ROCCO. *Il fallimento*..., p. 131-132; GARRIGUES. *Curso de derecho mercantil*, t. V..., p. 10.

[262] ROCCO. *Il fallimento*..., p. 152; MONTEIRO. *Preleções de direito comercial*..., p. 4.

[263] A criação de empecilhos pelo devedor para o comparecimento em juízo (tais como a fuga e o esconderijo) não determinavam, automaticamente, sua má-fé. Para aprofundamento sobre os efeitos dessa mudança principiológica entre a *venditio bonorum* e a *cessio bonorum* (*i.e.*, migração de um sistema de execução direta com satisfação da dívida pela vontade do devedor ou de terceiro para um sistema de execução direta com satisfação da dívida pelo equivalente patrimonial do devedor), ver: ROCCO. *Il fallimento*..., p. 144, 170-171.

patrimônio — chamada *cessio bonorum*[264], *flebile adjutorium*[265] ou *beneficium cessionis*[266] —, sem que os credores pudessem recusar a oferta[267], uma espécie de *discharge*[268]. Nesse caso, nem a nota de infâmia sofria o devedor e sua honra permanecia intacta[269]. Declarava-se a insolvência do devedor, os credores se imitiam na posse dos bens (*missio in possessionem*)[270], alienavam-nos (numa espécie de realização do ativo) e se ressarciam, reservando-se ao devedor um valor mínimo para subsistência (*beneficium competentiae*). Restando dívidas impagas, ficavam com o direito de seguir a execução (*in quantum facere potest*), caso o devedor viesse a adquirir novos bens, salvo liberalidade dos credores[271].

Com o passar dos anos — especialmente nos primórdios do Império, nos períodos de Júlio César e de Augusto —, o processo de execução coletiva

---

[264] Segundo Noel, a criação da *cessio bonorum* é creditada a Julio Cesar: "Caesar is credited with having promulgated the law Cessio Bonorum, a ledaing principle of modern bankruptcy law. In his work on the Civil War, he relates that when dictator he permitted debtors to yield their lands in payment to their creditors at the valuation at which they were assessed before the war. Cession Bonorum originally allowed the retention of the rights of a Roman citizen for the reason that the distress arose from a civil strife. Under it all citizens were exemppt from imprisionment, but it did not discharge the debt or exempt future acquisitions." (NOEL. *A history of the bankruptcy law*..., p. 17-18).

[265] Refere a doutrina que esse foi o nome dado por Justiniano ao instituto (CARVALHO DE MENDONÇA. *Das fallencias e dos meios preventivos de sua declaração*, v. II..., p. 201).

[266] BONFANTE. *Storia del diritto romano*, v. I..., p. 497.

[267] CARVALHO DE MENDONÇA. *Das fallencias e dos meios preventivos de sua declaração*, v. I..., p. 3.

[268] Nesse sentido caminham as lições de Noel: "At this period in the history of Rome the doctrine of discharge originated and it was gradually extended. The motive which inspired the introduction of this legal principle was not commmercialism, but a purpose to destroy one of the effects on private affairs of participation in a military campaign, an incident of nearly every year. As is usually the case with emergency measures, it was inadequate, was misapplied, and not affording permanent relief, we find that its provisions were not long observed." (NOEL. *A history of the bankruptcy law*..., p. 18).

[269] VAMPRÉ, Spencer. *Tratado elementar de direito comercial*: da fallencia, parte I. Rio de Janeiro: F. Briguiet & Cia, 1921, p. 19-20.

[270] Segundo Rocco, o universo de aplicação da *missio in possessionem* acabou sendo estendido pelos pretores aos devedores de má-fé (*qui fraudationis causa latitat*) e aos *confessi o iudicati*, mantendo, no entanto, seu caráter de *mezzo di coazione della volontà* do devedor. (ROCCO. *Il fallimento*..., p. 144 ss).

[271] PROVINCIALI. *Manuale di diritto fallimentare*..., p. 46; ROCCO. *Il fallimento*..., p. 172; VIANNA. *Das fallencias*..., p. 15-16; MONTEIRO. *Preleções de direito comercial*..., p. 5; FERNANDEZ. *Tratado teorico-practico de la quiebra*..., p. 226-227.

dos bens do devedor adquiriu contornos de sofisticação com a consolidação do princípio da satisfação dos credores por equivalência e a introdução da penhora e da alienação de bens de forma individualizada pelos credores (*pignus in causa iudicati*)[272]. Isso desde que comprovada (*i*) a existência de um concurso de credores, (*ii*) a insuficiência das regras de execução ordinária, e (*iii*) a qualidade do crédito ou da garantia previamente prestada pelo devedor ou por meio de decisão judicial de venda separada dos bens (*bonorum distractio*) por intermédio de um *curator bonorum*[273-274-275], além de regras mínimas de prescrição para cidadãos romanos e estrangeiros[276-277], bem como medidas contra a diminuição fraudulenta do patrimônio do devedor[278-279].

O direito romano concebeu, também, especialmente nos tempos de Justiniano (527-565 d.C.)[280], o instituto chamado de *concordato da maggioranza*

---

[272] Para aprofundamento sobre o tema, ver: ROCCO. *Il fallimento...*, p. 173-178.

[273] URIA. *Derecho mercantil...*, p. 801.

[274] A figura do *curator bonorum* recaía sobre um dos credores ou um estrangeiro. (BONFANTE. *Storia del diritto romano*, v. I..., p. 496).

[275] Ramella refere a possibilidade de separação do patrimônio do devedor em diversas massas falidas, que além da sua distinta composição patrimonial, tinham credores próprios, que permaneciam com direito de liquidar bens que estivessem sob a administração da família ou o escravo do devedor. (RAMELLA. *Trattato del fallimento*, v. I..., p. 22-23).

[276] PROVINCIALI. *Manuale di diritto fallimentare...*, p. 46-47.

[277] Em 212 d.C., o édito de Caracalla concede o direito de cidadania a todos os habitantes do Império, o que marcou a aplicação do direito romano a toda sua vasta extensão territorial e evidenciou a ascensão provincial e a intensificação de forças centrífugas que contribuíram para a queda de Roma. A fundação de Constantinopla em 324-330 d.C. materializa a inclinação do mundo romano para Oriente e também contribui para a perda de importância de Roma. (LE GOFF. *A civilização do ocidente medieval...*, p. 18).

[278] ROCCO. *Il fallimento...*, p. 157 ss.

[279] Aqui, ingressa-se na terceira fase do processo romano, a fase do processo extraordinário (*i.e.*, a fase processual em que os julgadores teriam se afastado das regras impostas pela antiga *ordo*), que contém previsões específicas acerca do processo de execução. "Se a sentença diz respeito à própria coisa, a execução pode ser feita *manu militari*. Sendo impraticável a execução *in natura* ou tratando-se de condenação pecuniária, os recursos são: 1º *Pignus judicati causa captum*. Aprisionamento do bem do devedor. 2º *Distractio bonorum*. Havendo muitos credores, procede-se à *distractio bonorum*, ou seja, os bens do devedor são vendidos uns após outros, mas não em conjunto, ao mesmo tempo. 3º O devedor insolvente não pode ser submetido a cárcere privado, devendo ficar em prisão pública." (CRETELLA JÚNIOR, José. *Curso de direito romano*. 20 ed. Rio de Janeiro: Forense, 1997, p. 434-435, 438-439).

[280] VAINBERG. *La faillite d'après le droit romain...*, p. 143 ss. Malagarriga refere que as '*quinquenales*' surgiram na época de Justiniano e consistiam em moratórias por não mais do que cinco

ou *pactum de non petendo*[281], de natureza humanizadora[282], cuja funcionalidade de permitir a negociação lícita com os credores para adimplemento da dívida e cuja dilação de prazos para pagamento (moratória[283] não superior a cinco anos) se expandiu pelas legislações estatutárias e modernas[284]. A alternativa era estendida aos herdeiros do falido com o objetivo de evitar sua responsabilidade solidária e ilimitada pelas dívidas, a penalidade da infâmia e/ou a renúncia da herança. Exigia-se, para tanto, a negociação com os credores para o pagamento de uma parcela da dívida em questão. Se a negociação fosse aprovada pela maioria dos créditos (por valor) e homologada pelo pretor, vinculava a minoria dissidente e ausente[285].

Das referidas leis romanistas derivam alguns princípios fundamentais, como o que faculta aos credores: (*i*) a disposição dos bens do falido; (*ii*) a nomeação de um *curator bonorum* para administração dos bens da massa falida[286]: (*iii*) a organização do procedimento; e (*iv*) a divisão dos bens entre

---

anos e de pactos de *non petendo*, espécie de condordata. (MALAGARRIGA, Carlos C. *Tratado elemental de derecho comercial*, t. IV. 2 ed. Buenos Aires: Tipográfica Argentina, 1958, p. 5).

[281] VIVANTE. *Il fallimento civile...*, p. 6.

[282] NOEL. *A history of the bankruptcy law...*, p. 19.

[283] Segundo Carvalho de Mendonça: "O vocábulo moratória procede do latim moratorium, que os comentadores tiraram da expressão que se encontra na L. 2, Cod. 1, 19 'moratoria praescriptio', significando excepção dilatória *in genere*" (CARVALHO DE MENDONÇA. *Das fallencias e dos meios preventivos de sua declaração*, v. II..., p. 156-157). Segundo E. Perroy: "O reinado de Justiniano (527-565) é considerado, tradicionalmente, como a primeira idade de ouro da civilização 'bizantina'. Ilusão, sem dúvida, explicável pelo prestígio das conquistas, pelo fausto das construções, alimentada, ademais, por uma plêiade de escritores. O Código de Justiniano, fonte da legislação de todos os povos latinos, permanece como um monumento imperecível, onde historiadores e juristas sempre procuram a imagem da Antiguidade. Acrescenta-lhes o Digesto, coletânea paralela e composta no mesmo espírito, abrangendo as opiniões da jurisprudência." (PERROY, Édouard. *História geral das civilizações*: a Idade Média, t. III, v. 1. 2 ed. Trad. Pedro Moacyr Campos. São Paulo: Difusão, 1958, p. 17-18).

[284] CARVALHO DE MENDONÇA. *Das fallencias e dos meios preventivos de sua declaração*, v. II..., p. 155.

[285] DE SEMO. *Diritto fallimentare...*, p. 30-31; ROCCO. *Il fallimento...*, p. 165 ss.

[286] A função do *curator* era distinta do antigo *magister*. Como destaca Levinthal: "Under the *distractio bonorum,* the case was different. Here, the Praetor committed the management of the debtor's estate to a *curator,* whose duty it was to dispose of the estate in separate lots and pay the creditors *pro rata* out of the proceeds. Under this system, the bankrupt was not dispossessed of his whole property. The creditors were paid not by the *bonorum emptor,* but by the debtor himself, through the medium of the *curator.* The old *magister* was never anything more than a creditor acting exclusively in the selfish interests of himself and his electors, whereas the *curator,* appointed by the Praetor, represented to a limited extent the principle

si em igualdade de condições (*par conditio creditorum*), bem como uma série de providências contra os desfalques eventualmente praticados pelo devedor em detrimento da comunidade de credores[287], entre elas a *actio pauliana in personam*, o *interdictum fraudatorium*, o *actio in factum* e a *restitutio in integrum*[288-289-290].

Em síntese, esse é o arcabouço do sistema do *concursus creditorum* em Roma[291-292]. É inegável que as leis e os institutos romanos serviram de ali-

---

of the public interest which requires that bankruptcy proceedings shall be conducted on a uniform plan and that *all* the creditors shall obtain an equitable satisfaction of their claims. As Degenkolb points out, however, the *curator* never attained the position of a public officer charged with the conduct of a state-regulated procedure in bankruptcy." (LEVINTHAL. *The early history of bankruptcy law*..., p. 241).

[287] A doutrina identifica a presença inafastável de duas condições básicas para a interposição das medidas: (*i*) a diminuição do patrimônio do devedor com dano aos credores; e (*ii*) o *consilium fraudis*. (ROCCO. *Il fallimento*..., p. 164).

[288] MONTLUC. *La faillite chez les romains*..., p. 5-6; BRUNETTI. *Diritto fallimentare italiano*..., p. 50; FERREIRA. *Tratado de direito comercial*, v. 14..., p. 8-9; ROCCO. *Il fallimento*..., p. 157 ss.

[289] Até mesmo a doutrina especializada destaca a dificuldade de diferenciar os contextos de aplicação de cada um desses institutos: "As one of the most lucid and authoritative writers on Roman law says: 'The relation between these remedies, and the precise purpose for which they were respectively employed, are so variously represented by the commentator that it is impossible to go further into the question'." (LEVINTHAL. *The early history of bankruptcy law*..., p. 239). No mesmo sentido: ROCCO. *Il fallimento*..., p. 158 ss.

[290] Para aprofundamento detalhado sobre o tema, ver: SERAFINI, Enrico. *Della revoca degli atti fraudolenti compiuti dal debitore secondo il diritto romano*, v. I. Pisa: Mariotti, 1887; _____ *Della revoca degli atti fraudolenti compiuti dal debitore secondo il diritto romano*, v. II. Pisa: Mariotti, 1889.

[291] Para análise ainda mais detalhada sobre as normas de direito falimentar em Roma, ver: VAINBERG. *La faillite d'après le droit romain*...

[292] Carvalho de Mendonça, com sua precisão característica, resume a sistemática falimentar romana da seguinte forma: "O *concursus creditorum* do insolvável abria-se em virtude de causas determinadas, taes como: a) Quando o devedor infeliz e de boa fé recorria à *bonorum cessio*, entregando a seus credores a totalidade dos bens presentes. Esta cessão que Justiniano chama *flebile adjutorium* (L. 7, Cod. VII, 7), conserva intacta a honra do devedor e evitava a detenção pessoal, independia de aceitação dos credores, e libertava o devedor, não de toda a obrigação, mas até a concorrência do valor dos bens abandonados. O devedor não podia ser executado para pagamento do saldo senão até a concorrencia dos bens futuramente adquiridos *in quantum facere potest*, e ainda assim lhe assistia o direito de conservar quanto fosse necessário para viver, favor denominado pelos romanistas modernos de *beneficium competentiae*; b) Quando o número de credores e a importancia dos créditos eram tão elevados que tornavam provavel a insufficiencia dos bens do devedor, este não queria consentir na cessão para pagamento; c) Quando o devedor fugia, ou quando à uma sucessão vaga concorriam muitos credores sendo manifesta a insufficiencia dos bens para pagamento de todos. A abertura do concurso, que

cerce para a construção das bases do atual direito falimentar[293], sendo irrelevante, para esse propósito, o fato de o processo de execução não diferenciar comerciantes e não comerciantes, adquirindo contornos amplos e irrestritos, sem distinção entre civil e comercial[294-295]. O foco era a ces-

era sempre pronunciada pelos credores, ordenada por decreto do magistrado, e iniciada pela *mission in bona*, trazia importantes efeitos já quanto à pessoa do devedor, já quanto aos credores; organizava o syndicato de todos estes e impunha-lhes como regra fundamental a mais completa igualdade, *post bona possessa, par conditio omnium creditorum;* formava dos bens arrecadados uma massa, cuja administração cabia ao *curator bonorum*, nomeado pelos credores por maioria de votos e confirmados pelo juiz; estabelecia a classificação dos credores em diversas categorias; credores reivindicantes, credores separatistas, credores da massa e credores chirographarios; auctorisava a annullação dos actos fraudulentos do devedor por meio da *actio pauliana* e do *interdictum fraudatorium*. Existiam também diversos meios de evitar a abertura real do concurso e afastar suas consequências. Taes eram, segundo expõem Mackeldey e Vainberg: 1º A intervenção de terceiro pagando ou dando fiança pelo devedor; 2º A espera ou o *moratorium* concedido pelo Imperador ao devedor de boa fé; 3º A espera concedida pelos próprios credores – *moratorium conventionale*, que era um p*actum de non petendo intra tempus*, isto é, limitado a certo tempo; a maioria dos créditos vencia e forçava a minoria a aceita-lo; 4º A concordata, isto é, *pactum remissorium*, ou o *pactum de parte debiti non petenda*, pelo qual os credores declaravam perder uma parte do seu credito, contentando-se com um dividendo." (CARVALHO DE MENDONÇA. *Das fallencias e dos meios preventivos de sua declaração*, v. I..., p. 3).
[293] MONTLUC. *La faillite chez les romains...*, p. 6; CARVALHO DE MENDONÇA. *Das fallencias e dos meios preventivos de sua declaração*, v. I..., p. 3.
[294] MONTEIRO. *Preleções de direito comercial...*, p. 6-7; CARVALHO DE MENDONÇA. *Tratado de direito comercial brasileiro*, v. VII..., p. 15.
[295] Segundo Levinthal, havia um processo especial de insolvência em Roma chamado de *actio tributoria*, aplicado somente aos escravos que exerciam o comércio por meio de um *peculium* outorgado pelo seu mestre (*dominus*). No caso de falência, os respectivos credores podiam iniciar uma *actio tributoria* em face do *dominus*, que era tratado como um credor ordinário. Se o *peculium* tivesse sido utilizado em diversos empreendimentos pelo escravo, os créditos eram separados por negócio e tinham como limite de recebimento o valor aportado naquele empreendimento propriamente tido. Assim: "A bankruptcy process of more limited application in Roman law was what was known as the *actio tributaria*. Where the master gave his slave a *peculium* in order that he might carry on a mercantile business with it, and the venture was a failure, then the commercial creditors of the slave might institute the *action tributoria* against the slave's master. The creditors demanded to have the *merx peculiaris (i.e.,* the property invested in the business) distributed among themselves in proportion to their respective claims. The division was made by the *dominus,* who was treated as an ordinary creditor, and therefore could not deduct debts owing to himself in full, though he had the privilege of paying all his own claims *pro rata,* whether arising out of the business or not. The *actio tributoria* lay against the *dominus* to compel the distribution or to bring it under judicial review, if any creditor was dissatisfied with it. If the slave had his *peculium* engaged in different business ventures, they were kept apart, the creditors in each being entitled to satisfaction only out

são dos bens do devedor — quer diretamente, quer mediante equivalente em moeda — para pagamento dos credores[296]. Nesse contexto, enquanto, para uma parcela da doutrina, a *missio in bona* e a *cessio bonorum* devem ser consideradas as formas rudimentares do processo de falência contemporâneo[297], para outra, somente a *bonorum venditio* e a *bonorum distractio* (e não a *cessio bonorum*) cumprem essa função[298-299].

Seja como for, é digno de registro que uma conexão histórica mais direta com o direito concursal moderno somente é possível de ser feita com o direito medieval, a seguir examinado.

of the capital embarked in that one upon which their debts arose. We have here perhaps the earliest instance of bankruptcy confined to tradesmen and trade debts." (LEVINTHAL. *The early history of bankruptcy law...*, p. 237).

[296] MONTLUC. *La faillite chez les romains...*, p. 6-7.

[297] PROVINCIALI. *Manuale di diritto fallimentare...*, p. 46; CARVALHO DE MENDONÇA. *Tratado de direito comercial brasileiro*, v. VII..., p. 14-15; BENTO DE FARIA. *Direito comercial*, v. IV..., p. 17.

[298] LEVINTHAL. *The early history of bankruptcy law...*, p. 236; BONFANTE. *Storia del diritto romano*, v. I..., p. 495-497; CARVALHO DE MENDONÇA. *Das fallencias e dos meios preventivos de sua declaração*, v. I..., p. 3.

[299] A analogia deve ser utilizada com cuidado. Por exemplo, segundo Santarelli, a *cessio bonorum* se diferencia do procedimento falimentar em razão do seu caráter negocial, que tem na vontade do cedente sua única fonte, enquanto na falência a sistemática decorre dos poderes e das funções legais atribuídas aos órgãos a partir da lei, tendo como pano de fundo a tutela do interesse dos credores e do interesse público (SANTARELLI. *Per la storia del fallimento...*, p. 3-4).

Capítulo 3. Idade Média

A Idade Média compreende o intervalo de anos entre os séculos V e XV, iniciando com a queda do Império Romano do Ocidente (476 d.C.)[300] e encerrando com a conquista de Constantinopla pelos Turcos (em 1453), segundo a clássica divisão da História Ocidental. Nasceu o Medievo sobre as ruínas da civilização romana, cujos destroços históricos e culturais serviram tanto como suporte — espécie de apoio para o assentamento da civilização bárbara — quanto como desvantagem na perpetuação de seus costumes, regras e tradições[301]. Nas palavras de Le Goff, "Roma foi seu alimento e sua paralisia"[302].

---

[300] "As invasões bárbaras não eram novidade para o mundo romano no século V e sua constância enfraqueceu enormemente a potência de Roma a ponto de, em 476 d.C., Odoacro, filho de um dos aliados favoritos de Átila, o Huno, depor o jovem imperador do Ocidente Rômulo Augústulo, e devolver as insígnias imperiais ao Imperador Zenão, em Constantinopla, "avisando-lhe que um só imperador é suficiente. 'Admiramos os títulos conferidos pelos imperadores mais do que os nossos', escreve um rei bárbaro ao imperador. (...) É preciso esperar o ano 800 e Carlos Magno para que um chefe bárbaro ouse fazer-se imperador." (LE GOFF. *A civilização do ocidente medieval...*, p. 24-25).
[301] GILLI, Patrick. *Cidades e sociedades urbanas na Itália medieval*. Trad. Marcelo Cândido da Silva e Victor Sobreira. Campinas: Unicamp, 2011, p. 140.
[302] LE GOFF. *A civilização do ocidente medieval...*, p. 17.

Com a queda do Império Romano[303] — verdadeiro retrocesso civilizatório[304] —, a conquista do Mediterrâneo pelos árabes (séculos VII a XII) e a desordem social que se seguiu, a vida nos grandes centros urbanos, justamente onde o comércio florescia, regrediu significativamente[305]. Uma parcela considerável da população (especialmente as classes mais humildes) deslocou-se para o campo, passando a viver sob a proteção de senhores feudais[306], tendo como atividade principal a agricultura de subsistência[307], com pouquíssima poupança para o escambo[308], decorrência direta ou indireta do entesouramento eclesiástico, o que contribuiu para esterilizar a vida econômica e drenar o comércio[309].

---

[303] Os historiadores não têm uma opinião unânime sobre as causas que levaram à queda do Império Romano. Nesse sentido, George Lefranc faz um apanhado das principais razões — redução da atividade comercial e industrial, excesso de burocracia e sede arrecadatória do Estado, desequilíbrio monetário e queda do poder de compra, declínio natural (LEFRANC. *História breve do comércio...*, p. 27-30). Le Goff também trata do tema e sustenta que as causas da queda do império foram internas (culturais, burocráticas, econômicas, sociais, políticas, religiosas); os bárbaros foram favorecidos pela cumplicidade ativa ou passiva da massa da população romana (LE GOFF. *A civilização do ocidente medieval...*, p. 17 ss).

[304] SATANOWSKY, Marcos. *Tratado de derecho comercial*, t. I. Buenos Aires: Tipográfica Argentina, 1957, p. 267.

[305] Le Goff chega a referir a existência de um *cadaveri di città* ou *un vero e proprio cimitero di città* (LE GOFF, Jacques. *La città medievale*. Firenze: Giunti, 2011, p. 14).

[306] GALGANO. *Lex mercatoria...*, p. 31.

[307] Le Goff explica que a Idade Média se caracteriza pela passagem da subsistência para o crescimento: "Ela produz excedentes, mas não os sabe investir. Gasta, esbanja sob o signo da larguezas das colheitas, os monumentos, o que é belo, e os homens, o que é triste. Não sabe o que fazer de seu dinheiro, apanhado entre o desprezo dos adeptos da pobreza voluntária e as condenações da usura pela Igreja." (LE GOFF. *A civilização do ocidente medieval...*, p. 9).

[308] Como narra Lefranc: "A guerra destrói as riquezas acumuladas; a insegurança impede que as correntes se reatem, tanto na terra quanto no mar. O comércio supõe o respeito por um mínimo de direitos e a violência reinará doravante." (LEFRANC. *História breve do comércio...*, p. 30).

[309] LE GOFF. *A civilização do ocidente medieval...*, p. 38.

Foi um período marcado pela intensa fragmentação política, pela baixa densidade demográfica[310], pela evasão das cidades, pela ruralização e pelo forte declínio da atividade comercial[311], inclusive no que diz respeito ao uso da moeda[312] como instrumento de trocas[313-314].

A despeito do risco das generalizações, divide-se esse longo período histórico em duas grandes fases[315]: a Alta Idade Média e a Baixa Idade Média.

---

[310] BLOCH, Marc. *A sociedade feudal*. Trad. Liz Silva. Lisboa: Edições 70, 2009, p. 83.

[311] PIRENNE, Jacques Henri. *Panorama da história universal*. São Paulo: EDUSP, 1973, p. 139-142. Segundo refere Pirenne, "A partir do século VIII, o comércio europeu está condenado a desaparecer nesse extenso quadrilátero marítimo. O movimento econômico, desde então, orienta-se para Bagdá. Os cristãos, dirá pitorescamente Ibn Khaldun, 'não conseguem que flutue no Mediterrâneo nem uma tábua'. Nestas costas, que outrora se comunicavam, dividindo os mesmos costumes, necessidades e idéias, defrontam-se, agora, duas civilizações, ou melhor, dois mundos estranhos e hostis, o da Cruz e o do Crescente" (PIRENNE. *História econômica e social da Idade Média...*, p. 8-9). No mesmo sentido: LEFRANC. *História breve do comércio...*, p. 32; LE GOFF. *A civilização do ocidente medieval...*, p. 32.

[312] Sobre o tema, é interessante o relato do economista Gustavo Franco sobre a origens da moeda: "Os relatos sobre a origem da moeda dão conta que o dinheiro foi inventado 'muitas vezes em muitos lugares'; não resultou propriamente de 'progresso tecnológico', mas de uma espécie de 'revolução mental' ou da 'criação de uma nova realidade intersubjetiva' que, em suas múltiplas manifestações, foi compondo uma espécie de narrativa mítica, orientada mais pelo cálculo que pela antropologia. Tudo começa com a adoção espontânea e conveniente dos metais preciosos, ou de 'efeitos comerciais', como meios de pagamento; e, após percorrer um longo período de descoberta, adaptação e convergência, parece terminar triunfantemente no papel, quando a moeda cria asas e escapa da sequência intuitiva que ordena sua origem e desenvolvimento." (FRANCO, Gustavo. *A moeda e a lei*. Rio de Janeiro: Zahar, 2017, p. 13).

[313] NOEL. *A history of the bankruptcy law...*, p. 20.

[314] Para aprofundamento sobre os aspectos econômicos e sociais do período, ver: KULISCHER, J. M. *Storia economica del Medioevo e dell'epoca moderna*, v. I. Trad. G. Bohm. Firenze: Sansoni, 1955; PIRENNE. *História econômica e social da Idade Média...*

[315] Sobre o tema, ver: BLOCH. *A sociedade feudal...*, p. 81 ss.

1. A Alta Idade Média: a Derrocada do Comércio e o Recrudescimento da Execução

Durante a Alta Idade Média (séculos V-XI)[316], instala-se o regime feudal, regressando-se à autocracia, com o confinamento da população ao redor de castelos, com a formação de vilas (*villi*)[317] e de algumas cidades medievais, na sua grande maioria originadas a partir de núcleos urbanos romanos[318].

A estrutura política, social e econômica dominante estava toda fundada na propriedade da terra e na relação estratificada de suserania-vassalagem, segundo a qual os reis eram os senhores feudais[319] e, abaixo deles, havia outros senhores, em uma estratificação que descia até o mais humilde servo[320].

---

[316] Durante a Alta Idade Média, a Europa foi dominada por uma série de civilizações bárbaras (*v.g.*, lombardos, ostrogodos, visigodos, francos, carolíngios, merovíngios) e pelos árabes. Para aprofundamento sobre o período, que inclui a tentativa de reconstrução do Império Romano Ocidental por Justiniano em 527 d.C. e o Império de Carlos Magno em 800 d.C., ver: LE GOFF. *A civilização do ocidente medieval...*, p. 17-97; PERROY. *História geral das civilizações*, t. III, v. 1..., p. 126 ss.

[317] Segundo Lefranc: "Os senhores que constroem seus castelos ao longo das estradas ou na margem dos rios, saqueiam os pacíficos mercadores que nos caminhos principais se arriscam a ser assaltados e roubados. O número de taxas aumenta; as portagens multiplicam-se." (LEFRANC. *História breve do comércio...*, p. 33). Segundo Aron Ja Gurevic, em decorrência do contexto histórico do período, os mercadores do primeiro período medieval mantinham um espírito belicoso, que, em determinadas circunstâncias, garantia sua própria sobrevivência. Nesse sentido, é importante registrar que o mercador da Alta Idade Média é um personagem radicalmente diferente do mercador da Baixa Idade Média (GUREVIC, Aron Ja. O mercador. In: LE GOFF, Jacques. *O homem medieval*. Lisboa: Presença, 1989, p. 165-189).

[318] LE GOFF. *La città medievale...*, p. 13-15.

[319] Segundo Calasso, enquanto o feudo representava a típica estrutura organizativa germânica, a cidade representava a romana. (CALASSO, Francesco. *Lezioni di storia del diritto italiano. Gli ordinamenti giuridici del Rinascimento*. Milano: Giuffrè, 1948, p. 137).

[320] KULISCHER. *Storia economica del Medioevo e dell'epoca moderna*, v. I..., p. 65.

Não havia unidade territorial, política, econômica, jurídica[321] nem social[322], muito menos progresso científico ou técnico[323]. Os laços eram

[321] Marc Bloch, um dos mais renomados historiados da Era Feudal, relata que: "Nas províncias continentais da antiga *Romania*, ocupada pelos bárbaros, mais tarde, na Germânia conquistada pelos Francos, a presença, em estreita convivência, de homens que, pelo seu nascimento, pertenciam a povos diferentes tinham em princípio provocado a mais extraordinária confusão que um professor de direito possa imaginar em seus pesadelos. Em princípio, e salvas todas as reservas sobre as dificuldades de aplicação que não deixavam de surgir entre dois contendores de origem oposta, o indivíduo, fosse qual fosse o lugar onde habitava, permanecia submetido às regras que tinham governado seus antepassados: de tal modo que, segundo a frase célebre de um arcebispo de Lyon, quando cinco personagens se encontravam reunidos na Gália franca, não havia de que se espantar se — Romano por exemplo, Franco sálio, Franco ripuário, Visigodo e Burgundo — cada um deles obedecesse a uma lei diferente." (BLOCH. *A sociedade feudal...*, p. 142). Le Goff traz uma visão semelhante, mas com informações relevantes: "Se era grande a necessidade de codificação e de redação das leis sobretudo para os bárbaros, uma nova legislação destinada aos romanos pareceu necessária a vários soberanos bárbaros. Em geral foram adaptações e simplificações do código teodosiano de 438. Assim foram o *Breviário de Alarico* (506), dos visigodos, e a *Lex romana burgundiorum* (Lei romana dos burgúndios). A diversidade jurídica não foi tão grande quanto se poderia crer, em primeiro lugar porque as leis bárbaras assemelhavam-se muito de um povo para o outro, em seguida porque em cada reino um código tendia a se sobrepor ao outro, finalmente porque a marca romana, mais ou menos forte desde o início — assim também entre os visigodos — inclinou-se, dada sua superioridade, a se constituir com maior precisão. A influência da Igreja, sobretudo depois da conversão dos reis arianos, e as tendências de unificação dos carolíngios no final do século VIII e no início do século IX contribuíram para um recuo ou desaparecimento da personalidade das leis em favor de sua territorialidade. Já no reinado do visigodo Recesvinto (649-672), por exemplo, o clero obrigou o soberano a publicar um novo código aplicável tanto aos visigodos quanto aos romanos. No entanto, a legislação particularista da alta Idade Média fortaleceu a tendência, ao longo de toda a Idade Média, à compartimentação que, como vimos, enraizava-se na fragmentação do povoamento, da ocupação e da exploração do solo, da economia. Uma mentalidade de grupelho, um espírito de igrejinha próprio da Idade Média foram reforçados por isso." (LE GOFF. *A civilização do ocidente medieval...*, p. 34).

[322] Calasso refere que essa dispersão foi determinante para a diversidade e para a riqueza dos diversos ordenamentos jurídicos concebidos nesse período da história medieval, especialmente na Itália. Nesse sentido, o autor defende a existência de um "direito italiano", decorrente do desenvolvimento do povo, da cultura, dos costumes e das tradições dessa civilização, antes do surgimento do Estado italiano em 1870. (CALASSO. *Lezioni di storia del diritto italiano...*, p. 16, 28-29).

[323] Segundo Le Goff: "Retrocesso técnico que deixará o Ocidente medieval desvalido por muito tempo. A pedra, que já não se sabe extrair, transportar, trabalhar, some e dá lugar à madeira como material essencial. A arte do vidro, na Renânia, desaparece com o natrão, que já é importado do Mediterrâneo depois do século VI, se reduz a produtos grosseiros fabricados em choças, perto de Colônia". (LE GOFF. *A civilização do ocidente medieval...*, p. 35).

de proteção e de servidão e a economia (eminentemente agrária e de subsistência)[324]. Nesse regime de isolamento territorial, cada feudo era autossuficiente na produção de bens e produtos que seus habitantes precisavam para sobreviver[325].

Embora haja alguma resistência com relação ao caráter fidedigno da memória coletiva desse período histórico[326], entende-se que a decadência do Império Romano e a introdução do direito germânico[327] (de cunho

---

[324] PERROY. *História geral das civilizações*, t. III, v. 1..., p. 17-18.

[325] PERROY. *História geral das civilizações*, t. III, v. 1..., p. 17-18; BARRETO FILHO, Oscar. A dignidade do direito mercantil. *Revista de Direito Mercantil Industrial, Financeiro e Econômico*, São Paulo, n. 11, 1973, p. 13.

[326] Marc Bloch destaca o desinteresse — ou, até mesmo, a incapacidade em razão da não compreensão do latim — dos primeiros representantes da civilização medieval de registrar, por escrito, os costumes e a memória jurídica do período: "A menos que tivesse existido na Europa feudal uma daquelas castas de profissionais que retinham as memórias jurídicas, como outras civilizações conheceram, por exemplo, entre os Escandinavos. Mas na Europa feudal e entre os leigos, a maioria dos homens que se pronunciava sobre o direito fazia-o apenas ocasionalmente. Não tendo seguido qualquer treino metódico, na maior parte das vezes, estavam limitados, como se queixava um deles, a seguir 'as suas possibilidades ou as suas fantasias'. Numa palavra, a jurisprudência exprimia mais as necessidades do que os conhecimentos. A primeira idade feudal, por dispor apenas de espelhos infiéis, no seu esforço de imitar o passado, mudou, muito rápida e profundamente, julgando conservar-se." (BLOCH. *A sociedade feudal...*, p. 145).

[327] Os povos germânicos que invadiram Roma e dominaram boa parte da Europa nos séculos V e VI se encontravam em um estágio civilizatório primitivo, no qual o conceito de norma jurídica ainda não tinha sido desenvolvido; a rigor, sequer conheciam leis escritas (CALASSO. *Lezioni di storia del diritto italiano...*, p. 22-23). A propósito, o Rei lombardo Rotário foi responsável pela primeira consolidação da legislação bárbara no ano de 643 d.C., chamado de *L'Editto di Rotari*, que continha quase 400 artigos (CALASSO. *Lezioni di storia del diritto italiano...*, p. 106-107).

eminentemente oral)³²⁸ — em função das invasões bárbaras³²⁹ — recrudesceram o tratamento imposto ao devedor insolvente³³⁰.

A execução pessoal era um meio subsidiário de satisfação da obrigação. Embora a via patrimonial fosse conhecida — e até certo ponto desenvolvida na legislação bárbara, posterior à invasão de Roma — para devedores solventes (*v.g.*, o conceito de obrigação como vínculo real e a aplicação do penhor privado)³³¹, é inegável que uma série de conquistas processuais decorrentes do desenvolvimento dos institutos concursais romanos ao longo do tempo cederam ante um direito fundado em abomináveis formas

---

³²⁸ Segundo Marc Bloch, "(...) ao lado do direito escrito, existia já uma zona de tradição puramente oral. Uma das características mais importantes do período que se seguiu — da época, por outras palavras, em que verdadeiramente se constituiu o regime feudal — foi esta margem ter aumentado desmedidamente, ao ponto de, em certos países, invadir todo o domínio jurídico. Na Alemanha e em França, a evolução atingiu os seus limites extremos. Acabou-se a legislação: em França, a última 'capitular', aliás pouco original, é de 884; na Alemanha, a própria fonte parece ter secado após o desmembramento do Império, depois de Luís, o Pio. Só alguns príncipes territoriais — um duque da Normandia, um duque da Baviera — promulgam aqui e a além uma ou ora medida de alcance um pouco geral. (...) Durante o século X, as leis bárbaras, tal como as prescrições carolíngias, cessam pouco a pouco de ser transcritas ou mencionadas, a não ser por fugazes alusões. Se algum notário simular citar ainda as leis romanas, a referência, três quartas partes das vezes, não passa de banalidade ou de contra-senso. E como poderia ser de outro modo? Compreender latim — língua comum, no continente, a todos os antigos documentos jurídicos — era quase exclusivamente monopólio dos clérigos. Ora, a sociedade eclesiástica tinha-se arrogado o seu direito próprio, cada vez mais exclusivo." (BLOCH. *A sociedade feudal...*, p. 139-140).

³²⁹ Como relata José Reinaldo de Lima Lopes: "(...) os costumes dos povos bárbaros se assemelhavam muito entre si (...) eles eram sedentários em fuga, por causa da fome e das guerras. Por isso, não contavam com vida urbana, não tinham as individualidades definidas à maneira romana. Traziam uma técnica especialmente avançada na metalurgia, trabalhavam finamente o metal e as incrustações, a ourivesaria, etc. Para eles, a influência do direito romano era num certo sentido apenas relativa. O direito romano era encarado como direito superior, assim como a civilização romana em geral. Mas não era possível preservá-lo sem preservar toda a vida material romana, ou suas instituições políticas. Surge então um primeiro problema a ser superado: quem deverá viver segundo que lei? Não ocorre de pronto uma fusão entre romanos e bárbaros. Vivem lado a lado, sem se misturar." (LOPES, José Reinaldo de Lima. *O direito na história*. 3 ed. São Paulo: Atlas, 2009, p. 50).

³³⁰ Renouard ressalta que, na civilização bárbara, o homem era considerado uma coisa (*une chose*), passível de ser vendido como escravo, ao ponto de os próprios pais venderem seus filhos (RENOUARD. *Traité des faillites et banqueroutes*, t. I..., p. 20).

³³¹ SORANI. *Il fallimento, note e ricordi dell'esercizio...*, p. XXVII; PERCEROU. *Des faillites & banqueroutes et des liquidations judiciaires*, t. I..., p. 7-8; ROCCO. *Il fallimento...*, p. 180 ss.

de execução pessoal, dirigidas contra o próprio insolvente e seu corpo[332] (especialmente contra os servos)[333], caso não houvesse patrimônio suficiente para honrar a dívida[334].

O Édito de Teodorico (séculos V-VI), por exemplo, editado para resolver os conflitos entre germânicos e romanos, consagra o princípio do *pignus in causa judicati*. A *Lex romana Wisigothorum Corpo*, também conhecida como "Breviário Alariciano" (século VI), e as demais Leis Visigóticas iniciam um processo moroso e gradual de retomada de regras básicas romanas relacionadas à execução por dívida, embora não seja possível equiparar essas práticas às regras procedimentais de outrora[335].

---

[332] PROVINCIALI. *Trattato di diritto fallimentare*, v. I..., p. 8; CEREZETTI. *A recuperação judicial de sociedade por ações...*, p. 41-42.
[333] KULISCHER. *Storia economica del Medioevo e dell'epoca moderna*, v. I..., p. 73-74.
[334] FERRARA JR.; BORGIOLI. *Il fallimento...*, p. 55-56.
[335] SORANI. *Il fallimento, note e ricordi dell'esercizio...*, p. XXVII, XXIX.

2. A Baixa Idade Média: o Advento da Revolução Comercial

A Baixa Idade Média (séculos XI-XIV) constitui uma mudança de paradigma. Com o passar dos anos, o cenário foi gradualmente se transformando por meio de significativos progressos técnicos na produção, no escoamento e na utilização de utensílios e no armazenamento de produtos e alimentos. Tudo isso aliado ao reflorescimento do comércio[336], principalmente a partir do século IX, em um processo que culminou com o renascimento comercial[337], financeiro[338] e jurídico[339-340] ocorrido, sobretudo, entre

---

[336] O assunto está detalhado em: PERROY. *História geral das civilizações*: a Idade Média, t. III, v. 2. 2 ed. Trad. Pedro Moacyr Campos. São Paulo: Difusão, 1958, p. 23 ss.

[337] Le Goff destaca a mudança de mentalidade do homem medieval durante o período da revolução comercial. A questão religiosa passa a exercer um alento para a sobrevivência em direção ao juízo final: "(...) o Ocidente vive, entre os séculos XI e XIV, uma conversão essencial. Antes contentava-se em subsistir, em sobreviver, porque acreditava próximo o fim dos tempos. O mundo envelhecia e o medo do anticristo era contrabalançado pelo desejo do milênio, do reinado dos santos sobre a terra, ou, de maneira mais conforme a ortodoxia da Igreja, a espera do juízo final alimentava igualmente a esperança do Paraíso e o temor do Inferno. A partir de então ele se instala na terra por um tempo sempre limitado, porém mais longo e, mais do que no retorno às purezas originais do Paraíso ou da Igreja primitiva, ou na precipitação para o fim dos tempos, ele pensa no que o separará por muito tempo ainda da eternidade. O provisório perdurará. Ele pensa cada vez mais em organizar sua morada terrestre e se oferecer, no além, um território, um reino de espera e esperança entre a morte individual e a ressureição final, o Purgatório." (LE GOFF. *A civilização do ocidente medieval...*, p. 10). Entre o final do século XI e o início do século XII, houve uma mudança intensa e significativa nos hábitos e no modo de vida, especialmente na Itália, razão pela qual é possível pensar esse período como o "renascimento" (CALASSO. *Lezioni di storia del diritto italiano...*, p. 38).

[338] Para Niall Ferguson, professor da Universidade de Harvard: "A evolução do crédito e do débito foi tão importante quanto qualquer inovação tecnológica na escalada da civilização, da antiga Babilônia até a Hong Kong dos dias de hoje. Os bancos e o mercado de ações proveram a base material para os esplendores do Renascimento italiano." (FERGUSON, Niall. *A ascensão do dinheiro*. 2 ed. Trad. Cordelia Magalhães. São Paulo: Planeta, 2017, p. 10). O tema, com referência às contribuições comerciais do mundo muçulmano, é aprofundado em: PERROY. *História geral das civilizações*, t. III, v. 1..., p. 167 ss.

[339] Entre o final do século XI e o início do século XII, houve uma mudança intensa e significativa nos hábitos e no modo de vida na Itália, inclusive no que se refere à valorização da mentalidade jurídica, razão pela qual é possível pensar esse período como o "renascimento". (CALASSO. *Lezioni di storia del diritto italiano...*, p. 38). No mesmo sentido: BLOCH. *A sociedade feudal...*, p. 150-151.

[340] Sob a perspectiva jurídica, Marc Bloch refere que, a partir do final do século XI, cresce o estudo do direito romano — que, repise-se, nunca deixou de ser praticado, especialmente nas escolas italianas — na Itália, sobretudo em Bologna com o brilho de mestres como Ir-

os anos 1300 e 1450 na Itália[341-342], do qual foram frutos esplendorosos[343] a correspondente evolução do *diritto comune* e a consolidação do *ius proprium* (ou *ordinamenti particolari*, do qual o *statutum* é o típico exemplo)[344], espe-

nerius e a retomada das fontes originais do Código de Justiniano, cujo conteúdo havia sido negligentemente consultado até então. Esse movimento sofreu forte resistência da Igreja e do direito canônico, cuja opinião, ao fim e ao cabo, acabou atestando o poder dos desafiantes (BLOCH. *A sociedade feudal...*, p. 147-148).

[341] LOPEZ, Robert. *A revolução comercial da Idade Média – 950-1350*. Lisboa: Editorial Presença, 1976, p. 58.

[342] Segundo Pertile, o desenvolvimento do direito privado italiano, inclusive no que refere ao tratamento das matérias comercial e obrigacional, teve como base os costumes e regras liberais originados e cultivados nas comunas (PERTILE. *Storia del diritto italiano: dalla caduta dell'Imperio Romano alla codificazione*, v. III..., p. 3-5). Para melhor entendimento do nascimento das comunas, cuja origem é essencialmente comercial, ver: PERROY. *História geral das civilizações*, t. III, v. 2..., p. 33 ss.

[343] ASCARELLI. *Istituzioni di diritto commerciale...*, p. 4.

[344] Segundo Calasso: "*Statutum* di disse nel Medioevo la norma sancita dagli organi costituzionali a ciò preposti dagli ordenamenti particolari, che riconoscono sopra di sè autorità di un superior: in contrapposizione con la *lex*, che è vocabolo tecnicamente riservato alla manifestazione normativa emanata nell' ordinamento laico dell'autorità suprema e universale, dalla quale, in questa concezione, ogni altro potere deriva: cioè, dell imperatore. Come in questa definizione è implicito, i caratteri discretivi tra *statutum* e *lex* sono dunque: 1) che lo *statutum* ha un valore particolare, che si esaurisce entro i confini dell'ordinamento in cui è stato emanato, mentre la *lex* ha un valore universale, com'è universale l'ordinamento da cui emana (l'impero); 2) che lo *statutum* presuppone la *lex*, alla quale si subordina e coordina, allo stesso modo in cui l'ordinamento particolare è tale, in quanto vive e opera racchiuso e limitato entro l'orbita dell'ordinamento universale: il quale è invece ordinamento primario (non presupposto cioè da altro ordinamento), ed è il solo ordinamento primario Lo *statutum* inoltre si diversifica giuridicamente dalla consuetudine, in quanto, mentre esso è sancito, come s'è detto, dagli organi e nelle forme che la costituzione dell'ordinamento prevede, la consuetudine è invece la norma que si affrtma nella pratica della vita per usare il linguaggio di Salvio Giuliano, '*rebus ipsis et factis*', e anche se viene fermata in iscritto, non cambia per questo natura giuridica, se quegli organi non sono intervenuti e queste forme non sono costituzionalmente osservate. (...) ma nella teoria medievale delle fonti del diritto non fu mai nettissima la separazione fra consuetudine e statuto (...) La sorprendente insistenza con la quale la dottrina si occupa della consuetudine in questi secoli (...) rivela sopra tutto la preoccupazione di chiarire i rapporti fra il diritto degli ordinamenti particolari (*ius proprium*) e il diritto comune: quest'ultimo era, come sappiamo, la *lex* per antonomasia, mentre il complesso di quegli altri rientrava per contrapposto nella generica designazione di consuetudo, o *ius non scriptum*, dove l'elemento della scrittura non doveva essere interpretato nel suo valore materiale, ma solo ideale (...)." (CALASSO. *Lezioni di storia del diritto italiano...*, p. 223-225).

cialmente o de natureza comercial (influenciando o direito falimentar)[345] — com destaque para técnicas jurídicas bem específicas, como a concessão de crédito mediante outorga de garantias imobiliárias[346].

O peso cultural da região, a posição geográfica estratégica entre o Ocidente e o Oriente, as cruzadas (desde 1096 até 1270, que promoveram o tráfico direto com o Oriente)[347], o desenvolvimento da navegação, a formação de colônias no mar Mediterrâneo, o incremento da circulação de bens e pessoas, de capital e títulos[348], sem falar no recebimento de valores pela

---

[345] Segundo Spender: "Foi com estes elementos do direito romano, que os jurisconsultos medievos, nomeadamente os italianos, lentamente elaboraram a fallencia, com os seus caractéres modernos, fundindo os preceitos do *Corpus Juris*, com os usos e costumes mercantis, que o commercio com o Oriente, e o floresimento das repúblicas da Italia septentrional, para logo desenvolveram." (VAMPRÉ. *Tratado elementar de direito comercial...*, p. 20-21)

[346] KULISCHER. *Storia ecomica del Medioevo e dell'epoca moderna*, v. I..., p. 509 ss; KEEN, Maurice. *The penguin history of medieval Europe*. London: Penguin Books, 1991, p. 225-243.

[347] Na visão de Basílio de Magalhães: "As cruzadas contribuíram para enfraquecer o feudalismo (tantos e tão poderosos foram os barões feudais que pereceram ou ficaram definitivamente, *sponte sua*, na Palestina), e, portanto, para fortalecer a realeza; cooperaram também para a fusão das classes sociais (vilões e nobres confraternizaram nas tremendas pelejas, da quais retornaram, aqueles mais cônscios de seu valor, os outros menos arrogantes), para a suavização do regime servil e para o movimento insurrecional das comunas. Politicamente, as cruzadas unificaram a Europa cristã ou melhor dito (e a expressão é de Guizot), 'não havia Europa, e foram as cruzadas que a revelaram', e, 'do mesmo modo que elas constituíram um movimento europeu, foram igualmente, em cada país, um movimento nacional' (...) Economicamente, muito deve a Europa ao grande movimento religioso, o qual contribuiu consideravelmente para desenvolver-lhe a agricultura, a indústria, o comércio e os aparelhos do crédito. Além disso, aumentando os conhecimentos geográficos e aperfeiçoando a arte náutica, despertando o gosto pelas viagens — que haviam dentro em pouco de chegar às paragens mais remotas — as cruzadas entranharam na Europa Ocidental o espírito aventureiro, que, estendendo-se aos descobrimentos marítimos (consequência da ocupação do oriente pelos otomanos), havia de culminar mais tarde no Novo-Mundo, revelado por Cristóvam Colombo." (MAGALHÃES, Basílio de. *História do comércio*. Rio de Janeiro: Francisco Alves, 1943, p. 116-118). Para aprofundamento sobre as cruzadas, ver: NOEL. *A history of the bankruptcy law...*, p. 20 ss; GIORDANI, Mário Curtis. *História do mundo feudal*. Petrópolis: Vozes, 1974, p. 529-618; PERROY. *História geral das civilizações*, t. III, v. 2..., p. 40 ss.

[348] É preciso atentar para o fato de que dinheiro não tinha na Idade Média o mesmo sentido que tem hoje. Na verdade, como relata Le Goff: "(...) o dinheiro não é personagem de primeiro plano na época medieval, nem do ponto de vista econômico, nem do ponto de vista político, nem do ponto de vista psicológico e ético. As palavras que no francês medieval se aproximam mais do dinheiro no sentido atual são: 'moeda', 'denário', 'pecúnia' (...) A Idade Média, quando se trata de dinheiro, representa na longa duração da história uma fase de regressão. O dinheiro, nela, é menos importante, está menos presente do que no Império Romano, e

cúria papal proveniente de todos os soberanos da Europa, foram fatores que favoreceram o desenvolvimento e o florescimento das cidades[349] (especialmente as italianas)[350] — verdadeiras ilhas de liberdade em um mar de servidão[351]. Efetivamente, as cidades estiveram no centro desse ressurgi-

sobretudo muito menos importante do que viria a ser a partir do século XVI, e particularmente do século XVIII. Se o dinheiro é uma realidade com a qual a sociedade medieval deve contar mais e mais e que começa a ter aspectos que assumirá na época moderna, os homens da Idade Média, sem exclusão dos comerciantes, dos clérigos e dos teólogos, jamais tiveram uma concepção clara e unificada do sentido que damos hoje a esse termo. (...)." Essa visão, no entanto, não invalida a destreza que o homem medieval teve em lidar com a contabilidade e com a aritmética. Leonardo Fibonacci (*Tratado do ábaco*) e Luca Paciola (*Summa arithmetica*) são exemplos históricos disso (LE GOFF. *A Idade Média e o dinheiro...*, p. 9-10, 12).

[349] A partir do ano 1000 d.C., o termo "cidade" adquire novo significado e contornos próprios, diretamente relacionados à revolução comercial do período, referindo-se a um "grupo de por lo menos varios centenares de personas, tal vez varios millares, reunidos estrechamente, y manteniéndose en gran parte por las manufacturas y el comercio (...) después del año 1000 se extendió tanto el comercio que las verdaderas ciudades se hicieron cada vez mayores y más numerosas. Su situción la determinaban dos condiciones importantes para su existência: la protecctón política y la posibilidad de comerciar con provecho." (DAY, Clive. *Historia del comercio*, t. I. Trad. Teodoro Ortiz. Ciudad de México: Cultura Economica, 1941, p. 39-40). No mesmo sentido, ver: CIPOLLA, Carlo M. *História econômica da Europa pré-industrial*. Trad. Joaquim João Coelho da Rosa. Lisboa: Edições 70, 1974, p. 167.

[350] A importância das cidades para o renascimento comercial, econômico, político, social e jurídico do medievo italiano é tão grande a ponto de Calasso afirmar que "La nostra storia di quest'epoca è essenzialmente storia di città" (CALASSO. *Lezioni di storia del diritto italiano...*, p. 129).

[351] Por exemplo, estabeleceu-se o costume de que, se um servo abandonasse seu senhor feudal e fugisse para a cidade, permanecendo nessa localidade por mais de um ano e um dia, convertia-se em um homem livre (DAY. *Historia del comercio*, t. I..., p. 42). No mesmo sentido: CIPOLLA. *História econômica da Europa pré-industrial...*, p. 165-167.

mento do comércio (mormente o interno)[352], renascimento cultural[353], e descobrimento individual do homem[354] e do mercador medieval[355].

2.1. As Cidades Medievais

A fragmentação política ("sociedade sem Estado") europeia (especialmente a italiana)[356] contribuiu para o estabelecimento de um regime de competição (econômica especialmente, mas também legislativa e institucional) entre as regiões, cidades e repúblicas.

---

[352] GOLDSCHMIDT. *Storia universale del diritto commerciale...*, p. 117-118; SCHMIDT, Max Georg. *Historia del comercio mundial*. Trad. Manuel Sánchez Sarto. Barcelona: Labor, 1938, p. 49 ss; DAY. *Historia del comercio*, t. I..., p. 42 ss.

[353] CASSANDRO, Giovanni. *Lezioni di diritto comune*. Napoli: Edizioni Scientifiche Italiane, 1971, p. 16.

[354] Jacques Le Goff salienta que: "Se havia um tipo humano a excluir do panorama do homem medieval era precisamente o do homem que não crê, o tipo a que, mais tarde, se chamará libertino, livre pensador, ateu. Pelo menos até o século XIII e mesmo até finais do período que analisamos, não se encontra nos textos senão um número insignificante de pessoas que negam a existência de Deus. E, na maior parte desses casos, pode perguntar-se se não se tratará de uma má leitura dos textos ou de extrapolações devidas a quem citou a palavra dos originais isolados, extrapolações nascidas de excessos verbais, fruto de um momento de raiva ou — para alguns intelectuais — de embriaguez conceitual." (LE GOFF. *O homem medieval...*, p. 10).

[355] BURCKHARDT, Jacob. *The civilization of the Renaissance*. Oxford: Phaidon Press, 1944, p. 81; LE GOFF. *Mercadores e banqueiros na Idade Média...*, p. 71 ss.

[356] Segundo Patrick Gilli, é necessário segmentar a história da Itália medieval em pelo menos dois grandes polos e quatro fases cronológicas: "Se procurarmos ordenar a península a partir de sua rede urbana e de suas instituições comunais, necessitaremos mostrar uma primeira linha de fissura, verdadeiramente estruturante: uma Itália centro-setentrional marcada por um movimento comunal precoce se opõe a uma Itália meridional, bizantina, lombarda, muçulmana, depois normanda, na qual os organismos urbanos nunca atingiram um nível de autonomia funcional comparado àquele das cidades do Centro-Norte. (...) a história das cidades centro-setentrionais é, ela mesma, escalonada de maneira esquemática em quatro fases cronológicas claras: uma dita fase consular, que corresponde ao fim do século XI e se estende até a Paz de Constância, em 1183; uma fase dita 'podestadal', que se segue até o meio do século XIII; uma fase que se prolonga até as primeiras décadas do século XIV, durante a qual a influência crescente de grupos sociais ligados ao *popolo* com que estes conseguiam impor seus próprios representantes, o que dobra o número de instituições podestadais. Essa forma de governo entra progressivamente em crise no decorrer do século XIV, até mesmo, em alguns casos, na primeira metade do século XIII, abrindo caminho para a fase dos regimes senhorais." (GILLI. *Cidades e sociedades urbanas na Itália medieval...*, p. 57-58).

A preponderância comercial alternava de tempos em tempos. Liderar demandava alianças fortes e duradouras com outros atores de relevo, incluindo guildas mercantis (*merchant guilds*)[357], *consules mercatorum* e ligas[358]

---

[357] As guildas mercantis (*merchant guilds*) foram instituições típicas da Idade Média/Moderna europeia (especialmente após a conquista da Inglaterra pela Normandia), com amplo espectro de atuação na sociedade, e duradouras no tempo e no espaço (especialmente entre os anos 1000 a 1800). Em síntese, o crescimento e o desenvolvimento do comércio exigiram a formação de associações de indivíduos que compartilhavam características e escopos em comum. Essas características eram variadas (religião, nacionalidade, vizinhança, serviços militares, interesses culturais, convicções políticas e assim por diante), mas geralmente essa aproximação decorria do exercício da mesma profissão. As guildas tinham menor atuação em atividades econômicas relacionadas ao setor primário e maior prevalência em atividades industriais e terciárias, tendo na atividade mercantil seu principal e mais relevante desempenho. Os mercadores eram vendedores de atacado, com foco no lucro, especializados em negociar produtos que não produziam diretamente para outros vendedores, para o Estado, agentes e industriais, sem contato direto com o consumidor. Segundo Charles Gross, não havia razão para a defesa de interesses comuns e, por conseguinte, a formação de guildas mercantis (*gilds merchant*) até o desenvolvimento do comércio e da indústria — e sua predominância sobre a agricultura (GROSS, Charles. *The guild merchant*. Oxford: Clarendon Press, 1890, p. 29 ss). Sheilagh Ogilvie destaca que as guildas mercantis exerceram inúmeras funções (econômicas, sociais, políticas, jurídicas) no curso da história, tendo contribuído imensamente para revolução comercial na Baixa Idade Média e para a resolução de problemas típicos da época medieval (*i.e.*, extorsão estatal, insegurança do comércio, inadimplemento de contratos, assimetria informacional e volatilidade econômica), sem, no entanto, deixar de praticar uma série de atos ilegais e contrários ao desenvolvimento do livre-comércio (estabelecimento de monopólios, definição de privilégios para seus membros, discriminação de estrangeiros, práticas de suborno e assim por diante). Segundo o vaticínio da autora, "(...) we have to look at everything Merchant guilds did – the dark side as well as the bright side." (OGILVIE, Sheilagh. *Institutions and european trade*: merchant guilds – 1000-1800. New York: Cambridge University Press, 2011, p. 2-3). Sobre o tema, ver, também: LOPEZ. *A revolução comercial da Idade Média* – 950-1350..., p. 137-161.

[358] Segundo Gelderblom, grande parte dos mercadores europeus negociavam em guildas, consulados e ligas — associações comerciais privadas que negociavam privilégios para seus associados, cultivando fortes laços internos de comunidade, inclusive no que se refere à responsabilidade coletiva por débitos de seus associados e a possibilidade de sanção por meio de exclusão. Por exemplo, a Liga Hanseática Germânica era tão bem organizada a ponto de poder ameaçar cidades com o abandono coletivo em caso de punição de seus mercadores (GELDERBLOM, Oscar. *Cities of commerce*. New Jersey: Princeton, 2013, p. 8). As Guildas comerciais, cujas atividades legiferantes eram praticamente independentes da autoridade local, embora formalmente subordinadas a ela, exerceram papel determinante no processo de formação do direito mercantil. Quase todo cidadão era um artista ou mercador e quase todo mercador e artista era um cidadão (MITCHELL, William. *An essay on the early history of law of merchant*. Cambridge: University Press, 1904, p. 29-31, 55). Para aprofundamento sobre o

— como a Hanseática (1369). Exigia-se, em contrapartida, um ambiente local receptivo aos comerciantes estrangeiros, esforços legislativos no sentido de adaptar a legislação às necessidades do tráfico mercantil[359]. Em síntese, a autonomia institucional e a competição urbana determinaram constantes empenhos político-institucionais para manter a atratividade econômica da região[360].

Esse período assistiu ao nascimento das cidades e das aldeias medievais — diferentes das cidades romanas e das industriais —, as quais foram responsáveis pela reunião de fatores econômicos, políticos, sociais e jurídicos que permitiram a arrancada dessa civilização em direção ao desenvolvimento e à inovação[361], representando o "centro nevrálgico da Revolução

---

tema, ver: OGILVIE. *Instituions and european trade...*; GELDERBLOM, Oscar; GRAFE, Regina. The rise and fall of the merchant guilds: re-thinking the comparative study of commercial institutions in premodern Europe. *The Massachusetts Institute of Technology and the Journal of Interdisciplinary History*, v. 40, Iss. 4, Spring 2010, p. 477-511; BLOCKMANS, Wim. Constructing a sense of community in rapidly growing European cities in the eleventh-thirteenth centuries. *Historical Research*, 83 (222), 2010, p. 575-587; LEFRANC. *História breve do comércio...*, p. 50-52; LOPEZ. *A revolução comercial da Idade Média* – 950-1350..., p. 137-161.

[359] Nesse particular, vale ressaltar que as disposições dos estatutos corporativos e associativos não podiam violar nem contradizer as previsões dos estatutos das cidades medievais (*ius proprium*). Sobre o tema, ver: CALASSO. *Lezioni di storia del diritto italiano...*, p. 230-231).

[360] GELDERBLOM. *Cities of commerce...*, p. 3-4.

[361] Dentre as conquistas do período, Le Goff destaca as seguintes: "(...) a verdadeira arrancada de uma economia monetária, as invenções tecnológicas apropriadas para garantir a conquista rural, o artesanato pré-industrial, a construção em grande escala (charrua dissimétrica com rodas e aiveca, ferramentas de ferro, moinho de água com as suas aplicações e moinho de vento, sistema de cames, tear, aparelhos de levantamento, cisterna de atrelagem 'moderno'). Com o surgimento da máquina de uso utilitário (e não apenas lúdico ou militar), elaboram-se também novos modos de dominação do espaço e do tempo, sobretudo do espaço marítimo, com a invenção do leme de cadaste, a adoção da bússola, novos tipos de navio, o avanço da precisão das medidas, a noção de horas regulares e a fabricação de relógios para medi-las e mostrá-las. A Igreja mantém e às vezes reforça seu controle ideológico e intelectual, mas a alfabetização progride, a oposição *litterati/illitterati* (instruídos/ignorantes, corruptores de latim e gente confinada às línguas vulgares) já não abarca a oposição clérigos/leigos, um novo tipo de ensaio e de ciência, a escolástica, apoiada numa nova instituição, a universidade, continua clerical, mas desenvolve espírito crítico e favorece marginalmente o desenvolvimento dos conhecimentos e das funções jurídicas e médica, que logo escaparão à Igreja." (LE GOFF. *A civilização do ocidente medieval...*, p. 7-8).

Comercial"³⁶². Adstritos às cidades, os mercados e as feiras multiplicaram-se com elas³⁶³.

Entre as cidades mais pujantes do período³⁶⁴ — nesse quesito, a vantagem competitiva das cidades portuárias era evidente —, Veneza, favorecida pela sua localização geográfica ("a senhora do Mediterrâneo"³⁶⁵ ou a "Sereníssima República"³⁶⁶), era o empório mundial, a potência intermediária entre Roma e Bizâncio, grande centro da indústria e do comércio (*v.g.*, grãos, vinhos, lã, armas, artigos de luxo, especiarias)³⁶⁷ e também sede dos primórdios da atividade bancária³⁶⁸, sendo que a própria origem

---

[362] LOPEZ. *A revolução comercial da Idade Média* – 950-1350..., p. 98.

[363] BRAUDEL, Fernand. *Civilização material, economia e capitalismos*: séculos XV-XVIII, v. 2. Trad. Telmo Costa. São Paulo: Martins Fontes, 2009, p. 17.

[364] Para aprofundamento sobre a origem das classes sociais (*milites* ou *popolo*) que comandavam cada uma das cidades italianas, ver: GILLI. *Cidades e sociedades urbanas na Itália medieval...*, p. 98 ss.

[365] SCHMIDT. *Historia del comercio mundial*..., p. 49-50.

[366] LEFRANC. *História breve do comércio*..., p. 44.

[367] MUTINELLI. *Del commercio dei veneziani*..., p. 16-17.

[368] As pesquisas de Lattes, Ferrara e Charles Dunbar confirmam a existência de registros históricos de que a atividade bancária em Veneza teve início por volta do ano de 1270 e se mostrou indispensável para o desenvolvimento do comércio e das demais atividades econômicas da cidade e da região. Nas palavras de Dunbar: "It is tolerably clear that private banking in Venice began as an adjunct of the business of the campsores, or dealers in foreign moneys. In a city having a great and varied trade with many countries, these dealers necessarily held an important place, close to the stream of payments which was constantly in motion. As early as 1270 it was deemed necessary to require them to give security to the government as the condition of carrying on their business, but it is not shown that they were then receiving deposits. In an act of September 24, 1318, however, entitled *Bancherii scriptae dent plegiarias consulibus*, the receipt of deposits by the campsores is recognized as an existing practice, and provision is made for better security for the benefit of depositors. Whether the title of this act is contemporary or not, its text shows that somewhere between 1270 and 1318 the money-changers of Venice were becoming bankers, by a method similar to that by which the same class of men in Amsterdam a couple of centuries later, and later still the London goldsmiths, became bankers. More than once in the next half-century provision was made for some public oversight of the campsores, and in the acts the terms *hancherius* and *hancus* became frequent in what seems to be a technical use. The number of bankers appears finally to have become considerable; and the terms *hancus scriptae* and *hancherius scriptae* came into use in the sense which, in their Italian equivalents (*as hanco di scritta or hanco di scrittura*), they held for centuries, denoting the banker who keeps written accounts of transferable deposits. The documents brought to light by Lattes and by Ferrara give us the names and tell something of the chequered fortunes of a considerable number of these private banks which flourished between 1348 and 1584. Some of them belonged to families or men of high standing, as the

da profissão de mercador/comerciante se encontra essencialmente em Veneza[369]. Consistiu, na época, na mais esplêndida cidade europeia, aquela que ditava a moda e os costumes, sede do prazer — somente suplantada por Paris[370] no final do século XVII[371].

Já os ducados de Milão[372] e Bolonha[373] eram notáveis praças industriais. Florença, por sua vez, era o principal centro da manufatura italiana de algodão e seda. Sede do poder dos Bardi, dos Peruzzi, dos Pazzi, dos Medici e

banks of Soranzo, Priuli, Pisani, Lippomano, Veudramin, Sanudo, and of Pisani and Tiepolo; some of them stood in close relations and high favor with the government of the day; several of them went through the phases of failure, reorganization, and resumption more than once; and, in fine, of the banks now known by name Ferrara was only able to find one, the house of Soranzo, which after an existence of over a century closed its affairs by payment in full, — a trombe epifferi. The list as we now have it comprises rather more than twenty names, including probably the most important. But the speech of Tommaso Contarini in 1584 sets the number of banks known to have existed at one hundred and three, 'of which ninety-six have come to a bad end and only seven have succeeded.' And yet, notwithstanding a train of disasters nearly two centuries and a half long, the service rendered by the banks to commerce had been such, on the whole, as to lead Contarini to argue that to preserve the trade of the city without banking was not only difficult, but impossible." (DUNBAR, Charles. The bank of Venice. *The Quarterly Journal of Economics*, v. 7, Iss. 2, p. 210-212, 1 January 1893.). Para aprofundamento sobre o tema, ver: LATTES, Elias. *La libertà delle banche a Venezia dal secolo XIII al XVII*. Milano: Valentiner, 1869.

[369] Sobre o tema, ver: MUTINELLI. *Del commercio dei veneziani...*, p. 1-38; PIRENNE. *Medieval cities...*, p. 109-110; LANE, Fredric. *Venice*. A maritime republic. Maryland: John Hopkins University Press, 1973, p. 51-53; OKEY, Thomas. *The story of Venice*. London: Dent & Co., 1931; SHAKESPEARE, William. *O mercador de Veneza*. São Paulo: Martin Claret, 2006.

[370] Para aprofundamento sobre as raízes da formação de Paris, ver: OKEY, Thomas. *The story of Paris*. London: Dent & Co., 1925.

[371] Até o século XV, Veneza mantinha sua liderança no contexto das repúblicas e ducados italianos. Conforme relata Rossana Sicilia: "(...) a República de Veneza, que, graças à sua oligarquia mercantil, criou um aparelho institucional que favorece a gestão dos domínios terrestres, sobre os quais a cidade exerce sua influência no reconhecimento da autonomia administrativa; do mesmo modo, o complexo controle de portos e territórios costeiros situados no Mediterrâneo Central e Oriental constitui o seu império talassocrático, que em breve será aumentado pela posse da Ilha de Chipre." (SICILIA, Rossana. O equilíbrio entre os estados italianos. In: ECO, Umberto (dir.). *Idade Média*: explorações, comércio e utopias, v. IV. Trad. Carlos Aboim de Brito e Diogo Madre Deus. Lisboa: D. Quixote, 2011, p. 48).

[372] Para aprofundamento sobre as raízes da formação de Milão, ver: NOYES, Ella. *The story of Milan*. London: Dent & Co., 1908.

[373] Para aprofundamento sobre as raízes da formação de Bologna, ver: WIEL, Alethea. *The story of Bologna*. London: Dent & Co., 1923.

de outras proeminentes famílias de banqueiros florentinos[374], a cidade se tornou, em dado momento, a mais importante praça bancária e cambiária da Europa — além de consistir em relevantíssima participante do comércio marítimo medieval a partir de suas conquistas (especialmente de Pisa e Livorno)[375], que permitiram que concorresse nesse campo com Veneza[376].

Siena, tradicional rival de Florença, obteve semelhante destaque como centro financeiro[377]. Também desempenharam papel de relevo nestas e em outras áreas econômicas ao longo dos anos Lucca, Nápoles, Amalfi, Gênova, Pisa, Bruges, Antuérpia, Colonia, Champagne, Lyon, Fladres e Amsterdam[378], entre outras cidades[379].

Entre os anos 1250 e 1650, a primazia econômica e a hierarquia urbana na Europa tiveram diversos líderes, cuja ascensão ou declínio, por vezes, não teve relação com sua sofisticação comercial, financeira ou institucional. A sequência clássica das capitais comerciais europeias inicia com Veneza, desloca-se para Antuérpia, Gênova, Amsterdã e, posteriormente, para Londres[380-381].

---

[374] Armando Sapori examina, com detalhamento, a origem das atividades econômicas exploradas pelas principais famílias florentinas, dentre as quais: i Frescobaldi, i Bardi e Peruzzi, i Gianfigliazzi, Gli Alberti del Giudice e i Medici (SAPORI, Armando. *Compagnie e mercanti di Firenzi antica*. Firenze: Barbera, 1978, p. LXI-XCI).

[375] A tradição mercantil estava impregnada na cultura das cidades medievais. Por exemplo, segundo C. Hibbert: "*A Florentine who is not a Merchant...enjoys no esteem whatever*" (HIBBERT, Christopher. *The rise and fall of the House of Medici*. New York: Penguin, 1979, p. 19).

[376] Para aprofundamento sobre as raízes da formação de Florença, ver: GARDNER, Edmund G. *The story of Florence*. London: Dent & Co., 1908.

[377] ARCANGELI. Gli istituti del diritto commerciale..., p. 248.

[378] Para aprofundamento sobre o desenvolvimento do capitalismo em Amsterdã, ver: BARBOUR, Violet. *Capitalism in Amsterdam in the 17th century*. 2 ed. Michigan: Arbor, 1966.

[379] GOLDSCHMIDT. *Storia universale del diritto commerciale...*, p. 118-122. Sobre o tema, ver: SAPORI, Armando. *Le marchand italien au Moyen Âge*. Paris: A. Colin, 1952; PIRENNE. *Medieval cities...*; PIRENNE. *História econômica e social da Idade Média...*; LE GOFF. *A bolsa e a vida...*; LE GOFF. *Mercadores e banqueiros...*; LOPEZ. *A revolução comercial da Idade Média* – 950-1350...; GELDERBLOM. *Cities of commerce...*, p. 19 ss; GIORDANI. *História do mundo feudal...*, p. 324-400.

[380] GELDERBLOM. *Cities of commerce...*, p. 5.

[381] O período de formação de Londres como uma das cidades mais relevantes da Europa perpassa a história do povo inglês, remontando a séculos de conflitos, batalhas e guerras contra conquistadores das mais variadas estirpes, com especial destaque para os normandos (*Vikings*) durante os anos 1000 a 1154. No entanto, a história de Londres inicia antes da chegada dos romanos no ano de 43 d.C., com uma predileção natural para o comércio marítimo por meio do Tâmisa, e a influência da civilização dos celtas. Sobre o tema, ver: HUNTINGTON, Henry

2.2. A Organização Jurídica

A organização jurídica construída ao longo da Idade Média representa a mediação histórica entre o mundo antigo e o moderno[382], com papel de destaque para a classe mercantil[383], inclusive no que se refere à formação de novas tendências éticas, ao estabelecimento de padrões de comportamento no tráfico mercantil[384] e à redescoberta da vida econômica no interior e no entorno das cidades[385].

Esse complexo universo medieval abrigou uma infinidade de ordenamentos jurídicos[386], sem preocupação com sua imutabilidade (com exceção de Veneza, cujo direito estatutário manteve-se hígido até a queda da República). O princípio da pluralidade dos ordenamentos (*i.e.*, pluralismo jurídico), completamente desvinculado da necessária presença do Estado

---

of. *The history of the english people* – 1000-1154. New York: Oxford University Press, 2002, p. 6-111; MOUNT, Toni. *Everyday life in medieval London*. London: Amerley, 2015, p. 9-65. Segundo Clive Day, durante a Alta Idade Média, Londres foi completamente destruída, convertendo-se "(...) en un simple montón de basuras, pues cuando se reconstruyó en una epoca posterior ni si intento siquiera seguir las líneas de las antiguas calles, y éstas se trazaron de nuevo sobre las ruinas de lo que antes habían sido casas." (DAY. *Historia del comercio*, t. I..., p. 40).

[382] CALASSO. *Lezioni di storia del diritto italiano*..., p. 123.
[383] LEFRANC. *História breve do comércio*..., p. 40
[384] GUREVIC. *O mercador*..., p. 165-189, p. 165; LE GOFF. *Mercadores e banqueiros na Idade Média*..., p. 85-87. Segundo Cipolla: "Com o nascer da cidade medieval e o emergir da burguesia urbana nascia uma Europa nova. Todo o sector da vida econômica e social foi transformado. Escalas de valores, condições e relações pessoais, tipos de administração, educação, produção e troca, tudo sofreu uma transformação drástica. A revolução urbana dos séculos XI e XII foi o prelúdio e gerou as pré-condições da Revolução Industrial do século XIX." (CIPOLLA. *História econômica da Europa pré-industrial*..., p. 169).
[385] ROBERTI, Mechiorre. *Lineamenti di storia del diritto dalle origini di Roma ai nostri giorni*, v. II. Milano: Giuffrè, 1933, p. 19.
[386] Ao tratar da multiplicidade de direitos aplicáveis no contexto da migração da Alta para a Baixa Idade Média — e, portanto, no seio da Revolução Comercial —, Marc Bloch ressalta que: "É significativo que o país onde se manteve durante mais tempo esta multiplicidade de obediências jurídicas — até o limiar do século XII — tenha sido a erudita Itália. Mas isto aconteceu à custa de uma estranha deformação. Com efeito, sendo cada vez mais difícil determinar a lei que imperava neste ou naquele caso, introduziu-se o hábito de cada pessoa especificar, no momento em que tomava parte de um acto oficial, a lei à qual se reconhecia sujeita e, que, muitas vezes, variava segundo a vontade de contratante e conforme a natureza do negócio. No resto do continente, o esquecimento em que, a partir do século X, caíram os textos da época anterior permitiu o aparecimento de uma nova ordem, chamada, por vezes, regime dos costumes territoriais." (BLOCH. *A sociedade feudal*..., p. 142).

para a produção do direito, vigorou durante esse período da história da civilização[387]. Segundo Grossi, a ordem jurídica medieval apresenta um intenso particularismo (*i.e.*, localismo jurídico), representando uma experiência de "múltiplos ordenamentos, uma profusão de autonomia, mas não de soberanias, de Estados, em que a dimensão jurídica é suficientemente forte e central para representar a autêntica constituição do universo medieval, uma dimensão ôntica que precede e supera a dimensão política"[388].

O moderno direito falimentar tem seu berço (e certidão de nascimento) justamente na Itália, inspirado na civilização romana[389] e nos costumes, nas práticas e nas atividades desenvolvidas pelos *hommes d'affaires*[390]. É correto dizer, portanto, que a origem da *Lex Mercatoria* está intimamente conectada com o ressurgimento do comércio, dos mercados, dos portos e das feiras medievais[391] após os tumultuados séculos que seguiram à queda do Império Romano[392]. Não é à toa que os estudos históricos do direito comercial no medievo[393], inclusive no que se refere à matéria falimentar,

---

[387] ROBERTI. *Lineamenti di storia del diritto dalle origini di Roma ai nostri giorni*, v. I..., p. 38-44.
[388] GROSSI. *A ordem jurídica medieval...*, p. 44.
[389] RENOUARD. *Traité des faillites et banqueroutes*, t. I ..., p. 20.
[390] RENOUARD, Yves. *Les hommes d'affaires italiens du Moyen Âge*. Paris: Texto, 1968, p. 61-62. Lefranc refere que, durante toda a Idade Média, os mercadores receberam o título pitoresco de "pés empoeirados" (*piepowder*) (LEFRANC. *História breve do comércio...*, p. 40). No mesmo sentido: PERROY. *História geral das civilizações*, t. III, v. 2..., p. 31.
[391] A dinâmica, o funcionamento e a razão de existir das feiras medievais foram bem desenvolvidos em: DAY. *Historia del comercio*, t. I..., p. 63-70.
[392] Mitchell refere que durante o Império Carolíngio (aproximadamente 800 a 924 d.C.), o comércio, as feiras e os mercados medievais, e os próprios mercadores passaram a receber maior destaque nas legislações locais e despertar interesse dos Imperadores e chefes de província. Há, inclusive, citação de uma carta escrita pelo Imperador Carlos Magno ao Rei de Mércia, na qual garante proteção e salvo-conduto aos mercadores do referido reino que estivessem cruzando e/ou negociando em seus domínios territoriais, exigindo, em contrapartida, tratamento recíproco (MITCHELL. *An essay on the early history of law of merchant...*, p. 23).
[393] Conforme Paolo Grossi: "O direito comercial é, também, ele ao menos no início, aquele conjunto de usos que a classe dos mercadores — cada vez mais forte no âmbito econômico, social e político, cada vez mais consciente de seu papel e tendente a construir defesas jurídicas para seus interesses — elabora, para disciplinar de modo autônomo as transações comerciais: usos nascidos localmente na práxis de uma praça mercantil, mas que posteriormente se tornaram gerais em virtude da valorização universal do *coetus mercatorum*. Pouco a pouco, durante o segundo período medieval, criam-se continuamente novos instrumentos (títulos de crédito, sociedades comerciais, falência, contratos de seguro), simplificam-se e agilizam-se instrumentos subtraídos às obstruções romanistas e ajustados às exigências do comércio (representação, cessão de crédito), superam-se antigas hesitações já injustificáveis (contrato

decorrem, em larga medida, dos preciosos registros legislativos, repositórios culturais e doutrinários das cidades italianas[394-395] — especialmente a partir do século XI, mesmo que cada região tenha alcançado seu estágio de desenvolvimento em momentos distintos, e cultivado peculiaridades locais, costumeiras e legais[396].

Essas manifestações jurídicas particularistas não têm pretensões totalitárias. Não há antagonismo frontal entre o *ius comune* (direito universal) e o *ius proprium* (direito particular). A rigor, manteve-se uma relação de influência recíproca entre o direito universal e o particular, mesmo que haja uma prevalência natural e hierárquica do primeiro sobre o segundo. Como relata Grossi, os ordenamentos particulares "no seu âmbito e ordem, integram-no, especificam-no, chegam até a contradizê-lo com variações particulares mas não chegam (nem pretendem fazer) a negá-lo. Pelo contrário, elas o pressupõem, colocando-se em posição dialética — ou seja, em relação, patente ou latente — com esse imenso patrimônio que circula por toda a parte e constitui o *ius*, o *ius* por excelência"[397].

---

em favor de terceiro): um conjunto orgânico de institutos toma cada vez mais forma e, ao mesmo tempo, uma complexa organização de classes e de profissões, acompanhada da instituição de foros especiais. O direito dos mercadores é sem dúvida um dos protagonistas do particularismo jurídico do final da Idade Média." (GROSSI. *A ordem jurídica medieval...*, p. 276).

[394] LATTES. *Il fallimento nel diritto comune...*, p. 3; SOUZA. *Prelecções de direito comercial...*, p. 43-44. Dentre os temas que formavam os estatutos das comunas medievais, merecem destaque a matéria criminal, inspirada no direito bárbaro, e a civil, inspirada no romano (GUASTI, Cesare. *Studi e bibliografici sopra gli statuti de'comuni italiani*. Toscana: Celini, 1855, p. 4).

[395] Segundo Mitchell, as cidades italianas perceberam que a liberdade política, o comércio e a indústria eram fontes de poder e de riqueza e direcionaram suas políticas públicas para tais escopos. Sua posição independente na região lhes concedeu uma vantagem competitiva na adoção de regras e regulamentos plenamente ajustados às necessidades do comércio. Tendo como base essas circunstâncias, o direito comercial se desenvolveu rapidamente, incorporando a tradição jurídica costumeira em leis escritas (*Lex Scripta*), sem, no entanto, buscar a completude legislativa, eliminar o reconhecimento de antigos costumes e visar à formação de novas práticas comerciais (MITCHELL. *An essay on the early history of law of merchant...*, p. 29-31, 55).

[396] MITCHELL. *An essay on the early history of law of merchant...*, p. 27-29; VAMPRÉ. *Tratado elementar de direito comercial...*, p. 21.

[397] E continua Grossi: "Estatutos comunais, costumes locais, primeira legislação principesca nas monarquias já fortes, direito feudal e direito mercantil se afirmam e vivem dentro do grande respiro do direito comum, só podem ser concebidos no interior do direito comum; quase como correntes que se inserem ativamente na atmosfera geral de um ambiente, enriquecendo-o e diversificando-o, mas que continuam a viver nela e graças a ela." (GROSSI. *A ordem jurídica medieval...*, p. 276-277).

2.3. A Lex Mercatoria e a Legislação Estatutária Falimentar

A civilização medieval revigorou os traços legislativos da matéria falimentar[398]. E isso ocorreu por razões essencialmente históricas[399].

Ao longo desse período[400], o direito comercial era cuidadosamente regulado na legislação estatutária[401], alicerçado em certas instituições deli-

---

[398] SORANI. *Il fallimento, note e ricordi dell'esercizio...*, p. XXIX.
[399] CARVALHO DE MENDONÇA. *Das fallencias e dos meios preventivos de sua declaração*, v. I..., p. 4.
[400] Para aprofundamento sobre o contexto histórico do período, especialmente o estopim (*i.e.*, Paz de Constância de 1183) do movimento de criação dos estatutos medievais pelas cidades e a aplicação da justiça, bem como a extensão da aplicação dessas regras, ver: GILLI. *Cidades e sociedades urbanas na Itália medieval...*, p. 150 ss.
[401] Cabe, aqui, uma precisão terminológica. Segundo Grossi: "Direito estatutário é um termo conveniente, mas imperfeito: poderia efetivamente gerar no leitor a ideia de um conjunto orgânico, sustentado por um programa unitário; mas não é isso. Quando aqui se fala de direito estatutário, deve-se entender a soma das regulamentações particulares de comunas, inclusive as pequenas, consolidações quase sempre de costumes locais, bastante desvinculadas umas das outras, expressões ativas (e por isso mesmo não negligenciáveis no plano das fontes) da vida jurídica local. (...) E a realidade é que o legislador estatutário simplesmente realizava o seu ofício, que consistia em organizar a convivência indócil da sociedade citadina e não em elaborar um 'código civil'. Seu âmbito pretende ser delimitado no plano objetivo, assim como o é no plano territorial; pressupõe inevitavelmente a existência de outro ordenamento que, no nível da regulação jurídica, pensa em tudo e tem soluções para tudo e para todos, que é o direito comum. O estatuto — e aqui Calasso enxergou sem dúvida corretamente — não pode ser considerado como um produto isolado e abstrato, mas em estreita relação dialética com a presença universal e onivalente do *ius commune*, que pressupõe essa inevitável presença, inevitável como o ar que se respirava em cada cidade e que cada cidade tinha em comum com o mundo inteiro. O estatuto é fonte valiosa e fiel de uma práxis, e é capaz — por vezes — de apontar-nos também a indiferença da ciência no que diz respeito às demandas da vida cotidiana, mas é fonte parcial e bastante limitada no seu campo de observação jurídico." (GROSSI. *A ordem jurídica medieval...*, p. 283-284). Na mesma linha, Mario Caravale destaca a relação existente entre os diversos ordenamentos jurídicos medievais e como ocorria a aplicação do direito no caso concreto: "I vari ordinamenti giuridici vigenti all'interno dell'unità comunale trovarono in più casi formale espressione in raccolte unitarie di norme che vanno sotto il nome di *statuto*. La loro compilazione aveva l'evidente obiettivo di precisare e chiarire le norme fino ad allora osservate per consuetudine ed imporre l'osservanza e il rispetto sia a coloro che dell'ordinamento facevano parte, sia agli altri che con lo stesso venivano in rapporto. (...) L'ordinamento municipale unitario trovava la sue espressione diretta nelo *Statuto comunale* che comprendeva, in genere tre elementi, le consuetudine cittadine, i *brevia* (gli impegni giurati di rispettare il diritto urbano assunti dai magistrati al momento di entrare in carica), le deliberazioni delle assemblee cittadine. (...) Il testo statutario comprendeva, insieme con norme di diritto privato e diritto criminale, disposizioni relative alle magistrature e alla

neadas no direito romano, e inspirado nos usos e costumes dos próprios mercadores (*lex mercatorum*)[402] — o que lhes garantiu um tratamento jurídico adequado às suas necessidades[403], reforçado pela existência de uma jurisdição especial para o julgamento de seus processos[404-405].

A substituição de um poder central enfraquecido e distante por uma autoridade local eficiente e próxima das necessidades dos cidadãos facilitou o processo de publicização da forma de realização do direito, inclusive no que se refere à matéria falimentar (de caráter penal e processual)[406].

Em uma sociedade sem a presença do Estado e, portanto, sem o monopólio da produção do direito[407], esse meticuloso registro, construído graças a pacientes esforços de interpretação (e completamento) da falência romana e à observação da realidade do período, garantiu ao Medievo a alcunha de "laboratório da falência moderna"[408] (inclusive em matéria bancária e financeira[409]). Neste laboratório, um tratamento legislativo particular aliado a proposições jurídicas conduzidas por tentativa e erro fize-

---

loro competenze. (...) Il direito statutario constituiva un ordinamento particolare rispetto a quello osservato dagli uomini liberi della regione in cui si trovava il Comune: era, perciò, all stesso tempo diritto comune per tutti i cittadini del municipio e diritto proprio nei confronti dell'ordinamento consuetudinario riguardante l'intera comunità degli uomini liberi della regione. La tutela del diritto statutario era affidata ai giudici comunali, i quali seguivano, in genere, una gerarchi delle fonti ispirata al principio – di cui abbiamo parlatto a proposito delle prime espressioni della scienza del diritto – per il quale se applicava in primo luogo la norma particolare e da questa si risaliva a regola generali. In virtù di tale gerarchia delle fonti, i giudici comunali seguivano in prima istanza i diritto statutario; ove questo non avesse disposto, si rifacevano alle consuetudine del luogo, cioè all'ordinamento generale degli uomini liberi della zona; e se anche queste non disciplinavano il caso in esame, si rivolgevano alla dottrina giuridica e lla sue interpretazione delle norme giustinianee e canoniche." (CARAVALE. *Ordinamenti giuridici dell'Europa medievale...*, p. 487-488).

[402] Vale registrar que, durante os séculos XIV e XV, identificou-se um movimento, liderado pelas cidades lombardas, de cópia literal das regras estatutárias de regiões bem-sucedidas e de guildas de maior destaque econômico, o que veio a determinar certa uniformização nas regras comerciais (incluindo a falência) das diversas regiões europeias (MITCHELL. *An essay on the early history of law of merchant...*, p. 33).

[403] PIRENNE. *Medieval cities...*, p. 128-129.

[404] MITCHELL. *An essay on the early history of law of merchant...*, p. 40 ss.

[405] Sobre a *lex mercatoria*, por todos, ver: GALGANO. *Lex mercatória...*

[406] ROCCO. *Il fallimento...*, p. 187-188; GELDERBLOM. *Cities of commerce...*, p. 3.

[407] GROSSI. *A ordem jurídica medieval...*, p. 286-288.

[408] CARVALHO DE MENDONÇA. *Das fallencias e dos meios preventivos de sua declaração*, v. I..., p. 5; CARVALHO DE MENDONÇA. *Tratado de direito comercial brasileiro*, v. VII..., p. 17.

[409] LATTES. *Il fallimento nel diritto comune...*, p. 5-6.

ram as vezes de tubos de ensaio, pipetas e condensadores, com resultados surpreendentes e não muito distantes do atual estado da arte do processo de insolvência contemporâneo[410].

Nesse contexto, os centros urbanos italianos — revigorados pelo renascimento da atividade comercial de maior escala — rememoraram as disposições romanas sobre a execução do devedor/falido[411], as quais foram remodeladas e adaptadas às exigências do período[412] — especialmente a *missio in bona* e a *distractio bonorum* no que se refere aos cidadãos romanos —, tendo por base: (*i*) o caráter público[413]; (*ii*) o princípio da nacionalidade do direito[414]; e (*iii*) o conceito de cessação de pagamentos (e de fuga) como forma de caracterizar o estado de falência do devedor[415].

---

[410] ROCCO. *Il fallimento...*, p. 187.

[411] Segundo a definição de Stracca, "il decoctor era colui che si è reso insolvente per fatto independente dalla sua volontà, o per fatoo próprio, oppure per uma colpa personale cui há contribuito la forza maggiore degli eventi." (STRACCA, Benvenuto. De decoctor, II, p. I *apud* SORANI. *Il fallimento, note e ricordi dell'esercizio...*, p. XXXI).

[412] RAMELLA. *Trattato del fallimento*, v. II..., p. 522; BRUNETTI. *Diritto fallimentare italiano...*, p. 51; PAJARDI. *Manuale di diritto fallimentare...*, p. 55; CEREZETTI. *A recuperação judicial de sociedade por ações...*, p. 41-42.

[413] GARRIGUES. *Curso de derecho mercantil*, t. V..., p. 11.

[414] PROVINCIALI. *Trattato di diritto fallimentare*, v. I..., p. 8; RAMELLA. *Trattato del fallimento*, v. I..., p. 24.

[415] PERCEROU. *Des faillites & banqueroutes et des liquidations judiciaires*, t. I..., p. 10; SORANI. *Il fallimento, note e ricordi dell'esercizio...*, p. XXXI. Segundo Fernandez, o direito estatutário das repúblicas italianas definiu a quebra como forma de lidar com a insolvência e o conceito de cessação de pagamentos como definidor do estado de falência. E, durante muito tempo, a fuga foi considerada o elemento legal relevador da procedência do pedido de quebra, de tal forma que o nome de *fugitivus* se referia ao devedor insolvente (*decoctus*). Além da fuga, a insolvência também podia ser provada pela quebra do banco na sua praça de comércio (ato simbólico equiparado ao encerramento do negócio), pela ocultação, pelo furto e pelo roubo (FERNANDEZ. *Tratado teorico-practico de la quiebra...*, p. 229-230).

Os estatutos das cidades italianas comercial e industrialmente mais relevantes[416-417] (com destaque para Pisa[418] e seu *Constitutum Usum* de 1160[419], Milão e seu *Statuti del 1216*, Vercelli e seu *Statuti di 1226*, Veneza e seu *Statuto dei Giudice del Petizion* de 1244[420], e Siena e seu *Costituto del 1262*[421]) previam a execução (especial e coletiva) do devedor insolvente (sem distinguir comerciante e não comerciante, cidadão local ou estrangeiro) por meio de um procedimento análogo à falência de nossos tempos[422]. Esse

---

[416] Para compreensão do processo de formação e consolidação dos estatutos das comunas, ver: CALASSO. *Lezioni di storia del diritto italiano...*, p. 225-238.

[417] Embora a Inglaterra não tenha tido destaque como potência comercial nesse período histórico, vale registrar que a Magna Carta, de 1215, proibia a apreensão de terras e de receitas dos indivíduos quando seus bens móveis e pessoais eram suficientes para cobrir o débito — e quando havia vontade manifesta de entregá-los ao credor. Ao contrário do Direito Romano, durante anos, a jurisprudência inglesa, influenciada pelo direito eclesiástico, não permitiu a violação de liberdades pessoais em razão de dívidas; a propriedade imobiliária servia para satisfação do débito. A prisão por débito foi instituída na Inglaterra durante o reinado de Henrique III (no período de 1207-1272); o tema da falência teve seu primeiro tratamento legislativo próprio no reinado de Henrique VIII, no ano de 1542. Para aprofundamento sobre o tema, ver: NOEL. *A history of the bankruptcy law...*, p. 21 ss; TABB, Charles Jordan. The history of the bankruptcy laws in the United States. *American Bankruptcy Institute Law Review*, v. 3, 1995, p. 5, 7 ss.

[418] Marc Bloch ressalta que o foral de Pisa, datado de 1132, foi o estopim para a multiplicação dos estatutos urbanos na Itália, culminando com a consolidação do processo de transformação da tradição eminentemente oral e costumeira do direito medieval para a transcrição de tradições, costumes e novas formulações na forma de leis escritas (BLOCH. *A sociedade feudal...*, p. 150).

[419] SOUZA. *Prelecções de direito comercial...*, p. 44.

[420] A. Lattes refere que a legislação estatutária de Veneza era conhecida pela suavidade das suas penas em face do falido quando comparada às sanções previstas em outras cidades medievais italianas, embora constassem nos estatutos venezianos penas tidas como deploráveis no direito falimentar contemporâneo (*e.g.*, tortura) (LATTES. *Il fallimento nel diritto comune...*, p. 9-10).

[421] Rocco refere que o *Costituto de Siena* de 1262 foi o primeiro estatuto a prever a cessação de pagamento como elemento caracterizador da quebra do devedor (ROCCO. *Il fallimento...*, p. 214). O conceito foi posteriormente aceito pelo Estatuto de Florença de 1415 (FERNANDEZ. *Tratado teorico-practico de la quiebra...*, p. 230-231).

[422] LATTES. *Il diritto commerciale nella legislazione statutaria...*, p. 308-309; BONELLI, Gustavo. *Del fallimento*, v. I. Milano: Casa Editrice Dottor Francesco Vallardi, 1923, p. VII. Segundo Rocco, a partir do século XIII, o processo de insolvência adquire natureza eminentemente pública, de modo que o descumprimento de uma decisão judicial passa a ser considerado um ato de desobediência à autoridade pública em si. (ROCCO. *Il fallimento...*, p. 190).

procedimento era voltado à execução por meio do constrangimento da vontade do devedor no sentido do adimplemento[423].

Havia previsões sobre o sequestro (*il sequestro*) de bens, o *bando*, a multa, o *confino*, a *inhibitio curiae*, a penhora privada (*pegno privato*), a venda de bens[424] e a *datio in solutum* — semelhante à *mission in possessionem* romana[425] — na qualidade de normas derivadas do *diritto comune* ou do *ius proprium* aplicadas em contextos especiais[426], que outorgaram caráter judicial e universal ao concurso de credores, especialmente nos casos de fuga do devedor[427] (cuja prova se fazia pela notoriedade pública, em que a abertura do processo falimentar prescindia da sua efetiva inadimplência[428]).

Foi, portanto, a partir dos princípios do concurso de credores em Roma e de alguns institutos importados do direito bárbaro (germânico – *e.g.*, sequestro de bens) que se moldou a falência na Idade Média[429]. Profundos conhecedores do direito romano[430], os jurisconsultos medievais, em decorrência das contingências de sua época, viram-se forçados a adaptar

---

[423] ROCCO. *Il fallimento...*, p. 199 e 201.
[424] A. Lattes ressalta que o estatuto de Veneza não previa a cessão voluntária dos bens do devedor nem a presunção da falência como um ato fraudulento do devedor, na linha do que determinava a grande maioria das legislações estatutárias medievais. Em contrapartida, Veneza tinha como prática expor o devedor doloso seminu — e com carregamentos pesados nas espaldas — na Piazza de San Marco, embora tais previsões de privação da liberdade sejam consideradas pela doutrina mais instrumentos coercitivos do que efetivamente penalidades de aplicação prática. (LATTES. *Il fallimento nel diritto comune...*, p. 8-11, 16-17).
[425] Para aprofundamento sobre diferenças e semelhanças entre os institutos, ver: ROCCO. *Il fallimento...*, p. 192 ss.
[426] ROCCO. *Il fallimento...*, p. 203.
[427] PROVINCIALI. *Trattato di diritto fallimentare*, v. I..., p. 9-10.
[428] RAMELLA. *Trattato del fallimento*, v. I..., p. 25; ROCCO. *Il fallimento...*, p. 203-204.
[429] SANTARELLI. *Per la storia del fallimento...*, p. 24-25; BRUNETTI. *Diritto fallimentare italiano...*, p. 51.
[430] Conforme refere Giovanni Cassandro, a reconstrução histórica do direito medieval comum (*diritto comune*) e dos ordenamentos particulares (*ordinamenti particolari*) não teria sido possível sem o pleno conhecimento e a compreensão do direito romano da época de Justiniano. O *diritto comune* não teria surgido sem o nascimento e renascimento do direito romano. (CASSANDRO. *Lezioni di diritto comune...*, p. 264-265).

os institutos romanos[431] com o objetivo de reparar, na medida do possível, o dano social causado pela falência[432].

Já no século XIV, o instituto da falência estava delineado nos estatutos das cidades italianas, pelo menos em suas linhas essenciais (embora fragmentadas), como ocorreu em Siena com o famoso *Costituto Senese* de 1310[433]. Da mesma forma a concordata majoritária, conhecida como instituto humanizador da falência[434] — e que não era conhecida do direito romano[435]. Em regra, não se distinguia, no Medievo — como não se fez em Roma — a insolvência do devedor comerciante daquela do não comerciante[436], embora o devedor civil insolvente fosse geralmente tratado com maior indulgência[437].

Há que se destacar que uma série de outros elementos da falência atual já estavam presentes no direito concursal medieval, entre eles: (*i*) o período suspeito (*stato sospetto*)[438]; (*ii*) o vencimento antecipado dos créditos diante da decretação da quebra[439]; (*iii*) o sequestro de bens; (*iv*) o procedimento de verificação, habilitação e classificação dos créditos[440]; (*v*) a assembleia e o comitê de credores[441]; (*vi*) o desapossamento do devedor, (*vii*) a nomeação de um curador; (*viii*) as deliberações por maioria (*ex consenso majoris partis*)

---

[431] A rigor, a comunidade e as tradições romanas nunca foram completamente destruídas na Itália, de modo que o ressurgimento das repúblicas italianas representou um movimento de renovação de antigas instituições e leis — inclusive falimentares — que, na verdade, tiveram vigência ininterrupta. (LEVINTHAL. *The early history of bankruptcy law...*, p. 241-242).

[432] GALGANO. *Lex mercatoria...*, p. 55.

[433] ARCANGELI. *Gli istituti del diritto commerciale...*, p. 251, 255.

[434] FERREIRA. *Tratado de direito comercial*, v. 14..., p. 15-18.

[435] Sobre o tema, ver: TOLEDO, Paulo Fernando Campos Salles de; PUGLIESI, Adriana Valéria. Capítulo II: A preservação da empresa e seu saneamento. In: CARVALHOSA, Modesto (coord.). *Tratado de direito empresarial*, v. V - recuperação empresarial e falência. São Paulo: Revista dos Tribunais, 2016, p. 50 ss.

[436] RAMELLA. *Trattato del fallimento*, v. I..., p. 26; FERREIRA. *Tratado de direito comercial*, v. 14..., p. 18.

[437] LATTES. *Il diritto commerciale nella legislazione statutaria...*, p. 310; GALGANO. *Lex mercatoria...*, p. 54-55.

[438] ROCCO. *Il fallimento...*, p. 209-201. A regra decorre da aplicação do princípio latino "The *proximus decoctioni* is equivalent to the *decoctus*" (LEVINTHAL. *The early history of bankruptcy law...*, p. 242).

[439] RENOUARD. *Traité des faillites et banqueroutes*, t. I..., p. 21.

[440] ROCCO. *Il fallimento...*, p. 207; RENOUARD. *Traité des faillites et banqueroutes*, t. I..., p. 20.

[441] SORANI. *Il fallimento, note e ricordi dell'esercizio...*, p. XXXIII.

por cabeça e/ou crédito[442]; *(ix)* a jurisdição universal e especializada[443]; *(x)* os órgãos funcionais a serviço da falência; *(xi)* a inabilitação do devedor a partir da decretação da falência; *(xii)* a extensão da falência aos sócios do falido[444]; *(xiii)* o exame dos livros mercantis[445]; *(xiv)* o processo de liquidação, a realização do ativo e a repartição proporcional do valor arrecadado entre os credores (*per soldum et libram*); *(xv)* a suspensão das ações individuais; *(xvi)* a concordata; *(xvii)* a ação pauliana[446]; *(xviii)* a extinção da sociedade; *(xix)* a proibição do direito de voto de parentes, etc[447].

Segundo os relatos doutrinários, esse processo de execução coletiva apresentou características definidas e bem estruturadas nas cidades do norte da Itália, entre elas Veneza, Florença, Milão e Gênova, nas quais é possível encontrar normas muito similares àquelas da legislação falimentar hodierna[448]. Aqui, é importante salientar que o gradual crescimento da autoridade do Estado e, por ricochete, do interesse público na condução

---

[442] A propósito, sobre o princípio da maioria, ver: GIERKE, Otto von. *Über die Geschichte des Majoritätsprinzips* — separata do Schmollers Jahrbuch. Berlim: Duncler & Humblot, 1915 (tradução italiana sob o título *Sulla storia del principio di maggioranza*, na Rivista delle Società, p.1.103-1.120, 1961); GALGANO, Francesco. *La forza del numero e la legge della ragione*: storia del principio di maggioranza. Bologna: Il Mulino, 2007.

[443] Por exemplo: em Veneza, as ações falimentares eram competência do *Giudici del Petizion* e, mais tarde, para os fugitivos, dos *Sopraconsuli*; em Gênova, cabia ao *Magistratus ruptorum*; em Firenze, era competência do *Otto di guardia e balia* e, em Nápoles, do *Magistrato di Commercio*. (LATTES. *Il diritto commerciale nella legislazione statutaria...*, p. 316, notas de rodapé 18 e 19; RAMELLA. *Trattato del fallimento*, v. I..., p. 27; BRUNETTI. *Diritto fallimentare italiano...*, p. 53).

[444] ROCCO. *Il fallimento...*, p. 211; GALGANO. *Lex mercatoria...*, p. 55-56.

[445] RENOUARD. *Traité des faillites et banqueroutes*, t. I..., p. 21 ss.

[446] VIVANTE. *Il fallimento civile...*, p. 7.

[447] SORANI. *Il fallimento, note e ricordi dell'esercizio...*, p. XXX ss; PROVINCIALI. *Trattato di diritto fallimentare*, v. I..., p. 26; RAMELLA. *Trattato del fallimento*, v. I..., p. 26; BRUNETTI. *Diritto fallimentare italiano...*, p. 51-54; LEVINTHAL. *The early history of bankruptcy law...*, p. 242-243; CARVALHO DE MENDONÇA. *Tratado de direito comercial brasileiro*, v. VII..., p. 17; FERREIRA. *Tratado de direito comercial*, v. 14..., p. 17; BENTO DE FARIA. *Direito comercial*, v. IV..., p. 18-19.

[448] CUZZERI. *Del fallimento...*, p. 6; PROVINCIALI. *Trattato di diritto fallimentare*, v. I..., p. 14-15; SAMPAIO DE LACERDA. *Manual de direito falimentar...*, p. 31; URIA. *Derecho mercantil...*, p. 801.

do procedimento[449], contribuiu para a severidade e a eficácia das regras falimentares[450].

De qualquer sorte, não se pode negar que, em matéria falimentar, a legislação estatutária do período retomou práticas de execução pessoal[451], dispensando tratamento severo ao falido, com penalidades cruéis, degradantes e inquisitórias. Aplicava-se ao devedor a "pena de infâmia", uma espécie de lepra empresarial, além de ampla reprovação social[452].

Por exemplo, em Florença, no ano de 1286, vieram a lume leis que equipararam a falência aos maiores delitos penais (*Falliti sunt fraudatores*)[453]. Em decorrência disso, não só o falido, mas também sua mulher e os filhos, eram presos até que as dívidas fossem pagas; seus herdeiros e parentes mais próximos também podiam ser multados e até banidos da sociedade[454].

As consequências infames do devedor eram, portanto, estendidas à sua família[455], incluídos ascendentes, descendentes, irmãos, conviventes, e até sócios e auxiliares do comércio[456]. Os estatutos continham regras de intensa severidade[457], chegando alguns a prever a pena de tortura e de morte ao falido no caso de falência fraudulenta[458].

Os processos eram sumários e deviam ser finalizados com a maior brevidade possível. A tortura podia ser empregada na investigação das circunstâncias da falência[459]. Os devedores insolventes que não se apresentassem depois da primeira citação eram considerados criminalmente culpados — e, se não pudessem ser postos em cárcere, eram tidos como fora da lei

---

[449] Na visão de Rocco, a ingerência da autoridade pública no procedimento falimentar (inclusive no que se refere à expropriação patrimonial definitiva do devedor) e seu caráter universal (envolvendo todos os credores) constituem dois grandes traços diferenciadores das regras procedimentais dos períodos medieval e romano. (ROCCO. *Il fallimento...*, p. 205).
[450] FERRARA JR.; BORGIOLI. *Il fallimento...*, p. 56.
[451] LEVINTHAL. *The early history of bankruptcy law...*, p. 241.
[452] LATTES. *Il diritto commerciale nella legislazione statutaria...*, p. 318. Lembra a doutrina que "a prisão do devedor insolvente, com a aplicação de penas vexatórias e degradantes, era uma constante do direito da época".
[453] LEVINTHAL. *The early history of bankruptcy law...*, p. 243.
[454] FERREIRA. *Tratado de direito comercial*, v. 14..., p. 15.
[455] SAMPAIO DE LACERDA. *Manual de direito falimentar...*, p. 32.
[456] LATTES. *Il diritto commerciale nella legislazione statutaria...*, p. 320.
[457] FERREIRA. *Tratado de direito comercial*, v. 14..., p. 17.
[458] LATTES. *Il diritto commerciale nella legislazione statutaria...*, p. 319; PROVINCIALI. *Trattato di diritto fallimentare*, v. I..., p. 27.
[459] LATTES. *Il diritto commerciale nella legislazione statutaria...*, p. 311.

e tratados como bandidos[460]. Quando o devedor se apresentava espontaneamente, ele não era encarcerado imediatamente, gozando de certos privilégios. No entanto, a lei lhe impunha uma série de obrigações, como a de entregar seus livros comerciais, o inventário de seus bens e o balanço de seu negócio. Caso não atendesse a essas obrigações, perdia o benefício de permanecer em liberdade[461].

O público em geral podia ofender os devedores impunemente e, caso alguém lhes desse abrigo, poderia ser multado e até responder pelo seu débito[462]. Há relatos de que, em algumas cidades francesas e italianas, o falido era obrigado a usar um boné — de tom verde na França e de cores diversas na Itália — que caracterizava sua situação de bancarroteiro, a fim de que essa condição fosse do conhecimento de todos[463].

Havia, também, a prática da "pintura infame": instituto tipicamente florentino, embora o primeiro exemplo tenha sido encontrado nos estatutos de Parma de 1261[464], que consistia em um retrato pintado do falido feito por ordem do magistrado e exposto em local público (geralmente nos muros do palácio comunal)[465], uma espécie de registro ilustrado sobre a situação deste (acompanhado de seu nome e da atividade que explorava), para conhecimento de todos, inclusive dos analfabetos. Essa medida tinha por objetivo tolher o falido de todo o resíduo de estima pública que pudesse lhe restar[466].

Não é preciso ir muito longe para demonstrar que sobre a incipiente teoria falimentar da época pesava o axioma referido por Baldo *decoctor*

---

[460] LATTES. *Il diritto commerciale nella legislazione statutaria...*, p. 318-319; GALGANO. *Lex mercatoria...*, p. 55.
[461] LATTES. *Il diritto commerciale nella legislazione statutaria...*, p. 328.
[462] LATTES. *Il diritto commerciale nella legislazione statutaria...*, p. 319.
[463] HILAIRE, Jean. *Le droit, les affaires et l'histoire*. Paris: Economica, 1995, p. 280; SAMPAIO DE LACERDA. *Manual de direito falimentar...*, p. 32.
[464] GILLI. *Cidades e sociedades urbanas na Itália medieval...*, p. 159.
[465] Patrick Gilli refere que: "(...) a partir do século XIV, a prática se expande em toda a Itália comunal com os mesmos tipos fixos, como a imagem do pendurado, de cabeça para baixo. Rituais também eram as destruições de casas ou de torres dos culpados de delitos políticos; em 1310, em Veneza, no lugar da casa dos Tiepolo, dos quais um membro nomeado Baiamonte havia tentado um golpe de Estado contra o doge, foi erigido um epitáfio infamante comemorando o episódio." (GILLI. *Cidades e sociedades urbanas na Itália medieval...*, p. 159-160).
[466] SANTARELLI. *Per la storia del fallimento...*, p. 134.

ergo fraudator[467] — à semelhança do que se via em Roma[468]. Não apenas isso: contra o falido recaía, também, a presunção de fraude[469]. Veja-se, por exemplo, a bula papal de Pio IV, datada do ano de 1570, que condenou à pena de morte os bancarroteiros fraudulentos, e a penas graves aqueles que quebrassem por negligência, por luxo, por prodigalidade ou para satisfazer seus caprichos[470].

Em regra, o magistrado não iniciava o procedimento por ato próprio (*ex officio*). A rigor, três eram os caminhos que levavam à falência: *(i)* a pedido do próprio devedor — que, ao que consta, não importava se comerciante ou não[471] —, em procedimento similar à autofalência, seguido de depósito judicial, pelo peticionário, de todos os seus livros, registros mercantis e inventário de bens[472]; *(ii)* a requerimento de um credor, que deveria demonstrar a existência e a legitimidade do seu crédito — perdendo a totalidade do crédito aquele que habilitasse um valor acima do que tinha direito —, além da demonstração da cessação de pagamento (uma das inovações dos estatutos medievais)[473]; e *(iii)* em casos de fuga do devedor (situação que gerava uma presunção de insolvência).

A fuga do devedor tinha um especial significado no Medievo, pois era considerada o manifesto sinal da sua condição de insolvência[474]: o devedor fugitivo era equiparado ao devedor falido[475]. Podia, ainda, o credor provar que o devedor tentou fugir ou que havia fundado receio de que pudesse

---

[467] FERRARA JR.; BORGIOLI. *Il fallimento...*, p. 55-59; FERREIRA. *Tratado de direito comercial*, v. 14..., p. 17.

[468] Uma parcela da doutrina critica a utilização da expressão cunhada por Baldo para devedores de boa-fé. Segundo os defensores dessa corrente, a generalização do termo latino não toma em consideração a distinção existente na legislação romana quanto à possibilidade de cessão de bens para pagamento da dívida (remédio restrito aos devedores de boa-fé). Essa discussão influenciou a diferenciação legal entre falência e bancarrota. Para aprofundamento, ver: RENOUARD. *Traité des faillites et banqueroutes*, t. I..., p. 23 ss.

[469] LATTES. *Il diritto commerciale nella legislazione statutaria...*, p. 318, 320.

[470] SANTARELLI. *Per la storia del fallimento...*, p. 149; BRUNETTI. *Diritto fallimentare italiano...*, p. 57.

[471] SAMPAIO DE LACERDA. *Manual de direito falimentar...*, p. 32.

[472] LATTES. *Il fallimento nel diritto comune...*, p. 21.

[473] PERCEROU. *Des faillites & banqueroutes et des liquidations judiciaires*, t. I..., p. 10; LEVINTHAL. *The early history of bankruptcy law...*, p. 242.

[474] LATTES. *Il diritto commerciale nella legislazione statutaria...*, p. 309.

[475] PROVINCIALI. *Trattato di diritto fallimentare...*, p. 24.

fazê-lo, situação que autorizava a concessão de um tipo de arresto cautelar, bastando que tal prova fosse feita por simples juramento do credor[476].

Alguns estatutos previam *"ticket mínimo"* para o processamento da quebra, isto é, não autorizavam o pedido de falência do devedor caso o crédito não atingisse um determinado valor[477]. Uma vez admitido o pedido, o devedor era citado para, em um curto espaço de tempo, garantir com uma caução o pagamento da obrigação reclamada[478]. Se o falido não aparecesse para se defender ou não garantisse a execução, militava contra ele a presunção legal de insolvência, devendo ser determinado o seu encarceramento[479].

O procedimento era conduzido por um magistrado, em caráter público, abrindo-se aos credores a oportunidade de apresentar e defender a procedência e a legitimidade do seu crédito, o que podia ocorrer, inclusive, por meio de juramento[480]. A liquidação dos bens era judicial e pública, respeitando a regra da maior oferta, a existência de gravame prévio, o direito de preferência (*diritto di prelazione*) e assim por diante[481].

Quanto à execução coletiva do devedor foragido, de uma maneira geral, ela ocorria por meio de dois decretos expedidos pelo cônsul. No primeiro, os credores assumiam o patrimônio do devedor para garantir sua conservação, podendo o devedor aparecer e solver as suas dívidas. Não ocorrendo o pagamento, os credores requeriam a emissão do segundo decreto, o qual abria nova fase no procedimento. A partir daí, eram verificados os créditos e os privilégios, se existentes, sendo, também, nomeado um curador, por consenso da maioria das partes, para administrar o patrimônio do devedor. Ao fim e ao cabo, o patrimônio era vendido e o produto da venda

---

[476] LATTES. *Il diritto commerciale nella legislazione statutaria...*, p. 328-329.
[477] LATTES. *Il diritto commerciale nella legislazione statutaria...*, p. 328.
[478] LATTES. *Il diritto commerciale nella legislazione statutaria...*, p. 328.
[479] LATTES. *Il diritto commerciale nella legislazione statutaria...*, p. 328.
[480] RAMELLA. *Trattato del fallimento*, v. I..., p. 26-28, 35.
[481] LATTES. *Il fallimento nel diritto comune...*, p. 37-38. O tema da natureza pública ou privada da liquidação no período medieval gera alguma controvérsia na doutrina. Há, por exemplo, doutrinadores que destacam o seu caráter público, como a obra citada anteriormente; em contrapartida, há autores que destacam a possibilidade de a liquidação se dar em ambiente privado, sem participação direta do Poder Público da época (por exemplo: LATTES. *Il diritto commerciale nella legislazione statutaria...*, p. 339; LEVINTHAL. *The early history of bankruptcy law...*, p. 242).

rateado proporcionalmente entre os credores, de acordo com as suas preferências[482].

Não havia uniformidade nos estatutos com relação à forma de classificação dos créditos[483] ou à categorização dos credores (*grado dei creditori*). Em algumas cidades, os créditos constituídos na semana anterior à abertura do processo de falência não tinham qualquer tipo de prejuízo, prioridade ou privilégio; em outras, as preferências eram expressamente proibidas (salvo no caso de dote ou débito decorrente de gestão tutelada), havendo, inclusive, previsão de nomeação de um *iudex potioritatis* para declarar a existência e classificar os créditos[484].

O concurso estendia-se a todos os credores, mesmo aqueles cujos créditos eram condicionados ou não se encontravam vencidos no momento da abertura da falência. Era vedada a celebração de qualquer acordo pelos credores entre si ou com o devedor — e, se descoberta, era severamente punida —, sendo o devedor obrigado a prestar juramento de que não realizou qualquer prática ou ato com o objetivo de causar dano aos interessados[485].

Cumpre destacar que, durante esse período, vigorou em muitas legislações da Europa a regra — de origem germânica — de que o primeiro credor a realizar a penhora dos bens do devedor obtinha prioridade no pagamento. A regra privilegiava o credor mais diligente (ou o mais aflito), tendo perdurado durante longo tempo no direito ibérico, chegando a ter aplicação no Brasil Colônia. Com o aumento de influência do direito francês a par-

---

[482] LATTES. *Il fallimento nel diritto comune...*, p. 38.
[483] Segundo Le Goff, alguns estatutos medievais previam a participação de Deus como um dos credores privilegiados do falido: "Na Itália, aliás, Deus recebia, quando da constituição de uma sociedade comercial, uma parte na empresa. Associado, Deus tinha uma conta aberta, recebia sua parte dos lucros, registrada nos livros sob o título de 'O Senhor Bom Deus', 'O Senhor Domeneddio'; e, em caso de falência, era pago prioritariamente quando da liquidação. Pode-se ver nos livros de Bardi que em 1310 Deus recebe 864 libras e 14 soldos. Deus, isto é, os pobres que o representavam na terra." (LE GOFF. *Mercadores e banqueiros da Idade Média...*, p. 90).
[484] RAMELLA. *Trattato del fallimento*, v. I..., p. 28.
[485] LATTES. *Il diritto commerciale nella legislazione statutaria...*, p. 339.

tir de 1673[486], essa regra perdeu força diante do princípio romano do *par condicio creditorum*, um dos pilares do direito falimentar contemporâneo[487].

Os credores inescrupulosos e os golpistas eram punidos. Do credor era exigida prova plena de seu crédito, sendo que alguns estatutos exigiam, inclusive, um juramento. Havia um procedimento de habilitação de créditos: aqueles que apresentassem documentos simulados ou tentassem habilitar valor maior acabavam punidos com a perda do crédito e com a aplicação de uma multa[488]. Se houvesse prova de envolvimento em atos fraudulentos, a condenação poderia consistir no pagamento dos débitos do falido[489].

Os atos de disposição praticados pelo falido próximo à falência eram tidos por simulados ou fraudulentos e declarados nulos ou ineficazes, de modo que os bens objeto da transação retornavam à massa em razão da retroatividade dos efeitos da decisão[490]. Esse período suspeito variava muito entre os estatutos[491].

Quase todos os estatutos medievais faziam menção a uma figura que fazia as vezes de síndico da massa: um indivíduo eleito pelos próprios credores[492] ou escolhido pelo magistrado (*magistratus*) que, por seu turno, era escolhido pelos credores. Suas atribuições compreendiam a administração e representação da massa, a arrecadação dos bens do falido, sua liquidação

---

[486] A esse propósito, vale reiterar que os princípios falimentares do direito estatutário italiano penetraram na França, especialmente por Lyon e Champagne, cidades mercantis que mantinham intenso comércio com as cidades italianas até o final do século XVII. Absorvidos pela Ordenança de 1673, os institutos falimentares passaram livremente para o Código Comercial napoleônico de 1807, de onde se irradiaram para o mundo (SCARANO, Emilio. *Tratado teorico-practico de la quiebra*, t. I. Montevideo: Claudio Garcia & Cia. – Editores, 1939, p. 21) — inclusive para o Brasil, muito em decorrência da Lei da Boa Razão, que permitiu a aplicação da legislação das nações civilizadas em terras brasileiras (o que se fez, muitas vezes, inclusive, deixando-se de lado as Ordenações Filipinas então vigentes). Nesse sentido: SAMPAIO DE LACERDA. *Manual de direito falimentar...*, p. 32-35.

[487] REQUIÃO. *Curso de direito falimentar*, v. 1..., p. 10.

[488] LATTES. *Il diritto commerciale nella legislazione statutaria...*, p. 329, 338-339.

[489] LEVINTHAL. *The early history of bankruptcy law...*, p. 244.

[490] PROVINCIALI. *Trattato di diritto fallimentare*, v. I..., p. 25; SANTARELLI. *Per la storia del fallimento...*, p. 199 ss.

[491] LATTES. *Il diritto commerciale nella legislazione statutaria...*, p. 320.

[492] Lattes menciona que a Lei de Veneza do ano de 1413 traz a figura do *Capi dei Creditori*, preferivelmente o credor mais renomado e com maior crédito, cuja função era defender os interesses do falido e dos credores em juízo, mesmo que essa função dúplice pudesse gerar uma série de conflitos. (LATTES. *Il fallimento nel diritto comune...*, p. 26-27).

e partilha entre os credores⁴⁹³. De um lado, os credores tinham autoridade plena (*creditors sua auctoritate*) para controlar, administrar, e tomar posse da pessoa e dos bens do falido⁴⁹⁴; de outro, há referência a uma série de órgãos com funções bastante específicas no curso do procedimento falimentar (*v.g.*, judiciais, administrativas, de representação dos credores)⁴⁹⁵.

A bancarrota tinha por efeito a incapacidade absoluta do falido. Não podia ele praticar o comércio, fazer parte das corporações de ofício e até ocupar cargos públicos. Alguns estatutos previam que fosse dada publicidade ao nome do falido, como forma de perenizar essa condição perante o público em geral⁴⁹⁶. Era possível, inclusive, que a referida incapacidade produzisse efeitos de nulidade quanto aos atos praticados posteriormente à falência⁴⁹⁷. E, como referido acima, os efeitos da falência estendiam-se, também, ao patrimônio dos parentes, ascendentes e descendentes do falido, que podiam ter seus bens apreendidos por alguma ordem falimentar, numa espécie de solidariedade passiva⁴⁹⁸.

Durante muito tempo, a suspeição gravitou sobre a pessoa do falido. Aos poucos, sobretudo a partir da segunda metade do século XV, foi sendo absorvida (e aceita) a ideia de que era possível distinguir as falências ocorridas por acidente e aquelas eivadas de culpa e/ou fraude, reservando-se ao falido desta situação tratamento mais severo⁴⁹⁹.

Esse é mais um importante ponto de inflexão: se em alguns estatutos presumia-se que a causa da falência era fraudulenta (qualquer que fosse ela), em outros, essa presunção surgia somente quando o devedor praticava ou deixava de praticar certos atos (no caso de fuga em vez de atendimento à citação, ou falta de depósito dos seus livros no prazo assinalado), sendo admitido ao falido provar que a quebra derivou de caso fortuito⁵⁰⁰.

A partir desse período, a quebra começa a deixar de imputar ao falido uma presunção absoluta de cometimento de crime, passando a gerar uma

---

[493] LATTES. *Il diritto commerciale nella legislazione statutaria...*, p. 339; LEVINTHAL. *The early history of bankruptcy law...*, p. 242.
[494] LEVINTHAL. *The early history of bankruptcy law...*, p. 242.
[495] SANTARELLI. *Per la storia del fallimento...*, p. 312-313.
[496] LATTES. *Il diritto commerciale nella legislazione statutaria...*, p. 319, 331.
[497] LATTES. *Il diritto commerciale nella legislazione statutaria...*, p. 319.
[498] PROVINCIALI. *Trattato di diritto fallimentare*, v. I..., p. 25; SANTARELLI. *Per la storia del fallimento...*, p. 199 ss.
[499] SANTARELLI. *Per la storia del fallimento...*, p. 147 ss.
[500] LATTES. *Il diritto commerciale nella legislazione statutaria...*, p. 320.

presunção relativa — podendo, portanto, ser afastada[501]. A própria bula papal de Pio IV (1570), anteriormente citada, começou a delinear, ainda que timidamente, essa distinção[502]. Contudo, são raras as disposições estatutárias claras acerca das causas da insolvência e da distinção clássica entre falência simples, culposa e dolosa[503].

Registre-se que todos os estatutos admitiam a concordata (*concordato* — amigável ou judicial/por maioria)[504] dos devedores de boa-fé. Em regra, tratava-se de um procedimento público, simplificado e célere, embora seu alcance (*e.g.*, apenas ações e exceções líquidas) e suas características gerais variassem bastante[505].

Alguns previam a outorga de uma dilação no prazo de pagamento (2 anos, por exemplo, no caso de Veneza)[506] e estimulavam o juiz a ajudar o falido na obtenção do favor legal. Outros permitiam uma redução dos débitos na proporção do que restou de ativo no patrimônio do devedor.

Em algumas cidades, não existia a obrigação de convocar os credores para deliberar acerca da concessão do benefício; em outras, havia uma espécie de *stay period* (*v.g.*, oito meses) para estimular a negociação/composição entre credores e o devedor[507] e/ou a necessidade de realização de assembleia de credores, que deliberava por maioria especial[508] — absoluta ou simples[509], excluídos os votos da esposa, dos filhos e dos parentes próximos[510].

Havia, ainda, estatutos prevendo que os acordos seriam feitos individualmente com cada um dos credores[511] e, também, fazendo referência a procedimentos de oposição por parte de credores divergentes (*ordine in forma* ou *constituto di nil transeat*)[512] — sendo que, como já visto, por vezes

---

[501] SANTARELLI. *Per la storia del fallimento...*, p. 148.
[502] SANTARELLI. *Per la storia del fallimento...*, p. 149.
[503] LATTES. *Il diritto commerciale nella legislazione statutaria...*, p. 320.
[504] ROCCO. *Il fallimento...*, p. 216-217; RENOUARD. *Traité des faillites et banqueroutes*, t. I..., p. 22.
[505] Por exemplo, a maioria dos credores podia compelir a minoria a aceitar as condições negociadas e substituir o devedor na administração dos seus bens. Em Gênova, essa maioria devia ser formada por 3/5 dos credores na falência voluntária e 7/8 na involuntária. (LEVINTHAL. *The early history of bankruptcy law...*, p. 243).
[506] LATTES. *Il fallimento nel diritto comune...*, p. 33-34.
[507] LEVINTHAL. *The early history of bankruptcy law...*, p. 243.
[508] ROCCO. *Il fallimento...*, p. 215-216.
[509] PROVINCIALI. *Trattato di diritto fallimentare*, v. I..., p. 28.
[510] RAMELLA. *Trattato del fallimento* v. I..., p. 28.
[511] LATTES. *Il diritto commerciale nella legislazione statutaria...*, p. 345-346.
[512] LATTES. *Il fallimento nel diritto comune...*, p. 36.

existia a exigência de crédito mínimo para fundamentar o pedido de falência[513].

Por exemplo, os estatutos de Florença e de Siena impunham ao devedor beneficiado por concordata, quando retornasse a melhor fortuna, a obrigação de pagar integralmente a todos os credores — sendo que a melhora na condição de vida do concordatário era passível de prova indiciária, geralmente associada a alguma demonstração pública de riqueza[514].

Já em Veneza havia referência à possibilidade de anulação da concordata concedida em violação à letra da lei (1488) ou com base em créditos simulados ou fraudulentos (1611)[515].

Por derradeiro, muitos estatutos regulavam a figura do *salvacondotto* ou *fida*, espécie de autorização temporária (variava de 15 dias a 2 anos) para que o falido (fugitivo ou preso) que se encontrava em processo de concordata pudesse se locomover territorialmente para negociar com seus credores sem ser ofendido ou receber represália[516-517].

---

[513] LEVINTHAL. *The early history of bankruptcy law...*, p. 242.
[514] LATTES. *Il diritto commerciale nella legislazione statutaria...*, p. 347.
[515] LATTES. *Il fallimento nel diritto comune...*, p. 37.
[516] SANTARELLI. *Per la storia del fallimento...*, p. 285 ss; PROVINCIALI. *Trattato di diritto fallimentare*, v. I..., p. 28; DE SEMO. *Diritto fallimentare...*, p. 32; FERRARA JR.; BORGIOLI. *Il fallimento...*, p. 60.
[517] Segundo Lattes, a figura do *salvocondotto* foi uma das inovações da legislação falimentar veneziana (1457), dando a ela tons menos rigorosos se comparada às demais cidades italianas. O instituto tinha duas espécies distintas: (*i*) o *salvocondotto* ordinário, expedido em favor da pessoa e dos bens do falido, impedindo o arresto pessoal e as ações executivas patrimoniais; e (*ii*) o *salvocondotto* em favor da pessoa do falido, sem alcançar seus bens, que permaneciam alcançáveis pela ação executiva dos credores. Não podiam ser agraciados pelo *salvocondotto*: (*a*) o falido fraudulento, que não tivesse apresentado seus livros em juízo no prazo de 5 dias; (*b*) o devedor com créditos privilegiados (leia-se o Fisco, prestadores de serviço de funeral, dote, médicos, etc.); e (*c*) indivíduos que não tivessem fixado domicílio em Veneza pelo período mínimo de três anos. Os estrangeiros estavam legitimados a requerer somente o *salvocondotto* pessoal. (LATTES. *Il fallimento nel diritto comune...*, p. 32).

Em suma, a Idade Média foi um período extremamente rico e produtivo para o direito falimentar[518]. As exigências relacionadas à tutela do crédito[519] e à circulação da riqueza favoreceram a generalização e a expansão da legislação concursal — que, das cidades italianas, se expandiu para outros países europeus, em decorrência especialmente da internacionalização das trocas comerciais.

---

[518] Apesar das inovações societárias do período (como a mudança da estrutura bancária de sucursais altamente centralizadas para filiais com maior autonomia gerencial), as crises, a megalomania, a impossibilidade de enfrentar a corrida de credores e a falta de disponibilidade de numerário levaram a grande maioria dos banqueiros e especuladores (*e.g.*, Médicis, Frescobaldis, Albertis, Accaiuolis, Peruzzis, Bardis) à falência, demandando marcos legislativos capazes de lidar com os efeitos deletérios dessas situações (PERROY. *História geral das civilizações*, t. III, v. 2..., p. 37-38).

[519] Cumpre registrar que a usura foi duramente proibida pela Igreja durante boa parte da Idade Média sob o argumento de que o tempo a Deus pertence (LE GOFF. *Mercadores e banqueiros da Idade Média*..., p. 75). Segundo Clive Day: "La doctrina medieval de que era malo cobras interés em los prestamos, perdió fuerza cuando se vió que los comerciantes los necesitaban y podían hacer un buen uso de ellos; y la sociedad llegó a la conclusión de que era prudente estimular los préstamos de dinero permitiendo al prestamista cobrar un interés." (DAY. *Historia del comercio*, t. I..., p. 153). Para aprofundamento sobre o tema, ver: LE GOFF. *A bolsa e a vida*...

Capítulo 4. Idades Moderna e Contemporânea

1. Perspectiva Histórica

A passagem da Idade Média para a Idade Moderna, período do início da formação dos Estados Nacionais, é momento crucial para o desenvolvimento do direito concursal, razão pela qual merece ser examinado com maior vagar.

1.1. A Idade Moderna e a Formação dos Estados Nacionais

O final do século XIV registrou um abrandamento na expansão demográfica e comercial, que foram as principais características dos três séculos precedentes. As causas dessa depressão são múltiplas (*v.g.*, peste negra de 1348 e epidemias generalizadas[520], guerras de longa duração, desvalorizações monetárias), redundando na inviabilidade de relevantes rotas

---

[520] Estima-se que, entre os anos de 1349 a 1517, só a peste foi responsável, na Inglaterra, por um terço dos falecimentos. O mesmo sucedeu na Espanha, Alemanha, Itália e França. O déficit demográfico em razão de doenças em larga escala aliado ao parco desenvolvimento da medicina e das técnicas de tratamento persistiu até o século XVI. (PERROY. *História geral das civilizações*, t. III, v. 2..., p. 20 ss).

comerciais, na grande crise financeira florentina de 1341-1346 (inclusive do Banco Médici)[521] e em crises de produção de gêneros alimentícios[522].

Esses fatores modificaram a forma de atuação dos mercadores, que abandonaram longas viagens para acompanhar suas mercadorias, adotando o chamado "comércio sedentário", já iniciado por Siena e Placência no curso do século XIII, além de introduzirem inovações técnicas, como a organização de ligas e feitorias comerciais, a formação de sociedades entre os pares para limitar riscos[523], a adoção de rigorosos controles contábeis (método das partidas dobradas), o aperfeiçoamento dos contratos de seguro, da letra de câmbio e do cheque[524].

O mercador, portanto, passa a gerir seus negócios a partir da cidade na qual fixou sua residência, contando com o auxílio de homens de confiança presentes nas maiores praças comerciais e fazendo uso eficiente do serviço postal, financeiro e contábil[525].

Nesse contexto, aristocracia e burguesia são as grandes estratificações sociais da sociedade europeia do século XV. Enquanto a primeira tinha como representantes os patriciados regentes das cidades e a tradicional nobreza feudal, a segunda era formada, essencialmente, pelos mercadores-banqueiros, que dominavam a chamada "república internacional do dinheiro", e pelos representantes das profissões civis, magistrados, advogados, médicos e outros vértices das corporações artesãs[526].

---

[521] Sobre o Banco de Médici, ver: COMPARATO, Fábio Konder. Na proto-história das empresas multinacionais — o Banco Médici de Florença. *Revista de Direito Mercantil, Industrial, Econômico e Financeiro*, v. 54, p. 105-111, 1984. Segundo Mechiorre Roberti, as casas bancárias de Siena e de Florença foram as grandes financiadoras do período de renascimento da Europa. Sabe-se, por exemplo, que os reis da Inglaterra e da França consultavam-nas antes de declarar guerra a determinado país ou região (ROBERTI. *Lineamenti di storia del diritto dalle origini di Roma ai nostri giorni*, v. II..., p. 47).

[522] PERROY. *História geral das civilizações*, t. III, v. 2..., p. 24 ss.

[523] Trata-se, a rigor, de uma das principais razões para contratar uma sociedade: JOURDAIN, M; MALEPEYRE, M. *Traité des sociétés commerciales*. Bruxelles: Tarlier, 1836, p. 1 ss.

[524] PERROY. *História geral das civilizações*, t. III, v. 2..., p. 37.

[525] DAVIDE, Diego. Mercados, feiras, comércio e vias de comunicação. In: ECO, Umberto (dir.). *Idade Média*: explorações, comércio e utopias, v. IV. Trad. Carlos Aboim de Brito e Diogo Madre Deus. Lisboa: D. Quixote, 2011, p. 158-159.

[526] MUSI, Aurelio. As aristocracias e as burguesias. In: ECO, Umberto (dir.). *Idade Média*: explorações, comércio e utopias, v. IV. Trad. Carlos Aboim de Brito e Diogo Madre Deus. Lisboa: D. Quixote, 2011, p. 170.

A partir da segunda metade do século XV, impulsionado pelo término da Guerra dos 100 Anos (entre franceses e ingleses no intervalo entre os anos de 1337 e 1453)[527], inicia-se o processo de definição do quadro geopolítico que servirá de base para a formação dos modernos Estados nacionais europeus (*v.g.*, França, Inglaterra, Áustria, Hungria, Espanha e Portugal).

As grandes navegações, a transferência do eixo marítimo do Mar Mediterrâneo para o Oceano Atlântico com a descoberta de novos continentes ("Novo Mundo"), o comércio marítimo, a abertura de novas fronteiras e entrepostos comerciais, a aceleração na circulação de informações e a retomada do processo de mobilização do capital, com a criação de novos mercados e bolsas de valores[528], impulsionaram o desenvolvimento econômico e a competição na região[529].

O contexto civilizatório da Europa foi completamente alterado. Nesse particular, a estrutura política enxuta e as áreas territoriais reduzidas das repúblicas italianas — consideradas pelos historiadores como verdadeiras "obras de arte"[530] — e as cidades holandesas de maior destaque (Antuérpia e Amsterdã) jogam contra si. Preocupadas em manter suas próprias soberanias, ignoraram os perigos geopolíticos vindouros, tornando-se alvos fáceis para as sedentas, vorazes e jovens nações europeias[531].

---

[527] GIORDANI. *História do mundo feudal...*, p. 618 ss.
[528] BRAUDEL. *Civilização material, economia e capitalismos*: séculos XV-XVIII, v. 2..., p. 79.
[529] BARBOUR. *Capitalism in Amsterdam in the 17th century...*, p. 11-12; DAY. *Historia del comercio*, t. I..., p. 165 ss.
[530] Segundo Aurelio Musi: "Jacob Burckhardt (1818-1897), o grande historiador do Renascimento, define os Estados italianos do século XV como 'obras de arte', isto é, novas criações políticas, laboratórios singulares, em que pela primeira vez se experimenta a relação entre cidade, arte de viver e arte de governo. De facto, para três dos cinco Estados mais importantes da península — o ducado de Milão, a República de Veneza e o principado toscano — a dimensão 'regional' das novas formações políticas foi sendo construída em torno da supremacia da cidade sobre o seu condado; segundo um percurso que, partindo da experiência da comuna, teve a sua evolução na senhoria, no principado e, deste modo, no Estado regional." (MUSI, Aurelio. A formação do Estado moderno. In: ECO, Umberto (dir.). *Idade Média*: explorações, comércio e utopias, v. IV. Trad. Carlos Aboim de Brito e Diogo Madre Deus. Lisboa: D. Quixote, 2011, p. 27).
[531] Como relata Laura Barletta: "A Itália torna-se o peão fraco da Europa, com as suas numerosas, mas pequenas entidades territoriais preocupadas em manter a todo o custo sua soberania, e constitui uma área de atração irresistível para os maiores Estados em busca da hegemonia na Europa. Pela primeira vez, a Itália das cidades, das repúblicas, das senhorias, do papado e do reino de Nápoles, da libertas italiae e da voz de Lodi confronta-se com modernidade de um grande Estado: Carlos VIII invade a Itália sem encontrar resistência, abrindo assim a

O avanço do capitalismo comercial, com a consolidação da burguesia como classe detentora do poder econômico, das técnicas mercantis geradoras de riqueza, e do Estado como fonte de poder, de privilégios e de garantia da ordem pública, permite a consolidação de um novo sistema político-econômico (mercantilista e absolutista)[532].

O soberano fez alianças com a Igreja e manteve na concentração de forças na sua pessoa o instrumento de legitimação do princípio dinástico, bem como uma maneira de garantir a distribuição de forças, a delegação de tarefas e o exercício da gestão para figuras de confiança que respondem diretamente a ele, embora não sejam mais ramificações da sua família[533]. Em termos econômicos, inicia-se a era do mercantilismo, das economias nacionais e do saldo (positivo ou negativo) da balança comercial dos países como medida da sua riqueza e desenvolvimento[534].

Apesar do risco das generalizações, as literaturas histórica e econômica consentem no sentido de que os séculos XVI e XVII foram pintados de preto e branco; enquanto o primeiro é apresentado como uma espécie de "idade de ouro", em que diversos Estados europeus conseguiram progressos consideráveis nas mais diversas áreas, o segundo representa o início de um período de depressão, crise ou estagnação generalizada, refletindo no questionamento (sanguinário, na maior parte dos casos) do próprio modelo do Estado Absolutista[535].

Em uma perspectiva jurídica, a forte influência das cidades italianas no comércio regional foi determinante para a rápida difusão do direito comercial[536] e do instituto da falência por toda a Europa[537]. Essa evolução

---

era das guerras de Itália." (BARLETTA, Laura. Introdução. In: ECO, Umberto (dir.). *Idade Média*: explorações, comércio e utopias, v. IV. Trad. Carlos Aboim de Brito e Diogo Madre Deus. Lisboa: D. Quixote, 2011, p. 25).

[532] MOUSNIER, Roland. *História geral das civilizações*: os séculos XVI e XVII, t. IV, v. 1. 2 ed. Trad. Vítor Ramos e J. Guinsburg. São Paulo: Difusão, 1960, p. 17 ss, 58 ss.

[533] MUSI. A formação do Estado moderno..., p. 30.

[534] BRAUDEL. *Civilização material, economia e capitalismos*: séculos XV-XVIII, v. 2..., p. 174.

[535] CIPOLLA. *História econômica da Europa pré-industrial*..., p. 277-278; MOUSNIER, Roland. *História geral das civilizações*: os séculos XVI e XVII, t. IV, v. 2. 2 ed. Trad. Vítor Ramos e J. Guinsburg. São Paulo: Difusão, 1960, p. 161 ss.

[536] ASCARELLI. *Corso di diritto commerciale*..., p. 4-5.

[537] Interessante é o relato de Le Goff sobre a relação entre os mercadores e os governantes e a real efetividade da legislação falimentar no medieval: "(...) os vínculos cada vez mais estreitos entre príncipes e mercadores no final da Idade Média levam estes a correr riscos maiores. A insolvência dos soberanos está muito ligada às estrondosas falências de banqueiros italianos

contempla alguns episódios curiosos envolvendo o segmento literário no século XIV, como a falência da Casa Bardi, com repercussão negativa direta no trabalho intelectual de Boccaccio[538]. Vale lembrar, também, o caso da falência do pintor holandês Rembrandt no século XVII[539] e a prisão por dívidas do pai do romancista inglês Charles Dickens no século XIX — fato que viria a marcar a relação do escritor com a justiça[540].

Como veremos a seguir, nesse contexto dois fatores são dignos de registro: (*i*) o primeiro deles é a legislação concursal alemã de 1877, inserida no

---

nos séculos XIV e XV. Mas não é só a ela que se devem tais quebras. Outras causas tiveram seu papel nessas bancarrotas — extensão imprudente do crédito e dos negócios, influência da conjuntura econômica e especialmente da conjuntura monetária. A legislação de falências, no entanto, bem cedo lhes atenuou os efeitos mais duros. Não só as penas extremas — condenação à morte ou simplesmente prisão — foram absolutamente excepcionais, como até mesmo a venda dos bens do falido em leilões, para o ressarcimento de seus credores, foi com muita frequência evitada. Difundiu-se o costume de outorgar um salvo-conduto ao falido fugitivo por um período durante o qual ele tentava fazer um acordo amigável com seus credores." (LE GOFF. *Mercadores e banqueiros na Idade Média*..., p. 25-26).

[538] BOCCACCIO, Giovanni. *Decameron*. Trad. Maurício Santana Dias. São Paulo: Cosac Naify, 2013, p. 15.

[539] Svetlana Alpers narra que o pintor holandês Rembrandt "(...) se declarou 'insolvente' (situação definida no direito romano como 'cessio bonorum') na intenção de limitar o número de ações de cobrança de dívidas que pudessem aparecer contra ele. Isso não é incomum no mundo das finanças da atualidade. Embora provavelmente preferisse evitar a falência, a maneira como ele administrou a situação lhe foi vantajosa: acabou trabalhando como empregado de uma loja de arte dirigida por outras pessoas (...) e, posteriormente, suas transações comerciais se realizaram no âmbito de um mercado constituído em boa parte por seus próprios credores. Foi nessas circunstâncias que Rembrandt pintou algumas de suas obras mais confiantes e mais admiráveis." (ALPERS, Svetlana. *O projeto Rembrandt: o ateliê e o mercado*. Trad. Vera Pereira. São Paulo: Companhia das Letras, 2010, p. 279-280). Entre nós, o livro gerou instigante ensaio de autoria de Juliana Krueger Pela (PELA, Juliana Krueger. Rembrandt e o direito privado. *Revista da Faculdade de Direito da Universidade de São Paulo*, v. 110, p. 319-327, jan./dez., 2015), no qual há referência a artigo de Brian Logan Beime (BEIRNE, Brian Logan. Painted into a corner: Rembrandt's bankruptcy today. *Journal of Transnational Law and Policy*, v. 18, p. 90-107, 2008-2009) desafiando a versão da falência de Rembrandt apresentada por Svetlana Alpers.

[540] FRANÇA, Erasmo Valladão Azevedo e Novaes; ADAMEK, Marcelo Viera von (coord). *Temas de direito empresarial e outros estudos em homenagem ao Professor Luis Gastão Paes de Barros Leães*. São Paulo: Malheiros, 2014, p. 5. A referência à prisão por dívida na Inglaterra, à corrupção do sistema carcerário e às péssimas e cruéis condições de alojamento dos presos podem ser encontradas na obra de Dickens em pelo menos dois livros: (*i*) The Pickwick Papers (1836); e (*ii*) Little Dorrit (1857). Na literatura jurídica, o assunto foi abordado em: LESTER, V. Markham. *Victorian insolvency bankruptcy, imprisonment for debt and company winding-up in nineteenh century England*. New York: Oxford University Press, 1995.

Código Civil de 1898; e (*ii*) o segundo é a expansão das normas falimentares para os ordenamentos anglo-saxões[541]. De qualquer sorte, a essência dos princípios e das regras estatutárias permaneceu intacta — em sua grande maioria —, tendo servido como base para o desenvolvimento das legislações contemporâneas sobre o tema[542].

1.2. A Revolução Industrial e o Progresso Civilizatório

Se a falência em Roma, na Idade Média e em boa parte da Idade Moderna foi marcada pelo estigma de que o falido era um fraudador e a ele se deveria reservar o mais cruel e degradante tratamento, a Idade Contemporânea (séculos XVIII e seguintes) e os novos ideais humanistas e liberais próprios do período influenciaram fortemente a amenizar o tratamento dispensado ao falido[543].

Os séculos XVIII e XIX foram disruptivos para o sistema econômico tradicional baseado na exploração de metais preciosos, na importação/exportação de especiarias, no comércio terrestre e marítimo, na produção manufatureira e na agricultura. A economia transformou-se por inteiro, passando a ser caracterizada como a era da indústria pesada de escala mundial, da formação de grandes conglomerados econômicos, da expansão das sociedades anônimas, da mobilização do capital, da expansão do crédito e do capitalismo[544].

Em termos geopolíticos, a Inglaterra (ou o Império Britânico) sedimentou sua supremacia comercial e financeira[545] nos séculos XVII e XVIII, e industrial no século XIX, especialmente com o advento da Revolução Industrial (1780-1850)[546], evento de importância singular na história da

---

[541] VIVANTE. *Il fallimento civile...*, p. 7.
[542] PERCEROU. *Des faillites & banqueroutes et des liquidations judiciaires*, t. I..., p. 10; ROCCO. *Il fallimento...*, p. 217.
[543] REQUIÃO. *Curso de direito falimentar*, v. 1..., p. 10.
[544] LUZZATTO, Gino. *Storia economica dell'età moderna e contemporanea*, v. II. Padova: CEDAM, 1938, p. 3-14.
[545] A supremacia inglesa durante esse período histórico coincide com o surgimento de um dos maiores conglomerados financeiros do mundo ocidental: a família Rothschild, cuja história foi detalhadamente explorada em: FERGUSON, Niall. *The house of Rothschild*. New York: Penguin, 1998.
[546] FERGUSON, Niall. *Império*: como os britâncos fizeram o mundo moderno. 2 ed. Trad. Marcelo Musa Cavallari. São Paulo: Planeta, 2016, p. 376.

humanindade[547]. O surgimento do processo de produção em massa e de distribuição em grande escala, o aparecimento de novos mercados consumidores, especialmente na África e na América, a organização e o escoamento em maior proporção determinaram uma radical transformação do modelo de exploração de atividades econômicas em nível mundial[548].

Observa-se essa mesma evolução em outros campos do conhecimento, das ideias e do pensamento. O espírito, as invenções e as descobertas dos séculos XVII, XVIII e XIX estão ancoradas nas revoluções científicas (especialmente a física e a matemática)[549] e filosóficas desenvolvidas, por exemplo, por Descartes (1596-1650), Locke (1632-1704), Newton (1643-1727), Montesquieu (1689-1755), Voltaire (1694-1778), D'Alembert (1717-1783), Kant (1724-1804), Condorcet (1743-1794), Adam Smith (1723-1790), Darwin (1809-1882), Karl Marx (1818-1883) e assim por diante.

Em uma perspectiva político-institucional, as Revoluções Gloriosa (1688-1689)[550], Americana (1776)[551] e Francesa (1789)[552] foram determi-

---

[547] Sobre o tema, é precisa a descrição de Cipolla: "Entre 1780 e 1850, uma revolução sem precedentes e de grande alcance mudou a face da Inglaterra. Desde então, o mundo nunca mais foi o mesmo. Os historiadores usaram e abusaram muitas vezes do termo 'revolução' para designar uma mudança radical, mas nenhuma revolução foi tão impressionantemente revolucionária como a Revolução Industrial. A Revolução Industrial abriu as portas para um mundo completamente novo, um mundo de fontes de energia novas e não exploradas, como o carvão, o petróleo, a electricidade e o átomo; um mundo no qual o homem se viu capaz de manejar enormes massas de energia numa quantidade inconcebível no bucólico mundo anterior. (...) Uma continuidade básica fundamental caracterizou o mundo pré-industrial, mesmo através de grandes mudanças, como a ascensão e queda de Roma, o triunfo e o declínio do Islã, os ciclos dinásticos chineses. (...) Esta continuidade foi quebrada entre 1780 e 1850. (...) Em 1850, o passado não era apenas passado — estava morto." (CIPOLLA. *História econômica da Europa pré-industrial...*, p. 329-331).
[548] CIPOLLA, Carlo M. *The industrial revolution*. London: Collins/Fontana Books, 1973, p. 77 ss.
[549] MOUSNIER, Roland, LABROUSSE, Ernest. *História geral das civilizações:* o século XVIII, t. V, v. 1. 2 ed. Trad. Vitor Ramos. São Paulo: Difusão, 1961, p. 15-16.
[550] Sobre a relevância da Revolução Gloriosa para o Império Inglês, ver: FERGUSON. *Império...*, p. 46, 111.
[551] Sobre a Revolução Americana e o processo de formação da democracia e das instituições nos EUA, ver: TOCQUEVILLE, Alexis. *A democracia na América:* sentimentos e opiniões: de uma profusão de sentimentos e opiniões que o estado social democrático fez nascer entre os americanos. Trad. Eduardo Brandão. São Paulo: Martins Fontes, 2000.
[552] Para aprofundamento sobre a Revolução Francesa, especificamente porque o regime feudal foi mais detestado na França do que em qualquer outro país europeu, ver: TOCQUEVILLE, Alexis. *O antigo regime e a revolução francesa.* 2 ed. São Paulo: Martins Fontes, 2016.

nantes para a queda de modelos de Estado e estruturas sociais inspiradas em sistemas absolutistas/coloniais, alicerçados na busca e na distribuição de privilégios/títulos nobiliárquicos, e, na sua grande maioria, excludentes da participação popular nas decisões de maior relevo econômico-social[553].

A evolução técnica aliada ao progresso urbano e a um estado permanente de insurreição intelectual e científica, arraigado na dúvida metódica e na recusa de acreditar, mantiveram-se presentes no desenvolvimento civilizatório do século XIX e do início do século XX (as estradas de ferro, a eletricidade, o aço, os combustíveis fósseis, as técnicas e armas militares, o automóvel, o avião)[554]. A ocorrência de conflitos armados em escala global[555], o advento de severas crises econômico-financeiras[556], o extremismo ideológico entre EUA e URSS e o retorno de movimentos nacionalistas xenófobos alteraram o equilíbrio de forças da comunidade das nações[557], reduzindo, por conseguinte, o apetite dos agentes econômicos[558].

A partir do final da segunda metade do século XX, a ascensão ideológica do capitalismo americano[559], o fim da utopia socialista (com a queda do Muro de Berlim em 1989 e o desaparecimento da URSS em 1991) e os

---

[553] MOUSNIER; LABROUSSE. *História geral das civilizações*, t. V, v. 2..., p. 37 ss.

[554] SCHNERB, Robert. *História geral das civilizações:* o século XIX, t. VI, v. 1. 2 ed. Trad. J. Guindsburg. São Paulo: Difusão, 1961, p. 109-187.

[555] Segundo Niall Ferguson, a despeito do progresso incomparável: "Os cem anos depois de 1900 foram, sem dúvida, o século mais sangrento da história moderna, muito mais violentos, tanto em termos relativos quanto em termos absolutos, que qualquer período anterior. Porcentagens significativamente maiores da população mundial foram mortas nas duas guerras mundiais que dominaram o século quando comparadas àquelas mortas em quaisquer conflitos anteriores de magnitude geopolítica comparável." (FERGUSON, Niall. *A guerra do mundo*: a era de ódio na história. Trad. Solange Pinheiro. São Paulo: Planeta, 2015, p. 32).

[556] Para aprofundamento (nada convencional, porém correto) sobre as causas e razões da crise de 1929, ver: ROTHBARD, Murray. *A grande depressão americana*. Trad. Pedro Sette-Câmara. São Paulo: Mises Brasil, 2012.

[557] BONFANTE, Pietro. *Storia del commercio*, v. II. 2 ed. Milano: Giuffrè, 1938, p. 261.

[558] CROUZET, Maurice. *História geral das civilizações:* a época contemporânea, t. VII, v. 1. Trad. Paulo Zing e J. Guinsburg. São Paulo: Difusão, 1958, p. 15-294; CROUZET, Maurice. *História geral das civilizações:* a época contemporânea, t. VII, v. 2. Trad. Paulo Zing e J. Guinsburg. São Paulo: Difusão, 1958, p. 11-229. Para aprofundamento sobre o assunto, ver: HOBSBAWM, Eric. *A era dos extremos*. Trad. Marcos Santarrita. São Paulo: Cia das Letras, 1995; FERGUSON. *A guerra do mundo...*

[559] As razões para a supremacia dos EUA no século XX (e provável queda no século XXI) foram estudadas em: FERGUSON, Niall. *Colosso:* ascensão e queda do império americano. Trad. Marcelo Musa Cavallari. São Paulo: Planeta, 2011.

movimentos nacionais de emancipação (descolonização), aliados à retomada de investimentos, ao desenvolvimento tecnológico, à inovação e à concentração empresarial, contribuíram, de forma determinante, para o início de um elevado fluxo migratório entre os países, para a realização de sofisticadas operações financeiras, de trocas de bens e de serviços, bem como para a movimentação de capitais sem limites fronteiriços, que se convencionou chamar de "globalização"[560-561].

No século XXI, o empreendedorismo de alto impacto, a revolução digital, a robótica, a inteligência artificial, os algoritmos de busca, o mapeamento do genoma humano, a biomedicina, as organizações exponenciais, e tantas outras descobertas e invenções humanas revolucionaram o modo de vida da sociedade e a forma de funcionamento da economia mundial[562],

---

[560] BRASSEUL, Jacques. *Histórica econômica do mundo*. Lisboa: Textos e Grafia, 2010, p. 191-195; CROUZET, Maurice. *História geral das civilizações*: a época contemporânea, t. VII, v. 3. Trad. Paulo Zing e J. Guinsburg. São Paulo: Difusão, 1958, p. 155 ss. Para uma visão sobre o tema da civilização contemporânea, ver: FERGUSON, Niall. *Civilização*: ocidente X oriente. 2 ed. Trad. Janaína Marco Antonio. São Paulo: Planeta, 2016.

[561] Sobre o viés jurídico do fenômeno, vale resumir as ponderações de Galgano: quando se analisa o fenômeno da globalização, refere-se a um fato genérico, de natureza multidisciplinar, cujos significados e efeitos têm natureza diversa e, muitas vezes, difíceis de mensurar. Desse evento de âmbito global já se ocuparam e ainda se ocupam filósofos, sociólogos, economistas, juristas e pensadores de muitas outras ciências, cada qual na sua esfera própria de referência. Raras foram as oportunidades em que esse fenômeno foi examinado e sistematizado a partir de um enfoque jurídico. Nesse contexto, a realidade presente, vista sob as coordenadas do tempo e do espaço, parece ser oposta à que se tinha até então. Nos dias de hoje, o aspecto dinâmico da realidade está acelerado, sendo cada vez mais intensas as mutações no tempo e no espaço, enquanto outrora seus eventos eram praticamente imutáveis no tempo e cambiantes no espaço. Numa perspectiva jurídica, em outros momentos, a lei posta pelo Estado era tida como a única fonte jurídico-normativa, que se distinguia territorialmente de um país para outro, sendo, no entanto, capaz de garantir estabilidade e segurança jurídica às sociedades nacionais. Diante da internacionalização dos mercados, esse quadro foi alterado; a globalização refletiu na esfera jurídica uma nova forma de manifestação do direito, com alcance universal, na qual o Estado cede maior espaço à autonomia contratual no papel de regulador das transações econômicas realizadas no mercado (GALGANO, Francesco. *La globalización en el espejo del derecho*. Trad. de Horacio Roitman y María de la Colina. Buenos Aires: Rubinzal-Culzoni Editores, 2005, p. 14). Sob o viés econômico, o fenômeno foi bem descrito por: FRIEDMAN, Thomas. *O mundo é plano*. Uma breve história do séc. XXI. 3 ed. São Paulo: Objetiva, 2009.

[562] Para aprofundamento sobre o tema, ver: FRIEDMAN. *O mundo é plano*...

cujos reflexos na seara jurídica, inclusive na falimentar[563], ainda não são possíveis de prever.

2. A Evolução da Legislação Falimentar

Os princípios constantes nos estatutos das cidades italianas (de natureza essencialmente privada) foram determinantes para a origem e construção dos sistemas legislativos falimentares na França[564], na Espanha[565], na

---

[563] Nesse sentido, ver: BAIRD, Douglas G.; RASMUSSEN, Robert K. The end of bankruptcy. *Stanford Law Review*, v. 55, 2002.

[564] Segundo Leitão: "Consequentemente, em França, a primeira lei contra os falidos vem a ser aprovada em 1510 por Luis XII, que proibiu a representação do devedor por procurador na cessão de bens, que constituía um meio de estimular a fuga. Essa proibição vem a ser reiterada em 10 de Outubro de 1536 por Francisco I, numa *Ordennance*, destinada a punir a falência fraudulenta. Seguiram-se-lhe a lei de 1560, de Carlos IX (que chegou a punir a falência fraudulenta com a pena de morte), a Lei de 1579, de Henrique III, a Lei de Maio de 1609, de Henrique IV e a Lei de 15 de Janeiro de 1629, de Luis XIII. Mas foi a *Ordennance* de 1673, da autoria de Colbert, no reinado de Luis XIV, a primeira a estabelecer um regime completo sobre as falências. Essa lei, inspirada no direito italiano e nos usos de Lyon e de outras praças comerciais, abrangia tnato os comerciantes, como os não comerciantes, ianda que só àqueles exigisse a apresentação da escrita, e criava uma jurisdição especializada para a falência. Em caso de falência, o falido era obrigado a indicar todos os seus bens e dívidas, sendo declarada a nulidade dos actos prejudiciais à massa. Os credores eram reunidos em assembleia, deliberando por maioria de três quartos do capital, sendo pagos em termos proporcionais ao crédito, salvo quanto a créditos privilegiados. Para esse efeito, os bens do devedor eram objecto de venda. A falência poderia ser classificada como fraudulenta, caso em que o devedor poderia ser sujeito a pena de morte. Esta era, no entanto, raramente aplicada, sendo substituída por uma cerimónia de arrependimento, em que o devedor era exposto junto das escads do palácio, em camisa e de corda ao pescoço segurando nas mãos uma pesada tocha ardente, tendo um dístico atrás e outro à frente, relembranco a sua culpa e a sua condenação." (LEITÃO. *Direito da insolvência...*, p. 31).

[565] Em matéria de falência, a Espanha historicamente se caracterizou por um forte controle estatal, sem espaço para processos privados de cobrança por parte dos credores. Por exemplo, a *Ley de Siete Partidas* importou o instituto da *cessio bonorum* do direito romano, atribuindo ao Tribunal de Justiça controle único e exclusivo sobre a administração dos bens do devedor. Esse procedimento foi sancionado pela lei de 18 de julho de 1590. Em 1663, Salgado de Samoza e seu *Labyrinthus Creditorum* — que, entre outras inovações, estabeleceu a nomeação, pelo Tribunal de Justiça, de um administrador para gerir o patrimônio do falido — influenciaram as legislações dos países vizinhos. Sobre o tema, ver: LEVINTHAL. *The early history of bankruptcy law...*, p. 247.

Alemanha⁵⁶⁶, na Holanda⁵⁶⁷ e na Inglaterra⁵⁶⁸, embora haja alguma diver-

⁵⁶⁶ Na Alemanha, vigoram, durante muito tempo, os princípios e as regras do sistema executivo tradicional (individual), no qual vigia o *del prior in tempore potior iure*, isto é, cada credor podia satisfazer seu crédito a qualquer momento, independentemente dos direitos e das preferências dos demais. Os primeiros sinais de enfraquecimento desse sistema remontam às cidades da Liga Hanseática (Hamburgo e Bremen) do século XVII, por influência da regra da igualdade entre os credores derivada do direito italiano (LEVINTHAL. *The early history of bankruptcy law*..., p. 244).

⁵⁶⁷ O século XVI foi carcaterizado pelo desenvolvimento econômico dos países baixos (*Dutch*), com reflexos na legislação comercial. Na Holanda, a primeira legislação que trata da matéria falimentar é datada de 1531, pelo Rei Charles V, e remonta à época em que o país era liderado por Charles V, Rei da Espanha. A despeito da dominação espanhola, uma das motivações para a promulgaçao da lei foi justamente o vigor comercial das suas colônias (dentre as quais se encontravam Amsterdam, Antuérpia, Fladres) e outra foi a necessidade de regrar os inadimplementos coletivos e/ou contumazes. O desenvolvimento comercial de Amsterdam foi uma conquista extraordinária; segundo Gelderblom, ao invés de outorgar salvo-condutos, estabelecer jurisdições consulares (ou outro tipo de direito/prerrogativa especial para segregar grupos de interesse/corporações), a cidade criou acordos institucionais inclusivos com a finalidade de proteger todos os mercadores e o exercício do comércio em si, independentemente da origem, fortuna, religião ou qualquer outra característica econômica ou de força (GELDERBLOM. *Cities of commerce*..., p. 1-2). Por exemplo, em 1659, foi editada uma nova ordenança comercial na Holanda, que teve como base a lei inglesa. Sobre o tema, ver: BRUNETTI. *Lezioni sul fallimento*..., p. 17; NAVARRINI. *Trattato teorico-pratico di diritto commerciale*, v. VI..., p. 11; RENOUARD. *Traité des faillites et banqueroutes*, t. I..., p. 31; PAJARDI. *Manuale di diritto fallimentare*..., p. 55; LEVINTHAL. *The early history of bankruptcy law*..., p. 246.

⁵⁶⁸ Na Inglaterra, a *Law Merchant* oriunda dos estatutos das cidades italianas e baseada no direito romano teve pouca influência no desenvolvimento da matéria falimentar, embora as principais previsões legais e muitos dos costumes mercantis tenham sido incorporados na *common law* e adaptados pelos tribunais (FLETCHER, Ian F. *The laws of insolvency*. 5 ed. London: Sweet & Maxwell, 2017, p. 5-6). Por exemplo, a legislação promulgada em 1570 (*Statute of Bankruptcy, 13 Elizabeth*) teve como objetivo principal a punição de comerciantes individuais fraudulentos (JORDAN, Robert L; WARREN, William, D. *Bankruptcy*. New York: Foudantion Press, 1993, p. 20). No entanto, o primeiro estatuto sobre falência (*bankruptcy*) data de 1542, sob o domínio de Henrique VIII, consagrando disposições severas para os devedores fraudulentos (BENTO DE FARIA. *Direito comercial*, v. IV..., p. 32). Narra a doutrina que uma certa lei inglesa, datada de 1676, permitia aos comissários da falência, além de se apoderarem da pessoa do devedor e de dispor de seus bens, submetê-lo ao pelourinho e até extirpar-lhe uma das orelhas, caso tivesse fraudulentamente subtraído bens acima de determinado valor (REQUIÃO. *Curso de direito falimentar*, v. 1..., p. 9). Durante o século XIX, uma série de leis remodelaram o antigo sistema falimentar inglês; em 1861, o *Bankruptcy Act estendeu o procedimento falimentar a todos os devedores — não apenas aos comerciantes*; em 1862, uma reforma consolidou a falência de pessoas jurídicas — sociedades (ANDERSON, Hamish. *The framework of corporate insolvency law*. Oxford: Oxford Universtity Press, 2017, p. 43-44); e, em 1883, uma lei ajustou as regras para a falência do comerciante individual (FLETCHER. *The laws of insolvency*..., p. 5-6).

gência na doutrina quanto à uniformidade do tratamento da matéria concursal nas mais diversas jurisdições da tradição romano-germânica e da *commom law*[569].

Segundo Comparato, "Ao lado dessa tradição de severidade para com o falido, no intuito de proteção dos credores, é preciso também assinalar a tradição oposta do direito anglo-saxão, que funda o instituto da falência no princípio do *favor debitoris*. A partir das leis de 1705 e 1711, editadas pela Rainha Ana da Inglaterra, o devedor honesto obtinha um *certificate of conformity*, pelo qual podia abandonar aos credores os bens que possuía, libertando-se assim de qualquer execução futura por débitos anteriores. É a origem do instituto do *discharge*, do Direito falimentar anglo-norte-americano, análogo a *cessio bonorum* do Direito romano, através do qual se subtrai inteiramente a pessoa do devedor (e por conseguinte sua capacidade patrimonial, como atributo inerente à personalidade) às consequências da quebra." (COMPARATO, Fábio Konder. *Aspectos jurídicos da macro-empresa*. São Paulo: Revista dos Tribunais, 1970, p. 96). Luís Manuel Teles de Menezes Leitão assim resume o desenvolvimento do direito concursal inglês: "Na Inglaterra, o desenvolvimento comercial leva Henrique VIII a publicar a primeira lei sobre *Bankrupcty* em 1542 (*Statute of Bankrupts Act*, §§34 & 35 Henry VIII c. 4) o qual considerava o devedor falido como tendo praticado um crime de falsas declarações, independentemente de a falência resultar ou não de culpa sua, ou de o devedor ser ou não comerciante. Em caso de *bankrupcy*, o devedor era notificado por um oficial público, que averiguava a existência da dívida e o obrigava ao paamento aos credores, sob pena de prisão. Os bens do devedor eram depois objeto de apreensão pelas autoridades e venda para se realizar o pagamento rateado aos seus credores, sem que o devedor ficasse liberado das suas obrigações. A multiplicação da prisão de devedores em Inglaterra implicou a que a prática viesse a limitar a aplicação do instituto da *bankturpcy* aos comerciantes, o que veio a ser efectivamente consagrado em lei no reinado de Isabel I, que aprovou um novo estatuto em 1570 (13 Eliz. C. 7). Essa lei facilitou a reversão das transmissões fraudulentas e estabeleceu a administração da massa insolvente com carácter vitalício, determinando que mesmo após a liquidação e venda do património do devedor, o administrador poderia continuar a apreender e alienar qualquer propriedade que este viesse a adquirir posteriormente. A lei veio a ser seguida por outras posteriores, sem grandes alterações, até que o estatuto da Rainha Ana de 1705 (4th Anne ch. 17) veio a estabelecer a liberação do devedor por todos os seus débitos no caso de este entregar integralmente os seus bens aos credores, introduzindo assim o Direito Inglês a noção de que nos processos de *bankruptcy* não está apenas em causa o interesse dos credores, mas também o interesse e protecção do devedor. Esta lei viria a ser revista pelo Parlamento através do *Bankrupcty Act* de 1732 (5. Geo II, c. 30), que manteve a possibilidade de liberação do evedor pelas suas dívidas, bem como a pena de morte em caso de falência fraudulenta, disciplinando o processo de falência. Posteriormente, um estatuto de 1832 (6. Geo IV c. 16) consolidou os actos anteriores em matéria de falência, permitindo ao devedor solicitar a própria declaração de falência, entregando aos credores os seus bens." (LEITÃO. *Direito da insolvência...*, p. 31-32). Para aprofundamento, ver: LEVINTHAL. *The early history of bankrupcty law...*; NOEL. *A history of the bankruptcy law...*; RAMELLA. *Trattato del fallimento*, v. I..., p. 38-39.

[569] LEVINTHAL. *The early history of bankruptcy law...*, p. 225.

2.1. O Processo de Codificação: a Influência do Direito Francês

Na França, o direito comercial teve nascimento tardio. Durante séculos, as regras mercantis decorriam dos estatutos das corporações de comerciantes e artesãos[570], fortemente influenciadas pelos ordenamentos italianos[571]. Somente a partir do século XVI é que certos textos legislativos ganham forma (*e.g., Coutumes de Paris de 1510, Lyon 1536, Charles IX, 1560, Henri III, 1579, Henri IV, 1609, Louis XIII, 1629*), com especial destaque para a *L'Ordonnance pour le Commerce* de 1673[572-573], sob a pena de Savary, que serviu de fonte de inspiração para a legislação vindoura.

A essência legislativa do texto de 1673, especialmente o título XI (*Des faillites et banqueroutes*, inspirado na estrutura concursal forjada no Medievo), foi mantida nos reinados de Luís XIV ("Rei Sol"), Luís XV e Luís XVI, sendo responsável pela centralização, formalização e manutenção de institutos como: (*i*) o princípio da *par conditio creditorum* — uma das preocupações históricas do direito francês[574]; (*ii*) a nulidade da venda de bens pelo falido durante o período suspeito (*période suspecte*); (*iii*) os efeitos retroativos da quebra; (*iv*) a votação vinculante por maioria na assembleia de credores; (*v*) a nomeação de *député* e *procurator* para condução do

---

[570] RENOUARD. *Traité des faillites et banqueroutes*, t. I..., p. 38.
[571] PERCEROU. *Des faillites & banqueroutes et des liquidations judiciaires*, t. I..., p. 14.
[572] Renouard refere que, até o advento da *Ordonnance pour le Commerce* de 1673, as legislações francesas adotavam um caráter pendular, ora protegendo os interesses dos credores (com a aplicação de penas de caráter pessoal, inclusive a pena capital, a apreensão compulsória de bens e a distribuição entre os credores), ora defendendo os interesses dos devedores (com a possibilidade de cessão de bens para pagamento da dívida, a concessão de prazos para pagamento, *lettres de répit et des défenses générales*). (RENOUARD. *Traité des faillites et banqueroutes*, t. I..., p. 38). Já Percerou refere que "le reglement de la place des changes", proposto por comerciantes de Lyon em 02 de junho de 1667 (portanto seis anos antes da *Ordonnance pour le Commerce* de 1673), corresponde ao primeiro regramento francês sobre a falência, com objetivo de estabelecer o procedimento para liquidação coletiva de uma massa de bens, que em diversos itens era superior ao texto de 1673 (PERCEROU. *Des faillites & banqueroutes et des liquidations judiciaires*, t. I..., p. 15-17).
[573] Segundo Brasílio Machado, a Ordenança Francesa de 1673 foi a primeira tentativa de metodizar cientificamente o direito comercial a partir da introdução da teoria dos atos de comércio, cujo desenvolvimento assombrou a doutrina mercantil nos séculos seguintes (MACHADO. *Direito commercial...*, p. 58).
[574] PERCEROU. *Des faillites & banqueroutes et des liquidations judiciaires*, t. I..., p. 14.

processo (e, em caso de concordata, *directeurs* ou *synndics*)[575]; (vi) a cessação de pagamentos como causa principal da quebra[576]; e assim por diante[577].

Assim, ainda que contivesse uma série de imperfeições, Renouard refere que, após a promulgação da Ordenança de 1673, a legislação falimentar francesa permaneceu estagnada, em termos evolutivos, até 1807[578]. De fato, o advento da Revolução Francesa de 1789 trouxe ares de liberdade à matéria e um esforço de combate à fraude nos negócios, os quais restaram atendidos no Código Napoleônico de Comércio de 1807[579], a primeira codificação que abrangeu a matéria falimentar no seu Livro III (*Des faillites et des banqueroutes*), com inspiração na *L'Ordonnance pour le Commerce* de 1673[580].

O *Code de Commerce* considerou a falência como instituto restrito aos comerciantes (afastando-se, então, do regramento anterior)[581] e distinguiu a falência — *faillite*, que era aferida com base na cessação de pagamentos — da bancarrota — *banqueroute*, resultante da existência de culpa grave ou fraude, considerada infração penal, sendo que, em caso de culpa grave (*banqueroute simples*), o julgamento ocorreria nos tribunais correcionais,

---

[575] LEVINTHAL. *The early history of bankruptcy law...*, p. 245.

[576] Para críticas sobre a imprecisão do conceito de cessação de pagamentos previsto no art. 1, Título XI da *L'Ordonnance* de 1673 e discussão jurisprudencial sobre a taxatividade (ou não) das hipóteses previstas na lei para determinar a decretação da quebra, ver: PERCEROU. *Des faillites & banqueroutes et des liquidations judiciaires*, t. I..., p. 176-177.

[577] Segundo Navarrini: "In Francia, abbiamo come primo testo, accogliente fondamentalmente i principi degli Statuti Italiani, il *regolamento della piazza dei cambi a Lione* (1567). Esse stabilisce per primo il concurso dei creditori, per l'insolvenza del debitore, assicurando l'eguaglianza di trattamento, stabilendo la nullità degli atti compiuti dal debitore nel periodo sospetto." (NAVARRINI. *Trattato teorico-pratico di diritto commerciale*, v. VI..., p. 11). Ver, também: RIPERT. *Tratado elemental de derecho comercial*, v. IV..., p. 200-202; RAMELLA. *Trattato del fallimento*, v. I..., p. 30-31.

[578] RENOUARD. *Traité des faillites et banqueroutes*, t. I..., p. 82-83. No mesmo sentido: VAMPRÉ. *Tratado elementar de direito comercial...*, p. 22; MACHADO. *Direito commercial...*, p. 237-238.

[579] O Código estava dividido em três grandes livros, num total de 485 artigos. A matéria falimentar constava no 3º Livro, em 77 artigos, do 345 ao 421. O Projeto de Lei foi aprovado pelo Congresso Francês com votos favoráveis de 220 parlamentares (13 foram contrários), em sessão de 12 de setembro de 1807, com vigência a partir do dia 1º de Janeiro de 1808 (RENOUARD. *Traité des faillites et banqueroutes*, t. I..., p. 122, 139). Segundo Brunetti, o próprio Napoleão intercedeu junto aos responsáveis pela redação do projeto de Código Comercial para garantir a severidade do tratamento jurídico dispensado ao falido (BRUNETTI. *Diritto fallimentare italiano...*, p. 51-54).

[580] LEITÃO. *Direito da insolvência...*, p. 32.

[581] LEITÃO. *Direito da insolvência...*, p. 32-33.

enquanto que, no caso de fraude (*banqueroute frauduleuse*), seriam competentes os tribunais criminais, estabelecendo-se um regime especial para a administração de bens[582].

O Código aprimorou o regime da administração dos bens, ao determinar que a falência ensejasse ao falido a perda da administração de seus bens[583], e aperfeiçoou a classificação dos créditos[584], outorgando-lhes amplos poderes aos credores na sua condução[585], além de determinar o vencimento antecipado de suas obrigações[586]. Previu, além disso, a possibilidade de anulação de atos praticados no período suspeito de dez dias anteriores à falência[587].

Na sistemática vigente, cabia ao tribunal: (*i*) a imposição de selos no estabelecimento do falido; (*ii*) nomear um dos juízes como comissário da falência e um ou mais agentes judiciários para apreender os livros e verificar escrituração mercantil; e, por fim, (*iii*) cobrar os créditos e vender as mercadorias deterioráveis, elaborando-se, após isso, um balanço com ou sem a aprovação o falido. Após a elaboração da lista de credores, os agentes eram substituídos por síndicos provisórios, a quem cabia levantar os selos e realizar um inventário dos bens do falido. Era permitida a alienação de mercadorias e de bens móveis, bem como a cobrança de créditos, cujo produto era remetido ao comissário, sendo possível, ainda, a prática de atos conservatórios dos bens do falido[588].

O comissário, então, procedia à verificação dos créditos e convocava uma assembleia de credores. No conclave, os credores podiam aprovar a concessão de uma concordata ao falido. Caso contrário, nomeavam síndicos definitivos que passavam a representar a massa de credores, classificados em categorias segundo a natureza do seu crédito. De acordo com a ordem estabelecida na lei, era dividido entre os credores o produto da venda dos bens móveis e imóveis do falido — sendo admitida a cessão de bens pelo falido aos credores, bem como a reivindicação de bens estranhos

---

[582] LEITÃO. *Direito da insolvência...*, p. 33-34. Ver, também: CEREZETTI. *A recuperação judicial de sociedade por ações...*, p. 54.
[583] FERRARA JR.; BORGIOLI. *Il fallimento...*, p. 60-61; LEITÃO. *Direito da insolvência...*, p. 33.
[584] RENOUARD. *Traité des faillites et banqueroutes*. T. I..., p. 131 ss.
[585] FERRARA JR.; BORGIOLI. *Il fallimento...*, p. 60-61.
[586] LEITÃO. *Direito da insolvência...*, p. 33.
[587] LEITÃO. *Direito da insolvência...*, p. 33.
[588] LEITÃO. *Direito da insolvência...*, p. 33.

à falência. Constatado o pagamento das dívidas, a reabilitação do falido poderia ser decretada[589].

Em essência, a falência era um processo de liquidação dos bens do comerciante em razão da cessação de pagamentos dos credores, permitindo-se, como alternativa, a aprovação, em assembleia, de um regime de concordata. A liquidação dos bens do falido ocorria somente no caso de a concordata não ter sido proposta ou, uma vez submetida à deliberação assemblear, não ter sido aceita pelos credores[590]. Nessa senda, há quem sustente que o Código francês de 1807 repeliu a figura da concordata[591].

Há consenso na doutrina no sentido de que o *Code de Commerce* francês trouxe progressos consideráveis em matéria falimentar[592], a despeito da complexidade do tema, da multiplicidade de interesses envolvidos e do envelhecimento precoce de suas soluções[593]. Critica-se, ainda, a severidade do tratamento dispensado à figura do falido, uma vez que, além das even-

---

[589] LEITÃO. *Direito da insolvência...*, p. 33-34.
[590] LEITÃO. *Direito da insolvência...*, p. 34.
[591] CARVALHO DE MENDONÇA. *Das fallencias e dos meios preventivos de sua declaração*, v. II..., p. 156.
[592] "O *Code de Commerce* dedicou um livro aos falidos, os quais somente poderiam ser assim caracterizados caso fossem comerciantes. A falência, por seu turno decorria da cessão de pagamentos, ocorrência que era rigidamente aferida." "As regras ali positivadas eram extremamente rigorosas e ligadas à concepção de que a falência estava intimamente relacionada à prática de um delito. Da mesma forma, vinculou-se profundamente a vida da empresa à conduta do dirigente. Assim, nos casos de fraude não havia outro caminho senão a liquidação da empresa. Afastava-se, portanto, qualquer possibilidade de acordo (*concordat*), o qual só era permitido aos devedores que não tivessem incorrido em bancarrota, agindo com falta grave ou fraude. A liquidação era, portanto, vista como o meio primordial no tratamento da crise, constituindo-se como a forma mais eficiente de tutela do crédito, e apenas não ocorria em casos excepcionais de celebração da concordata." "A severidade com que eram recebidos os insolventes tornava-se cada vez mais evidente, o que acarretou a aprovação de reformas instituídas por duas leis, uma de 22.5.1827 e outra de 28.5.1838." "Tais normas buscaram destituir a regulação falimentar então vigente de sua extrema rigidez e simplificar os termos do processo falimentar, visando à redução das despesas ali envolvidas." "Ocorre que ao final se encontrava um mecanismo burocrático e que determinava os destinos do procedimento de acordo com a qualificação penal do devedor. Tudo isso era feito mediante regras codificadas que permaneciam centradas na satisfação dos credores. Buscando resguardar o interesse destes, foram desenvolvidos à época diversos institutos que permaneceram na estrutura do direito concursal tradicional, como, por exemplo, a extrema valorização da pontualidade no cumprimento das obrigações assumidas." (CEREZETTI. *A recuperação judicial de sociedade por ações...*, p. 54-55).
[593] PERCEROU. *Des faillites & banqueroutes et des liquidations judiciaires*, t. I..., p. 29.

tuais sanções penais aplicáveis, os devedores também estavam sujeitos a uma fiscalização judicial intensa com o objetivo de evitar a celebração de acordos fraudulentos com alguns de seus credores.

Isso sem considerar os enormes custos decorrentes do processo de falência, na medida em que qualquer ato processual era passível de tributação. Esse impacto tributário adicional fez com que os credores e o devedor evitassem a falência, o que estimulou, de certa forma, a celebração de acordos secretos de pagamento, acarrentando uma redução na aplicação prática do regime[594].

Apesar das críticas, é inegável que esse monumento legislativo francês (reformado pela legislação de 1838[595]) influenciou o movimento subsequente de codificação do continente europeu[596]. Esse novo período histórico desviou o foco do tratamento dado ao falido para o aperfeiçoamento dos institutos falimentares, atribuindo maior destaque para o aspecto econômico da falência em vez do seu caráter subjetivo-punitivo. Essa perspectiva influenciou a reforma da legislação falimentar em vários países da Europa[597], começando pelo próprio Código Napoleônico de 1807[598] (e da reforma de 1838).

O *Code de Commerce* foi adotado na Bélgica, na Polônia e em alguns estados italianos e alemães, tendo inspirado o Código de Comércio espanhol (1829), o Código Comercial português (1833), o Código de Comércio holandês (1838), o Código Comercial brasileiro (1850) e o Código Italiano de 1865, que também recebeu influência direta de legislações de outras

---

[594] LEITÃO. *Direito da insolvência...*, p. 34.
[595] Renouard refere que tanto as Ordenanças de 1673 quanto o regime estabelecido pelo Código de 1807, reformado pela legislação de 1838 e textos subsequentes, eram imperfeitos e tal imperfeição decorria da complexidade inerente à matéria falimentar. O autor francês relata que muitas das disposições falimentares do Código de 1808 eram inaplicáveis na realidade da época, estimulando a criação de um universo paralelo, secreto e fraudulento de quebras, as quais eram conduzidas ao arrepio da lei. Para aprofundamento sobre a Lei de 28 de Maio de 1838 e suas modificações posteriores, ver: RENOUARD. *Traité des faillites et banqueroutes*, t. I..., 1857, p. 175-222.
[596] PROVINCIALI. *Trattato di diritto fallimentare*, v. I..., p. 32; BRUNETTI. *Lezioni sul fallimento...*, p. 15-16; NAVARRINI. *Trattato teorico-pratico di diritto commerciale*, v. VI..., p. 12.
[597] REQUIÃO. *Curso de direito falimentar*, v. 1..., p. 10.
[598] SCHIOPPA, Antonio Padoa. *Saggi di storia del diritto commerciale*. Milano: Led, 1992, p. 153-157.

províncias italianas (*e.g.*, *Ducato di Modena*)⁵⁹⁹. Merece especial destaque a legislação Belga de 1851, que, inspirada na legislação francesa, aperfeiçoou a figura da concordata e serviu de base para o Código Italiano de 1882⁶⁰⁰ — elaborado após a unificação do país e reconhecido por especialistas como seguramente superior aos ordenamentos das demais nações europeias⁶⁰¹.

Vale registrar, no entanto, que o sistema francês baseado na autogestão da massa falida pelos credores — tendo o Poder Judiciário uma função preponderante de fiscalização — foi rejeitado nos diversos estados alemães, adotando-se a concepção de que competia integralmente aos tribunais dos Estados a condução dos processos falimentares. A administração destes, por meio de um oficial público, acabou servindo de base à legislação Prussiana de 1855, à Austríaca de 1868 e à Bávara de 1869⁶⁰².

Com a unificação alemã, esse sistema foi consagrado na Alemanha em nível federal com a *Konkursordnung* de 1877, verdadeiro Código da Falência, e, por isso, inserida no movimento de codificação⁶⁰³. Essa legislação inovou no cenário europeu ao não distinguir a insolvência do comerciante e a do não comerciante, sob o argumento de que a falência era uma execução coletiva com o objetivo de proteger a igualdade dos credores⁶⁰⁴, tendo

---

⁵⁹⁹ BRUNETTI. *Lezioni sul fallimento...*, p. 15-16. Ver, também: LEITÃO. *Direito da insolvência...*, p. 34.

⁶⁰⁰ Vale referir que o Código introduziu o instituto da moratória, que veio a ser substituído pela concordata na reforma de 1903 (PROVINCIALI. *Trattato di diritto fallimentare*, v. I..., p. 32 ss).

⁶⁰¹ Segundo Schioppa, em razão dos mais diversos efeitos jurídicos decorrentes da decretação de insolvência e da forma de tratamento dos credores do falido, a matéria falimentar representava uma das grandes preocupações da comissão responsável pela elaboração do projeto do Código Comercial italiano de 1882. (SCHIOPPA. *Saggi di storia del diritto commerciale...*, p. 157, 162).

⁶⁰² LEITÃO. *Direito da insolvência...*, p. 34.

⁶⁰³ LEITÃO. *Direito da insolvência...*, p. 35.

⁶⁰⁴ RAMELLA. *Trattato del fallimento*. v. I..., p. 38; LEITÃO. *Direito da insolvência...*, p. 35-36: "A *Konkursordnung* definia a massa falida (§1 KO), a qual abrangia igualmente a comunhão conjugal (§2 KO), e estabelecia o tratamento igualitário dos credores da falência (§3 KO), só admitindo pagamentos separados em casos especiais (§4 KO)." "Em caso de falência, o devedor perdia as faculdades de administração e disposição dos seus bens, as quais eram atribuídas a um administrador (§6 KO), sendo consideradas inoponíveis aos credores do falido todos os actos que este praticasse após a abertura do processo (§7 KO), bem como todos os pagamentos que não dessem entrada na massa (§8 KO), cabendo, no entanto, exclusivamente ao falido a aceitação ou o repúdio das heranças recebidas antes da abertura (§9 KO). Caberia ainda ao administrador prosseguir as acções instauradas pelo e contra o falido (§§11 e 11 KO),

influenciado e inspirado diversas leis nacionais, tais como a húngara (1881), a holandesa (1893), a austríaca (1914) e a japonesa (1922)[605].

Nesse contexto evolutivo, as prescrições de ordem punitiva migram para o direito penal falimentar, acionado apenas no caso de cometimento de crime[606]. Delineia-se, mais claramente, a distinção entre falência honesta e desonesta, reservando-se apenas ao devedor desonesto as disposições mais severas.

2.2. Mudança de Paradigma: o Papel do Direito Norte-Americano

A evolução legislativa nos séculos XIX e XX se deu no sentido de abrandar a penosidade da falência, especialmente porque as crises econômicas que se sucederam provocaram uma multiplicidade de falências casuais, o que estimulou o movimento de separação dos destinos das pessoas físicas e das empresa insolventes, dando origem ao que se convencionou chamar

---

não podendo os credores exercer os seus créditos, a não ser nos termos do processo de falência (§12 KO), sendo-lhes consequentemente vedada a instauração de acções individuais sobre os bens da massa (§§17 ss. KO)." "Em relação aos negócios em curso, era reconhecido ao administrador optar ou não pela execução dos contratos sinalagmáticos que ainda não tivessem sido integralmente cumpridos por qualquer das partes (§17 KO). Eram, porém, objecto de regime especial a alienação de mercadorias a termo fixo (§18 KO), a locação de bens (§§19 ss. KO), os contratos de trabalho (§§22 ss.) e as ordens (§§23 ss.). O administrador poderia ainda proceder à impugnação de actos jurídicos praticados em prejuízo da massa falida (§§29 ss.)."
"Era reconhecido o direito de separação da massa dos bens estranhos à falência (§§43 ss.), bem como as preferências de que os credores gozassem em relação aos bens da massa (§§47 ss.). Os credores eram, em princípio admitidos a invocar a compensação (§§53 ss.)." "A lei estabelecia o pagamento em primeiro lugar dos encargos da massa e das suas dívidas (§§57 ss.), sendo em seguida pagos os credores da falência (§§61 ss.)." "A lei regulada em seguida o processo de falência, tratando primeiro das disposições gerais (§§71 ss.), da abertura do processo (§§102 ss.), da administração da massa (§§117 ss.), verificação de créditos (§§138 ss.), partilha de bens (§§149 ss.), concordata forçada (§§173 ss.), suspensão do processo (§§202 ss.), disposições especiais (§§207 ss.) e disposições penais (§§239 ss.)."
[605] LEITÃO. *Direito da insolvência...*, p. 36.
[606] DE SEMO. *Diritto fallimentare...*, p. 32-33.

de "preservação/recuperação da empresa"[607]. Foi nessa conjuntura que o direito falimentar francês[608], alemão[609] e inglês[610] foram modificados.

[607] LEITÃO. *Direito da insolvência...*, p. 36-38.
[608] "Em França, o *Code de Commerce* vem a ser modificado logo pela lei de 28 de Maio de 1938, que mitigou a severidade de alguma das suas disposições. Entre várias leis posteriores, merecem referência a lei de 17 de Julho de 1856, sobre as concordatas com abandono do activo, e a lei de 12 de Fevereiro de 1872, que disciplina o privilégio do locador de imóveis em caso de falência. Depois surge a importante lei de 4 de Março de 1889 (interpretada e integrada pelas leis de 4 de Abril de 1890 e de 6 de Fevereiro de 1895), a qual estabelece um processo especial alternativo, a *liquidation judiciaire*, para os comerciantes honestos, caídos em falência por infortúnio, que evitava certas características infamantes e custosas da falência. Surgiram depois as leis de 31 de Dezembro de 1903, 31 de Março de 1906, e 23 de Março de 1908, que abrangeram as pessoas colectivas, e permitiram a reabilitação o falido, a qual poderia ser legal, ao fim de 20 anos, ou judiciária, se ele providenciasse no sentido da sua recuperação. Segue-se uma lei de 1919, que permite ao devedor solicitar, por acordo com os credores, a instituição de falência. Depois, o Décret de 20 de Maio de 1955 acentua a distinção entre os processos de falência e de liquidação judiciária, generalizando a concordata em relação a estes últimos, e consignando a regra de que a suspensão de pagamentos deveria em princípio levar à composição com os credores, passando a abertura do processo a ser vista como um sinal de infortúnio económico e não como uma violação das regras comerciais. Posteriormente, a Lei de 13 de Julho de 1967, complementada pela *Ordennance* de 23 de Setembro de 1967, acentua a vertente da recuperação da empresa, considerando que a mesma, enquanto entidade criadora de riqueza, deveria ser a todo custo, salva. A lei institui assim o regime do *réglement judiciaire*, aplicável aos comerciantes, industriais, e pessoas colectivas de direito privado, que lhes permite apresentar uma proposta de concordata aos seus credores, que se fosse maioritariamente aceite, impedia a liquidação judiciária, com a venda dos bens em benefício dos credores. Para além disso, em caso de *réglement judiciaire*, a Lei admitia a possibilidade de alienação dos bens do devedor na sua totalidade, permitindo assim a continuação da empresa mediante a sua aquisição por outrem a custo inferior." (LEITÃO. *Direito da insolvência...*, p. 36-37).
[609] "Na Alemanha, as leis protectoras do falido iniciam-se com a lei de 8 de Junho de 1915, que contém disposições relativas aos efeitos da abertura do processo sobre o contrato de locação, e a lei de 14 de Dezembro de 1916, que admite a concordata preventiva, beneficiando neste âmbito os não comerciantes sobre os comerciantes. Motivada pelo período de inflação após I Guerra Mundial, a lei de 14 de Fevereiro de 1924, procede à avaliação dos créditos para efeitos do processo. A lei de 5 de Julho de 1927 regula a concordata, tendo ainda a Lei de 26 de Fevereiro de 1935 admitido uma proposta de concordata judiciária, destinada a evitar o estado de falência." (LEITÃO. *Direito da insolvência...*, p. 37-38).
[610] "No Direito Inglês sucederam-se leis sucessivas, em 1883, 1887, 1888, 1914 e 1926. O sistema tinha como particularidade permitir que, após um *oficial receiver* indagar dos negócios do devedor e das causas do estado de insolvência, ser entregue o conjunto dos bens do devedor a um *trustee* que os administra e liquida no interesse dos credores, ficando o devedor liberado com o encerramento do processo (*discharge*). Como o *discharge* só era aplicável aos comerciantes, em relação aos não comerciantes, instituiu-se um processo de execução colectiva (*insolvency*),

Nesse particular, o direito falimentar norte-americano possui uma trajetória evolutiva bastante interessante, tendo influenciado decisivamente o desenvolvimento da matéria[611]. Vejamos os principais destaques desse processo.

Durante os primórdios do período de colonização da América do Norte, o espírito gregário e de comunidade dos imigrantes ingleses não demandava a discussão de leis para lidar com o inadimplemento de dívidas. Porém, na medida em que o comércio e a industrialização começam a se desenvolver nas colônias, passa a ser inevitável a relação entre débito e crédito (e as consequências daí decorrentes)[612].

No curso do século XVII, a sociedade norte-americana reconhecia a existência da economia moral do débito (*moral economy of debt*), de modo que a inabilidade de pagar uma dívida no vencimento estava encrustada na estrutura social (de dependência dos devedores e de onipotência dos credores). Nesse contexto institucional, a impontualidade era reconhecida como um pecado, uma espécie de falha moral, e não um risco empresarial. Equiparada à fornicação ou à embriaguez, exigia sanções e punições severas, impensáveis, perversas e perturbadoras aos olhos da sociedade moderna, inclusive a pena de prisão[613].

Aplicavam-se as previsões da *common law* inglesa, com ajustes realizados nas respectivas províncias (com destaque para a Pennsylvania), transferindo-se a propriedade de bens do devedor para o credor como forma de adimplemento do débito, sem prejuízo do encarceramento individual. Não havia previsão de liberação (*discharge*) ou de quitação (*release*) da dívida, sendo admitido, somente em algumas hipóteses, a descontinuidade do

---

moldada sobre a *bankruptcy*, mas estabelecida no interesse do devedor. Posteriormente, a *bankruptcy* absorveu a *insolvency* ao se estender aos não comerciantes." (LEITÃO. *Direito da insolvência...*, p. 38).

[611] Charles Warren divide em três grandes períodos: (*i*) a defesa do interesse do credor (1789-1827); (*ii*) a prevalência do interesse do devedor (1827-1861); (*iii*) a predominância do interesse nacional (1861-1835). Para uma linha cronológica a respeito do direito falimentar estadunidense, de onde extraímos muitos elementos, ver: FEDERAL JUDICIAL CENTER. *The evolution of U.S. Bankruptcy Law*: a time line. Disponível em: <http://www.rib.uscourts.gov/newhome/docs/the_evelution_of_bankruptcy_law.pdf>. Acesso em: 31 maio 2018.

[612] NOEL. *A history of the bankruptcy law...*, p. 33 ss.

[613] MANN, Bruce H. *Republic of debtors*. Bankruptcy in the age of American Independence. Cambridge: Harvard University Press, 2002, p. 2-3.

processo judicial após todo o patrimônio do devedor ter sido escrutinado para satisfação do credor[614].

O processo de circulação de notas comerciais e de títulos de crédito redefiniu a conexão entre devedores e suas relações sociais, tornando possível a transformação da relação existente entre credor e devedor. O desenvolvimento da especulação como forma de investimento e as crises daí decorrentes — com amplo alcance no mais alto escalão da elite do país — permitiram a migração qualitativa da insolvência de delito moral para crime econômico, para o qual a prisão constituía uma sanção criminal inapropriada[615].

Essa mentalidade teve uma solução de continuidade legislativa no final do século XVIII a partir do tratamento constitucional dispensado à matéria falimentar. A Constituição Federal de 1787 determinou que o Congresso Nacional estabelecesse regras gerais e uniformes (não necessariamente equânimes) sobre falência (*the bankruptcy clause*), cuja origem remonta ao sistema falimentar inglês[616] e a chamada *commerce clause*[617] — o que impor-

---

[614] NOEL. *A history of the bankruptcy law*..., p. 36 ss.
[615] MANN. *Republic of debtors*..., p. 4.
[616] TABB. The history of the bankruptcy laws in the United States..., p. 7 ss; NOEL. *A history of the bankruptcy law*..., p. 11 e 67.
[617] Segundo F. Regis Noel, a cláusula teve origem no *articles of confederation* de 1777 e referia que "The Congress shall have power "to regulate Commerce with foreign Nations, and among the several States, and with the Indian Tribes." Mas não apenas isso: a promulgação de uma legislação falimentar representava, também, uma necessidade social do novo país que se formava: "Although James Madison played many important parts in the early history of the United States, none was more useful than his services as unofficial reporter of the proceedings of the Constitutional Convention and his subsequent exposition and defense of its proposed form of government. In addressing the people of the State of New York in The Packet of January 22, 1788, he dismissed the discussion of the bankruptcy clause of the Constitution of the United States with the remark that, "The power of establishing uniform laws of bankruptcy, is so intimately connected with the regulation of commerce, and will prevent so many frauds where the parties or their property may lie, or be removed into different States, that the expediency of it seems not likely to be drawn into question." This faithful and patriotic chronicler anticipated many of the problems and foresaw the benefits which the lawgivers of the republic would extort from this clause of the American Charter of Liberties. But neither he nor any statesman of his time could have foreseen the extensive development of the power granted by the clause to which he so tersely adverted. Casual attention had been given to the subject of bankruptcies in previous times. It was nearly overlooked by the framers of the Constitution and for thirteen years remained abandoned at the door of the Convention. Madison's succinct statement opens many avenues of thought. He shows that

tou notável exceção ao direito de os Estados legislarem sobre direito civil, criminal e processual[618].

Apesar dessa previsão, o embate extremado entre posições políticas (*e.g.*, norte *versus* sul, regiões agrícolas *versus* cidades comerciais, comerciantes *versus* não-comerciantes, devedores *versus* credores) manifestado nos debates legislativos dos anos subsequentes dificultou bastante o atingimento de consensos mínimos em torno da questão e estimulou a expansão de legislações estaduais pontuais e direcionadas à resolução de crises financeiras momentâneas[619].

O primeiro *Bankruptcy Act* de 1800, aprovado por apenas um voto de diferença, foi votado durante a presidência de John Adams, onze anos após a promulgação da Constituição Americana e com orientação amplamente favorável aos interesses dos credores[620]. Teve sua vigência limitada a cinco anos, porém durou somente três, tendo sido revogado em 19 de dezembro de 1803, haja vista os custos excessivos e as práticas de corrupção.

O primeiro *Bankruptcy Act* era destinado exclusivamente aos comerciantes e permitia o *discharge* somente se dois terços dos credores (por cabeça e em pecúnia) concordassem. Foi inspirado no estatuto inglês de 1706, votado durante o reinado da Rainha Anna[621], e teve como uma de

---

relief from debt was considered important and desirable in that early and undeveloped stage of our country's commerce. Pre-existing State legislation on the subject of financial difficulty as well as numerous contemporary memorials invoking the application of the power granted to the Congress by the Constitution is evidence of its expediency. Madison also suggests that the prevention of fraud is a necessary antecedent both to credit and the growth of commerce; and that a people possessing an extensive store of natural resources requires that all laws relating to its general commerce shall be uniform." (NOEL. *A history of the bankruptcy law...*, p. 5-7).

[618] CARVALHO DE MENDONÇA. A Lei Federal dos Estados Unidos da América..., p. 299.

[619] WARREN. *Bankruptcy in United States history...*, p. 4-5, 12-13.

[620] TABB. The history of the bankruptcy laws in the United States..., p. 7.

[621] Segundo Carvalho de Mendonça: "Esse estatuto inglez havia modificado profundamente o systema de fallencias um tanto bárbaro da primeira lei de 1542, promulgado sob o reinado de Henrique VIII, abrandando o rigor com que era tractado o falido, ao qual, quando infeliz e de boa-fé, se permitia fazer cessão judicial de todos os bens aos seus credores, obtendo a reabilitação. Não era facultado, entretanto, ao devedor requerer ou declarar espontaneamente a sua fallencia, porque, tendo o commerciante de sahir da fallencia completamente libertado de dívidas (salvo excepções) não lhe era dado procura-la ou promove-la em seu benefício." (CARVALHO DE MENDONÇA. A Lei Federal dos Estados Unidos da América..., p. 299-324). No mesmo sentido: NOEL. *A history of the bankruptcy law...*, p. 124 ss.

suas principais críticas, além do caráter retrógrado e estreito, a distinção entre pedido voluntário e pedido involuntário de falência[622].

Após um hiato de trinta e sete anos, incontáveis debates internos[623] e uma profusão de leis estaduais tratando do tema da insolvência[624], o Congresso norte-americano, durante a presidência de John Quincy Adams, influenciado pela crise de 1837 e pelos esforços do jurisconsulto Daniel Webster, voltou a aprovar um novo *Bankruptcy Act* (1841)[625], sendo que, em 1839, havia sido aprovada uma lei abolindo a prisão por dívida.

O *Bankruptcy Act* de 1841 autorizava procedimentos voluntários e involuntários. Sua abrangência não estava limitada aos comerciantes: permitia o *discharge* de devedores que entregassem seus ativos e previa a ineficácia de transferências fraudulentas. Tratava-se de uma lei com viés favorável aos interesses do devedor[626] e com efeitos relevantes sobre o tratamento dis-

---

[622] WARREN. *Bankruptcy in United States history*..., p. 19, 44-45; TABB. The history of the bankruptcy laws in the United States..., p. 14-15.

[623] O teor dos debates estava diretamente relacionado à competência dos Estados para legislar sobre a matéria falimentar, o que levou a Suprema Corte a se manifestar sobre o tema em pelo menos duas oportunidades: (*i*) no caso *Sturges versus Crowningshield* (1819); e (*ii*) no caso *Ogden versus Saunders* (1827). Em síntese, o entendimento da corte foi no sentido de que os Estados podiam legislar sobre matéria falimentar somente quando não existisse lei federal sobre o assunto. A competência estadual era, portanto, residual, e não podia afetar dívidas previamente estabelecidas, nem ser aplicada a credores residentes fora do respectivo Estado (CARVALHO DE MENDONÇA. A Lei Federal dos Estados Unidos da América..., p. 300-301).

[624] NOEL. *A history of the bankruptcy law*..., p. 134.

[625] Segundo Carvalho de Mendonça: "Em 1840 existiam nos Estados Unidos mais de cem mil commerciantes falidos, sem elementos para conseguirem reabilitação. Afirmava Benton, que o número desses infelizes constituía uma força e, ao mesmo tempo, uma calamidade, que, no interesse público, deviam ser atendidos e remediadas." (CARVALHO DE MENDONÇA. A Lei Federal dos Estados Unidos da América..., p. 302).

[626] TABB. The history of the bankruptcy laws in the United States..., p. 16.

pensado aos escravos[627]. Diz-se que, no espaço de dezoito meses (período de vigência dessa lei), inúmeros falidos libertaram-se da sua dívida[628].

A partir de 1843, os Estados passaram a legislar intensamente sobre o tema falimentar.

A imperfeição das leis estaduais alimentou o apetite fraudulento de credores e devedores, gerando grande perturbação às relações mercantis e, também, certa incredulidade quanto ao *Bankruptcy Act*[629]. No ano de 1866, uma sequência ininterrupta de crises econômicas e financeiras — o que resultou na divisão do país entre o Norte (credor) e o Sul (devedor) —, pressionou o legislador a retomar a discussão sobre a matéria falimentar, a amadurecer uma série de conceitos e de definições (*e.g.*, constitucionalidade da falência voluntária, extensão da lei a não comerciantes e sociedades) e a reestruturar o sistema em vigor, a partir da premissa da proteção do interesse público[630].

---

[627] Segundo recente estudo de Rafael I. Pardo, o governo Americano passou a deter a propriedade de escravos com a promulgação do *Bankruptcy Act* de 1840: "But why is it that the bankruptcy slave sale must be substantively distinguished from the myriad nonbankruptcy slave sales, in particular those conducted under the auspices of judicial process, that were a core feature of commercial life in antebellum America? The answer to that question lies in one of the defining features of the 1841 Act. To effectuate the financial freedom of individuals who sought bankruptcy relief, Congress designed the system to demarcate the beginning of that new life once a federal district court ordered that the individual be declared a bankrupt. Such a declaration terminated all of the bankrupt's interests in his or her property, with all rights and title to such property automatically vesting in the assignee, who was the representative appointed to administer the bankrupt's estate, a federally created res. In other words, the bankrupt's prebankruptcy property became the federal government's property, including any slaves in which the bankrupt had an interest. Accordingly, for a brief window in this nation's history, bankruptcy legislation made the federal government a widespread holder of property interests — usually a full ownership interest — in slaves. In stark contrast, the other nonbankruptcy judicial processes that resulted in slave sales during the antebellum period generally did not entail the federal government becoming the holder of such interests. The bankrupt slave thus represents extremely entrenched involvement by the federal government in the domestic slave trade — to wit, frequently becoming the owner of slaves until they could be sold to a third-party purchaser at a bankruptcy sale." (PARDO, Rafael I. Bankrupt slaves. *71 Vanderbilt Law Review*, 2018, p. 8-9).

[628] WARREN. *Bankruptcy in United States history...*, p. 79-82; NOEL. *A history of the bankruptcy law...*, p. 134-144.

[629] CARVALHO DE MENDONÇA. A Lei Federal dos Estados Unidos da América..., p. 303.

[630] WARREN. *Bankruptcy in United States history...*, p. 95-109.

Em 1867, sob a presidência de Andrew Johnston, o Congresso Nacional aprovou sua terceira lei sobre falências, com inspiração no diploma do Estado de Massachussetts, de 1838. O novo texto legislativo federal estendeu seus efeitos a comerciantes e não comerciantes, introduziu um *composition agreement* permitindo que devedores e credores negociassem o pagamento das dívidas, exigia o consentimento dos credores para o *discharge* ou o pagamento de 50% do passivo, e incluiu as *corporations* pela primeira vez no âmbito de aplicação da *bankruptcy law*.

Essa legislação sofreu uma série de mudanças nos anos seguintes — como em 1874, ao permitir que os devedores criassem um plano para distribuir o seu patrimônio entre os credores e finalizar o processo —, que, no entanto, não conseguiram desburocratizar o processo falimentar. Exigia-se do devedor e dos credores, por exemplo, uma série interminável de juramentos e de declarações, cuja essência era defeituosa, morosa e custosa[631].

Em resposta aos abusos e aos custos exagerados, a lei falimentar foi revogada em 1878, trazendo novamente para os Estados a prerrogativa de legislar sobre a matéria, que esteve suspensa desde 1867. A tranquilidade legislativa durou pouco. As agitações associativas, os inconvenientes e os defeitos das iniciativas estaduais fizeram com que o Congresso Nacional retomasse a discussão do tema em 1884[632].

---

[631] Como refere Carvalho de Mendonça: "(...) organisava um numeroso pessoal para funcionar na fallencia: veja-se isso: o registrador (*register*) e seu suplente, o *marshall*, o secretario ou escrivão (*clerck*) do Tribunal de Fallencias, o contador (*auditor*), encarregado de rever as contas dos dois precedentes, o liquidante ou syndico (*assignee*), a quem o uso fez juntar um advogado (*counsell*), e pagador (*disbursimg agent*) (...)" "Todo esse funcionalismo exigia grandes despesas com honorários, regulados por uma tarifa incompreensível e da qual ainda se abusava. A *American Law Review*, de Julho de 1873, trazia o dito de um candidato, definindo o objeto dessa lei em poucas e sugestivas palavras: 'O fim da lei de falências é procurar a mais equitativa distribuição do activo do fallido entre os advogados e o pessoal encarregado da liquidação da massa'." (CARVALHO DE MENDONÇA. A Lei Federal dos Estados Unidos da América..., p. 304).

[632] CARVALHO DE MENDONÇA. A Lei Federal dos Estados Unidos da América..., p. 304-305.

Nesse período, as inúmeras alterações legislativas mitigaram o tratamento legal dado aos devedores e incrementaram os custos para os credores satisfazerem seus créditos.

Embora seja possível identificar iniciativas estaduais no sentido de favorecer devedores locais — que foram declaradas inconstitucionais pela Suprema Corte em 1878 — e outras tantas tentativas legislativas federais de alterar o regime em vigor, pode-se dizer que a primeira lei[633] (a quarta em âmbito federal) que tratou do tema de forma qualificada, plena, incontroversa e irrestrita, com enfoque no interesse público[634], é datada de 1898

---

[633] Carvalho de Mendonça refere que a organização do projeto inicial encaminhado ao parlamento foi da lavra do advogado Jay Torrey, tendo notadamente um viés mais favorável aos credores, o que acabou sendo mitigado pelas emendas legislativas. Ao fim e ao cabo, uma comissão mista da Câmara dos Deputados e do Senado Federal redigiu novo projeto, calcado no primitivo e nas emendas, o qual veio a ser aprovado pelo Congresso Nacional em 1 de julho de 1898. (CARVALHO DE MENDONÇA. A Lei Federal dos Estados Unidos da América..., p. 305).

[634] Segundo C. Warren: "By 1898, any question of constitutionality which had been so earnestly debated in the past had entirely disappeared. Inclusion of corporations, extensions of bankruptcy to all classes of individual debtors, compositions, State exemptions of property – all were now fully recognized as within the Constitutional power of Congress. Moreover, it had become generally recognized that Congress should not exercise its power in the interest either of the debtor or the creditor class alone – and that, in fact, there could be no such division of American citizens, since most of us are in one capacity of debtors, and in another capacity of creditors. There is now, therefore, a rather general acceptance of the principle that a bankruptcy law is required in the public interest of the Nation at large and for its welfare, apart from the effect of the law upon the particular individuals on whom it is to operate. Now, the chief interest of the Nation lies in the continuance of man's business and the conservation of his property for the benefit of creditors and himself, and not in the sale and distribution of his assets among his creditors, or even in his own immediate discharge from his debts. Forced sale of property and stoppage of a business in times of depression constitute loss to the Nation at large, as well as to the individual debtors and creditors." (WARREN. *Bankruptcy in United States history...*, p. 144).

(*Bankruptcy Act* de 1898)[635], contendo sete capítulos (*chapters*) e setenta artigos (*sections*), tendo sido objeto de modificações nos anos subsequentes[636].

O *Bankruptcy Act* de 1898 deu início à era das legislações federais permanentes sobre falências nos EUA[637]. Desprendeu-se de antigos preconceitos, tendo como alicerce o bom senso comercial. O falido deixou de ser tratado como suspeito, muito menos como criminoso. A movimentação processual da falência deixou de causar danos à sua probidade ou à sua honra. O devedor passa a ser visto como um cidadão que enfrenta uma moléstia, uma forma de enfermidade especial, chamada de *insolvency*[638].

A lei de 1898 tinha aplicação universal (*who owes debts*), sem qualquer exclusividade para os comerciantes, e as causas que permitiam a decretação judicial da quebra (*acts of bankruptcy*) são taxativamente numeradas pelo legislador. Manteve-se a divisão entre falência voluntária (*voluntary bankruptcy*) e involuntária (*involuntary bankruptcy*), sendo que, nessa última hipótese, exigia-se que o passivo do devedor fosse superior a mil dólares. Uma vez decre-

---

[635] Segundo David Skeel Jr: "The year that will forever be associated with the distinctive U.S. system is 1898. That was the year Congress enacted the Bankruptcy Act of 1898, which ended a century of instability and made federal bankruptcy law a permanent fixture on the legislative landscape. This Article contends that the "genius" of the 1898 Act can be explained by a small group of political factors. The rise of business organizations at the end of the nineteenth century provided the impetus, and the Act was shaped by the interaction of these creditors' interests and the countervailing pressures of American federalism. Thanks to a lengthy period of Republican control, the Act remained in place long enough to spawn a bankruptcy bar. The bar then solidified the coalition supporting the Act. In retrospect, the forces that came together in 1898 have so great an air of necessity that it seems hard to imagine bankruptcy law taking any other form than the approach that finally passed. Perhaps economic expansion plus the American political framework led inescapably to a lawyer-driven bankruptcy framework rather than an administrative one, but perhaps not. Had insolvency remained the province of the states until the New Deal, for instance, one could imagine the New Deal reformers devising an administrative approach to bankruptcy-possibly tied to administrative reforms such as welfare and social security. Speculation of this sort is, of course, just that-speculation. The important point is that, at the centennial of the 1898 Act's enactment, we now can see much more clearly than the Act's creators just how special the bankruptcy legislation was. What made the Act special was a unique combination of creditors, American federalism and, as always in the United States, the lawyers that soon followed." (SKEEL JR., David A. The genius of the 1898 Bankruptcy Act. *Faculty Scholarship*. Paper 720, 1999, p. 340-341).

[636] SKEEL JR., David. A. *Debt's dominion*: a history of bankruptcy law in America. Princeton and Oxford: Princeton University Press, 2001, p. 23 ss.

[637] TABB. The history of the bankruptcy laws in the United States..., p. 23.

[638] CARVALHO DE MENDONÇA. A Lei Federal dos Estados Unidos da América..., p. 306.

tada a falência (com efeitos retroativos de quatro meses), a propriedade dos bens era transferida ao síndico (*trustee*), com exceção de bens que gozavam de isenção, cuja regulação era de competência da legislação estadual[639].

O encerramento da falência se dava com a venda dos bens do falido e com a distribuição do respectivo produto entre os credores ou, ainda, pela concordata, cuja concessão dependia de requisito duplo: (*i*) da dupla maioria de credores e a totalidade do passivo; e (*ii*) da homologação judicial. Além disso, a legislação americana redefiniu os termos do instituto inglês do *discharge in bankruptcy* (entre nós chamado de "reabilitação"). Em síntese, significava a quitação ou desobrigação outorgada pelo tribunal ao devedor de boa-fé de forma discricionária e sem necessidade de anuência dos credores, com relação a todas as dívidas contraídas sem que fosse necessário o pagamento de percentual mínimo da dívida existente e submetida à falência[640].

Com o passar dos anos, apareceram críticas: (*i*) ao caráter marcadamente processual da falência; (*ii*) à demora na tramitação dos processos; (*iii*) ao seu elevado custo; (*iv*) ao baixo retorno dos credores; e (*iv*) à consequente perda do patrimônio do falido nas mãos inescrupulosas daqueles que conduziam o procedimento falimentar[641]. Nesse contexto, começa-se a falar em crise do direito falimentar, verificando-se, também em território norte-americano, a máxima de Thaller no sentido de que a lei de falências de um país é aquela que mais se desgasta diante da evolução da realidade dos fatos[642].

De um lado, o Estado se mostra cada vez mais interessado em retirar da órbita do direito falimentar, ao menos da sua aplicação direta, algumas atividades de maior repercussão econômica e social, como a bancária e a securitária. Não foi à toa que as instituições financeiras passaram a se submeter a procedimentos mais céleres, consubstanciados na intervenção extrajudicial forçada, criando-se, ao lado do direito falimentar, sistemas parafalimentares especiais[643].

De outro, o colapso das macroempresas passou a chamar cada vez mais a atenção. Surgida na passagem do século XIX para o XX, especialmente

---

[639] CARVALHO DE MENDONÇA. A Lei Federal dos Estados Unidos da América..., p. 306.
[640] CARVALHO DE MENDONÇA. A Lei Federal dos Estados Unidos da América..., p. 307-308.
[641] COMPARATO. *Aspectos jurídicos da macro-empresa*..., p. 107-108; REQUIÃO. *Curso de direito falimentar*, v. 1..., p. 10-11.
[642] THALLER. *Des faillites en droit comparé*, t. I..., p. 1-2.
[643] REQUIÃO. *Curso de direito falimentar*, v. 1..., p. 11.

nos Estados Unidos, a sociedade anônima de enormes proporções estava sujeita a dificuldades de mesma ordem e natureza, para as quais a falência e a concordata não davam resposta minimamente satisfatória. A crise que se abateu sobre as companhias ferroviárias norte-americanas nesse período foi sintomática[644]. Em termos de repercussão, poder-se-ia compará-las, guardadas as devidas proporções, à crise das empresas do setor aéreo, ocorrida a partir dos anos 1990[645].

Isso porque, tanto em uma quanto em outra, o destino das grandes companhias passa a ser uma questão de cunho social, com consequências e reflexos poderosos não só para o devedor e seus credores, mas também para empregados, fornecedores, clientes e comunidades inteiras. Nesse contexto, o direito falimentar inicia um novo momento de inflexão, desviando o foco da mera liquidação de ativos e pagamentos dos credores para se voltar à preservação da empresa[646].

Essa solução encontrada no direito norte-americano não foi a única[647], mas foi provavelmente a mais emblemática e, com certeza, a que mais influência teve sobre a legislação brasileira em vigor (Lei 11.101/2005). Nesse contexto, a premissa básica que perpassa a recuperação de uma empresa em dificuldades econômico-financeiras é a de que todos os envolvidos no negócio, incluindo os credores, o devedor, seus sócios, empregados, fornecedores e a comunidade em geral, podem se beneficiar com a superação do estado de crise empresarial, desde que a um custo econômico razoável[648].

A lógica em torno da importância da recuperação de uma atividade econômica em crise (em detrimento da sua simples liquidação) e a preocupação de ofertar ao devedor uma nova oportunidade[649] foi muito bem

---

[644] SKEEL JR. *Debt's dominion*..., p. 48 ss.
[645] BAIRD, Douglas G. *The elements of bankruptcy*. New York: The Foundation Press Inc., 1992, p. 58.
[646] REQUIÃO. *Curso de direito falimentar*, v. 1..., p. 10-11.
[647] A legislação francesa trilhou seu próprio caminho (REQUIÃO. *Curso de direito falimentar*, v. 1..., p. 12).
[648] TABB, Charles Jordan; BRUBAKER, Ralph. *Bankruptcy law*: principles, policies, and practice. Cincinnati: Anderson Publishing Co., 2003, p. 595.
[649] Para destacar a importância da recuperação de empresas na história do direito falimentar e recuperatório norte-americano, mormente no que se refere à nova oportunidade (*fresh start*) outorgada ao devedor, no caso de sua atividade econômica ser recuperável, David G. Epstein e Steve H. Nickles lembram de um julgamento da Suprema Corte Americana, datado de 1918 e intitulado *Stellwagen v. Clum*: "The federal system of bankruptcy is designed not only to

compreendida por Charles Warren, Charles Tabb e Raplh Brubaker, tendo sido resumida numa singela e precisa expressão: "há negócios que valem mais vivos do que mortos"[650].

Os ativos utilizados na exploração de uma atividade econômica possuem valor agregado, isto é, valem usualmente bem mais quando empregados na exploração de um negócio do que quando vendidos separadamente dele (*going concern value*)[651].

Os processos de recuperação de empresas em crise passaram a ser vistos como verdadeiros mecanismos de sobrevivência para a economia americana, que sofreu profunda influência do colapso que abateu o setor ferroviário daquele país e motivou a promulgação do *Railroad Reorganization Act* de 1933[652]. Isso porque insolventes, em sua grande maioria — tais sociedades anônimas, as primeiras grandes companhias (*corporations*) norte-america-

---

distribute the property of the debtor, not by law exempted, fairly and equally among his creditors, but as a main purpose of the act, intends to aid the unfortunate debtor by giving him a fresh start in life, free from debts, except of a certain character, after the property which he owned at the time of bankruptcy has been administered for the benefits of the creditors. Our decisions lay great stress upon this feature of the law – as one not only of private but of great public interest in that it secures to the unfortunate debtor, who surrenders his property to distribution, a new opportunity in life." (EPSTEIN, David G.; NICKLES, Steve; H. WHITE, James J. *Bankruptcy*. St. Paul Minn: West Publishing Co., 1993, p. 7-8). Os referidos autores lembram, no entanto, que nem todo o devedor envolvido em um processo de falência ou de recuperação recebe o benefício do *fresh start*, devendo tal medida ser analisada caso a caso.

[650] TABB; BRUBAKER. *Bankruptcy law...*, p. 595.

[651] TABB; BRUBAKER. *Bankruptcy law...*, p. 595. Nesse sentido, explicativo é o argumento de Thomas H. Jackson: "The common pool example of fish in a lake suggests that one of the advantages to a collective system is a larger aggregate pie. Does that advantage exist in the case of credit? When dealing with business, the answer, at least some of the time, would seem to be 'yes'. The use of individual creditor remedies may lead to a piecemeal dismantling of a debtor's business by the untimely removal of necessary operating assets. To the extent that a non-piecemeal collective process (whether in the form of a liquidation or reorganization) is likely to increase the aggregate value of the pool of assets, its substitution for individual remedies would be advantageous to the creditors as a group. This is derived from a commonplace notion: that a collection of assets is sometimes more valuable together than the same assets would be if spread to the winds. It is often referred to as the surplus of a going concern value over a liquidation value." (JACKSON, Thomas H. *The logic and limits of bankruptcy law*. Washington: Beardbooks, 2001 (reprinted), p. 14). Segundo C. Warren: "The good will of an established business may be worth more, as a means of acquiring money for the payment of liabilities, than the goods in the factore or store." (WARREN. *Bankruptcy in United States history...*, p. 153).

[652] WARREN. *Bankruptcy in United States history...*, p. 154.

nas[653] — tinham ativos cujo valor econômico estava umbilicalmente atrelado à sua direta utilização no negócio ferroviário[654] e cuja alienação justificava-se apenas como uma unidade de negócio contínua e ininterrupta[655].

[653] Sobre a relevância econômica das companhias ferroviárias para o desenvolvimento do mercado de capitais e de crédito nos EUA, Mark J. Roe destaca que: "Most early manufacturing firms were proprietorships or small partnerships. The owners usually [people] of limited means. Assembling fixed assets to commence or expand production often absorbed all the proprietors' resources. Additional fixed capital was extremely difficult to raise. Equity financing through the mass sale of securities did not begin in the United States until the introduction of the railroads, and it did not play a significant role on manufacturing finance before the Civil War." (ROE, Mark J. *Corporate reorganization and bankruptcy legal and financial materials*. New York: Foundation Press, 2000, p. 4).

[654] Segundo C. Warren: "A railway is a unit; it cannot be divided up and disposed of piecemeal like a stock of goods. It must be sold, if sold at all, as a unit and as a going concern. Its activities cannot be halted because its continuous, uninterrupted operation is necessary in the public interest; and for the preservation of that interest, as well as for the protection of the various private interests involved, reorganization was evidently regarded as the most feasible solution whenever the corporation had become 'insolvent or unable to meet its debts as they mature'." (WARREN. *Bankruptcy in United States history*..., p. 155).

[655] Na visão de Douglas G. Baird, as companhias ferroviárias eram o que são hoje as companhias aéreas, em termos dos apuros financeiros enfrentados (BAIRD. *The elements of bankruptcy*..., p. 58). A despeito dessa afirmação, o mesmo autor, em artigo publicado na *Stanford Law Review*, em coautoria com Robert K. Rasmussen, defende que o paradigma econômico que ensejou a construção das grandes ferrovias norte-americanas e sua posterior recuperação (com ajuda do Poder Judiciário) o conceito de *going concern value* e a venda conjunta dos bens que formavam a atividade econômica explorada pela empresa em crise foi alterado com o passar dos anos, sem que o arcabouço jurídico recuperatório tenha sido ajustado a tais evoluções. Com relação a esse ponto em especial, os autores afirmam: "In this Part, we begin by delineating the attributes of financially distressed railroads that necessitated a law of corporate reorganizations. These corporations had dedicated assets that were being put to their highest valued use. While railroads have remained the common paradigm for corporate reorganizations, they were in fact not representative of firms in the Industrial Age. We examine the archetypal firm of the period and show that it depended relatively little on specialized assets. In our own time, specialized assets matter even less. The specialized assets of a firm today are often intangible, such as its business know-how. In a winner-take-all economy, such assets are likely to have value only for the firms that flourish and not the ones that encounter financial distress." No que se refere aos ativos de propriedade das ferrovias em estado de crise e o seu *going concern value*, os autores entendem que: "The usual account of the law of corporate reorganizations assumes that firms today that cannot pay their obligations are like the nineteenth-century railroads. At its inception in the late nineteenth century, the law of corporate reorganizations focused exclusively on railroads. Many railroads turned an operating profit, but could not hope to re-coup their construction costs. Their assets were being put to their highest and best use. Indeed, the iron rails and wooden ties connecting

Como bem salienta David Skeel Jr., ao examinar a situação de credores cujos créditos estavam garantidos por porções de estradas de ferro: "cem milhas de trilhos no meio do nada eram essencialmente inúteis, a menos que a estrada de ferro permanecesse intacta". Em razão disso, os credores cujos créditos estavam assegurados por esse tipo de ativo não tinham qualquer incentivo para liquidar individualmente a garantia; havendo, por outro lado, razões para que eles e o devedor buscassem soluções conjuntas para a crise, ao invés de simplesmente partilhar ativos com baixíssima liquidez[656].

Assim, sendo economicamente mais vantajoso buscar alternativas para superar a crise ao invés de simplesmente liquidar as estradas de ferro e seus respectivos ativos, os advogados dos credores, com o consentimento do Poder Judiciário, desenvolveram novas técnicas capazes de contornar a situação de risco enfrentada por essas companhias, tornando tais empresas as primeiras beneficiárias dos procedimentos de recuperação de empresas (*corporate reorganizations*)[657].

---

two cities had no use other than as a railroad. In addition, the railroads lacked a coherent capital structure. In the course of their construction, railroads issued dozens of different types of investment instruments, putting up different stretches of track and other assets as collateral for each bond. The options for dealing with an economically sound but financially distressed rail-road in the nineteenth century were limited. A cash sale was simply out of the question. It cost $20,000 to $30,000 to build a single mile of track on the Great Plains. In more difficult terrain, the cost would be $80,000 or more. No single individual or group of individuals could amass sufficient capital to buy an established line as a unit. The law of corporate reorganizations came into being as a result. Lawyers and the investment bankers who sold the bonds in the first instance created it by extending the existing legal device of an equity receivership. As the receivership developed, its salient features emerged: a stay of the collection activity of creditors, the infusion of operating funds, and negotiations among representatives of the various debtholders over a new capital structure. Judges entered the picture to resolve disputes and ensure the agreed-upon capital structure was fair and equitable to those who dissented. Modern Chapter 11 derives its principal features from the equity receivership. The assumption that the railroad is the prototypical firm in financial distress, however, is suspect. Even at its height, the Industrial Revolution did not depend upon large firms with specialized assets dedicated exclusively to them." (BAIRD; RASMUSSEN. The end of bankruptcy..., p. 9-10).

[656] SKEEL JR. *Debt's dominion...*, p. 62.
[657] SKEEL JR. *Debt's dominion...*, p. 5. Segundo Mark J. Roe, "(...) the large failures at the end of the 19th century were the railroads, which were seen as critical to regional economies. Court developed a reorganization apparatus to keep the railroads running, even when the railroads failed to make as much money as anticipated and could no longer pay off their creditors." (ROE. *Corporate reorganization...* p. 6).

O consenso em torno da visão de que as estradas de ferro em pleno funcionamento eram essenciais para o crescimento da atividade econômica nos Estados Unidos — sendo consideradas fundamentais para o interesse da nação e de todas as demais partes interessadas no negócio, como administradores, empregados e acionistas — granjeou a simpatia dos Tribunais para a aceitação de um remédio alternativo à liquidação, ainda que não houvesse precedentes judiciais específicos sobre o assunto, nem certeza quanto à viabilidade econômica das sociedades privilegiadas pelas medidas[658].

Até as reformas do *Bankruptcy Act* promovidas pós-depressão de 1929, as *business reorganizations* — mais propriamente, o regime de *equity receivership*[659] — eram uma técnica exclusivamente jurisprudencial para o financiamento de ativos tangíveis e para a redução de custos operacionais. O *Bankruptcy Act* de 1898 foi, aos poucos, sendo reformado: por exemplo, além do *Railroad Reorganization Act* de 1933, o Congresso passou a discutir, em 1934, as primeiras leis de falência de municípios sendo que, em 1937, aprovou a *Municipal Bankruptcy Act*, que se tornou o *Chapter IX* do *Bankruptcy Act*.

Em 1938, foi promulgado o *Chandler Act*, que trouxe significativas modificações na estrutura da legislação vigente. Há uma reformulação do *Bankrupcty Act*: o *Chapter X* passa a tratar das *corporate reorganizations* ao passo que o *Chapter XI* passa a cuidar dos *arrangements*, enquanto o *Chapter XII* passa a regular os *real property arrangements* e o *Chapter XIII*, os *wage*

---

[658] SKEEL JR. *Debt's dominion...*, p. 62; WARREN. *Bankruptcy in United States history...*, p. 158.
[659] Segundo David Skeel Jr.: "A receiver's certificate was a promissory note issued the receiver 'by which the railroad borrowed from investors against the credit of the 'whole estate' of the railroad' on a short-term basis. The beauty of the certificates, at least from the receivers' perspective, was that they were given priority over all of the railroads' other obligations – even over existing mortgages. Mortgages payments were not made until the receiver's certificate obligations were paid up, and the holders of receivers' certificates were also entitled to first dibs on the proceeds of any sale of the property that secured the certificates. (The explanation for the superpriority of receiver's certificates was that they were an obligation of receivership, rather than of the debtor, and creditors of the debtor were entitled to payment only from the assets of the railroad, net of receivership expenses). Under the practice that developed, the receiver would identify the immediate cash needs of the railroad and ask the court to authorize him to issue receiver's certificates. Given the high probability of repayment, investors were happy to help finance the receivership by investing in receiver's certificate." (SKEEL JR., David. A. The story of Saybrook: defining the limits of debtor-in-possession financing. In: RASMUNSSEN, Robert K (editor). *Bankruptcy law stories*. New York: Foundation Press, 2007, p. 180-181).

earner plans, sem contar as diversas alterações materiais e procedimentais ocorridas nas décadas seguintes[660].

Nessa sequência, a reforma do *Bankruptcy Code* em 1978[661] trouxe um novo *Chapter 11* em substituição aos antigos *Chapters X, XI e XII*, bem como um novo *Chapter 13*, oferecendo uma espécie de *super discharge*, facilitando o ajuizamento e a reorganização para empresas e indivíduos[662] (tema que foi retomado nas reformas de 1984, 1986, 1994 e 1998)[663-664].

Finalmente, em 2005, foi aprovada o *Bankruptcy Abuse Prevention and Consumer Protection Act*. A nova lei alterou substancialmente o *Act* de 1978 no seguinte sentido: (*i*) exigiu um teste de meios com base na renda mediana estadual para devedores individuais; (*ii*) determinou o aconselhamento de crédito como condição para o *relief*; (*iii*) exigiu o treinamento de administração financeira para os devedores dos *Chapters 7* e *13*; (*iv*) eliminou o *super discharge* previsto no *Chapter 13*; (*v*) tornou permanente o *Chapter 12*, o qual prevê a reorganização de famílias de agricultores (que havia sido incluído de modo temporário na reforma de 1968), incluindo em tal previsão os pescadores familiares; (*vi*) criou a figura do *ombudsman* para averiguar a privacidade dos consumidores em processos de falência e a proteção de dados; (*vii*) reconheceu as regras de insolvência internacional; (*viii*) dentre outras questões[665].

---

[660] TABB. The history of the bankruptcy laws in the United States..., p. 21-22, 29-31.

[661] Tabb refere que a Reforma de 1978 — cujos trabalhos iniciaram em 1968 — foi a única alteração legislativa no âmbito falimentar americano que não resultou de uma severa crise econômico-financeira, além de ter recebido relevantes aportes técnicos da Comissão (*Comission on the Bankruptcy Laws of the United States*) criada pelo governo para discutir a reforma na legislação falimentar (TABB. The history of the bankruptcy laws in the United States..., p. 32 ss).

[662] JACKSON, Thomas H. *The logic and limits of bankruptcy law*. Cambridge: Harvard University Press, 1986, p. 1.

[663] Ao comentar a crise empresarial americana do final da década de 1980, que foi originada a partir de operações malsucedidas de *Leverage Buyouts* (LBO), David Skeel Jr. refere que: "The drafters of Chapter 11, the corporate reorganization chapter that had combined the two reorganization chapters of the former Bankruptcy Act, wanted to provide a flexible framework that let the parties themselves negotiate the terms of a restructuring that preserved the going concern value of viable companies. The framework was well-suited to the LBO bankruptcies, because a large number were perfectly viable businesses that simply had too much debt. Their distress was financial not economic, as economists like to say." (SKEEL JR. The story of Saybrook..., p. 178).

[664] Para aprofundamento sobre os principais pontos da reforma, ver: TABB. The history of the bankruptcy laws in the United States..., p. 32-37.

[665] Sobre a reforma de 2005, ver: RUSER, Rachel. Analysis of the Bankruptcy Abuse Prevention and Consumer Protection Act of 2005 (BAPCPA). *SPNA Review*, v. 2, Iss. 1, p. 86-103, 2006.

Embora seja correto afirmar que o direito concursal contemporâneo possui fronteiras coerentes e identificáveis[666], a experiência norte-americana — ancorada no princípio cardeal da preservação da empresa, na manutenção do devedor na condução dos negócios durante a recuperação judicial (*debtor--in-possession*), na previsão do *fresh start* e na extensão do poder jurisdicional dos juízes — foi responsável, em âmbito global, pelo começo de uma ampla discussão acerca da reavaliação de medidas possivelmente previstas em uma lei de insolvências a fim de sanear negócios em crise[667-668].

Essa narrativa descreve, em parcas linhas, o espírito fundador do direito concursal no direito norte-americano, mesmo que essa visão idealizada do século XIX e o paradigma econômico que ensejou a formação (e a estru-

---

[666] BAIRD. *The elements of bankruptcy...*, p. 1.
[667] CEREZETTI. *A recuperação judicial de sociedade por ações...*, p. 104.
[668] A rigor, a doutrina americana divide-se em duas grandes correntes no que se refere ao objetivo do *Chapter 11*. De um lado, há a corrente capitaneada por Thomas Jackson e Douglas Baird no sentido de que as regras recuperatórias estabelecem um aparato legal de execução coletiva do devedor, no qual se cria um ambiente de negociação entre credor e devedor (*Hypothetical Creditor's Bargain*), capaz de maximizar o retorno dos investidores e minimizar o custo de capital do devedor – tendo como premissa a existência de direitos de propriedade bem definidos (JACKSON. *The logic and limits of bankruptcy law...*; BAIRD. *The elements of bankruptcy...*). De outro, existe a linha defendida por Elizabeth Warren, segundo a qual a lei recuperatória constitui uma espécie de política pública que suporta o devedor e distribui as consequências de sua crise entre os diversos participantes do processo de modo a equilibrar os ganhos, perdas e interesses desses agentes, numa espécie de estado de bem-estar social (WARREN, Elizabeth. Bankruptcy policy. *University of Chicago Law Review*, v. 54, Iss. 3, article 1, p. 775-817, 1987).

turação) do sistema recuperatório e do falimentar daquele país tenham sido alterados e criticados pela doutrina especializada[669-670].

[669] Nas palavras de Mark J. Roe: "The first large scale bankruptcies in the United States were major railroads, which grew rapidly and then collapsed financially during the deep depression of the 1890. Until 1898, there was no continuing American bankruptcy statute; yet, during this period companies owning a majority of the railroad tracks in America were reorganized. The receivership, however, was a long-standing common law device, originally designed for simpler times and simpler companies. Federal judges adapted the receivership to reorganize the railroads. Over the next century the equity receivership developed into chapter 11. (...) Lawyers for the creditors of troubled railroads, with the blessing of sympathetic judges took advantage of the equity receivership. As they used it over time, their practices became more fixed as judges set limits on how these receiverships could be used and how they could change the rights of the various affected parties. What emerged in the end were the basic features of Chapter 11." (ROE. *Corporate reorganization...*, p. 7).

[670] A doutrina norte-americana tem-se dedicado à discussão (ainda distante da nossa realidade) da real utilidade das reorganizações societárias, em sede de recuperações judiciais, como alternativas indispensáveis para o soerguimento da empresa em crise no século XXI. Em artigo intitulado *The end of bankruptcy*, Douglas G. Baird e Robert K. Rasmussen elencam uma série de razões que demonstrariam a baixíssima serventia dos procedimentos de reorganização societária entabulados com base no *Chapter 11* do *US Bankruptcy Code*. Na tentativa de justificar os motivos que ensejaram a elaboração do artigo, os autores argumentam que: "Corporate reorganizations have all but disappeared. Giant corporations make head-lines when they file for Chapter 11, but they are no longer using it to rescue a firm from imminent failure. Many use Chapter 11 merely to sell their assets and divide up the proceeds. (...) Even when a large firm uses Chapter 11 as something other than a convenient auction block, its principal lenders are usually already in control and Chapter 11 merely puts in place a pre--existing deal. Rarely is Chapter 11 a forum where the various stakeholders in a publicly held firm negotiate among each other over the firm's destiny. (...) Large firms, of course, form only a tiny portion of the Chapter 11 docket. For the vast majority of firms in financial trouble, the traditional corporate reorganization has become increasingly irrelevant. Of the half a million firms that will fail this year, only 10,000 will file for Chapter 11, half of what we saw a decade ago. (...) To the extent we understand the law of corporate reorganizations as providing a collective forum in which creditors and their common debtor fashion a future for a firm that would otherwise be torn apart by financial distress, we may safely conclude that its era has come to an end." Os parágrafos a seguir resumem as principais ideias que embasam os argumentos dos autores: "The law of corporate reorganizations is conventionally justified as a way to preserve a firm's going-concern value: Specialized assets in a particular firm are worth more together in that firm than anywhere else. This paper shows that this notion is mistaken. Its flaw is that it lacks a well-developed understanding of the nature of a firm. Initially, it is easy to confuse size with specialization and overstate the extent to which assets are dedicated to a particular enterprise. Even when such dedicated assets exist, they often do not need to stay in the same firm. As Coase taught us, as the costs of contracting go down, so too does the value of keeping assets in a particular firm. But even when specialized assets must be

kept inside a firm, two other forces limit the need for a traditional law of corporate reorganizations. Capital structures are increasingly designed with financial distress in mind. For these firms, control rights shift from one set of investors to another as the firm encounters difficulty. Such firms either never file for bankruptcy, or, if they do, it is only to vindicate the predetermined allocation of control rights. Even where control rights are not sensibly allocated, a quick sale of the firm restores order. When firms can be sold as going concerns, the need for the traditional negotiated plan of reorganization disappears. The vast majority of firms in financial distress never enter bankruptcy. Today the Chapter 11 of a large firm is an auction of the assets, followed by litigation over the proceeds." (BAIRD; RASMUSSEN, *The end of bankruptcy...*, p. 1-2). Em resumo, os autores defendem que os mecanismos da recuperação de empresas e sua liquidação judicial perderam a utilidade que justificou sua criação no século XIX. Os argumentos ventilados pelos autores convergem no seguinte sentido: a evolução tanto do direito quanto da economia desenvolveu mecanismos mais modernos do que o direito concursal, tornado-o obsoleto para as necessidades dos agentes e demasiadamente oneroso. O artigo foi bastante debatido pela doutrina norte-americana, tendo gerado inúmeras respostas, em formato de artigos acadêmicos, dentre as quais destacamos o de autoria de Lynn M. Lopucki, intitulado *The nature of the bankrupt firm: a reply to Baird and Rasmussen's 'The end of bankruptcy'*: "In an article recently published in the Stanford Law Review Professors Douglas G. Baird and Robert K. Rasmussen assert that big-case bankruptcy reorganizations have "all but disappeared" and give three theoretical explanations. This reply provides empirical evidence that the assertion is wrong; reorganizations not only survive but are booming. It then explains how their theoretical explanations led Baird and Rasmussen to the wrong conclusion. In their first explanation, Baird and Rasmussen note that modern firms have few firm-specific or dedicated assets. From that observation, they argue that the firms have no going concern value. This reply argues that the going concern value of bankrupt firms exists independently of the firm's assets and does not depend on their nature. Instead, going concern value inheres in the relationships among people and assets. Modern firms continue to generate those relationships and so continue to have substantial going concern value. Baird and Rasmussen's second explanation relies on asserted recent advances in bankruptcy contracting. They claim those advances made it possible to deliver control rights dynamically to investors whose incentives match the interests of the firm. Through these contracts, creditors who are the residual owners of the firm are put in control of the firm, rendering reorganization superfluous. This reply notes that Baird and Rasmussen supply no description of the contracts involved. It also provides empirical evidence that the pattern of contracting claimed is impossible because no single class of residual owners exists in most bankrupt firms. In their third explanation, Baird and Rasmussen argue that improvements in the market for firms have made sale as a going concern an effective substitute for reorganization. This reply explains why reorganizations would continue even if firms could be sold for their full going concern values." (LOPUCKI, Lynn M. The nature of the bankrupt firm: a reply to Baird and Rasmussen's 'The end of bankruptcy'. *Stanford Law Review*, v. 56, n. 3, Nov. 2003). O trabalho de Douglas G. Baird e Robert K. Rasmussen foi objeto de análise crítica em ótimo artigo de autoria de Leonardo N. Parentoni e Gustavo O. Galizzi, intitulado "É o fim da falência?". Para os referidos autores: "Tem-se assistido, nos últimos anos, a uma série de reformas na legislação falimentar de diversos países (...) Acrescente-se, ainda, a modificação do sistema concur-

2.3. A Busca Pela Convergência: Principles and Guidelines do Banco Mundial

A nova perspectiva desenvolvida pelo direito norte-americano foi o estopim para o início de um processo de elaboração de estudos de eficiência dos sistemas de insolvência, especialmente diante das crises econômicas que se seguiram ao longo dos últimos anos dos séculos XIX e XX.

sal brasileiro, implementada por meio da Lei nº 11.101, de 09 de fevereiro de 2005, conhecida como a nova Lei de Falências. Tal mobilização legislativa revela uma tendência mundial em repensar os institutos da falência e da recuperação de empresas, a fim de promover sua adequação aos novos tempos. É justamente na contramão dessas reformas que se posiciona o artigo 'O fim da falência' (*The end of bankruptcy*), de autoria de Douglas G. Baird e Robert K. Rasmussen, questionando a utilidade e a necessidade dos procedimentos judiciais de recuperação e liquidação de empresas. Os argumentos expendidos pelos referidos autores podem ser sintetizados da seguinte forma: (*i*) os estudiosos do Direito Concursal deveriam aplicar os pressupostos da teoria da empresa de Ronald Coase para investigar a efetiva necessidade (inexistente, na visão dos autores) de assegurar a manutenção (no caso de recuperação) ou alienação conjunta (em se tratando de falência) dos bens do devedor, a qual corresponderia à razão de ser do ramo jurídico; (*ii*) tendo em vista a crescente padronização dos ativos disponíveis no mercado, não haveria que se cogitar sobre o aviamento na empresa moderna e, assim, da utilidade contemporânea do Direito Concursal, ramo jurídico voltado justamente à preservação deste atributo subjetivo; (*iii*) modernos instrumentos contratuais outorgando aos principais credores do devedor poderes gradativos de decisão sobre o destino da atividade empresarial dispensariam a instauração de um custoso procedimento judicial destinado, em última análise, a debater a mesma questão; (*iv*) operações de compra e venda de empresas concluídas atualmente no mercado estariam se sobrepondo às funções para as quais os procedimentos de recuperação e liquidação de empresas em crise foram concebidos; e (*v*) os altos custos inerentes aos procedimentos judiciais de recuperação e liquidação de empresas de pequeno e médio porte não compensariam os eventuais benefícios decorrentes dos mesmos." Ao longo do texto, os autores tomaram a cautela de contextualizar o debate dos argumentos ventilados pelos norte-americanos nas premissas e dispositivos da Lei de Falências e Recuperação de Empresas, tecendo considerações sobre a sua pertinência ou não. Em sede de conclusão, em tom conciliador e coerente com a análise realizada ao longo do estudo, afirmam que: '*The end of bankruptcy*' não deve ser lido ou estudado, nesse contexto, como uma manifestação de desprestígio ao Direito Concursal. Exageros do título à parte, a interpretação mais adequada do artigo é a de uma crítica bem articulada a inegáveis deficiências da referida disciplina jurídica, conclamando os juristas a refletir sobre a necessidade de aperfeiçoá-la, comparativamente a mecanismos alternativos no mercado. Foi esse o espírito que motivou a elaboração deste texto." (PARENTONI, Leonardo Netto; GALIZZI, Gustavo Oliva. É o fim da falência? In: CASTRO, Moema A. S. de; CARVALHO, William Eustáquio de (coord.). *Direito falimentar contemporâneo*. Porto Alegre: Sergio Antonio Fabris Editor, 2008, p. 314).

Inserem-se nesse contexto os *Principles and Guidelines for Effective Insolvency and Creditor Rights Systems* (aprovados no ano de 2001 e revisados em 2005, 2011 e 2015)[671] e o *Insolvency and Creditor Rights Standard* (ICR Standard, revisado em 2011)[672].

A primeira iniciativa trata de uma série de princípios, regras e diretrizes estabelecidos pelo Banco Mundial (*World Bank*) em resposta às crises dos mercados emergentes ocorridas nos anos 1990, representando uma espécie de consenso internacional a respeito das melhores práticas a serem adotadas pelos sistemas mundiais de insolvência e estabelecendo um padrão para medir seus graus de eficiência. O formato atualizado do estudo do Banco Mundial está dividido em quatro partes principais, com inúmeros subitens: (*i*) direitos dos credores e do devedor (*creditor/debtor rights*); (*ii*) gerenciamento de risco e treinamento corporativo (*risk management and corporate workout*); (*iii*) legislação para insolvência (*legal framework for insolvency*); e (*iv*) implementação: estruturas regulatória e institucional (*implementation: institutional and regulatory frameworks*).

Os princípios e diretrizes compõem uma ampla iniciativa global em prol da reforma convergente das leis de insolvência com o objetivo de: (*i*) promover mais certeza e previsibilidade nos resultados dos processos concursais; (*ii*) permitir uma acurada identificação dos riscos por agentes financiadores; (*iii*) estimular o cuidado com o endividamento; e (*iv*) promover o tratamento adequado de devedores e credores em situações de crise econômico-financeira. Tais *Principles and Guidelines* influenciaram diretamente a padronização dos sistemas mundiais (inclusive do Brasil[673]) quanto

---

[671] THE WORLD BANK. *Principles for effective insolvency and creditor/debtor regimes*. Disponível em: <http://www.worldbank.org/en/topic/financialsector/brief/the-world-bank-principles-for-effective-insolvency-and-creditor-rights>. Acesso em: 01 jun. 2018.

[672] THE WORLD BANK. *Principles for effective insolvency and creditor/debtor regimes*. Disponível em: <http://siteresources.worldbank.org/EXTGILD/Resources/5807554-1357753926066/ICRPrinciples-Jan2011%5bFINAL%5d.pdf>. Acesso em: 01 jun. 2018.

[673] Segundo o relatório do *Doing Business* organizado anualmente pelo Banco Mundial (2017), o Brasil ocupa a 101ª posição no quesito obtenção de crédito — cuja metodologia considera (*i*) a solidez dos sistemas de informação de crédito e (*ii*) a eficácia das leis de garantias e falências no sentido de facilitar os empréstimos — e a 37ª no quesito execução de contratos — cuja metodologia mede o tempo e custo para resolução de disputas comerciais através de um tribunal de primeira instância local. Com base no caso de uma disputa comercial sobre a qualidade de bens vendidos a uma empresa, o relatório analisa o tempo e o custo a partir do momento em que o queixoso entra com a ação até o momento em que o pagamento é recebido. Além disso, o índice da qualidade dos processos judiciais avalia se cada economia adota uma série

ao tratamento dos créditos garantidos, ao estímulo das soluções negociadas e ao binômio "disposição de meios de recuperação para empresas viáveis" versus "liquidação rápida e eficiente de empresas não viáveis"[674].

A segunda iniciativa — *Insolvency and Creditor Rights Standard* (ICR Standard) — envolve esforços conjuntos do Banco Mundial e da Comissão de Comércio Internacional das Nações Unidas (UNCITRAL), em parceria com o Fundo Monetário Internacional (FMI), no sentido de uniformizar o consenso internacional sobre as melhores práticas na avaliação e no fortalecimento da insolvência nacional e dos direitos creditícios. A uniformização se dá por meio da combinação entre os Principles and Guidelines do Banco Mundial e o Guia Legislativo da UNICTRAL (UNCITRAL Legislative Guide on Insolvency Law)[675]. O Comitê de Estabilidade Financeira (Financial Stability Board) reconheceu esse esforço coletivo e designou o ICR Standard como um parâmetro essencial para análise financeira dos mais diversos regimes de insolvência e para a eleição dos pontos nevrálgicos de reforma da legislação nacional (inclusive da reforma legislativa em discussão no Brasil).

Esse movimento internacional em prol da recuperação de empresas em dificuldades econômico-financeiras caracteriza-se essencialmente pela preocupação de que todos os envolvidos no negócio, incluindo os credores, o devedor, os seus sócios, os empregados, os fornecedores e a comunidade em geral possam se beneficiar com a superação do estado de crise empresarial[676], ou, no caso de liquidação, com a busca de instrumentos processuais que maximizem tanto o valor a ser dividido entre os credores,

---

de boas práticas que promovem a qualidade e a eficiência do sistema judicial, em um total de 190 países. (THE WORLD BANK. *Doing business – 2017*. Disponível em: <http://portugues.doingbusiness.org/reports/global-reports/doing-business-2017>. Acesso em: 31 mar. 2018).

[674] Até o ano de 2004, os *Principles and Guidelines* foram utilizados para auxiliar a reforma de leis concursais em aproximadamente 24 países em todo o mundo. A partir dessa experiência, o Banco Mundial revisou tais princípios e diretrizes e aprovou, no ano de 2005, os *Creditors Rights and Insolvency Standards* pela UNCITRAL — tendo ocorrido nova revisão no ano de 2011. Sobre o tema, ver: TOLEDO; PUGLIESI. Capítulo II: A preservação da empresa e seu saneamento..., p. 73-77.

[675] O *UNCITRAL Legislative Guide on Insolvency Law* abrange os principais objetivos e princípios que devem ser refletidos em uma lei de insolvência, destinando-se a informar e auxiliar a reforma das leis de insolvência em todo o mundo. (UNCITRAL. *UNCITRAL Legislative Guide on Insolvency Law*. Disponível em: <http://www.uncitral.org/uncitral/en/uncitral_texts/insolvency/2004Guide.html>. Acesso em: 02 jun. 2018).

[676] TABB; BRUBAKER. *Bankruptcy law...*, p. 595.

quanto a continuidade da atividade empresarial do devedor sob o comando de um terceiro.

O tema ganhou notoriedade nas últimas décadas — especialmente em decorrência das graves crises econômicas que assolaram o globo nos primeiros anos do século XXI —, o que gerou significativas reformas legislativas nos principais ordenamentos jurídicos do mundo ocidental, dentre os quais merecem destaque: França[677], Itália[678], Alemanha[679], Espanha[680], Portugal[681], Argentina[682], Uruguai[683], Inglaterra[684] e EUA[685].

---

[677] O sistema de insolvência francês é reconhecido pela doutrina como *debtor oriented*, isto é, suas disposições legais são inclinadas à proteção do devedor e à preservação da empresa. Em síntese, a matéria se encontra regulada da seguinte forma: a partir de 1967, por meio da Lei 67.653, de 13 de julho, o direito francês introduziu no seu sistema falimentar os procedimentos reorganizatórios (*i.e.*, *liquidation, réglement judiciaire* e *suspension provisoire des poursuites*) e a separação entre as figuras do empresário e da empresa. Ocorreram reformas em 1984, pela Lei 84-148, bem como em 1985, por meio das Lei 85-98 e 85-99 – alteradas ainda em 1994 –, com o que o direito francês passou a promover o princípio da preservação da empresa e seus efeitos diretos e indiretos no sistema falimentar. Desde então, o processo recuperatório passou por uma série de reformas pontuais (com maior destaque para a *Loi de Sauvegarde des Entreprises*, de 26 de julho de 2005), que passaram a integrar o Livro VI do Código de Comércio (arts. L. 610-1 a L. 680-7). Atualmente, o direito francês apresenta as seguintes alternativas para a recuperação e/ou liquidação de uma empresa em crise: (*i*) *mandat ad hoc*; (*ii*) *conciliation* (que substituiu o *règlement amiable*); (*iii*) *sauvegarde*; (*iv*) *redressement judiciaire*; e (*v*) *liquidation judiciaire*. Existem, ainda, os procedimentos simplificados: *la liquidation judiciaire simplifiée* e *la procédure de sauvegarde financière simplifiée*. De forma simplificada, os dois primeiros (*mandat ad hoc* e *conciliation*) são considerados meios preventivos de soerguimento de empresas em dificuldades, sem que o devedor tenha de iniciar um processo judicial para tanto (contando, todavia, com a assistência dos tribunais). Já o terceiro e o quarto (*sauvegarde* e *redressement judiciaire*) são procedimentos concursais propriamente ditos, orientados para a recuperação da empresa. O quinto (*liquidation judiciaire*), por seu turno, é típico procedimento concursal de cunho liquidatório. Ainda, as reformas de 2008 tinham o objetivo de tornar acessível e mais atrativo o procedimento de *sauvegarde*, tendo sido flexibilizados os requisitos para o seu início, e, em 2010, na esteira da crise financeira, a Lei 2010-1249 inseriu o chamado *sauvegarde financière accélérée* no art. L.628 do Código Comercial, tendo o objetivo de melhorar o processo de *sauvegarde*. Destaca-se, ainda, a regulação da insolvência dos consumidores (a teor da *Loi Neiertz*, de 1989), que permitiu aos particulares com endividamento excessivo solicitar auxílio a uma comissão para que as dívidas fossem reescalonadas. Esse regime foi inserido, posteriormente, no *Code de la Consommation*, que definiu o sobre-endividamento no art. L-330-1 como "a impossibilidade manifesta de o devedor de boa-fé, pessoa física, de realizar o pagamento de suas dívidas vencidas ou vincendas, não profissionais, abrindo-se a possibilidade de reporte ou reescalonamento, remissão dos débitos, redução ou supressão de juros, consolidação, substituição ou criação de garantias". Isso sendo que, ainda, a *Loi nº 2003-710 du 1 août 2003* estabeleceu um *procédure de rétablissement personnel* (regulado nos

arts. L-332-5 a L-332-12 do *Code de la Consommation*), segundo o qual o encerramento enseja a exoneração das dívidas não profissionais do devedor. Para aprofundamento do tema, ver: TOLEDO, Paulo Fernando Campos Salles de. *A empresa em crise no direito francês e americano*. Dissertação (Mestrado em Direito). Faculdade de Direito da Universidade de São Paulo, São Paulo, 1987; PUGLIESI, Adriana Valéria. *Direito falimentar e preservação da empresa*. São Paulo: Quartier Latin, 2013, p. 55-73; CEREZETTI. *A recuperação judicial de sociedade por ações...*, p. 113-129; DEZEM, Renata Mota Maciel Madeira. *A universalidade do juízo da recuperação judicial*. São Paulo: Quartier Latin, 2017, p. 72 ss. Para uma visão atualizada do tema na doutrina francesa, ver: SAAIED, Sémia. *L'échec du plan de sauvegarde de l'entreprise en difficulté*. Paris: LGDJ, 2015; PÉROCHON, Françoise. *Entreprises en difficulté*. 10 ed. Paris: LGDJ, 2014; VALLANSAN, Jocelyne; DIN-LANGER, Laurence; CAGNOLI, Pierre. *Difficultés des entreprises*. 6 ed. Paris: Lexis Nexis, 2012; LUCAS, François-Xavier. *Manuel de droit de la faillite*. Paris: Puf, 2016; PELLETIER, Nicolas. *La responsabilité au sein des groupes de sociétés en cas de procédure collective*. Paris, LGDJ, 2013; SAINT-ALARY-HOUIN, Corinne. *Droit des entreprise en difficulté*. 10 ed. Paris: LGDJ, 2016. Ver, ainda: LEITÃO. *Direito da insolvência...*, p. 39-42.

[678.] O sistema de insolvência italiano foi extensamente reformado em 2005, por meio do DL 35, de 14 de março, cuja reforma foi finalizada com a promulgação do DL 05, de 09 de janeiro de 2006, bem como pelo DL 169, de 12 de setembro de 2007. O legislador optou por manter vigente o *Reggio Decreto 267/45* (a *Legge Fallimentare*), revogando apenas alguns dos seus institutos (foi eliminada, por exemplo, a *amministrazione controllata*). O objetivo da reforma legislativa foi outorgar ares mais privatistas aos regimes jurídicos da crise, oferecendo ao devedor e a seus credores instrumentos contratuais de negociação para a busca de uma solução conjunta para a situação de dificuldade econômico-financeira, com foco na preservação da empresa (considerada em seu perfil funcional, como sinônimo de atividade), reduzindo-se, assim, a participação do Poder Judiciário. Em resumo, a legislação italiana possui seis institutos no seu sistema de insolvência empresarial: (*i*) a falência (*fallimento*), prevista nos arts. 5 a 117 e 146 a 152; (*ii*) a concordata suspensiva (*condordato fallimentare*), disciplinada nos arts. 124 a 141; (*iii*) a concordata preventiva (*concordatto preventivo*), nos termos dos arts. 160 a 166; (*iv*) os acordos de reestruturação de dívidas sujeitos à homologação judicial (*accordi di ristrutturazione dei debiti*), conforme o art. 182-*bis*; (*v*) a administração extraordinária de grandes empresas — pelo menos 300 empregados, nos últimos 12 meses — em crise (*amministrazione straordinaia delle grandi imprese in crisi*), regulada pelo DL 270/1999; e (*vi*) a liquidação compulsória (*liquidazione coatta*). Em pelo menos quatro institutos (*amministrazione straordinaia delle grandi imprese in crisi, concordato preventivo, concordatto fallimentare* e *fallencia*), verifica-se a possibilidade de manutenção da atividade (diretamente pelo devedor ou por meio da venda parcial ou total de bens a um *assuntore*) ou a organização de bens anteriores à falência. Para aprofundamento do tema, ver: PUGLIESI. *Direito falimentar e preservação da empresa...*, p. 73-85; DEZEM. *A universalidade do juízo da recuperação judicial...*, p. 122-124. Para uma visão atualizada do tema na doutrina italiana, ver: STANGHELLINI, Lorenzo. *Le crisi di impresa fra diritto ed economia*: le procedure di insolvenza. Bologna: Il Mulino, 2007; FERRI, Giuseppe. *Manuale di diritto commerciale*. 30 ed. A cura di Carlos Angelici e Giovanni B. Ferri. Milano: UTET, 2011, p. 817 ss; CAMPOBASSO, Gian Franco. *Diritto commerciale*, v. 3. 5 ed. A cura di Mario Campobasso. Padova: UTET, 2015, p. 817 ss.

[679] O sistema de insolvência alemão é reconhecido pela doutrina como *creditor oriented*, isto é, suas disposições legais são inclinadas à proteção dos interesses do credor e à satisfação do seu

crédito em face do devedor. Em síntese, até 1994, o direito falimentar alemão era regulado de forma esparsa — principalmente pelo *Konkursordnung (KO)*, datado de 1879, e pela *Vergleichsordnung (VerglO)*, datada de 1935 —, sendo a unificação um dos objetivos da reforma legislativa realizada à época. Com isso, adveio o *Insolvenzordnung (InsO)*, cujos objetivos principais foram: (*i*) concentrar a disciplina concursal em um único sistema; (*ii*) tratar da possibilidade de saneamento extrajudicial (estendido a pessoas físicas não empresárias e a empresários de pequeno porte); (*iii*) definir medidas para combater a insuficiência de ativos da massa; (*iv*) outorgar maior poder aos credores; (*v*) revisar a classificação dos créditos, eliminando privilégios e conferindo tratamento igualitário entre os credores; e (*vi*) exonerar pessoas físicas não empresárias e empresários de pequeno porte de obrigações residuais. Além desses objetivos, há dois pontos que merecem destaque no direito alemão. O primeiro é o sistema unitário de solução da crise empresarial, por meio do qual se decide, em um mesmo procedimento, ou pela liquidação dos ativos do devedor ou pela reorganização da empresa. Isto é, o mesmo procedimento pode resultar tanto em falência (liquidação), quanto em recuperação e preservação da empresa. O segundo é a possibilidade de os credores reverem sua decisão de vender o estabelecimento do devedor para determinado comprador se houver outro pretendente que ofereça preço maior e que opte pela manutenção dos empregos. Há duas espécies de ação de insolvência: a *Unternehmensinsolvenz* (*i.e.*, destinada aos comerciantes) e a *Verbraucherinsolvenz* (*i.e.*, destinada a pessoas naturais não comerciaintes ou a autônomos que exerçam um pequeno comércio). Além delas, há os procedimentos especiais de insolvência sobre herança e sobre o patrimônio de sociedade conjugal continuada. Resumidamente, há as seguintes formas de tratamento da crise: (*i*) o *Sanierungsplan* (*i.e.*, construção de um plano de saneamento para preservação da empresa e manutenção do devedor originário no comando da atividade); (*ii*) o *Übertragungsplan* (*i.e.*, transferência parcial ou total dos ativos para um novo titular, com sucessão de responsabilidade do adquirente pelas dívidas pregressas); (*iii*) o *Moratiriumsplan* (*i.e.*, plano para que sejam protelados os pagamentos); e (*iv*) a solução pela *Liquidationsplan* (*i.e.*, liquidação do patrimônio do devedor). O plano de recuperação/insolvência pode abarcar qualquer uma dessas modalidades, cabendo essa decisão à assembleia geral dos credores. O *Insolvenzordnung (InsO)* teve uma importante alteração em 2008, retirando-se a possibilidade de instauração do processo concursal com base na insolvência. A reforma foi promulgada em resposta à crise de 2008 e teve como objetivo evitar que o administrador da sociedade fosse compelido a requerer a insolvência em decorrência da desvalorização automática dos ativos sociais pela crise mundial — livrando-o, com isso, de responsabilidades penais e civis. Em 2012, foi realizada uma nova reforma legislativa, a *Gesetz zur Erleichterung der Sanierung von Unternehmen (ESUG)*, seguindo a Resolução do Parlamento Europeu de 2011, com o objetivo de (*i*) facilitar a reestruturação de negócios em andamento, com valorização do *going concern value*; e (*ii*) de estimular o devedor a iniciar o quanto antes o procedimento de reestruturação. A reforma buscou, também, elevar a influência dos credores no intervalo entre o pedido de insolvência e sua decretação por meio da decisão judicial, prevendo a obrigatoriedade de constituição de comitê de credores para atuar anteriormente à decretação da insolvência nos casos de empresa em atividade. Outra alteração relevante diz respeito à criação de classe de interessados (acionistas) com participação ativa na análise e na votação do plano de insolvência. Finalmente, o *InsO* regula a insolvência dos consumidores, permitindo a exoneração do passivo restante. Para aprofundamento do tema, ver: BERGER, Dora. *A insolvência no Brasil e na Alemanha*. Porto Alegre: Sérgio Fabris, 2001; PUGLIESI. *Direito falimentar e preservação da empresa...*, p. 85-95; CEREZETTI. *A recuperação judicial de sociedade por ações...*, p. 130-136; DEZEM. *A universalidade do juízo da recuperação judicial...*, p. 83-109. Ver, também: BRAUN, Eberhard. *Commentary on the German Insolvency Code*. 2 ed. München: Beck, 2018; KELLER, Ulrich. *Insolvenzrecht*. 2 Aufl. München: Vahlen, 2018; GLEUβNER. *Insolvenzrecht...*; HESS. *Insolvenzrecht...* Ver, ainda: LEITÃO. *Direito da insolvência...*, p. 43-44.

[680] O sistema de insolvência espanhol passou por uma profunda reforma em 2003, por meio da *Ley 22/2003*, que foi posteriormente alterada pelo *Real Decreto-Ley 3/2009*, pela *Ley 13/2009*, pela *Ley 38/2011* e pela *Ley 14/2013*, bem como por outras reformas em 2014 e 2015. A *Ley 22/2003* teve como objetivo: (*i*) ajustar as regras à realidade econômico-social do país; (*ii*) unificar a legislação que se encontrava dispersa — uma vez que o regime anterior era confuso e carente de um sistema interno, encontrando-se no Código Civil, no Código de Comércio de 1829, no Código de Comércio de 1885, na *Ley de Enjuiciamiento Civil de 1881* e na *Ley de Suspención de Pagos de 1922*; (*iii*) reunir em procedimento único o pedido de insolvência, além de prever mecanismos extrajudiciais, como o *acuerdo extrajudicial de pagos*; e (*iv*) estender a aplicação do regime para qualquer devedor (sejam empresários ou não, pessoas físicas ou jurídicas, sem contar a sua aplicação à herança). A orientação da nova legislação espanhola, a exemplo da escola alemã, é *creditor oriented*, isto é, suas disposições legais são inclinadas à proteção dos interesses do credor e da satisfação do seu crédito em face do devedor. Em síntese, no procedimento unificado, depois do processo de conhecimento, há a instauração do chamado *concurso*, existindo um procedimento simplificado para os pequenos empresários e para os processos em que o juiz entenda que não exista complexidade. O *concurso* não suspende, por si só, o exercício da atividade econômica, podendo resultar em uma alternativa por *convenio* ou por *liquidación*. A primeira consiste na solução principal, em que há um acordo entre os credores e o devedor, homologado pelo juiz, podendo ou não resultar na apresentação de um plano mais robusto e delineado de pagamento dos credores, a depender do conteúdo negociado. A conservação da atividade do devedor, nessa alternativa, depende da demonstração da sua viabilidade econômica, que deve ser provada por meio de um plano de viabilidade. A segunda alternativa consiste em uma solução subsidiária, que segue o procedimento padrão dos regimes liquidatórios, como o afastamento do devedor da administração, o vencimento antecipado das obrigações e a impossibilidade de venda de bens da empresa. Nesse caso, caberá ao administrador judicial a apresentação de um plano de liquidação contendo os passos para realização dos ativos do devedor e pagamento dos credores, na ordem estabelecida na lei. O *concurso*, por outro lado, inicia, a partir da sentença judicial, uma etapa denominada de *fase común*, na qual são nomeados os órgãos do processo e realizadas uma série de providências para a formação do quadro geral de credores, definição da massa ativa, passiva e assim por diante. A grande crítica à legislação espanhola está na existência de sucessão universal do adquirente na cessão parcial ou total do estabelecimento empresarial, inclusive em matéria fiscal e trabalhista, além da impossibilidade de essa operação envolver qualquer credor do devedor. Para aprofundamento do tema, ver: PUGLIESI. *Direito falimentar e preservação da empresa...*, p. 110-123; CEREZETTI. *A recuperação judicial de sociedade por ações...*, p. 137-141; DEZEM. *A universalidade do juízo da recuperação judicial...*, p. 115-122. Para uma visão do tema na doutrina espanhola, ver: GARRIGUES. *Curso de derecho mercantil*, t. V..., p. 5-193; URIA. *Derecho mercantil...*, p. 799-859; PONT, Manuel Broseta; SANZ, Fernando Martinez. *Manual de derecho mercantil*, t. II. 24 ed. Madrid: Tecnos, 2017, p. 541-676; EZQUERRA; GILSANZ; VARONA; LÓPEZ. *Manual de derecho concursal...*

[681] O sistema de insolvência português é reconhecido pela doutrina como *creditor oriented*, isto é, suas disposições legais são inclinadas à proteção dos interesses do credor e da satisfação do seu crédito em face do devedor. Atualmente, o tema está regulado no Código da Insolvência ou da Recuperação de Empresas – CIRE (Decreto-lei n. 53/2004), com menção expressa no art. 1º de que a finalidade da lei concursal é a satisfação dos credores. Esse objetivo pode ser atingido pela liquidação integral dos ativos do devedor ou por meio da preparação de um plano, que poderá prever: (*i*) a liquidação do patrimônio do devedor por um modo diverso do que previsto na lei; ou (*ii*) a manutenção da empresa, sob o comando do próprio devedor ou de terceiro. O CIRE determinou o retorno ao sistema falência-liquidação, retirando, inclusive, o critério objetivo para a recuperação da empresa (*i.e.*, as condições de viabilidade econômica e da recuperação financeira), o que evidencia a supremacia do interesse dos credores em decidir sobre o tema, sem que o juiz tenha margem para retomar a análise do tema (desjudicialização da matéria concursal e celeridade processual). O procedimento é unificado, tal qual no direito alemão, e, uma vez declarada a insolvência (que pode ocorrer com base na insuficiência patrimonial do devedor ou na sua insolvência iminente), o juiz (*i*) afastará o devedor da posse de seus bens e da sua administração, e (*ii*) procederá à nomeação do administrador judicial, cujos atos não podem ser revistos pelo juiz (sendo eventual excesso ou descumprimento de suas funções resolvido por meio de responsabilização por danos ou destituição). O relatório do administrador judicial deverá conter: (*i*) o inventário dos bens e direitos da massa falida objetiva; (*ii*) a lista de credores, com referência ao valor e classificação dos seus créditos (massa falida subjetiva); e (*iii*) o relato sobre a situação da empresa e as perspectivas de sua manutenção, contendo, inclusive, sua opinião sobre a conveniência da aprovação de um plano de insolvência, outorgando relevância ao relatório e à própria função desempenhada pelo administrador judicial — que inclui, em regra, a própria administração da massa insolvente, com a colaboração da comissão de credores e a supervisão do juiz. O relatório do administrador judicial deve ser apresentado na primeira assembleia de credores, cabendo aos próprios credores deliberar sobre o encerramento ou a manutenção da atividade empresarial, com a possibilidade de atribuir ao administrador judicial a elaboração de um plano — hipótese em que pode ser deliberada a suspensão da alienação dos ativos. Os créditos fiscais sujeitam-se ao concurso e não há previsão que impeça a sucessão trabalhista em caso de alienação de bens ou do estabelecimento do devedor a terceiros. Em 2012, foi aprovado o Programa Revitalizar por meio da Resolução de Conselho de Ministros 11/2012, que prevê a revisão do CIRE, simplificando procedimentos e formalidades, além de instituir o Programa Revitalizar – PER. No mesmo ano, foi aprovado, por meio do DL 178/2012, o Sistema de Recuperação de Empresas pela Via Extrajudicial (SIREVE), bem como foi revisado o enquadramento legal dos administradores da insolvência. Finalmente, o DL 26/2015 e o DL 100/2015 passaram a enquadrar de modo mais favorável a reestruturação e a revitalização de empresas, além de teren trazido meios que objetivam facilitar o financiamento de empresas em crise. Para aprofundamento do tema, ver: PUGLIESI. *Direito falimentar e preservação da empresa...*, p. 95-110; CEREZETTI. *A recuperação judicial de sociedade por ações...*, p. 141-144; DEZEM. *A universalidade do juízo da recuperação judicial...*, p. 109 ss. Para uma visão atualizada do tema na doutrina portuguesa, ver: MARTINS. *Um curso de direito da insolvência...*; EPIFÂNIO, Maria do Rosário. *Manual de direito da insolvência*. 6 ed. Coimbra: Almedina, 2014; LEITÃO. *Direito da insolvência...*, p. 45 ss.

682 O sistema de insolvência argentino está regulado pela *Ley de Concursos y Quiebras* (*Ley n. 24.522*, de 1995), ou "LCQ", com uma série de alterações posteriores. Nesse sistema: (*i*) a quebra (*quiebra*) consiste no procedimento liquidatório dos bens do devedor para pagamento dos credores; (*ii*) o *concurso preventivo* prevê a aprovação de um plano judicial de reorganização pelos credores, denominado *acuerdo preventivo* (com possibilidade de *cram-down* em caso de não aprovação); e (*iii*) o *acuerdo preventivo extrajudicial* (APE) é o acordo extrajudicial que o devedor celebra com todos ou com uma parcela de seus credores e que submete à homologação judicial. A legislação argentina é inclinada para a tutela da preservação da empresa (pró-devedor), particularmente da manutenção dos empregos e dos interesses dos trabalhadores, o que decorre, direta ou indiretamente, da crise econômica que assola o país desde o final dos anos 90. O art. 48 da LCQ prevê um mecanismo chamado de *salvataje*, que permite a um terceiro, credor ou não, obter as maiorias exigidas por lei à aprovação do acordo preventivo e, com isso, adquirir a totalidade da participação societária do devedor, à revelia dos credores originários. Nesse ponto, vale registrar que o preço de aquisição é determinado pela lei e não exige ciência prévia dos credores ou do devedor. O viés preservacionista da legislação argentina também se encontra no regramento da quebra, com ampla possibilidade de continuação (parcial ou total) das atividades (dividida em duas modalidades, imediata e ordinária ou comum). Há, inclusive, possibilidade de os trabalhadores da falida requererem a continuidade dos negócios (com possibilidade de compensação de créditos) sob o regime de cooperativa. Trata-se de uma alteração realizada pela *Ley n. 26.684/12*, que teve como objetivo proteger os interesses dos trabalhadores no regime da insolvência. Saliente-se que o adquirente de uma unidade em funcionamento por continuidade de negócios não assume as obrigações trabalhistas da falida. Para aprofundamento do tema, ver: PUGLIESI. *Direito falimentar e preservação da empresa...*, p. 123-134; DEZEM. *A universalidade do juízo da recuperação judicial...*, p. 131-134. Para uma visão do tema na doutrina argentina, ver: ESCUTI, Ignacio; BAS, Francisco. *Derecho concursal*. Buenos Aires: Astrea, 2006; FASSI, Santiago C. GEBHARDT, Marcelo. *Concursos y quiebras*. 6 ed. Buenos Aires: Astrea, 1999; AZERRAD, Rafael. *Extensión de la quiebra*. Buenos Aires: Atrea, 1979; MAFFÍA, Osvaldo J. *Derecho concursal*, t. I, II. Buenos Aires: Del Palma, 1993; FERNANDEZ. *Tratado teorico-practico de la quiebra...*

683 O sistema de insolvência uruguaio é atualmente regulado pela *Ley de Declaración Judicial del Concurso y Reorganización Empresarial* (*Ley n. 18.387/2008*), responsável por unificar uma série de leis que tratavam da matéria até então, existindo uma única forma de ingresso para o devedor que esteja em estado de insolvência, o que é definido por meio de presunções. O procedimento, que é o *concurso*, é unificado, aplicável como regra (ressalvadas certas exceções, como instituições financeiras) a todas as pessoas jurídicas de direito privado (associações ou sociedades, civis ou comerciais) ou a pessoas físicas (excetuadas as pessoas físicas que não exercem atividade empresarial). Pode ter como objetivo, segundo a situação e as etapas do processo, evitar o desaparecimento da empresa viável por meio de um acordo (o *convenio*) entre o devedor e seus credores (que podem ser totalmente judicial ou parcialmente extrajudicial) ou a liquidação dos ativos do devedor para o pagamento ordenado dos credores, em caso de empresas inviáveis e diante do fracasso da negociação com os credores ou mesmo da inexistência de opções preventivas. O procedimento pode ser iniciado (*i*) pelo próprio devedor ou por seus credores, bem como (*ii*) por qualquer dos administradores ou liquidantes, (*iii*) pelos sócios pessoalmente responsáveis pelas dívidas da sociedade, (*iv*) pelos codevedores, avalistas ou fiadores, (*v*) pelas bolsas de valores e (*vi*) pelas associações de representação empresarial.

Tratando-se de concurso envolvendo herança, o procedimento pode ser iniciado por qualquer herdeiro, legatário ou executor testamentário. Caso existam somente credores trabalhistas e o devedor não venha a requerer seu próprio *concurso*, é possível que os empregados assumam a exploração da empresa (*abandono de la empresa*). Buscou-se simplificar o procedimento, torná-lo mais barato (criando um marco flexível para a realização dos acordos), e melhorar os processos de decisão. Nesse sentido, existe uma simplificação para os *pequeños concursos*. Ainda, desde a *Ley 17.292*, de 2001, há a especialização judicial no âmbito concursal. Por outro lado, a legislação atual unificou e integrou de forma mais severa o regime dos síndicos e interventores. Há, também, a possibilidade do *acuerdo privado de reorganización*, que é um mecanismo preventivo do *concurso* e tem por finalidade evitar a sua decretação, permitindo ao devedor acordar a reestruturação do seu passivo com seus credores. Finalmente, as condutas dolosas ou com culpa grave do devedor são sancionadas criminalmente de acordo com o incidente de qualificação (*calificación del concurso*). Para uma visão do tema na doutrina uruguaia, ver: HOLZ; POZIOMEK. *Curso de derecho comercial...*, p. 447-524; RODRÍGUES, Carlos E. Lopez. *Ley de Declaración Judicial del Concurso y Reorganización Empresarial*, t. I. Montevideo: La Ley, 2012; RODRÍGUEZ, Nuri E. Oliveira. *Manual de derecho comercial uruguayo*: quiebra, t. 1, v. 6. Montevideo: FCU, 2004; BLANCO, Camilo Martínez. *Manual teórico-prático de derecho concursal*. Montevideo: Universidade de Montevideo, 2003; ALVAREZ, Rodolfo Mezzera. *Curso de derecho comercial*: quiebras, t. V. Montevideo: FCU, 1997.

[684] O sistema de insolvência inglês está regulado por uma série de diplomas legislativos que consagraram a recuperação de empresas, com especial destaque para o *Insolvency Act 1986* — alterado por uma dezena de leis desde então (incluindo o *Insolvency Act 2000*, o *Enterprise Act 2002* e o *Banking Act 2009*). Há cinco principais regimes que lidam com o tema da falência/recuperação de empresas, a saber: (*i*) *administration*; (*ii*) *administrative receivership*; (*iii*) *winding up (liquidation)*; (*iv*) *statutory compromises, compositions and arrangements with creditors*; e (*v*) *restructurings (workouts)*, que são estabelecidas contratualmente e fora do procedimento judicial de insolvência corporativa, embora seja possível incluir previsões sobre um processo de insolvência em particular. Para uma visão atualizada do tema na doutrina inglesa, ver: ANDERSON. *The framework of corporate insolvency law...*; FLETCHER. *The laws of insolvency...*; GOODE, Ray. *Principles of corporate insolvency law*. 4 ed. London: Sweet & Maxwell, 2011. Ver, também: LEITÃO. *Direito da insolvência...*, p. 42-43.

[685] O sistema de insolvência americano encontra-se regulado pelo *Bankruptcy Code*, lei federal que consolidou o regramento da matéria em 1978. Divide-se em *15 Chapters* (Capítulos), que mantêm em algumas matérias a aplicação de regras estaduais, especialmente nas relações entre o devedor e seus credores. As duas principais soluções endereçadas pelo regime norte-americano à crise empresarial estão previstas nos Capítulos 7 (*Liquidation*) e 11 (*Reorganization*). No procedimento de liquidação do *Chapter 7*, há a nomeação de um *trustee*, por meio do *order of relief*, que ocorre imediatamente após o ajuizamento do pedido. O *trustee* será responsável por localizar e arrecadar todos os ativos (salvo os impenhoráveis) que integram a massa falida (*bankruptcy estate*), transformá-los em dinheiro e efetuar o pagamento dos credores conforme a ordem legal. Uma vez iniciado o procedimento concursal, há duas figuras que merecem destaque: (*i*) o *discharge*, que representa a liberação do devedor pelos débitos preexistentes após a arrecadação e venda de todo o seu patrimônio; e (*ii*) o *fresh start*, que decorre diretamente da primeira e permite que o devedor reinicie sua vida empresarial após o término do processo de liquidação, sem conexão com seu passado. O procedimento liquidatório admite

ᵃ continuidade dos negócios do devedor (*authorization to operate business*), buscando valorizar o *going concern value* da atividade, desde que isso atenda o *best interest of the estate*, desde que seja por período limitado e requerida pelo *trustee*. O procedimento de reorganziação do *Chapter 11*, por sua vez, tem por objetivo a reabilitação ou reorganização do devedor, que, em regra, se mantém na posse e na administração dos bens (*debtor in possession*). O início do procedimento gera o *automatic stay period*, que resulta na suspensão de todas as ações e pretensões em curso em face do devedor, bem como no congelamento de todos os bens e direitos de sua titularidade. A reorganização do devedor ocorre por meio da apresentação de um plano. O devedor tem exclusividade para fazê-lo durante o prazo de 120 dias. Após esse período, os credores têm o direito de apresentar o plano de reorganização, que deve ser aprovado pela assembleia geral de credores. Ele deverá conter condições *fair, equitable and feasible*, além de ser homologado judicialmente (o que, na prática, outorga o *discharge* ao devedor). No caso de rejeição do plano por uma das classes de credores, aplica-se a figura do *cram-down*, desde que preenchidos certos requisitos. Por fim, vale registrar que o direito estadunidense valoriza a atuação ativa dos credores no procedimento reorganizatório, outorgando poderes relevantes ao comitê de credores. O regime de insolvência estadunidense tem passado, ao longo dos anos, por uma série de mudanças, inclusive em 2015, como já visto. Para aprofundamento do tema, ver: PUGLIESI. *Direito falimentar e preservação da empresa...*, p. 45-55; CEREZETTI. *A recuperação judicial de sociedade por ações...*, p. 91 ss; DEZEM. *A universalidade do juízo da recuperação judicial...*, p. 124-130. Para uma visão atualizada do tema na doutrina americana, ver: JACKSON. *The logic and limits of bankruptcy law...*; TABB; BRUBAKER. *Bankruptcy law...*; BAIRD. *The elements of bankruptcy...*; ROE. *Corporate reorganization...*; RASMUNSSEN. *Bankruptcy law stories...*

Capítulo 5. Os Regimes Concursais no Brasil

A história do direito concursal brasileiro é marcada por uma fragmentação legislativa, cuja razão de ser decorre, direta ou indiretamente, da tentativa frustrada de o legislador resolver crises de natureza eminentemente econômica[686], sem buscar soluções sistêmicas coerentes e adequadas à realidade do país. Isso confirma, mais uma vez, a ideia de que a lei falimentar de um país é uma daquelas que mais depressa se desgasta com a passagem do tempo e com a natural evolução dos fatos[687].

Além das leis portuguesas, aplicadas em decorrência do pacto colonial, o Brasil teve pelo menos sete principais leis concursais desde a sua Independência, as quais podem ser divididas em quatro fases, aproveitando-se, em parte, a classificação de Miranda Valverde[688]:

---

[686] VALVERDE. *Comentários à Lei de Falências*, v. I..., p. 18. O mesmo ocorreu no direito norte-americano. Sobre o tema, ver: WARREN. *Bankruptcy in United States history...*
[687] THALLER. *Des faillites en droit comparé*, t. I..., p. 1-2.
[688] VALVERDE. *Comentários à Lei de Falências*, v. I..., p. 18 ss. Sheila Cerezetti bem resume tais fases: "Com relação ao direito concursal pátrio a separação de períodos foi indicada por Trajano de Miranda Valverde, que afirmou ter o instituto falimentar no Brasil passado por quatro fases. Segundo o jurista, a primeira delas teve início com a publicação do Código Comercial, sendo bastante marcada pela influência francesa, e findou com o advento da República. Sob o mesmo raciocínio, a próxima fase, que compreende a vigência do Decreto 917/1890 e da Lei 859/1902, foi marcada pela completa modificação da estrutura legislativa até então vigente, destacando-se aspectos como a caracterização do estado de falência com base em atos ou fatos indicados em lei e a instituição de meios preventivos à falência. A terceira fase é apontada como aquela que começa com a entrada em vigor da Lei 2.024/1908, passa pelo Decreto 5.746/1929 e termina com a aprovação do Decreto-Lei 7.661/1945. Seu início

Período colonial (leis portuguesas)		
Disciplina jurídica da falência	Promulgação	Vigência
Ordenações Afonsinas	1446	1500-1514
Ordenações Manuelinas	1514	1514-1603
Ordenações Filipinas	1603	1603-1916
Período imperial		
Código Comercial de 1850	1850	1890
Período Republicano		
Decreto 917/1890	1890	1902
Lei 859/1902	1902	1908
Lei 2.024/1908	1908	1929
Decreto 5.746/1929	1929	1945
Decreto-Lei 7.661/1945	1945	2005
Período atual		
Lei 11.101/2005	2005	Em vigor

Passemos, então, à análise da evolução do direito concursal brasileiro.

1. Período Colonial

Durante o período pré-colonial (1500-1530) e colonial (1530-1808), a economia brasileira viveu de ciclos esporádicos, baseados em mão de obra escrava e regionais (*e.g.*, do pau brasil, do ouro, da borracha, do açúcar), conforme a localização geográfica da respectiva capitania hereditária.

seria caracterizado pela simplificação processual introduzida pela Lei 2.024, mas não mantida pelo documento legislativo subsequente, e pela ampla autonomia atribuída aos credores, nos termos do Decreto 5.746 – aspecto que, para o autor, foi a principal causa dessa fase. O diploma falimentar de 1945 foi responsável pela última fase citada pelo autor." "A aprovação da Lei de Recuperação e Falência, contudo, não permite a conclusão de que a quarta fase de Trajano de Miranda Valverde ainda esteja em curso. Na realidade, caso se mantenha a continuidade das fases indicadas pelo jurista pátrio, os delineamentos feitos no que tange a essa lei demonstram com clareza que ela alterou por completo o sistema até então vigente, iniciando a mais nova fase do Direito Brasileiro sobre a empresa em crise." (CEREZETTI. *A recuperação judicial de sociedade por ações...*, p. 85).

O sistema do pacto colonial imposto pelo Reino de Portugal às suas colônias determinava que o Brasil podia estabelecer comércio somente com a metrópole, não sendo permitido concorrer com os produtos lá produzidos. Apenas o que não era cultivado ou produzido em Portugal podia sê-lo em sua colônia na América do Sul.

A economia brasileira se desenvolvia na medida do interesse da metrópole e sempre por intermédio dela. Os portos nacionais se encontravam fechados ao comércio estrangeiro e inexistiam indústrias no território brasileiro. Como refere Waldemar Ferreira, "A vida mercantil, industrial e agrícola do Brasil tinha as suas pulsações e os seus movimentos marcados nos portos e praças portugueses"[689] — embora estudos recentes demonstrem a existência de um mercado interno dinâmico e não tão dependente de Portugal[690].

Esse contexto foi alterado no mês de novembro de 1807 com a invasão de Portugal pelas tropas francesas de Napoleão — em decorrência do descumprimento do bloqueio continental — e a fuga da corte real portuguesa (a Dinastia de Bragança) para o Brasil, proposta inicialmente orquestrada pela diplomacia inglesa[691].

No amanhecer do dia 29 de novembro, a frota real, composta por oito navios de linha, quatro fragatas e quatro embarcações menores, seguidas de inúmeros barcos mercantes, desceu o rio Tejo em direção à colônia americana[692]. O desembarque da coroa portuguesa ocorreu no dia 19 de janeiro de 1808, na capitania da Bahia (com domicílio provisório fixado posteriormente na cidade do Rio de Janeiro), episódio que ocorreu com amplo apoio da população e vasto entusiasmo dos súditos locais[693].

O ano de 1808 constituiu uma quebra de paradigma para a vida econômica da colônia — além da criação do Banco do Brasil. Em 28 de janeiro, aconselhado por prestigiadas personalidades locais e portuguesas — dentre elas Antonio Viana e José da Silva Lisboa (o Visconde de Cairu) —, o

---

[689] FERREIRA. *As directrizes do direito mercantil brasileiro...*, p. 41.
[690] CALDEIRA, Jorge. *História da riqueza no Brasil*. Rio de Janeiro: Estação Brasil, 2017, p. 20-181.
[691] Para aprofundamento sobre o contexto histórico da época e as consequências desse fato para a história do Brasil, ver: PEREIRA DA SILVA, J. M. *História da fundação do Império brazileiro*, v. 1. Rio de Janeiro: Garnier, 1864, p. 97 ss.
[692] PEREIRA DA SILVA. *História da fundação do Império brazileiro*, v. 1..., p. 122.
[693] PEREIRA DA SILVA. *História da fundação do Império brazileiro*, v. 1..., p. 10-11.

príncipe regente assinou uma carta régia, por meio da qual revogou as disposições que proibiam o estabelecimento de fábricas e manufaturas no Brasil, determinando, de forma supostamente interina e provisória, a abertura dos portos brasileiros ao comércio estrangeiro[694].

Esse ato real inseriu a grande colônia no contexto da economia mundial[695] — o que, no entanto, não significou desenvolvimento econômico. O século XIX foi para o Brasil, em comparação com o mundo, um período de atraso e estagnação econômica[696].

Em uma perspectiva jurídica, na condição de colônia portuguesa, o Brasil valeu-se da legislação vigente em Portugal, inclusive em matéria falimentar[697], durante longo período da sua história[698]. Assim, aqui vigoraram as Ordenações do Reino, a saber, as Ordenações Afonsinas (1500-1514), as Manuelinas (1514-1603) e as Filipinas (1603-1916)[699].

O instituto da insolvência, originariamente designado de "quebra" e posteriormente de "falência", encontra-se previsto em Portugal desde tempos imemoriais[700]. Até a fundação da monarquia portuguesa no século XI, vigorou o *Codex Legum* (ou *Lex Wisigothorum*), estando nele consignado "o princípio do devedor insolvável pagar as dívidas, tornando-se escravo,

---

[694] Os efeitos da medida seriam permanentes, como destaca Waldemar Ferreira: "Quis-se, contudo, com ingénua credulidade, dar a esta medida carácter provisório. Suspendia-se temporalmente o sistema colonial, supondo-se possível e até natural voltar ao antigo estado de coisas, quando a metrópole volvesse à sua vida normal e independente. A providência decretada era porém de caráter tal que, uma vez posta em prática, impossível se tornaria revogá-la, ou sustar as suas naturais consequências políticas e econômicas." (FERREIRA. *As directrizes do direito mercantil brasileiro...*, p. 41-42).

[695] PEREIRA DA SILVA, J. M. *História da fundação do Império brazileiro*, v. 2. Rio de Janeiro: Garnier, 1864, p. 11 ss; FERREIRA. *As directrizes do direito mercantil brasileiro...*, p. 42; ROCHA POMBO, J. F. *História do Brasil*, v. III. Rio de Janeiro: Jackson, 1947, p. 309 ss.

[696] CALDEIRA. *História da riqueza no Brasil...*, p. 182 ss.

[697] Como destaca Visconde de Cairu: "Fallimento he expressão contraria ao Credito, e abonação mercantil; e supoe falta de fundos, mudança de estado, isto he, alteração na fortuna, e reputação do Comerciante, constituindo-o no descredito, e impossibilidade de satisfazer suas obrigações. Distinguem-se no Commercio quatro sortes de fallimento, hum parcial, e outro total: e se dizem: Impontualidade, Ponto, Quebra, Bancarrota. Os comprehendidos em qualquer sorte desses fallimentos perdem immediatamente seu credito." (LISBOA, José da Silva. *Princípios de direito mercantil e leis de marinha*, t. II, Rio de Janeiro: Academica, 1874, p. 867).

[698] MARCONDES. *Direito comercial...*, p. 11.

[699] Para um bom apanhado sobre o direito falimentar português durante esse período, ver: VIANNA. *Das fallencias...*, p. 22-41.

[700] LEITÃO. *Direito da insolvência...*, p. 46 ss.

como no Direito Romano d'onde foi transportado, sendo n'aquelle código era superior sua sorte à do escravo romano"[701].

Nesse contexto, por exemplo, prevalecia o princípio da prioridade do direito do primeiro exequente[702]. O devedor, por seu turno, podia ser preso até que o débito fosse saldado, sendo-lhe facultado, entretanto, ceder seus bens para evitar o encarceramento[703].

Em matéria falimentar, o universo legislativo português foi diretamente influenciado pelos direitos gótico e romano (Código de Justiniano), mantendo-se inalterado até 1446 no reinado de D. Affonso V[704].

As Ordenações Afonsinas (1500-1514)[705], no que diz respeito à falência, reproduziam, de forma minuciosa e sistematizada[706], uma compilação do direito romano e dos estatutos medievais italianos, cujo regramento estava inserido na parte do direito criminal (Livro V), daí a razão do severo tratamento a que era submetido o falido[707]. Não era permitida a prisão por dívidas em causas cíveis, salvo se o débito tivesse origem maliciosa. O devedor que viesse a esconder os bens ou aliená-los sem o pagamento de suas dívidas poderia ser detido até a sua satisfação, sendo possível, inclusive, sofrer a penalidade de degredo[708]. A falência, então, era verdadeiro regime liquidatório, prevendo penas graves ao devedor. A sentença de quebra definitiva levava à prisão, o que somente seria evitado, em casos restritos, com a cessão dos bens que quitasse as obrigações do devedor[709] (*cessio bonorum* dos romanos)[710]. Há, ainda, referências sobre a moratória como medida a prevenir a quebra e obstar a prisão — sendo concedida pela maioria dos

---

[701] VIANNA. *Das fallencias...*, p. 22-23.
[702] FERREIRA. *Tratado de direito comercial*, v. 14..., p. 22.
[703] REQUIÃO. *Curso de direito falimentar*, v. 1..., p. 13-14.
[704] VIANNA. *Das fallencias...*, p. 22-23; DINIZ. *Da fallencia...*, p. 15.
[705] PORTUGAL. *Ordenações Afonsinas*. Lisboa: Fundação Calouste Gulbenkian, 1998. Edição conforme o original.
[706] Refere Sá Vianna que: "Nesta são encontrados os vestígios mais remotos daquelle instituto jurídico na legislação portugueza e, ainda assim, sob uma forma embrionária, afastada da concepção que d'elle se fórma hoje, ou mesmo se formava nos primeiros annos do século XIX." (VIANNA. *Das fallencias...*, p. 25).
[707] SAMPAIO DE LACERDA. *Manual de direito falimentar...*, p. 35.
[708] CEREZETTI. *A recuperação judicial de sociedade por ações...*, p. 57.
[709] COMPARATO. *Aspectos jurídicos da macro-empresa...*, p. 96.
[710] DINIZ. *Da fallencia...*, p. 15.

credores pelo prazo máximo de cinco anos, sem que ao devedor fosse permitida a recusa quando direta e unanimemente conferida pelos credores[711].

Nas Ordenações Manuelinas (1514-1603)[712], Livro V, foi mantido o tratamento rígido dado ao devedor[713], sem grandes inovações. Admitia-se a detenção na hipótese de suspeita de fuga, bem como a possibilidade de o devedor ceder seus bens aos credores para evitar a prisão. Essa última hipótese poderia ser requerida pelo próprio devedor, se provado que ele possuía bens suficientes à época da contratação com o credor[714], até porque a edição do referido ordenamento decorreu muito mais de uma avidez real e do desejo de Dom Manuel, o Venturoso, de ligar seu nome a uma nova legislação do que de uma contribuição efetiva ao direito concursal. Como destaca José Jappur, "Tanto as Ordenações Afonsinas como as Manuelinas tiveram a vida breve das girândolas de foguetes — iluminam por um momento e logo desaparecem"[715].

Já as Ordenações Filipinas[716], promulgadas em 1603, durante a União Ibérica, no reinado de Felipe II, vigeram em Portugal por mais de dois séculos[717].

---

[711] VIANNA. *Das fallencias...*, p. 26; TOLEDO; PUGLIESI. Capítulo II: A preservação da empresa e seu saneamento..., p. 77, nota de rodapé, 78.

[712] PORTUGAL. *Ordenações Manuelinas*. Lisboa: Fundação Calouste Gulbenkian, 1998. Edição conforme o original.

[713] TOLEDO; PUGLIESI. Capítulo II: A preservação da empresa e seu saneamento..., p. 77-78.

[714] CEREZETTI. *A recuperação judicial de sociedade por ações...*, p. 57. Assim, foi restringida a possibilidade de que o devedor realizasse a cessão de bens por conta das fraudes que existiam (LEITÃO. *Direito da insolvência...*, p. 46).

[715] JAPPUR, José. *O falido no moderno direito falimentar brasileiro*. Porto Alegre: Sulina, 1954, p. 20.

[716] PORTUGAL. *Código Philippino ou Ordenações e Leis no Reino de Portugal*: recopiladas por mandado D'el-Rey D. Philippe I. 14 ed. atual. por Candido Mendes de Almeida. Rio de Janeiro: Typographia do Instituto Philomathico, 1870.

[717] Segundo Bento de Faria, Dom João IV, o Duque de Bragança, libertou Portugal do domínio espanhol na revolução de 1640, mas, por questões de prevenção e garantia da segurança, não realizou reformas legislativas imediatas — como exigiam as Cortes —, tendo optado por manter as Ordenações Filipinas "em tudo quanto não estivesse previsto nas Leis e Provisões, publicados posteriormente a 1640 (...) Assim, o direito português passou a ser constituído pelas Ordenações revalidadas, pelos aludidos diplomas expressamente referidos pela mencionada lei de 1643 e pelas leis posteriores a 1640." (BENTO DE FARIA. *Direito comercial*, t. IV..., p. 34-35).

As Ordenações Filipinas representaram um avanço em termos legislativos[718]. No entanto, Sá Vianna identifica na lei anterior, de 1597 (intitulada "Sobre os Quebrados de Bens"), o intuito de conservar e proteger o crédito, o que a tornou a "base e o fundamento de tudo quanto depois foi feito sobre o instituto das falências"[719].

Tais ordenações, que foram formadas pela combinação de elementos, institutos e previsões constantes em compilações anteriores[720], tratavam especificamente dos mercadores que quebravam no Livro V, Título LXVI ("*Dos Mercadores que Quebrão. E dos que se Levantão com Fazenda Alheia*"), equiparando os falidos a criminosos[721].

De qualquer sorte, apesar do agravamento das punições ao falido, a lei fazia distinção entre a falência fraudulenta culposa e a inocente (casual). A primeira espécie ocorria quando os mercadores fugiam, escondiam suas fazendas, ou colocavam seus créditos em outras pessoas. Nesse caso, eram

---

[718] Segundo Almachio Diniz: "A regulamentação estava toda no tit. 66 do Liv. 5º das Ordenações Philippinas, e tal título tinha a rubrica: '*Dos mercadores que quebram: E dos que se levantam com fazenda alheia*'. Basta a inscrição da matéria no Livro 5º para ver-se que ella era tratada no Direito Penal. Não obstante isto, no § 9 do mesmo título, foram estatuídas as regras processuais, pelas quaes, logo que o julgador tivesse notícia de algum mercador haver prevaricado na forma prescripta pela Ordenação, devia ir à casa do mesmo mercador, ahi inventariando o que fosse encontrado e arrecadando o 'livro da razão', pelo qual se informaria dos credores, da quantia ou da fazenda com que se levantara e do tempo em que haviam sido estas dadas." (DINIZ. *Da fallencia...*, p. 24).

[719] VIANNA. *Das fallencias...*, p. 28.

[720] Como destaca Sá Vianna: "(...) as Ordenações Philippinas, que foram formadas por uma mescla de elementos, fundidos e refundidos, tirados em sua maior parte das Ordenações Affonsinas e principalmente das Manoelinas, d'aquella lei, sua maior e mais próxima fonte, além do código gothico, de leis de partidas, leis gearaes e municipaes, costumes nacionaes, direito romano e direito canônico, em relação à fallencia, foram encontrar em passado nada remoto os princípios que adoptaram e desenvolveram e que vigoraram aind por inumros annos." (VIANNA. *Das fallencias...*, p. 29).

[721] "O título específico destinava-se a cuidar das situações em que mercadores quebrados se recuperavam mediante a utilização de bens alheios ou com o auxílio de 'testas de ferro'. Tais comerciantes eram considerados ladrões públicos, e como tal deveriam ser castigados. Em caso de ausência de prova ou de qualquer outro motivo que impedisse a aplicação da pena, o insolvente deveria ser condenado ao degredo e não mais poderia exercer o 'officio de mercador', para o qual estaria inabilitado." "Proibiu-se rigorosamente qualquer benefício ao devedor, impedindo-se que os credores concedessem perdões de dívidas ou moratórias, os quais, caso realizados, eram considerados nulos. Da mesma forma, todos estavam impedidos de auxiliar o devedor e até mesmo de recebê-lo em casa, impondo-se, nesse caso, o dever de entregá-lo à justiça." (CEREZETTI. *A recuperação judicial de sociedade por ações...*, p. 58).

punidos como ladrões, com a pena de morte, ou com o degredo para galés ou outras partes. Restavam, ainda, terminantemente inabilitados do ofício de mercador, não podendo nem fazer a cessão de bens, além de ser considerada nula qualquer moratória concedida. Ao fim e ao cabo, os credores podiam realizar a execução imediata de seu patrimônio.

A falência era considerada culposa se as pessoas tivessem perdido sua fazenda jogando ou gastando em demasiado. Nesse caso, restariam sujeitas às mesmas penas, mas não seriam consideradas ladras, não se sujeitando à pena de morte, tão somente ao degredo, segundo a qualidade da culpa e a quantidade das dívidas. Por fim, a falência seria casual se fosse consequência de perdas no mar ou em terra, bem como em tratos e comércios lícitos, não existindo dolo ou malícia. Nessa hipótese, não existiria qualquer condenação por crime, e sim o auxílio do Poder Público (Prior e Cônsules do Consulado)[722] na composição com os credores[723].

Havia, ainda, normas sobre os casos de insolvência de quem não era mercador, podendo ser declarada sua morte natural ou o degredo, de acordo com os valores do caso[724]. Ademais, não se pode esquecer da previsão de regras processuais para a investigação e averiguação das reais causas da quebra (*e.g.*, arrecadação dos livros mercantis do devedor)[725]. Importante referir, também, a possibilidade de concessão do prazo de cinco anos para que o devedor realizasse o pagamento de seus credores, em instituto análogo à concordata[726].

---

[722] "O Prior do Consulado e Cônsules constituía o tribunal de julgamento das questões relativas às quebras. Efectivamente, as Ordenações Filipinas excluíram a jurisdição especial para os comerciantes, que constituía tradição nacional desde o Infante D. Henrique. Porém, os negociantes de Lisboa mantiveram um tribunal arbitral próprio, com o nome de Mesa do Bem Comum dos Homens de Negócios. Pelo Decreto de 5 de Janeiro de 1755, esta Mesa transformou-se na Junta do Comércio, Agricultura, Fábricas e Navegação, à qual foi mais tarde atribuído o estatuto de tribunal supremo, com a denominação de Real Junta do Comércio." (LEITÃO. *Direito da insolvência...*, p. 47).
[723] LEITÃO. *Direito da insolvência...*, p. 46-47; CEREZETTI. *A recuperação judicial de sociedade por ações...*, p. 58.
[724] CEREZETTI. *A recuperação judicial de sociedade por ações...*, p. 58.
[725] VIANNA. *Das fallencias...*, p. 31; TOLEDO; PUGLIESI. Capítulo II: A preservação da empresa e seu saneamento..., p. 78.
[726] BENTO DE FARIA. *Direito comercial*, t. IV..., p. 35-36; TOLEDO; PUGLIESI. Capítulo II: A preservação da empresa e seu saneamento..., p. 55; JAPPUR. *O falido no moderno direito falimentar brasileiro...*, p. 21.

Noticia-se que, durante a vigência das Ordenações Filipinas, vários alvarás modificaram-nas parcialmente[727]. A doutrina refere que um alvará editado pelo Marquês do Pombal em 13 de novembro de 1756, um ano depois do grande terremoto ocorrido em Lisboa (em 1755), deu especial destaque para a matéria falimentar em atenção aos desajustes causados à economia da metrópole pelo cataclismo e os distúrbios causados pelos aproveitadores de tais momentos sombrios[728]. Agravou-se, com isso, o tratamento e as punições dos falidos fraudulentos[729]. Esse diploma legislativo concedeu aos mercadores falidos sem culpa 10% dos seus bens[730], além de instaurar um verdadeiro processo falimentar exclusivo aos comerciantes[731], estruturando a organização judiciária da falência. Também extinguiu o Prior do Consulado e Cônsules, criando, em seu lugar, o Conservador da Mesa do Bem Comum do Comércio[732-733].

Para muitos, esse foi o marco fundamental para o estudo do direito falimentar no Brasil[734]. As modificações introduzidas na legislação[735] inten-

---

[727] BENTO DE FARIA. *Direito comercial*, t. IV..., p. 36-37; DINIZ. *Da fallencia...*, p. 16.
[728] VIANNA. *Das fallencias...*, p. 31-32; DINIZ. *Da fallencia...*, p. 23-24; FERREIRA. *Tratado de direito comercial*, v. 14..., p. 26; REQUIÃO. *Curso de direito falimentar*, v. 1..., p. 14-15.
[729] COMPARATO. *Aspectos jurídicos da macro-empresa...*, p. 98.
[730] LEITÃO. *Direito da insolvência...*, p. 47.
[731] CEREZETTI. *A recuperação judicial de sociedade por ações...*, p. 59. Nas palavras de Sá Vianna, o Alvará de 13 de novembro de 1756 "(...) traçou municiosamente o processo de fallencia de um modo tão cuidadoso, prevendo tantos casos e acompanhando este instituto em todas as suas phases, que é digno do maior reparo e justifica a longa duração que teve, quase secular" (VIANNA. *Das fallencias...*, p. 32). No mesmo sentido, manifesta-se Rubens Requião: "O Alvará de 1756 planta a primeira semente legislativa mundial do instituto da reorganização da empresa insolvente." (REQUIÃO, Rubens. A crise do direito falimentar brasileiro – reforma da Lei de Falências. *Revista de Direito Mercantil, Industrial, Econômico, Financeiro*, a. XIII, n. 14, 1974, p. 25-26).
[732] LEITÃO. *Direito da insolvência...*, p. 47.
[733] "Surgem em seguida o alvará de 10/6/1757, que dá preferência às soldadas dos marinheiros nos bens dos mercadores falidos, o alvará de 30/5/1759, que determina que se faça devassa relativa à ocultação de bens e acções por homens de negócios falidos, o alvará de 17/5/1759, que suspende o vencimento dos juros após a declaração de falência, e o alvará de 12/3/1760, que esclarece quantos bens deverão possuir os falidos para lhes serem atribuídos os 10% determinados no alvará de 13 de Novembro de 1756." (LEITÃO. *Direito da insolvência...*, p. 47-48).
[734] FERREIRA. *Tratado de direito comercial*, v. 14..., p. 26; REQUIÃO. *Curso de direito falimentar*, v. 1..., p. 15.
[735] Para referência completa dos alvarás e resoluções que tratam do tema, ver: DINIZ. *Da fallencia...*, p. 25-26.

sificaram o tratamento dispensado ao falido fraudador, punindo-o com pena de morte, degredo para o Brasil ou para outro lugar, de acordo com o valor do passivo[736].

Nesse contexto, ganhou força a distinção entre a falência fraudulenta, com culpa, e a inocente (causal), surgindo uma espécie de tratamento gradual: o falido criminoso sofria a pena de morte ou de degredo. O falido que perdeu os bens por sua culpa, seja pelo gasto excessivo, seja pelo jogo, mas que não houvesse incorrido em crime algum, podia ser degredado, mas não morto. O falido azarado, que caiu em pobreza sem culpa, seja em decorrência de perdas no mar, ou em terra (desde que em negócios ou tratos lícitos, ausente o dolo e a malícia), não sofria pena alguma, apenas se submetia ao concurso de credores[737].

De qualquer forma, a falência inocente do comerciante honesto, porém infeliz, deveria, obrigatoriamente, principiar pela confissão de quebra. Explica a doutrina que o comerciante a que faltasse crédito deveria apresentar-se de pronto na Junta — no mesmo dia ou, no máximo, no dia seguinte —, confessando sua falência. Deveria jurar a verdadeira causa que motivara a quebra e o montante das perdas sofridas. Nesse ato, deveria também entregar as chaves de seu estabelecimento, seus livros e papéis, descrevendo todos os seus bens, móveis, de raiz ou créditos, sem ocultar nenhum deles. Caso assim não procedesse, a quebra seria reputada como fraudulenta[738].

---

[736] COMPARATO. *Aspectos jurídicos da macro-empresa...*, p. 98; REQUIÃO. *Curso de direito falimentar*, v. 1..., p. 15.

[737] REQUIÃO. *Curso de direito falimentar*, v. 1..., p. 15.

[738] REQUIÃO. *Curso de direito falimentar*, v. 1..., p. 16. "Os homens de negócios aos quais faltasse crédito deveriam se apresentar à Junta de Comércio no mesmo dia ou, no máximo, no dia seguinte à quebra, indicando a causa da falência e entregando as chaves de seu escritório e armazéns. Havia, ainda, a obrigação de apresentação do livro 'Diário', com indicação de mercadorias e despesas relacionadas ao negócio. Funcionários da Junta de Comércio dirigiam-se à casa do falido e faziam inventário de todos os bens encontrados, buscando identificar os verdadeiros motivos da falência. Os bens inventariados eram entregues a um fiel depositário, que não poderia dispor dos ativos. A próxima *gazeta* deveria fazer menção à falência do comerciante, para que todos os interessados tivessem conhecimento do ocorrido e pudessem se manifestar acerca do assunto." "Cumprido o procedimento indicado, a quebra deveria ser julgada, decidindo-se sobre a existência de eventual fraude. Os casos de quebra dolosa eram tratados de forma rigorosa, prendendo-se os culpados. Os casos de falência de boa-fé, contudo, recebiam cuidados específicos, almejando-se preferencialmente a celebração de acordo entre devedor e credores. Permitia-se até mesmo a entrega de 10% do dinheiro arrecadado com a

É desse período, ainda, a interessante regra que previa a entrega caritativa de 10% do valor obtido com a liquidação do patrimônio ao próprio falido, para socorrer a indigência de sua casa e família, desde que já atendida a Fazenda Pública. Outra norma curiosa era a que reputava civilmente morto o devedor como forma de extinguir as suas obrigações, evitando que ele fosse perseguido pelos credores mesmo depois de entregar seus bens. Assim, despojado de seu patrimônio, mediante compromisso com os credores, podia o falido de boa-fé "ressuscitar civilmente"[739] para poder voltar a explorar atividade econômica, como uma nova pessoa[740].

2. Período Imperial

Após a proclamação da independência em 07 de setembro de 1822, a Lei de 20 de outubro de 1823 determinou que a legislação portuguesa permanecesse vigendo no Brasil até que fosse substituída, aos poucos, por

---

realização do ativo, após deduzidas as quantias devidas às Alfândegas, ao mercador, para que assim pudesse dar sustento à sua casa e à sua família." "Aspecto de suma importância reside nas consequências da quebra ao insolvente de boa-fé. Após a partilha dos bens do devedor e a possível satisfação dos credores, considerava-se o comercialmente como civilmente ressuscitado, estando livre para exercer novamente as atividades mercantis, sem que qualquer mácula pudesse recair sobre sua capacidade para atuar no comércio." (CEREZETTI. *A recuperação judicial de sociedade por ações...*, p. 59-60).

[739] Explica Visconde do Cairu que: "A concessão de tal graça dos Credores se diz ressurreição civil: pois reintegra ao Devedor nos direitos de Commerciante, e isto na parte mais vital de sua profissão, para poder comparecer em Praça e fazer as transações que entender, sem diminuição de seu crédito, em que principalmente consiste a vida de tal exercício, ou emprego da Sociedade nos países civilisados. Não alcançando, porém o Devedor tal graça de seus Credores, elle não deve ingerir em fazer negócio algum novo, e só tratar de liquidar os seus fundos, arrecadando, e cobrando o que lhe pertencer, e lhe for devido, segundo as condições acordadas no compromisso, de que não se deve apartar um hápice; e, do contrário, fica comprehendido em má fé, incorrendo em deshonra mercantil, e em responsabilidade, e perigo legal; sendo então licito a qualquer dos Credores prejudicados dissolver por isso mesmo compromisso, e proceder contra o devedor, que falta ao ajustado. Na verdade, he de toda a justiça, que o fallido, ainda da mais pura boa fé, não involva a seus Credores em novos riscos, e infortúnios, continuando em commerciar não se lhe tendo isso permitido na Concordata." (LISBOA. *Princípios de direito mercantil e leis de marinha*, t. II..., p. 869).

[740] FERREIRA. *Tratado de direito comercial*, v. 14..., p. 28-29; COMPARATO. *Aspectos jurídicos da macro-empresa...*, p. 107-108; REQUIÃO. *Curso de direito falimentar*, v. 1..., p. 18.

leis brasileiras[741]. Nesse sentido, a Lei da Boa Razão, Alvará Português de 1769, que mandava aplicar, subsidiariamente, as leis das nações civilizadas, continuou sendo observada no Brasil. Criou-se, com isso, uma brecha legislativa para que as disposições do Código Comercial Napoleônico (1807) regulassem e resolvessem todas as questões relacionadas ao tema falimentar no país[742].

Disso decorre a larga influência que o direito francês teve em nosso ordenamento, inclusive no direito falimentar[743]. Sugere-se, inclusive, que foi nesse período que o direito concursal passou a ser aplicado somente aos comerciantes, apesar de a atividade empresária no país ser ainda bastante incipiente[744].

---

[741] BARRETO FILHO, Oscar. Síntese da evolução histórica do direito comercial brasileiro. *Revista de Direito Mercantil, Industrial, Econômico, Financeiro*, a. XV, n. 24, 1976, p. 23.
[742] CARVALHO DE MENDONÇA. *Tratado de direito comercial brasileiro*, v. VII..., p. 62.
[743] REQUIÃO. *Curso de direito falimentar*, v. 1..., p. 19.
[744] Aqui, interessantes são as observações de Paulo Toledo e Adriana Pugliesi: "Com a edição do Alvará de 1756, a Lei da Boa Razão, a falência passou a ser instituto dirigido somente aos comerciantes, e por essa razão foi criado o 'conservador geral da Junta do Comércio', órgão ao qual se atribuía o cumprimento dos procedimentos falimentares e onde os comerciantes eram levados para: (*i*) declarar as causas da falência; (*ii*) entregar as chaves de seu estabelecimento; e (*iii*) exibir pelo menos o Livro Diário de sua escrituração contábil. A junta do comércio era encarregada, à época, de dar sequência ao processo concursal, promovendo: (*i*) nomeação de depositário para os bens arrecadados, dentre comerciantes locais com idoneidade moral e financeira; (*ii*) publicação de editais para convocação dos interessados para conferência na qual votavam a respeito das causas da falência, se fraudulenta ou de boa-fé, sendo que na primeira hipótese o devedor era preso; e (*iii*) alienação, em leilão, dos bens arrecadados e pagamento dos credores com o resultado." "Nesse período não havia, propriamente, uma atividade empresária nacional, seja pela ausência de mercado consumidor consistente (em parte, resultante da dispersão demográfica), seja pela política *fiscalista* de monopólio que o Estado português impunha às atividades da colônia. Com a chegada da Corte portuguesa ao Brasil, em 1808, em fuga da invasão napoleônica, a abertura dos portos às nações amigas proporcionou algum desenvolvimento, ainda que incipiente, para a formação da economia nacional." "No período imperial, com a proclamação da Independência, o país permaneceu, de início, pelas leis de Portugal, dentre as quais Lei da Boa Razão, que previa a aplicação subsidiária de leis das 'nações civilizadas'. O direito concursal brasileiro, assim, foi fortemente influenciado pelo francês (*Code de Napoleón*, de 1807), notadamente pelo tratamento rigoroso ao falido, marcado por medidas repressivas, visando à proteção ao crédito por punição aos 'maus pagadores'." (TOLEDO; PUGLIESI. Capítulo II: A preservação da empresa e seu saneamento..., p. 78-79).

Ainda no período imperial[745], veio a lume, em 1850, o Código Comercial[746], cuja terceira parte era dedicada às quebras (arts. 797 a 911), marcando a primeira fase do direito concursal brasileiro[747]. Os 114 artigos estavam distribuídos em oito títulos: "O primeiro, da natureza da que-

---

[745] Cumpre registrar que, a convite da corte real, José da Silva Lisboa organizou um projeto de Código Comercial para o Brasil, que acabou não tendo continuidade por razões políticas. Curiosamente, o Visconde de Cairu não participou da comissão que elaborou o projeto do Código Comercial de 1850. (FERREIRA. *As directrizes do direito mercantil brasileiro...*, p. 48-51).

[746] Como destaca Oscar Barreto Filho: "A elaboração do Código Comercial, que se prolongou por quase 20 anos, a partir de 1831, contou não só com a ciência de eminentes juristas, dentre os quais se salientou a viva inteligência de José Clemente Pereira, mas também com a colaboração de comercialistas experimentados e dinâmicos, como Lourenço Westin, Cônsul da Suécia no Rio de Janeiro. Inspirou-se o nosso vetusto Código Comercial notadamente no modelo do Código de Comércio Francês de 1807, e, em grau menor, no Código Espanhol de 1829 e no Código Português de 1833. A matéria comercial foi dividida em três partes: 1ª do comércio em geral, abrangendo as pessoas do comércio e os contratos e obrigações mercantis; 2ª do comércio marítimo; 3ª das quebras." (BARRETO FILHO. Síntese da evolução histórica do direito comercial brasileiro..., p. 23-24). Relata Haroldo Valladão que: "O direito comercial brasileiro está ligado à figura heroica de José da Silva Lisboa, Visconde de Cairú (Da Carta Régia de 28 de janeiro de 1808), grande jurista e economista pátrio, autor da notável obra 'Princípios de Direito Mercantil, e Lei de Marinha', e que — no dizer do célebre jurista português José Ferreira Borges — 'foi o primeiro jurisconsulto comercial que escreveu em nossa linguagem... cujas obras foram Código Mercantil para Portugal até a publicação do Código Comercial Português'. O Projeto de Código Comercial foi organizado por uma Comissão Integrada por José Clemente Pereira e quatro negociantes, nomeada pela Regência em 1833, apresentado à Câmara em 1834, preferindo entre os existentes, francês, 1807, espanhol, 1829, e português, 1830, o segundo, o melhor no dizer de Cayru (vd. Alfredo Russel no Livro do Centen. Cit, pág. 126), buscando a uniformidade com os usos e as leis dos vários países mas acomodados às necessidades brasileiras. Estudado pela Câmara e pelo Senado, inclusive em Comissões Mistas, foi afinal aprovado, com o arranco final pelo emérito Ministro da Justiça que a referendaria, Euzébio de Queiroz, pela Lei n. 556, de 25 de junho de 1850". (VALLADÃO, Haroldo. *História do direito especialmente do direito brasileiro*, parte II. Rio de Janeiro: Freitas Bastos, 1973, p. 38-39). Jorge Caldeira conta que o próprio Visconde de Mauá participou do seleto grupo de notáveis que, em dois meses, elaborou o projeto do Código Comercial brasileiro e o Decreto 737 que o regulou. Os trabalhos eram conduzidos sempre na casa de um dos membros, de forma a não despertar a atenção dos congressistas sobre as profundas alterações que a nova lei traria para a incipiente economia brasileira, que, na época, estava em processo de adaptação diante do iminente fim do tráfico de escravos. (CALDEIRA, Jorge. *Mauá*: empresário do Império. São Paulo: Companhia das Letras, 1995, p. 197-199; CALDEIRA. *História da riqueza no Brasil...*, p. 260). Sobre o tema, ver, também: CARVALHO DE MENDONÇA. *Das fallencias e dos meios preventivos de sua declaração*, v. I..., p. 6 ss; FERREIRA. *As directrizes do direito mercantil brasileiro...*, p. 49 ss.

[747] VALVERDE. *Comentários à Lei de Falências*, v. I..., p. 18.

bra e seus efeitos; o segundo, da reunião dos credores e da concordata; o terceiro, do contrato de união, dos administradores, da liquidação e dividendos; o quarto, das diversas espécies de créditos e suas graduações; o quinto, das preferências e distribuições; o sexto, da reabilitação; o sétimo, das moratórias. Entraram no oitavo e último as disposições gerais"[748].

A disciplina falimentar prevista no Código Comercial estava dirigida somente aos comerciantes[749] e possuía cunho essencialmente substancial[750] — sendo que o procedimento falimentar, orientado por princípios próprios, estava previsto no Decreto 738/1850 (arts. 102 a 187)[751], posteriormente modificado pelo Decreto 1597, de 1º de maio de 1855[752]. No que se refere ao aspecto penal, o Código Criminal de 1830, no art. 263, previa que "A bancarrota, que for qualificada de fraudulenta na conformidade das Leis do commercio, será punida com a prisão com trabalho por um a oito anos", incorrendo os cúmplices na mesma pena — já na época considerada exagerada[753].

O Código Comercial, seguindo a lógica do movimento de codificação, aplicou o espírito do método à legislação, formando um conjunto de dispositivos inspirado por um pensamento geral comum, desdobrando-se em partes, capítulos, títulos, seções e artigos, sem perder a harmonia[754]. Assim sendo, o Código conseguiu se desprender das Ordenações do Reino para representar significativo avanço em matéria falimentar[755], abrindo novas veredas para o seu desenvolvimento[756].

---

[748] FERREIRA. *As directrizes do direito mercantil brasileiro...*, p. 68.
[749] TOLEDO; PUGLIESI. Capítulo II: A preservação da empresa e seu saneamento..., p. 78-79.
[750] MARCONDES. *Direito comercial...*, p. 12.
[751] Sobre a relevância da parte processual do Código Comercial, regulada pelos Decretos 737 e 738/1850, ver: VALLADÃO. *História do direito especialmente do direito brasileiro*, parte II..., p. 39-40.
[752] BENTO DE FARIA. *Direito comercial*, t. IV..., p. 38.
[753] DINIZ. *Da fallencia...*, p. 26.
[754] FERREIRA. *As directrizes do direito mercantil brasileiro...*, p. 65.
[755] Como ressalta Carvalho de Mendonça: "Muito bem recebido foi o Codigo Commercial; elle, que se inspirou nos códigos francez, portuguez, e muito especialmente no hespanhol, sem esquecer os usos e costumes do nosso incipiente commercio, veiu tornar certas as regras e os preceitos que deviam presidir as relações mercantis até ahi entregues às vacilações da jurisprudência orientada pela boa razão." (CARVALHO DE MENDONÇA. *Das fallencias e dos meios preventivos de sua declaração*, v. I..., p. 6).
[756] Segundo Bento de Faria: "A reforma tornava-se necessária, bastando para demonstrá-lo este trecho da justificação do Projeto apresentado pelo Ministro da Justiça, Cons. Nabuco de Araújo: 'O nosso processo das falências, lento, complicado, dispendioso, importa sempre

A influência dos direitos francês e espanhol era sentida desde o primeiro dispositivo, cujo teor determinava que se reputaria quebrado ou falido o comerciante que cessasse os seus pagamentos[757]. Ademais, a referida lei impunha rigorosas penalidades ao falido, que, além de ser socialmente execrado, era julgado de acordo com seu grau de culpabilidade — o que ensejava a possibilidade de a falência ser casual e permitia a solicitação de certa quantia pelo devedor para a satisfação de suas necessidades (pessoais e familiares)[758].

No Código Comercial, não havia concordata preventiva; apenas a concordata suspensiva estava prevista[759]. Era visível, no sistema falimentar de então, a preocupação com a participação dos credores no deslinde dos regimes de crise. Havia, por exemplo, previsão de realização de assembleia de credores em duas ocasiões: na primeira, o juiz relatava o estado da falência e exibia a lista de credores conhecidos, propondo o magistrado uma comissão para verificá-los; na segunda, eram apresentados os pareceres da comissão verificadora, passando os credores a deliberar sobre uma possível concordata apresentada pelo devedor, a qual não era admitida se o falido houvesse quebrado com culpa ou fraude, ou quando já tivesse se valido, anteriormente, de igual benefício. Não sendo apresentado o pedido de concordata, poderiam os credores passar a deliberar a forma de realização do ativo (contrato de união), entre outras medidas, tal qual a nomeação de um ou mais administradores (entre os próprios credores) para administrarem a falência[760].

---

na ruína do falido e no sacrifício do credor. Uma dolorosa experiência tem demonstrado que os credores, apesar das fraudes de que são vítimas, descoroçoados do resultado, abstêm-se desses processos eternos, e querem antes aceitar concordatas as mais ruinosas e ridículos'." (BENTO DE FARIA. *Direito comercial*, t. IV..., p. 38).
[757] FERREIRA. *Tratado de direito comercial*, v. 14..., p. 31.
[758] TOLEDO; PUGLIESI. Capítulo II: A preservação da empresa e seu saneamento..., p. 80.
[759] Segundo Carvalho de Mendonça: "Em nosso antigo direito a espera, respiro, prazo ou espaço que o devedor obtinha da maioria dos credores em número e quantidade de dívida, chamavam-se *Inducias Creditorias* para distingui-las daquellas que eram concedidas por imediata graça do Soberano, e que eram propriamente chamadas de moratória. Tendo cessado com a nossa organização política esse domínio eminente do Soberano, o Codigo Commercial adoptou de preferencia o vocábulo moratória, e nos arts. 898 a 906 regulou detalhadamente este instituto." (CARVALHO DE MENDONÇA. *Das fallencias e dos meios preventivos de sua declaração...*, p. 157).
[760] Ver: TOLEDO; PUGLIESI. Capítulo II: A preservação da empresa e seu saneamento..., p. 80-81.

Nesse particular, vale dizer, ainda, que a concordata só podia ser concedida para devedores cuja falência não fosse fraudulenta ou com culpa[761] e quando aprovada (*i*) pela maioria absoluta dos credores (isto é, independentemente do comparecimento em assembleia) e (*ii*) desde que estes detivessem dois terços de todos os créditos submetidos à concordata[762]. Ou seja, nessa sistemática, o destino do comerciante em crise estava nas mãos dos credores[763].

A título ilustrativo, cumpre sublinhar que, por não ter podido atender a esses requisitos, especialmente em razão da enorme quantidade de credores nacionais em localidades distantes e estrangeiros que não puderam ser reunidos em assembleia[764], veio a ruir o império empresarial de Irineu Evangelista de Souza, o Visconde de Mauá, sem que lhe fosse possibilitada a concessão da concordata. Apesar de a lei permitir a conservação de bens

---

[761] CEREZETTI. *A recuperação judicial de sociedade por ações...*, p. 62.
[762] COSTA, Salustiano Orlando de. *Codigo commercial do Brazil*. 6 ed. Rio de Janeiro: Laemmert e C, 1896, p. 458 ss; REQUIÃO. *Curso de direito falimentar*, v. 1..., p. 19.
[763] A propósito, cabe trazer a lume decisão datada de 1873, exarada pela corte de apelação, segundo a qual a apresentação de declarações de credores do devedor contrários ao pedido de falência ajuizado em face dele não é suficiente para obstar a declaração da quebra, uma vez comprovada a cessação de pagamentos (COSTA. *Codigo commercial do Brazil...*, p. 399).
[764] Sobre os esforços de Mauá para contornar as exigências legais, ver: FARIA, Alberto de. *Mauá*. Rio de Janeiro: Pongetti e Cia, 1926, p. 527-528.

de uso pessoal, assim não o fez, entregando a própria escrivaninha e uma espreguiçadeira, bem como bens da Viscondessa[765-766-767-768].

[765] Ver, também: VENÂNCIO FILHO, Alberto. As ações judiciais de Mauá. In: FRANÇA, Erasmo Valladão Azevedo e Novaes; ADAMEK, Marcelo Vieira von (coord.). *Temas de direito empresarial e outros estudos em homenagem ao Professor Luis Gastão Paes de Barros Leães*. São Paulo: Malheiros, 2014, p. 364-376.

[766] Segundo Alberto Faria: "Quando Mauá foi obrigado a requerer moratória de tres anos (Maio de 1875) a situação comercial de sua casa era de absoluta solvabilidade (...) Para sua queda era preciso que se conjugassem todas as crises geraes e todas as causas pessoaes, as dificuldades commerciaes por motivo da guerra de cinco anos no Paraguay, affectando como era natural o credito do Brasil e dos brasileiros, o iniquo procedimento do Governo do Uruguay que fechou as portas do Banco Mauá y Cia em Montevideo, uma sentença tristíssima dos tribunaes brasileiros qual a que remeteu, pela reforma de accordãos constantes, depois de 10 anos, para os tribunaes ingleses um divida de mais de 600.000 que pela lei inglesa estava prescrita (...) e ainda uma causa ocasional, um verdadeiro crime do Banco do Brasil (...). O Banco do Brasil, hoje Republica, ofereceu para garantir o que precisava o duplo do seu valor, e lhe foi recusado. Nestas condições foi forçado a fallir (...) A chronica do tempo fez correr que a fallencia de Mauá tinha sido a victoria de uma conspiração da inveja, triumpho das galinhas sobre a águia, mas o que se pode afirmar sem receio é que a technica commerical reputou inepta a direção do Banco do Brasil (...) Nos três anos da moratória estavam pagos, entretanto, 51.160:000$000; 66% do passivo. Nenhum outro dos banqueiros arrastados nas crises de 1859, 1864, 1866 e 1875, tinha pago afinal este rateio. Na liquidação de Souto apenas se apuraram 25% e na de Bahia pouco mais; nas de outros, muito menos (...)." (FARIA. *Mauá*..., p. 520, 526).

[767] Segundo narrativa de Roberto Ozelame Ochoa e Amadeu de Almeida Weinmann: "Conta a história que o Barão de Mauá, endividado pelas despesas realizadas na construção da ferrovia Rio-São Paulo, e traído pelos ingleses, que se haviam comprometido a financiar a obra, ficando às portas da falência, não conseguiria cumprir o requisito da concordância dos credores do seu banco, espalhados pela América Latina, aos milhares, muitos deles formando grupos enfurecidos, pela perda de seus investimentos. Obteve junto à Coroa a mudança da legislação, abrandando a exigência da concordância dos credores e admitindo a representação em assembleia por procuração. Necessitava o apoio financeiro da Coroa. Até nisso, Mauá mostrou ser um pioneiro, pois ali estava o primeiro caso documentado de crise sistêmica do sistema financeiro, sendo, portanto, o idealizador do primeiro PROER. Suas intenções esbarraram em conselheiros palacianos que obstaculizaram seus projetos, disseminando boatos e intrigas. Entre estes, espalhavam que o povo dizia haver um Imperador e um Rei, este o próprio Mauá. Temendo ser desmoralizado, Dom Pedro II abandonou Mauá à própria sorte. Este tentou, na Justiça, uma ação de indenização por quebra de contrato, mas de modo aberrante foi decidido que a matéria deveria ser submetida às Cortes Inglesas. Falido, pagou todos os credores, tendo vendido até o último de seus bens particulares. Chegou a tornar-se, depois, mais uma vez, um dos homens mais abastados do país." (OCHOA, Roberto Ozelame; WEINMANN, Amadeu de Almeida. *Recuperação empresarial*. Porto Alegre: Livraria do Advogado, 2006, p. 130).

[768] Sobre a impressionante história de Mauá, ver: FARIA. *Mauá*...; MAUÁ, Visconde. *Exposição aos credores e ao público*. Rio de Janeiro: Expressão e Cultura, 1996; CALDEIRA. *Mauá*...

A Exposição aos Credores de Mauá & C e ao Público, de 1878, redigido em menos de um mês, com certa amargura e ceticismo, corresponde a uma espécie de autobiografia, um testemunho do empresário acerca do seu legado, do atraso da mentalidade pública e patrimonialista brasileira e das causas que o levaram à bancarrota. Nela, são expostas as causas principais da sua quebra: a intervenção indevida do Executivo na sociedade bancária que ensejou a mudança na companhia, a legislação financeira e uma série de decisões judiciais[769].

Conforme relata Alberto Faria: "A arrecadação dos bens é uma pagina da vida nacional que os mestres da mocidade deviam mostrar aos seus alunos nesses dozes tomos de autos que estão nesta capital no cartório da 4ª Vara Civel. Tudo Mauá entrega, — o que é grande, um patrimônio volumoso que ainda restava e que hoje constituiria riqueza colossal, quatro, cinco, ou mais vezes superior ao seu débito, assim como o que era pequeno, o que era mínimo — o que a lei mandava entregar e o que a lei expressamente auctorizava a guardar – o que era seu e o que não era seu, porque era de seus filhos — o que estava aqui e o que e que estava no estrangeiro — o que era visível e o que era invisível."[770].

O próprio Mauá, segundo narram seus biógrafos, nunca requereu a falência de ninguém[771] e sustentou perante o Parlamento a necessidade de alteração do referido preceito legal — o que veio a ocorrer pela Lei 3.065 de 1882, cuja sistemática estabeleceu a regra da maioria simples (isto é, da maioria dos credores que comparecessem na assembleia[772]), legislação que também possibilitou a representação de credores por procuradores e por prepostos[773], e a concordata por abandono[774].

Digno de nota, também, o instituto da moratória previsto no Código, especialmente a partir da reforma de 1882[775]. Para que um comerciante pudesse fazer uso desse favor legal, buscando evitar a falência, haveria de demonstrar (*i*) a impossibilidade de solver suas dívidas de pronto em

---

[769] MAUÁ. *Exposição aos credores e ao público...*, p. 11-12. Ver, também: VENÂNCIO FILHO. As ações judiciais de Mauá..., p. 359-360.
[770] FARIA. *Mauá...*, p. 528.
[771] FARIA. *Mauá...*, p. 526.
[772] REQUIÃO. *Curso de direito falimentar*, v. 1..., p. 19.
[773] SAMPAIO DE LACERDA. *Manual de direito falimentar...*, p. 36.
[774] BENTO DE FARIA. *Direito comercial*, t. IV..., p. 38.
[775] BENTO DE FARIA. *Direito comercial*, t. IV..., p. 38.

razão de acidente extraordinário imprevisível ou de força maior, e, adicionalmente, *(ii)* que tinha fundos suficientes para fazê-lo caso pudesse aguardar por algum tempo, não podendo ultrapassar três anos[776]. Cumpridos esses requisitos, o tribunal poderia conceder o favor legal — muito útil para empresas com problemas de caixa, mas com ativos imobilizados de elevado valor —, sendo nomeados dois credores para fiscalizar a conduta do devedor[777].

Como bem se sabe, a rigidez dos códigos não é capaz de acompanhar a velocidade dos fatos. Sua morte, no entanto, não é consequência necessária da passagem do tempo, podendo decorrer de intempéries legislativas integrais ou parcias[778]. Com o passar dos anos, a prática evidenciou uma série de imperfeições e lacunas no texto legislativo brasileiro[779]. Em virtude disso, o regramento das quebras foi completamente alterado pelas reformas vindouras. Por exemplo: *(i)* substituiu-se o confuso e incerto critério francês da determinação do estado de falência relacionado à cessação de pagamentos pelo índice falimentar da impontualidade de pagamento, por influência da obra de Visconde de Cairu[780]; e *(ii)* suprimiu-se a faculdade de o juiz decretar a falência de comerciantes por notoriedade pública fundada em fatos indicativos do estado de insolvência[781].

Aliado às mudanças jurídicas, o contexto econômico nacional vacilante (e sujeito a crises econômicas de naturezas diversas) exigiu a promulgação de leis de emergência, revogadas tão logo cessados os motivos que as haviam determinado. Por exemplo, foi justamente nesse período histórico

---

[776] REQUIÃO. *Curso de direito falimentar*, v. 1..., p. 19-20.

[777] TOLEDO; PUGLIESI. Capítulo II: A preservação da empresa e seu saneamento..., p. 78, nota de rodapé 150.

[778] Como refere Waldemar Ferreira: "Destinados a reger e ordenar a conduta dos homens, nem sempre acompanham os códigos aos factos em que ela desata; ficam-lhes na rectaguarda (...) A luta das leis é incessante e os códigos nem sempre agonizam placidamente até morrerem de velhos. Abate-os, quási sempre, o tufão legislativo." (FERREIRA. *As directrizes do direito mercantil brasileiro...*, p. 73).

[779] CARVALHO DE MENDONÇA. *Das fallencias e dos meios preventivos de sua declaração*, v. I..., p. 7; DINIZ. *Da fallencia...*, p. 27.

[780] LISBOA. *Princípios de direito mercantil e leis de marinha*, t. II..., p. 868. A propósito, Oscar Barreto Filho traz a opinião de Tullio Ascarelli sobre a obra de Visconde de Cairu, o representante da primeira fase do direito mercantil pátrio: "é o mais agudo e moderno tratado de direito mercantil dos fins do século 18 e princípios do século 19" (BARRETO FILHO. Síntese da evolução histórica do direito comercial brasileiro..., p. 26).

[781] FERREIRA. *As directrizes do direito mercantil brasileiro...*, p. 70.

que sobreveio a quebradeira decorrente de bancos de circulação e sociedades anônimas, além da conhecida falência da Casa Bancária Vieira Souto em 1864[782], um dos competidores de Mauá na atividade bancária[783], cujos efeitos — dentre os quais a moratória geral por 60 dias[784] — geraram uma severa crise financeira na cidade do Rio de Janeiro e ameaçaram abalar a ordem pública do império[785].

Nesse contexto, sobreveio a primeira legislação sobre intervenção e liquidação forçada de instituições financeiras (Decreto n. 3.309, de 1864)[786]. Os resultados práticos da reforma foram insatisfatórios, no entanto[787]. Em 1866, o Conselheiro Nabuco, então ministro da Justiça, apresentou à Câmara dos Deputados uma proposta legislativa contendo uma série de

---

[782] Conforme Oscar Barreto Filho: "O primeiro rude embate com a realidade da vida econômica sofreu-o o Código Comercial quando da crise comercial e financeira manifestada em 1864, ensejando a aparição de leis de emergências sobre falências. Em 1875 e, depois, em 1887, sobrevieram as primeiras leis dispondo sobre marcas de fábricas e de comércio. A Lei 3.150, de 1882, regulou o estabelecimento de companhias e sociedades anônimas." (BARRETO FILHO. Síntese da evolução histórica do direito comercial brasileiro..., p. 24).

[783] Segundo Alberto de Faria, primeiro biógrafo de Mauá: "Na temerosa crise de 1864, em que succumbiram perto de cem importantes casas commerciaes, só elle (Mauá) e os banqueiros Bahia, Irmãos e Cia, ficaram de pé, embora feridos também de estilhaços que não podiam deixar de attingil-os. O Banco do Brasil, esse, só resistiu à sombra do curso forçado e dos favores de sempre. A frente das fallencias ruidosas desse momento, o banqueiro Souto, competidor de Mauá e de Bahia na confiança publica, um portuguez amável e bom, muito sympathizado pela afabilidade de suas maneiras e prestigiado pela amizade pessoal do Imperador, 'de trato ameno e puro, gozando de illimitada confiança da alta sociedade' ... como diz Silva Ferraz, Presidente da Comissão de Inquerito, declarou um passivo de 33.477:544$000 dando afinal aos seus credores um prejuízo de 75% (Relatorio da Comissão Silva Ferraz, 1865). Bahia, Irmãos & Cia, haviam de viver mais dois anos que elle, para cahir e cahir também com honra. O brio comercial não permitia a esses homens escolher o melhor momento e o melhor modo de cahir; só cahiam mortos. Bahia e Mauá dão a esse respeito a mais edificante tradição. Na crise de 1864, o pânico que se apoderou dos homens de governo preparou, em leis especiaes, de emergência, o caminho para as liquidações commodas em que a separação do patrimônio individual e do patrimônio social e outras providencias seductoras, permitem aos falidos tombar sem deshonra guardando bens de fortuna que assegurassem o bem-estar material", o que, no entanto, não ocorreu com Bahia e Mauá (FARIA. *Mauá*..., p. 519-521).

[784] DINIZ. *Da fallencia*..., p. 28.

[785] COSTA. *Codigo commercial do Brazil*..., p. 398.

[786] CARVALHO DE MENDONÇA. *Tratado de direito comercial brasileiro*, v. VII..., p. 63; REQUIÃO. *Curso de direito falimentar*, v. 1..., p. 20.

[787] BENTO DE FARIA. *Direito comercial*, t. IV..., p. 39.

alterações ao regramento falimentar (Parte III) do Código Comercial[788], dentre as quais: (*i*) a mudança no processo de escolha e de nomeação dos síndicos, encarregados (entre outras questões) da arrecadação dos bens do falido e do estudo das causas da falência; e (*ii*) a verificação e a classificação dos créditos precedendo à concordata e não ao fim do processo, depois do contrato de união dos credores[789].

A proposição de Nabuco não prosperou por razões técnicas e políticas. Em 1879, a Câmara dos Deputados lançou e aprovou projeto de lei instituindo as concordadas (Decreto Legislativo 3.065/1882), alterando os arts. 844 a 847 do Código Comercial e prevendo, por exemplo, a concordata por abandono, que já fora lembrada pelo projeto de Nabuco, sendo essa modificação — embora pontual e insuficiente — a de maior importância que sofreu o direito das quebras[790].

Uma parcela da doutrina sustenta que o próprio sistema falimentar instituído pelo Código Comercial de 1850 — e as normas processuais do Regulamento 738/1850 — não atenderam às exigências da época[791]. Segundo essa vertente, o Código apresentou-se moroso e dispendioso, como um "reservatório de elementos reunidos extravagantemente em águas estrangeiras, sem coalescência mais íntima com os imperativos de necessidade prática"[792]. Interessante, nesse sentido, é o relato de Sá Vianna:

---

[788] Para consulta ao texto integral de J. Nabuco contendo críticas ao Código Comercial ("nosso processo de falências, lento, complicado, dispendioso importa sempre a ruina do falido e o sacrifício do credor"), ver: CARVALHO DE MENDONÇA. *Tratado de direito comercial brasileiro*, v. VII..., p. 64-66.

[789] FERREIRA. *As directrizes do direito mercantil brasileiro*..., p. 152.

[790] CARVALHO DE MENDONÇA. *Das fallencias e dos meios preventivos de sua declaração*, v. I..., p. 8.

[791] Com o tom crítico que lhe era peculiar, Conselheiro Orlando lembra que: "O processo das quebras; complicado, dispendioso e demorado, como o nosso, é, como disse o notável jurisconsulto ex-ministro da justiça, conselheiro Nabuco, a ruína do fallido, o prejuízo dos credores, e por consequência a desmoralisação do comércio. (...) O processo actual das quebras é o maior mal para os próprios interesses que teve em vista proteger." (COSTA. *Codigo commercial do Brazil*..., p. 397-398). Segundo Miranda Valverde: "Durante os quarenta annos em que vigorou a legislação falimentar do Código, cujo processo, por demasiado lento, oneroso, não satisfazia aos interesses do comercio, não defendia suficientemente o credito, criticas e projectos de reforma não faltaram. Os defeitos não seriam tanto da lei, mas do modo porque era executada, falseada, como em regra toda a lei de fallencia, por aquelles mesmos a quem ella procura proteger." (VALVERDE. *A fallencia no direito brasileiro*, v. I, parte I..., p. 25-26).

[792] JAPPUR. *O falido no moderno direito falimentar brasileiro*..., p. 22.

"[n]ão era facil conseguir então trabalhos mais perfeitos, embora houvessem neles lacunas e grandes inconvenientes, que, em poucos annos, ficaram bem salientes. A protecção que o Codigo promettia aos credores não era senão illusoria; a administração da fallenca era defeituosa, e o processo lento, cumplicado e dispendioso, importando sempre a ruína do fallido e o sacrifício do credor"[793].

Para Sylvio Marcondes, o código teve como inspiração uma realidade econômica ultrapassada, que ignorou a nova dinâmica do comércio marítimo (de navios tocados a vapor e não mais à vela) e do desenvolvimento das ferrovias e de suas estradas de ferro de extensão continental[794]. Nesse contexto, pode-se dizer que a terceira parte do Código Comercial (e suas reformas posteriores), destinada às quebras, não resistiu ao sinal dos tempos[795], tributo que pagam todas as obras humanas[796].

3. Período Republicano

Em 1889, foi nomeada uma comissão especial para estudar o tema, a qual veio a se reunir em uma única oportunidade, porque as movimentações militares contrárias ao Império e o conturbado clima político não colaboraram com o desenvolvimento do seu trabalho[797]. Vinte e cinco dias após esse encontro, operou-se a mudança no regime político brasileiro, com a proclamação da República em 15 de novembro do mesmo ano[798], que resultou de uma série de fatores, dentre os quais a insatisfação militar e da burguesia cafeeira, a disputa entre Igreja e Estado e a abolição da escravatura[799].

A matéria falimentar exigia atenção imediata dos parlamentares, ainda que em sede provisória. A necessidade premente e indeclinável fez com que a reforma ocorresse de forma inesperada e em um contexto político

---

[793] VIANNA. Das fallencias..., p. 43.
[794] MARCONDES. Direito comercial..., p. 12.
[795] REQUIÃO. Curso de direito falimentar, v. 1..., p. 20.
[796] CARVALHO DE MENDONÇA. Das fallencias e dos meios preventivos de sua declaração, v. I..., p. 7.
[797] Para aprofundamento sobre os fatos e as circunstâncias que determinaram a proclamação da República, ver: ROCHA POMBO, J. M. História do Brasil, v. V. Rio de Janeiro: Jackson, 1947, p. 301 ss; FAUSTO, Boris. História do Brasil. São Paulo: EDUSP, 2015, p. 185 ss.
[798] FERREIRA. As directrizes do direito mercantil brasileiro..., p. 152.
[799] FAUSTO. História do Brasil..., p. 201.

tumultuado pela transformação do regime político nacional[800]. Manuel Ferraz de Campos Salles, então Ministro da Justiça, preocupado com os problemas atinentes ao crédito mercantil, com a necessidade de tutelá-lo e de fortalecer o ambiente de negócios do país, avançou na construção de uma solução imediata para o problema[801-802].

Em 1890, toda a terceira parte do Código Comercial foi derrogada pela pena do jurista Carlos de Carvalho[803], por meio do Decreto 917, que, segundo consta, foi elaborado, de afogadilho[804], em apenas 14 dias[805] e, mesmo assim, conseguiu estabelecer novos horizontes para o direito comercial pátrio[806-807]. Apresentou destreza, audácia e um avançado rigor[808], sem perder a simplicidade técnica[809] — a despeito de alguns senões e defeitos imperdoáveis e dos ataques políticos e legislativos que sofreu por ter sido promulgado durante o governo provisório[810].

[800] VIANNA. *Das fallencias...*, p. 44-45; CARVALHO DE MENDONÇA. *Das fallencias e dos meios preventivos de sua declaração*, v. I..., p. 8-17.
[801] FERREIRA. *As directrizes do direito mercantil brasileiro...*, p. 153.
[802] Para compreensão da relevância das reformas realizadas por Campos Salles para o aprimoramento institucional e empresarial do Brasil — inclusive no que diz à constituição de sociedades anônimas sem necessidade de autorização estatal —, ver: CALDEIRA. *História da riqueza no Brasil...*, p. 309-317.
[803] Carvalho de Mendonça reproduz correspondência remetida por Carlos de Carvalho que trata dos bastidores da elaboração do projeto de lei, na qual refere, dentre outras peculiaridades, que o prazo inicial determinado pelo Governo Provisório para feitura do texto foi de oito dias. (CARVALHO DE MENDONÇA. *Tratado de direito comercial brasileiro*, v. VII..., p. 70).
[804] FERREIRA. *As directrizes do direito mercantil brasileiro...*, p. 156.
[805] FERREIRA. *Tratado de direito comercial*, v. 14..., p. 35; REQUIÃO. *Curso de direito falimentar*, v. 1..., p. 20.
[806] CARVALHO DE MENDONÇA. *Das fallencias e dos meios preventivos de sua declaração*, v. I.., p. 11. No mesmo sentido: MENDES. *Fallencias e concordatas...*, p. 5-6; REQUIÃO. *Curso de direito falimentar*, v. 1..., p. 20.
[807] Segundo Waldemar Ferreira, o Decreto 917/1890, chegou a ser chamado por Carvalho de Mendonça, em conferência realizada na Associação Comercial de São Paulo, em 1928, de "monumento legislativo". (FERREIRA. *As directrizes do direito mercantil brasileiro...*, p. 155).
[808] Mas o próprio Carlos de Carvalho, autor do projeto, reconheceu que ele tinha uma série de defeitos, decorrentes, na sua grande maioria, da precipitação com que foi elaborado. A doutrina é unânime em afirmar que em "14 dias não era possível produzir-se melhor" (BENTO DE FARIA. *Direito comercial*, t. IV..., p. 39).
[809] MARCONDES. *Direito comercial...*, p. 12; JAPPUR. *O falido no moderno direito falimentar brasileiro...*, p. 23.
[810] FERREIRA. *As directrizes do direito mercantil brasileiro...*, p. 153-154. É importante referir que, na época, discutia-se se cabia à União ou aos Estados legislar sobre matéria falimentar.

Um dos principais vetores para a alteração da legislação foi a conhecida "Crise do Encilhamento"[811] e a necessidade de conter a fraude generalizada nas falências que perpassou o período monárquico. A estrutura da legislação foi profundamente modificada, com relevantes alterações (e inovações), marcando a segunda fase da evolução da legislação falimentar no Brasil[812].

Provavelmente o ponto mais marcante da nova legislação foi a caracterização do estado de falência pela impontualidade do comerciante, matriculado ou não no Registro de Comércio[813], identificado pela falta de pagamento de obrigação comercial[814] líquida e certa no respectivo vencimento, em substituição à cessação de pagamentos como elemento central do sistema[815], suporte fático que demonstrou ser de difícil definição[816] — assim como a decretação da quebra em decorrência da comprovação de fatos que indicassem a dissipação de patrimônio, prevendo-se, entre os atos falimentares, a execução frustrada[817].

Como explica Waldemar Ferreira, a demora em se decretar a falência apenas ilude os credores de boa-fé, agravando a ruína do devedor e animando-o, muitas vezes, a praticar fraude, em prejuízo aos credores[818]. Assim, apesar das críticas sofridas, a impontualidade como critério central do sistema falimentar mereceu aplausos de grandes juristas, que atri-

---

Sobre o tema, ver: CARVALHO DE MENDONÇA. *Das fallencias e dos meios preventivos de sua declaração*, v. I..., p. 11 ss.

[811] Em síntese, foi uma bolha econômica — decorrente de uma equivocada política governamental de estímulo à industrialização por meio da concessão de crédito livre —, que estourou durante o governo provisório de Deodoro da Fonseca (1889-1892), o que acabou gerando uma grave crise monetária, com elevadas taxas inflacionárias e especulação financeira.

[812] VIANNA. *Das fallencias...*, p. 44-45; VALVERDE. *Comentários à Lei de Falências*, v. I..., p. 18; VALVERDE. *A fallencia no direito brasileiro*, v. I, parte I..., p. 26.

[813] AUTRAN, Manoel Godofredo de Alencastro. *Das fallencias e seu respectivo processo segundo o Decreto 917 de 24 de outubro de 1890*. 2 ed. Rio de Janeiro: Laemmert, 1895, p. 1.

[814] Segundo a doutrina contemporânea quanto ao Decreto 917: "[a] falta de pagamento de dívidas civis não importa para o comerciante em estado de falência (art. 1ª, princ. e §2ª), obsta que este se declare falido, nos termos deste art. 5ª." (AUTRAN. *Das fallencias e seu respectivo processo segundo o Decreto 917 de 24 de outubro de 1890...*, p. 8).

[815] FERREIRA. *Tratado de direito comercial*, v. 14..., p. 36; AUTRAN. *Das fallencias e seu respectivo processo segundo o Decreto 917 de 24 de outubro de 1890...*, p. 1.

[816] VALVERDE. *Comentários à Lei de Falências*, v. I..., p. 18.

[817] TOLEDO; PUGLIESI. Capítulo II: A preservação da empresa e seu saneamento..., p. 82.

[818] FERREIRA. *Tratado de direito comercial*, v. 14..., p. 36-37.

buíram o insucesso da novel legislação mais aos juízes que não souberam bem aplicá-la do que às suas características intrínsecas[819].

Ademais, o Decreto 917 permitiu, judicialmente, tanto a concordata para pagamento quanto a concordata por abandono[820]. A primeira previa a manutenção do devedor na posse da massa pelo tempo acordado para o pagamento dos credores, de acordo com o que foi proposto e aceito. Já a última determinava que todos os bens da massa (ou parte deles, conforme o caso) deviam ser adjudicados em benefício dos credores para solução do passivo, importando na exoneração do devedor, que, assim, restaria liberado de todos os efeitos da falência[821].

A concordata dependia da aprovação de credores que representassem no mínimo três quartos da totalidade do passivo. Além de poder ser requerida após a decretação da falência, também podia ser requerida preventivamente à decretação da quebra[822]. Dessa forma, a concordata poderia ser utilizada tanto para encerrar quanto para prevenir a falência.

Nesse contexto, foi instituído, o acordo extrajudicial (ou concordata amigável ou preventiva) sujeito à homologação judicial, que dependia do consentimento de credores que representassem no mínimo três quartos da totalidade do passivo e obrigava a todos os credores quirografários, sem esquecer da existência da moratória e da cessão de bens, todas com o objetivo de prevenir a falência[823].

---

[819] VIANNA. *Das fallencias...*, p. 44-45; REQUIÃO. *Curso de direito falimentar*, v. 1..., p. 38.

[820] Segundo Manoel Godofredo de Alencastro Autran, a concordata por abandono veio preencher uma lacuna em nossa legislação falimentar, tendo como inspiração a Lei Francesa de 17 de julho de 1856. (AUTRAN. *Das fallencias e seu respectivo processo segundo o Decreto 917 de 24 de outubro de 1890...*, p. 34).

[821] FERREIRA. *Tratado de direito comercial*, v. 14..., p. 36.

[822] AUTRAN. *Das fallencias e seu respectivo processo segundo o Decreto 917 de 24 de outubro de 1890...*, p. 75.

[823] CARVALHO DE MENDONÇA. *Tratado de direito comercial brasileiro*, v. VII..., p. 71; TOLEDO; PUGLIESI. Capítulo II: A preservação da empresa e seu saneamento..., p. 56-57, 82-83. "A concessão da moratória deveria ser requerida pelo comerciante que, antes de protesto por falta de pagamento apto a causar a falência, provasse sua impossibilidade de satisfazer suas obrigações devido a acidentes extraordinários, imprevistos ou de força maior e demonstrasse não se encontrar em estado de insolvência, declarando que, mediante alguma espera, teria fundos suficientes para pagar todos os credores." "Recebido o pedido, o juiz determinava a criação d euma comissão de sindicância responsável pela apuração das circunstâncias e apresentação de relatório sobre o assunto, em vista do qual o juiz poderia indeferir a moratória ou convocar credores para deliberar sobre o tema. Após a deliberação, o juiz homologava a

Paralelamente, o Código Penal de 1890 previu, no art. 336, a pena de dois a seis anos para o responsável pela falência fraudulenta, e de um a quatro anos em caso de falência culposa — presumindo-se fraudulenta a quebra dos corretores e agentes de leilão.

Apesar das inegáveis evoluções trazidas[824], a lei foi mal compreendida e nada bem aplicada, provocando um forte movimento opinativo contrário ao seu espírito e às suas previsões, o que acabou sendo reforçado pelos efeitos deletérios da Crise do Encilhamento e pelas práticas criminosas e fraudes empresariais perpetradas no período por meio da cessão de bens e da celebração de acordos extrajudiciais espúrios[825].

moratória concedida, cabendo embargos dos credores dissidentes, ou declarava a falência do devedor, caso o pedido de moratória não restasse aprovado. Permanecia, portanto, a ênfase na decisão dos credores acerca do futuro do devedor insolvente." "O devedor também poderia, antes do protesto, solicitar a homologação de concordata preventiva ou de acordo celebrado extrajudicialmente com os credores que representassem pelo menos 75% da totalidade do seu passivo. A homologação do magistrado obrigava a todos os credores quirografários e impedia a futura declaração de falência do devedor, salvo se relacionada a dívidas contraídas após a homologação ou se o acordo não fosse devidamente cumprido. Caso a homologação fosse negada ou se, depois de homologada, a concordata fosse rescindida, declarava-se a falência do devedor." "Um outro meio disponível ao devedor para evitar a declaração da falência dizia respeito à cessão dos bens aos credores, a qual poderia ser requerida antes de qualquer protesto ou dentro de 48 horas da sua realização. Por meio da cessão os credores imitiam-se na posse da totalidade dos bens presentes, pagando-se e desonerando o devedor de toda e qualquer responsabilidade." "Após receber o pedido de cessão, cabia ao juiz ordenar a formação de uma comissão de sindicância, que deveria averiguar a boa-fé do devedor e apresentar relatório em reunião de credores. Na referida reunião, após os debates – dos quais poderiam participar devedor e credores –, o juiz verificava a boa-fé do devedor e decidia sobre a autorização. Trata-se, aqui, de mecanismo alternativo à falência que independia da vontade dos credores. Ele era, contudo, visto como um daqueles meios que permitiriam as práticas fraudulentas, na medida em que podia ser concedido pelos tribunais destacadamente da vontade dos credores e mediante a apuração da boa-fé do devedor. A doutrina refere que devedores fraudulentos alcançavam a quitação de suas dívidas por meio da entrega de estabelecimentos dilapidados aos credores." (CEREZETTI. *A recuperação judicial de sociedade por ações...*, p. 66-67).

[824] Para Carvalho de Mendonça, "[o] Dec. 917, de 24 de outubro de 1890, continha defeitos, é certo. Não se lhe pode, porém, contestar o mérito de haver aberto novos horizontes ao direito comercial pátrio (...) Quantos institutos não foram aí reconhecidos, cessando as incertezas que tantas perturbações trouxeram às relações comerciais?" (CARVALHO DE MENDONÇA. *Tratado de direito comercial brasileiro*, v. VII..., p. 71).

[825] FERREIRA. *As directrizes do direito mercantil brasileiro...*, p. 159-160. Ver, também: CARVALHO DE MENDONÇA. *Tratado de direito comercial brasileiro*, v. VII..., p. 72 ss.

Para uma parcela crítica da doutrina, de um lado, o Decreto 917 concedeu excessiva autonomia aos credores, deslocando para o eixo creditício o poder de decisão que antes cabia ao juiz (sem deixar boas lembranças)[826]. De outro, foi muito benevolente com os devedores, estabelecendo inúmeros meios preventivos para evitar a bancarrota ("Foram as portas por onde entrou, desabusada, a fraude maior que se tem visto"[827]). Tais fatores teriam contribuído para o descrédito da legislação[828], provocando a necessidade de nova alteração legislativa[829].

Diante desse cenário, adveio, de forma atabalhoada, nova reforma da legislação falimentar, em 1902, agora pela Lei 859, regulamentada quase dez meses depois pelo Decreto 4.855, de 1903[830], de viés flagrantemente inconstitucional[831]. Embora a mudança fosse necessária, a motivação política para a trâmite legislativo do projeto de lei, apresentado pelo Instituto da Ordem dos Advogados Brasileiros, partiu muito mais da intensa pressão exercida pelas associações comerciais (principalmente de São Paulo

---

[826] Carvalho de Mendonça aponta que "(...) infelizmente, os juízes em sua grande maioria, que o tiveram de aplicar, nunca se esforçaram pela realização das ideias da reforma. A jurisprudência nada fez em benefício do prestígio e eficácia da lei e consequentemente em garantia dos grandes interesses que esta visava acautelar e proteger" (CARVALHO DE MENDONÇA. *Tratado de direito comercial brasileiro*, v. VII..., p. 71).

[827] CARVALHO DE MENDONÇA. *Tratado de direito comercial brasileiro*, v. VII..., p. 71.

[828] Segundo M. Valverde: "A convergencia de numerosos factores, emergentes da situação difficil por que atravessavamos; a mudança brusca do systema falimentar; a facilidade que tinham os devedores de afastar a dectretação da fallencia, pelo emprego dos meios preventivos; a autonomia excessiva dos credores, e, sobretudo, o falseamento do systema na aplicação da lei, pelo cancelamento dos princípios que a inspiravam, concorreram para o descredito do decreto n. 917." (VALVERDE. *A fallencia no direito brasileiro*, v. I, parte I..., p. 26).

[829] VALVERDE. *Comentários à Lei de Falências*, v. I..., p. 19. Para maior detalhamento sobre os problemas e as imperfeições do Decreto 917, ver: DINIZ. *Da fallencia*..., p. 30-31.

[830] Muitas vezes a insegurança jurídica era gerada pelo próprio governo. Narra Carvalho de Mendonça que "No Diário Oficial de 7 do mesmo mês reproduziu-se este decreto por ter sido publicado com incorreções, e, com surpresa geral, nesse mesmo Diário, publicou-se de nôvo a Lei n. 859, de 16 de agosto de 1902, com o texto divergente em muitos pontos da mesma lei, havia mais de nove meses devidamente publicada e em execução. Bradou-se contra esse fato original e inacreditável. Respondeu-se oficialmente que isso era assim mesmo." (CARVALHO DE MENDONÇA. *Tratado de direito comercial brasileiro*, v. VII..., p. 89). Sobre o tema, ver, também: FERREIRA. *As directrizes do direito mercantil brasileiro*..., p. 161-162.

[831] DINIZ. *Da fallencia*..., p. 33.

e do Rio de Janeiro)[832] do que da preocupação legítima em aperfeiçoar o sistema existente, o que acabou sabotando seu potencial evolutivo[833].

A emenda saiu pior que o soneto, com o agravante de ter sido interpretada como uma declaração pública de guerra entre a lei e os interesses do comércio. A reforma fracassou retumbantemente[834], não sendo capaz de corrigir os erros, nem de remover defeitos e imperfeições do regime anterior[835], a despeito de alguns aperfeiçoamentos[836].

Além de regrar a concordata (tanto a suspensiva, proposta pelo falido a seus credores, quanto o acordo ou a concordata preventiva judicial ou extrajudicial), bem como o próprio acordo direto entre o devedor e os credores para evitar a quebra ("concordata amigável")[837], regulava a falência. Na quebra, introduziu a figura do síndico de massas falidas, escolhido fora do quadro de credores (como ocorria até então) para evitar conluios e fraudes. A escolha, à época, dava-se entre os nomes que eram indicados pelas juntas comerciais de cada Estado (*i.e.*, os dez maiores contribuin-

---

[832] DINIZ. *Da fallencia...*, p. 32. Ver, também: CARVALHO DE MENDONÇA. *Tratado de direito comercial brasileiro*, v. VII..., p. 72 ss.

[833] Segundo Sá Vianna: "Desde sua promulgação ficou logo reconhecida a necessidade de uma outra reforma mais ou menos radical e, durante doze annos, se aguardou que o governo promovesse os seus termos mediante estudo aprofundado e fora das preocupações de momento. Assim, entretanto, não succedeu e o Congresso Nacional, impressionado pelas queixas que recebia de associações commerciaes, apresentado a praça, pelos effeitos do Decr. N. 917, em estão verdadeiramente afflictivo, entendeu, com a maior infelicidade, proceder a uma reforma completa, que surgiu com a Lei nº 859 de 16 de Agosto de 1902, feita sem plano, sem systema, sem ordem, sem nexo, admitindo medidas condemnadas pelas legislações modernas e mais perfeitas, circunscrevendo as concordatas, quasi ao ponto de inutilizar os seus benéficos effeitos, quando para corrigir os abusos que a prática tinha admitido, bastavam medidas complementares da lei em vigor." (VIANNA. *Das fallencias...*, p. 46). No mesmo sentido, complementa José Jappur: "Não seria demais lembrar 'o remendo pior do que o soneto' do anedotário popular, para a malograda e enfermiça reforma, que, sem atender aos reclamos urgentes do comércio e da indústria, agravou mais a situação de celeuma e intranquilidade." (JAPPUR. *O falido no moderno direito falimentar brasileiro...*, p. 14).

[834] VALVERDE. *A fallencia no direito brasileiro*, v. I, parte I..., p. 26.

[835] Segundo Bento de Faria: "Mutilou-se sem critério o Dec. nº 917, de 1890" (BENTO DE FARIA. *Direito comercial*, t. IV..., p. 40).

[836] Apesar dos retrocessos, Almachio Diniz refere que: "Em relação à lei anterior, houve aperfeiçoamentos: na abolição da cessão de bens, no visamento dos livros para evitar as fraudes de última hora, na abolição da moratória e no praso para as liquidações." (DINIZ. *Da fallencia...*, p. 32).

[837] TOLEDO; PUGLIESI. Capítulo II: A preservação da empresa e seu saneamento..., p. 57.

tes comerciantes)[838]. Previu, também, a formação de uma comissão fiscal, formada por dois credores constantes de listas oferecidas pelos próprios falidos[839].

Em linhas gerais, a nova legislação fracassou em praticamente todos os desideratos que pretendia concretizar[840]. Segundo consta, o diploma se mostrou inferior e muito mais danoso do que a lei que veio a reformar[841], tendo provocado tantos escândalos que o Congresso tomou a iniciativa de substituí-lo menos de cinco anos depois[842].

Foi um período de balbúrdia[843]. Narra Sylvio Marcondes que os 40 síndicos registrados na Junta Comercial do Distrito Federal eram chamados de "Ali Babás", em alusão ao famoso conto "Ali Babá e os quarenta ladrões"[844], o que confirma a verossimilhança do provérbio utilizado por José da Silva Lisboa, o Visconde de Cairu, de que "em nações desacreditadas os falidos só fazem fortuna depois de três quebras"[845].

Após o fracasso de algumas tentativas parlamentares de reformar a legislação vigente, veio a lume nova lei falimentar, a Lei 2.024, de 1908, apresentada pelo Senador Urbano dos Santos, mas da lavra de José Xavier Carvalho de Mendonça[846], tido por muitos como o maior comercialista brasileiro de todos os tempos[847]. Considerada nobilíssima, fez sua marca na

---

[838] FERREIRA. *As directrizes do direito mercantil brasileiro...*, p. 161; TOLEDO; PUGLIESI. Capítulo II: A preservação da empresa e seu saneamento..., p. 83.

[839] FERREIRA. *As directrizes do direito mercantil brasileiro...*, p. 161.

[840] VIANNA. *Das fallencias...*, p. 46-47; REQUIÃO. *Curso de direito falimentar*, v. 1..., p. 20-21.

[841] FERREIRA. *Tratado de direito comercial*, v. 14..., p. 40.

[842] SAMPAIO DE LACERDA. *Manual de direito falimentar...*, p. 36; MENDES. *Fallencias e concordatas...*, p. 7.

[843] VALVERDE. *A fallencia no direito brasileiro*, v. I, parte I..., p. 27.

[844] MARCONDES. *Direito comercial...*, p. 14; CARVALHO DE MENDONÇA. *Tratado de direito comercial brasileiro*, v. VII..., p. 85; BENTO DE FARIA. *Direito comercial*, t. IV..., p. 40.

[845] LISBOA. *Princípios de direito mercantil e leis de marinha*, t. II..., p. 869.

[846] Segundo Waldemar Ferreira, o trabalho de Carvalho de Mendonça de traduzir e comentar, artigo por artigo, o *Bankruptcy Act de 1898*, comparando-o com a lei brasileira em vigor, teve um êxito incomparável nos meios jurídicos do Brasil. A fama do comercialista ressoou no Congresso Nacional quando do debate sobre a reforma da Lei de Falência, a ponto do Senador Urbano Santos, que fora colega de Carvalho de Mendonça na turma acadêmica da Faculdade de Direito de Recife, ter convocado seu contemporâneo para redigir um novo projeto de lei (FERREIRA, Waldemar. José Xavier Carvalho de Mendonça. *Revista da Faculdade de Direito da Universidade de São Paulo*, v. 56, n. 1, 1961, p. 21).

[847] FERREIRA. *As directrizes do direito mercantil brasileiro...*, p. 167 ss. Nesse sentido: "A história do Direito Comercial no Brasil se divide em três fases distintas: a de José da Silva Lisboa,

legislação mercantil brasileira[848], na medida em que conseguiu sintetizar os princípios que inspiraram o Decreto 917, de 1890, ao mesmo tempo em que expurgou os defeitos deste e da Lei 859, de 1902[849].

Em termos históricos, a Lei 2.024 de 1908 — que atribuiu mais poderes ao juiz — deu início à terceira fase do direito falimentar brasileiro[850]. Ademais, manteve o caráter mercantil da falência, estendendo sua aplicação às sociedades anônimas, inclusive às que exerciam objeto civil, abandonando a retrógrada ideia da sua liquidação forçada.

Além disso, admitiu a presunção de insolvência não só pela impontualidade — acompanhada do protesto por falta de pagamento de qualquer obrigação mercantil líquida e certa ali numerada, no vencimento e sem relevante razão de direito —, mas também pela prática de certos atos e pela celebração de determinados contratos que justificavam seu pedido e o decreto judicial — prevendo, inclusive, a convocação dos credores para a proposição de dilação, remissão de créditos ou cessão de bens, e a execução frustrada entre os atos falimentares[851]. Permitia que o devedor requisesse a continuidade dos seus negócios, e manteve a figura do síndico (função exercida de forma individual ou conjunta até o número de três). Este, nomeado dentre os credores pelo juiz, era responsável pela verificação dos créditos e débitos do devedor e arrecadação dos seus bens. Não havendo concordata, iniciava-se o período de liquidação, com a venda dos bens e pagamento dos credores, situação na qual o síndico era substituído pelo

---

Visconde de Cairu (1756-1835); a de José Xavier Carvalho de Mendonça (1861-1930); a de Waldemar Martins Ferreira (1885-1964)" (LEME, Ernesto. Os mestres do direito comercial da Faculdade de Direito de São Paulo. *Revista de Direito Mercantil, Industrial, Econômico e Financeiro*, São Paulo, n. 39, jul./set. 1980, p. 16-18).

[848] FERREIRA. *Tratado de direito comercial*, v. 14..., p. 43; DINIZ. *Da fallencia...*, p. 35. Para aprofundamento sobre a tramitação legislativa do projeto e acerca da discussão sobre a sua aprovação pela Câmara e pelo Senado, ver: CARVALHO DE MENDONÇA. *Tratado de direito comercial brasileiro*, v. VII..., p. 96-111; VALVERDE. *A fallencia no direito brasileiro*, v. I, parte I..., p. 27.

[849] MARCONDES. *Direito comercial...*, p. 14; BENTO DE FARIA. *Direito comercial*, t. IV..., p. 40-41.

[850] VALVERDE. *A fallencia no direito brasileiro*, v. I, parte I..., p. 27.

[851] CARVALHO DE MENDONÇA. *Tratado de direito comercial brasileiro*, v. VII..., p. 103; FERREIRA. *Tratado de direito comercial*, v. 14..., p. 43.

liquidatário (função exercida de forma individual ou em até três pessoas), eleito pelos credores[852].

Foram mantidas as duas espécies de concordata: (*i*) a suspensiva — proposta diretamente pelo falido aos credores e homologada judicialmente, cessando o processo de falência; e (*ii*) a preventiva, cujo objetivo era evitar a decretação da quebra, sendo, então, apresentadas pelo devedor aos credores determinadas condições de pagamento, indicando eventuais garantias, o que deveria ser aprovado em assembleia, etc. O descumprimento de certos deveres ou a falta de pagamento das obrigações ensejava a falência[853].

---

[852] Segundo Sylvio Marcondes, "O objetivo do legislador, ao estabelecer a possibilidade de nomeação de até três síndicos e até três liquidatários, foi permitir que, nas grandes falências, não ficasse o único síndico e o único liquidatário, sobrecarregado com todo o serviço da falência. Na prática, entretanto, o que se verificava era o seguinte: para o cargo de síndico se apresentavam três candidatos e o juiz, para não causar descontentamento, por comodidade, nomeava todos os três — satisfazia a todos e não desgostava a quem quer que fosse. As mesmas razões levavam à nomeação de três liquidatários. Formavam-se blocos de credores — vamos dizer assim — eleitorais e, para satisfazer ao maior número, eram eleitos, normalmente, três liquidatários. Um grande inconveniente decorria desse ato (...) não havia orientação uniforme, registrando-se mesmo choques, atritos, inclusive cada um, de boa-fé, procurava imprimir orientações suas à administração da massa. E nem sempre era caso de boa-fé... Por outro lado, em se tratando de um grupo, o regime era de irresponsabilidade do indivíduo. Os síndicos eram irresponsáveis, como também o eram os liquidatários. E este foi um dos defeitos a serem corrigidos, na Lei de 1908." (MARCONDES. *Direito comercial*..., p. 17-18). Sobre o tema, ver, também: FERREIRA. *As directrizes do direito mercantil brasileiro*..., p. 163-165.

[853] "Manteve-se no diploma sob análise o instituto da concordata, o qual, após a falência do devedor, dependia de uma proposta do falido, do consentimento dos credores reunidos em assembleia e da homologação judicial. Não se permitia que o acordo entre credores e devedor atribuísse aos primeiros tratamento não igualitário, autorizando-se a concessão de vantagens apenas caso os menos favorecidos expressamente concordassem com a medida." "Adotando-se o mesmo quórum do Decreto 917/1890 (...), a aprovação pelos credores das propostas que previssem pagamento dos débitos a prazo deveria ser tomada mediante o voto dos credores quirografários que representassem ao menos três quartos dos créditos. Os acordos que estipulassem pagamento à vista, por seu turno, obedeciam à seguinte regra de aprovação: (*i*) consentimento da maioria dos credores, representando pelo menos três quintos do valor dos créditos em caso de pagamento superior a 60% do devido; (*ii*) aceitação de dois terços dos credores, representando no mínimo três quartos dos créditos, se o pagamento representasse mais de 40%; e (*iii*) concordância de três quartos dos credores, representando pelo menos quatro quintos dos créditos, se o pagamento fosse de até 40%." "Mais uma vez a diferenciação dos quóruns, conforme indicada, representou medida tendente a combater as fraudes. Nesse caso almejava-se evitar práticas consistentes na formulação de propostas de concordatas com pagamentos à vista de ínfimo valor, com os quais os credores concordavam sob pena de perderem qualquer quantia. Cuidou-se, portanto, de alteração legislativa

Extinguiu-se a concordata extrajudicial e a possibilidade de o devedor convocar credores para propor a dilação de prazos, a remissão ou a cessão de bens (o que passou a ser caracterizado como ato falimentar) por conta dos abusos outrora perpetrados em decorrência do seu mau uso[854].

A Lei previa que o exame e o julgamento dos créditos deveriam ser realizados na própria assembleia de credores pelo síndico e pelo juiz, respectivamente, o que acabava por tumultuar o procedimento. Nesse particular, a assembleia de credores passou a ser um nicho de atuação (e boa remuneração) para advogados especializados, como ocorria nos processos criminais: um advogado conduzia o processo até o momento da assembleia, quando um colega, especializado, era responsável pela participação e representação do credor no conclave[855].

voltada a ampliar a possibilidade de recuperação creditícia e, ao mesmo tempo, a combater as comuns violações praticadas por devedores." "A produção dos efeitos da concordata dependia, ao final, da sua homologação judicial. Considerando-se que o acordo vinculava os credores dissidentes, entendeu-se por bem exigir a análise judicial, a qual, entretanto, só dizia respeito à verificação do cumprimento das formalidades legais, salvo se o juiz fosse provocado, via oposição de credores dissidentes ou sócios prejudicados, a avaliar o mérito da concordata." "A Lei 2.024/2008 também dispunha sobre a concordata preventiva, cuja utilização destinava-se a evitar a quebra do devedor. A adoção de um mecanismo como esse justificava-se em vista dos devedores honestos que padeciam os infortúnios do comércio. Ao mesmo tempo em que se buscava proteger o devedor, o procedimento não deixava de atentar aos interesses dos credores, abrangendo, para tanto, uma regulação detalhada do acordo e de sua homologação." "O devedor que desejasse solicitar concordata preventiva demandava ao juiz do comércio a convocação dos seus credores quirografários, que deveriam deliberar acerca da proposta daquele. Durante o processo a administração dos bens do devedor permanecia aos seus próprios cuidados, mas nomeavam-se comissários para fiscalizar a atuação do requerente. A aprovação da concordata dependia do consentimento dos credores, conforme os quóruns acima mencionados para a aceitação da concordata postulada após a falência. Da mesma forma, cabia ao juiz homologar a concordata caso fosse a decisão dos credores e não houvesse oposição dos interessados. Se os requisitos não estivessem cumpridos, seguia-se a falência do devedor." (CEREZETTI. *A recuperação judicial de sociedade por ações...*, p. 71-73).
[854] TOLEDO; PUGLIESI. Capítulo II: A preservação da empresa e seu saneamento..., p. 57, 83.
[855] Segundo Sylvio Marcondes: "Isso tudo significa que os créditos eram mal julgados em virtude da confusão reinante em tais assembleias. E isso foi tomando um tal desenvolvimento que se chegou ao absurdo de, numa falência, ser organizado um quadro de credores e, posteriormente, em virtude de recursos opostos a esse julgamento, para o tribunal em segunda instância, serem admitidos credores que haviam sido excluídos da assembleia e serem excluídos credores admitidos na mesma assembleia, exatamente porque os credores admitidos pelo juiz era (sic), na sua maioria, credores fantásticos. Não há dúvida que na segunda instância os defeitos do julgamento eram corrigidos, mas como a sentença prevalecia

Tudo indica que Carvalho de Mendonça confiou demasiadamente na índole e na boa-fé de todos os envolvidos no entorno falimentar[856]. As reduzidas taxas de pagamento na concordata (1% na suspensiva e 21% na preventiva), conjugadas com um sistema falho de verificação e julgamento, induziram à estruturação de falências com base em créditos inexistentes, que garantiam a maioria dos votos na assembleia, e aprovavam a concordata com pagamento de percentual ínfimo aos credores legítimos. Foi tamanho o crescimento dessa prática que, em determinado período, a Rua 25 de Março em São Paulo, conhecida, na época, pelo comércio de tecidos, recebeu o apelido de "Rua 21 Por Cento"[857].

A despeito das críticas, particularmente no que se refere ao maior papel dado ao Poder Judiciário[858-859], a Lei 2.024, de 1908, resistiu por um inter-

---

enquanto não fossem reformada, todos os males dessem julgamento produziam seus efeitos, antes da reforma da sentença. Por exemplo, havia a eleição do liquidatário." (MARCONDES. *Direito comercial...*, p. 18-19).

[856] MENDES. *Fallencias e concordatas...*, p. 9.

[857] MARCONDES. *Direito comercial...*, p. 18-19.

[858] A partir de relatos de causídicos da época, Almachio Diniz resumiu as críticas à Lei 2.024/2008 em quatro principais aspectos: (*i*) falhas na execução e burocracia demasiada no processamento; (*ii*) baixo percentual de pagamento dos credores nas concordatas; (*iii*) necessidade de procuração com poderes especiais para declaração de crédito; e (*iv*) insuficiência do processo de impugnação de créditos (DINIZ. *Da fallencia...*, p. 36).

[859] Ao rebater as críticas endereçadas à lei de sua autoria, Carvalho de Mendonça refere: "A Lei 2.024 tivera talvez o defeito de confiar demais nos juízes, a cujo saber, inteligência e discrição entregou a sua parte mais delicada e fundamental, a verificação e classificação dos créditos. Tem sido esse o motivo da crítica de alguns magistrados contra a lei, que lhes aumentou o trabalho e lhes duplicou a responsabilidade. Mas, a quem se devia entregar essa preciosa tarefa? Aos credores, partes no processo? Como saber quais os verdadeiros e os simulados? Que preparo jurídico tem os credores para decidirem em assembleia altas questões de direito reconhecendo e graduando créditos no concurso falencial? É justo e útil que eles intervenham e cooperem na administração da massa e na sua liquidação; porém, só ao magistrado devem ser atribuídas, no primeiro período do processo, as funções de apurar os direitos dos interessados, de afastar a fraude dos credores do devedor e de terceiros com estes parceirados, e de investigar, auxiliado pelo Ministério Público, o procedimento do falido. Diz-se, há séculos, que o Juiz faz as boas as leis ou más. Se ele não sabe ou não quer, por comodismo, cumprir o seu dever, se não tem a compreensão do seu alto sacerdócio, não há leis possíveis, não há diques nas leis de falências, sempre com pontos vulneráveis, que bastem para impedir as trapaças. Dêem-se-lhes leis completas e claras, se já existirem leis assim, ele sempre as achará defeituosas e obscuras. Confronte-se a Lei n. 2.024 com as das nações mais cultas sobre o mesmo objeto e adquiriremos a certeza de que estas não são melhores. É preciso somente que os juízes brasileiros se convençam de que o bom êxito da lei de falência deles depende.

valo temporal mais longo: durante 21 anos vigorou plenamente, sendo revista em 1929 pelo Decreto 5.746, sobretudo em razão da depressão causada pela Primeira Guerra Mundial (1914-1918) e pelo período negro que a sucedeu, culminando com o *crack* da bolsa de Nova Iorque (1929).

O texto do anteprojeto[860], encomendado pela Associação Comercial de São Paulo, ficou sob a responsabilidade de Waldemar Ferreira[861], que seguiu firme o propósito de "melhorar conservando"[862], de modo que as inovações não desfiguraram o sistema de Carvalho de Mendonça. Muito pelo contrário, reajustaram-no às necessidades das práticas mercantil e forense, reduzindo a margem para fraude e chicanas, e mantendo, até mesmo, a numeração dos dispositivos[863].

Depois de tumultuada tramitação legislativa[864], o texto foi aprovado pelo Congresso Nacional, mantendo a caracterização do estado de falência pela impontualidade do comerciante[865] — identificado pela falta de paga-

Lei perfeita sobre essa matéria não existe." (CARVALHO DE MENDONÇA. *Tratado de direito comercial brasileiro*, v. VII..., p. 117). A despeito disso, o renomado comercialista admitiu, em palestra na Associação Comercial de São Paulo, em 1930, a necessidade de reforma legislativa (FERREIRA. *As directrizes do direito mercantil brasileiro...*, p. 170).

[860] Refere Adamastor Lima que o texto da lei publicado no Diário Oficial, de 11 de dezembro de 1929, continha uma série de incorreções, muitas delas de natureza grave. A própria Associação Comercial de São Paulo "(...) tornou públicos tantos erros de impressão da nova lei que a circular daquella instituição ocupou duas columnas dos jornaes que a estamparam". Em 26 de janeiro de 1929, o governo republicou o decreto, com as correções necessárias e um ofício explicativo (LIMA, Adamastor. *Nova lei de fallencias*. Rio de Janeiro: Coelho Branco, 1930, p. 1).

[861] FERREIRA. *As directrizes do direito mercantil brasileiro...*, p. 170-172.

[862] BENTO DE FARIA. *Direito comercial*, t. IV..., p. 41; VALVERDE. *A fallencia no direito brasileiro*, v. I, parte I..., p. 27.

[863] FERREIRA. *Tratado de direito comercial*, v. 14..., p. 47; MARCONDES. *Direito comercial...*, p. 22-23; LIMA. *Nova lei de fallencias...*, p. 36-37.

[864] Adamastor Lima traz a narrativa completa do contexto histórico de aprovação do projeto de lei que reformou a Lei 2.024, de 1908. Segundo consta, o texto inicialmente submetido para análise e votação do Congresso Nacional fora destacado do livro quinto, do projeto de Código Comercial, de autoria de Inglez de Souza, que nunca veio a ser aprovado. Tal projeto trazia um tratamento excessivamente teórico do tema falimentar (por exemplo, estendia a falência aos devedores não comerciantes), desconectado das reais necessidades da economia nacional (era datado de 1911), não endereçava tratamento à parte processual da falência (retirando essas regras da lei) nem disciplinava as falências e as concordatas criminosas. Após intensa pressão da Associação Comercial de São Paulo, o texto foi substituído pelo projeto de autoria de Waldemar Ferreira (LIMA. *Nova lei de fallencias...*, p. 5-37).

[865] Conforme Achilles Bevilaqua, o pagamento diz respeito à obrigação de dar (quer em dinheiro, quer em bens); "(...) a obrigação de fazer somente autorizará a declaração da fallen-

mento de obrigação mercantil líquida e certa no respectivo vencimento[866] — e pela prática de atos falimentares elencados pela lei[867]. Entre as principais alterações encontravam-se: *(i)* a redução do quórum de aprovação em assembleia para a concessão da concordata; *(ii)* a extinção da multiplicidade de síndicos e liquidatários; *(iii)* a revisão do processo de verificação de créditos; *(iv)* a apresentação de garantias reais ou pessoais na concordata preventiva[868]; e *(v)* a instituição de tabela progressiva de proposta de pagamento dos credores na hipótese de a concordata ser a prazo[869].

A maior parte da doutrina aplaudiu a nova lei como uma das mais sofisticadas do mundo[870]. Todavia, os resultados práticos decepcionaram em alguma medida. Mais uma vez, a culpa do mau funcionamento da lei falimentar foi endereçada — ao menos por alguns — aos juízes, que não eram suficientemente enérgicos e diligentes ao aplicá-la[871]. Por outro lado, referiu Waldemar Ferreira: "Não podia, evidentemente, operar o milagre de acabar com a fraude, mais dos homens, que das leis"[872]; e, em outra passagem, "A lei não dá a ninguém a felicidade, nem confere a continência e lealdade a credores e devedores, envolvidos num processo de falência, mas pode evitar os exageros de uns e de outros e punir os que não souberem ou não quiserem proceder como homens de bem"[873].

---

cia depois que, liquidada em dinheiro, se transformar em obrigação de dar" (BEVILAQUA, Achilles. *Fallencias*. Rio de Janeiro: Freitas Bastos, 1933, p. 9).

[866] Lembra A. Bevilaqua, com base na doutrina francesa e italiana, que: "Embora seja a fallencia uma execução collectiva, pode ser declarado falido o comerciante que tem um só credor." (BEVILAQUA. *Fallencias...*, p. 8)

[867] Além disso, o Decreto-Lei 3.914/1941, no seu art. 2º, determinou que, se a falência fosse fraudulenta, o falido seria condenado com a pena de reclusão de dois a seis anos, sendo que, em caso de falência culposa, a pena seria de reclusão de seis a meses a três anos.

[868] MARCONDES. *Direito comercial...*, p. 21.

[869] TOLEDO; PUGLIESI. Capítulo II: A preservação da empresa e seu saneamento..., p. 85.

[870] Em sentido contrário, tecendo severas críticas à nova legislação, posicionou-se Almachio Diniz: "(...) a experiência demonstrará que se deformou o nosso direito fallimentar reduzindo-se as garantias do crédito e anniquilando-se o conceito salutar da fallencia, em consideração de seu sujeito passivo." (DINIZ. *Da fallencia...*, p. 61).

[871] REQUIÃO. *Curso de direito falimentar*, v. 1..., p. 21.

[872] FERREIRA. *Tratado de direito comercial*, v. 14..., p. 48. É curioso perceber que o mesmo alerta foi feito no relatório apresentado pelo Deputado Marcondes Filho durante o trâmite legislativo do projeto de reforma da Lei 2.024, de 1908, o que evidencia que os problemas da fraude e da desonestidade na prática comercial acompanham o homem desde longa data (LIMA. *Nova lei de fallencias...*, p. 18).

[873] FERREIRA. *As directrizes do direito mercantil brasileiro...*, p. 174.

Com o duplo objetivo de punir severamente o devedor desonesto, e também auxiliar o devedor honesto a reerguer seu negócio, o Ministro da Justiça Francisco Campos nomeou Trajano de Miranda Valverde para elaborar um novo anteprojeto de lei falimentar, cuja principal inovação era tirar das mãos dos credores o poder de decidir sobre a concessão da concordata ao devedor[874]. Segundo as palavras do próprio autor do anteprojeto: "A autonomia excessiva de que continuavam a gozar os credores, no estado jurídico da falência ou da concordata, com muito direito e nenhuma obrigação, era, para nós, a causa primordial dos males de que se queixava o comércio"[875]. Com esse nobre propósito, o referido anteprojeto foi elaborado e publicado a fim de receber críticas por parte dos interessados e do público em geral, o que acabou não ocorrendo[876]. Em razão de não ter atingido o fim planejado, o trabalho foi substituído por outro, que, no entanto, manteve suas linhas mestras[877].

Em 1943, por iniciativa do Ministro da Justiça Alexandre Marcondes Filho, foi nomeada uma comissão de notáveis para elaborar um novo anteprojeto da Lei de Falências. Pela caneta dos juristas Noé Azevedo, Joaquim Canuto Mendes de Almeida, Sylvio Marcondes Machado, Philadelpho Azevedo, Hahnemann Guimarães e Luís Lopes Coelho — que aproveitaram algumas das inovações apresentadas pelo projeto de Miranda Valverde[878] —, adveio o Decreto-Lei 7.661 de 1945, marcando a quarta fase do direito concursal pátrio[879]. Tal Decreto-Lei veio a reboque do Estado Novo e da sua filosofia política fundada no aumento dos poderes do Estado, mantendo a sua aplicação restrita aos comerciantes[880].

Nessa ocasião, restou enfraquecida a participação dos credores. A tradicional assembleia de credores teve seu papel restringido, circunscrevendo-se à deliberação referente aos meios de realização do ativo, por exemplo. De outro lado, se fortaleceram os poderes do magistrado (representante do

---

[874] SAMPAIO DE LACERDA. *Manual de direito falimentar...*, p. 37.
[875] VALVERDE. *Comentários à Lei de Falências*, v. I..., p. 21; VALVERDE. *A fallencia no direito brasileiro*, v. I, parte I..., p. 27, 29.
[876] MARCONDES. *Direito comercial...*, p. 25.
[877] VALVERDE. *Comentários à Lei de Falências*, v. I..., p. 22; SAMPAIO DE LACERDA. *Manual de direito falimentar...*, p. 37.
[878] SAMPAIO DE LACERDA. *Manual de direito falimentar...*, p. 39.
[879] VALVERDE. *Comentários à Lei de Falências*, v. I..., p. 18 ss.
[880] Para análise da Exposição de Motivos do Decreto-Lei 7.661/1945, ver: BENTO DE FARIA. *Direito comercial*, t. IV..., p. 41 ss.

Estado). Não por acaso, a figura da concordata, tanto na modalidade preventiva (com o objetivo de evitar a decretação da quebra), quanto na suspensiva (após a decretação da falência, suspendendo-a), deixou de ser um acordo entre devedor e seus credores (um contrato) e passou a ser imposta pelo juiz em favor do devedor infeliz e honesto, desde que preenchidos os requisitos legais[881] — sendo considerada um verdadeiro "favor legal"[882].

Inaugurou-se um sistema com o propósito deliberado de favorecer os devedores em detrimento dos credores, como disparou Waldemar Ferreira[883]. Essa legislação previu, conforme destacado por Fábio Konder Comparato, pela primeira vez pelo que parece na legislação universal, uma concordata que pode ser imposta pelo magistrado sem (e até mesmo contra) a vontade manifesta dos credores[884]. Não foi à toa que esse instituto foi chamado no Decreto-Lei 7.661/1945 de "concordata fascista", que tinha de concordata só o nome, pois os credores não tinham de *concordar* com nada[885]. Aqui, a "indústria das falências" encontrou o seu instrumento magnífico[886] e o ambiente mais que propício, disse Waldemar Ferreira[887].

Como se isso não bastasse, o novo formato da concordata acarretou um grave efeito negativo ao sistema: a paralisia e/ou engessamento do instituto.

---

[881] REQUIÃO. *Curso de direito falimentar*, v. 1..., p. 21.
[882] BENTO DE FARIA. *Direito comercial*, t. IV..., p. 50. Assim consolidou o entendimento o STF (*v.g.*, 1ª Turma, RExt 13.127, Rel. Min. Aníbal Freire, j. 03/06/1948). Sobre o tema, ver: TOLEDO; PUGLIESI. Capítulo II: A preservação da empresa e seu saneamento..., p. 57-58, 85. "Aos credores restava a possibilidade de embargar a concordata, alegando, dentre outros motivos, (*i*) que seu sacrifício seria maior que no caso de falência ou que, evidentemente, a concordata não poderia ser cumprida; (*ii*) a inexatidão de documentos elaborados pelo síndico ou comissário, e que facilitavam a concessão da concordata; e (*iii*) a existência de ato de má-fé ou fraude. No caso de concordata preventiva a ocorrência de fato que pudesse ser caracterizado como crime falimentar também poderia ser utilizada como argumento à apresentação de embargos pelo credor." (CEREZETTI. *A recuperação judicial de sociedade por ações*..., p. 77).
[883] FERREIRA. *Tratado de direito comercial*, v. 14..., p. 49.
[884] COMPARATO. *Aspectos jurídicos da macro-empresa*..., p. 99.
[885] FERREIRA. *Tratado de direito comercial*, v. 14..., p. 49. Vale lembrar que as concordatas, como o próprio nome sugere, eram marcadas pela aceitação de determinada maioria de credores, necessária à homologação do acordo pelo magistrado. (CEREZETTI. *A recuperação judicial de sociedade por ações*..., p. 77).
[886] A despeito disso, Achilles Bevilaqua lembra que o pagamento do credor na concordata deveria ser necessariamente em dinheiro e que a concordata preventiva não homologada "pelos atos de má-fé do devedor, não pode ser admitida outra que êle ofereça na falência" (BEVILAQUA. *Fallencias*..., p. 134-136).
[887] FERREIRA. *Tratado de direito comercial*, v. 14..., p. 50.

Como o legislador optou por não dar liberdade ao devedor na apresentação de sua proposta de pagamento, acabou limitando excessivamente os contornos da concordata, como uma espécie de contrapeso à retirada do poder decisório das mãos dos credores. Nessa configuração, a concordada se tornou um remédio assaz limitado, incapaz de lidar com todos os tipos de crise empresarial. Isso porque se tratava de um instituto destinado a evitar (concordata preventiva) ou suspender (concordata suspensiva) a decretação da quebra de que se poderia valer o devedor de boa-fé e que se restringia a ser uma moratória, uma remissão de pagamento ou ambas, mas sempre limitada aos credores quirografários[888].

Quanto à falência, além de prever a decretação da quebra em caso de impontualidade no pagamento de dívida líquida, protestada e exigível, sem relevante razão de direito, previa como hipóteses de falência a execução frustrada e uma série de atos falimentares (inclusive a procura de credores para renegociar o passivo). Ocorre que o rito processual previsto no Decreto-Lei 7.661/45 demonstrou ser lento e ineficiente por algumas razões. A título de exemplo, a realização do ativo somente tinha início após a solução do inquérito judicial e a formação do quadro-geral de credores, o que sempre exigia um decurso muito longo de tempo, mesmo porque todo o procedimento de verificação de créditos ocorria judicialmente. Assim, até que fosse iniciada a venda dos ativos, normalmente os bens já estavam desvalorizados e depreciados[889].

Adicionalmente, a nova lei passou a regrar, também, os crimes falimentares, instaurando o que Sampaio de Lacerda chamou de "a marcha paralela do processo falimentar com o processo criminal, na hipótese de crime falimentar, constituindo essa providência medida salutar fornecendo desde logo índices para o tratamento severo ou tolerante do falido na esfera civil, como salientou Filadelfo Azevedo, para quem a repressão penal em falência só poderá ser proveitosa no momento em que o chicote está quente"[890].

É consenso na doutrina o retumbante fracasso do Decreto-Lei 7.661/45. A experiência prática demonstrou que a lei "(...) falhou no principal objetivo que deveria orientá-la, qual seja o de obstar, de modo absoluto, pelo menos, o desaparecimento da massa em detrimento dos credores e em

---

[888] TOLEDO; PUGLIESI. Capítulo II: A preservação da empresa e seu saneamento..., p. 86.
[889] TOLEDO; PUGLIESI. Capítulo II: A preservação da empresa e seu saneamento..., p. 86.
[890] SAMPAIO DE LACERDA. *Manual de direito falimentar...*, p. 38.

proveito dos artífices da fraude"[891]. Apesar disso, a legislação ainda vigorou por longos 60 anos[892], com regras jurídicas febris, obsoletas[893], e absolutamente desconectadas da realidade econômica do País[894].

Após décadas de pressão de toda a coletividade jurídico-empresarial, concluiu-se pela necessidade de reforma da legislação concursal, com especial enfoque no regime da concordata e nas alternativas para o saneamento da crise empresarial[895], considerando, sobretudo, a principiologia falimentar moderna, no sentido de que os interesses vão além do binômio devedor-credor, gravitando em torno da empresa em crise[896].

4. Período Atual

O estudo da evolução histórica do direito falimentar brasileiro demonstra que os modelos legislativos adotados em praticamente todos os países

---

[891] BENTO DE FARIA. *Direito comercial*, t. IV..., p. 54.

[892] O art. 200 da Lei 11.101/05 revogou expressamente o Decreto-Lei 7.661/45.

[893] Conforme Jorge Lobo: "O Direito Concursal clássico tornou-se obsoleto, há muito se falando da bancarrotta dela bancarrota e da sua necessária reforma, do fallimento del fallimento e da inattualità del fallimento. Dentre as inúmeras críticas ao sistema vigente, destacam-se: 1) deve-se eliminar o dualismo institucional entre a falência e a concordata; 2) deve-se eliminar a concordata, já que resultou inoperante para a salvaguarda da empresa; 3) a finalidade precípua da lei de quebras não deve ser a liquidação do patrimônio do devedor, mas a recuperação da empresa, econômica e financeiramente viável, por todos os meios possíveis." (LOBO, Jorge. *Direito concursal*. Rio de Janeiro: Forense, 1996, p. 7).

[894] REQUIÃO. A crise do direito falimentar brasileiro..., p. 24.

[895] Segundo Rubens Requião, "Mais do que a igualdade entre os credores na liquidação falimentar do patrimônio do devedor, muito mais do que a segurança do crédito — pontos de vista respeitáveis na doutrina antiga — é o saneamento da atividade empresarial que constitui a finalidade primeira do instituto da falência, nas concepções modernas de atuação judicial do Estado." (REQUIÃO. A crise do direito falimentar brasileiro..., p. 24).

[896] REQUIÃO. A crise do direito falimentar brasileiro..., p. 24. No mesmo sentido, é importante registrar a crítica exposta por Paulo Fernando Campos Salles de Toledo em sua dissertação de mestrado, já no ano de 1987: "A legislação brasileira em matéria concursal, e, particularmente, a Lei de Falências [Decreto-Lei 7.661/45] é uma senhora que, na maturidade, mostra sinais inescondíveis de velhice, causados por uma profunda inadequação à realidade, mal que padece desde o nascimento. A metáfora pode não ser original, nem brilhante — o que, de resto, não importa muito — mas serve para evidenciar a premência de uma reforma legislativa. A inadequação e a premência vêm sendo ressaltadas pela Doutrina desde o início da década de 1970. Apesar disso, no entanto, o legislador (e aqui dão-se as mãos os Poderes Executivo e Legislativo) insiste em desatender à exigência histórica (...)." (TOLEDO. *A empresa em crise no direito francês e americano*..., p. 1-2).

estabeleceram, ao longo dos anos, procedimentos judiciais voltados à liquidação da empresa em crise em vez da sua recuperação. Consistiam em sistemas liquidatórios-solutórios, voltados ao pagamento dos credores e que buscavam repelir do mercado o devedor inadimplemente[897].

A despeito dessa constatação, predominou na história da legislação falimentar pátria uma verdadeira indefinição quanto ao seu escopo principal — consubstanciado ora na proteção do interesse pessoal do devedor, ora no interesse da comunidade de credores. Verdade é que a legislação concursal brasileira seguiu um ritmo pendular (credor-devedor), ao sabor da conjuntura econômica e da orientação política do momento[898-899].

Logo, é correto dizer que, até o advento da Lei 11.101/05, o legislador não foi capaz de oferecer soluções razoáveis para a recuperação da empresa em crise, independente de qual fosse a orientação legislativa[900]. A esse propósito, é ilustrativa a constatação de Comparato à época da vigência do Decreto-Lei 7.661/45:

> "(...) o dualismo no qual se encerrou o nosso direito falimentar — proteger o interesse pessoal do devedor ou o interesse dos credores — não é de molde a propiciar soluções harmoniosas no plano geral da economia. O legislador parece desconhecer completamente

---

[897] CEREZETTI. *A recuperação judicial de sociedade por ações...*, p. 203.

[898] COMPARATO. *Aspectos jurídicos da macro-empresa...*, p. 95-98. E, como destaca Sheila Cerezetti, "esse aspecto das legislações falimentares pátrias demonstra também a existência de movimento pendular não apenas entre a proteção direta a interesses do devedor ou dos credores, como também entre o papel que se atribui a estes últimos e ao magistrado durante o concurso" (CEREZETTI. *A recuperação judicial de sociedade por ações...*, p. 74).

[899] Nesse particular, é interessante a metáfora construída por Elizabeth Warren: "Discussing the debtor-creditor system is much like focusing a camera. Different elements of the system are always in view, but depending on where the focus is directed, different features of the system take on greater importance." (WARREN. *Bankruptcy policy...*, p. 778).

[900] Por exemplo, segundo Rubens Requião, os tecnocratas e os juristas burocráticos não compreenderam que "(...) a falência não constitui apenas um meio de cobrança de interesses fiscais e privados. Nestes últimos anos suas preocupações foram as de acrescer, com privilégios excepcionais e absolutos, os créditos da Fazenda Pública, com preceitos não mais admissíveis no Direito Moderno. (...) Em decorrência de toda essa legislação esparsa sobre esse aspecto do problema falencial, o sistema de superprivilégios dos créditos fiscais e parafiscais tornou quase uma quimera o princípio legado do Direito Romano de que o patrimônio do devedor é a garantia comum de todos os seus credores." (REQUIÃO. *A crise do direito falimentar brasileiro...*, p. 24).

a realidade da empresa, como centro de múltiplos interesses — do empresário, dos empregados, do Fisco, da região, do mercado em geral — desvinculando-se da pessoa do empresário. De nossa parte, consideramos que uma legislação moderna de falência deveria dar lugar à necessidade econômica de permanência da empresa. (...). A vida econômica tem imperativos e dependências que o Direito não pode, nem deve, desconhecer. A continuidade e a permanência das empresas são um desses imperativos, por motivos de interesse tanto social quanto econômico."[901]

Há tempos a doutrina nacional vinha salientando a necessidade de realizar uma profunda reforma na legislação concursal brasileira[902], tendo como enfoque a modernização do nosso arcabouço jurídico-institucional em direção à recuperação das empresas economicamente viáveis e à rápida liquidação das empresas economicamente inviáveis[903]. Paralelamente a isso, a iniciativa do Banco Mundial anteriormente mencionada — os *Principles and Guidelines for Effective Insolvency and Creditor Rights Systems* — foi um dos principais catalisadores da mudança no perfil dos regimes de insolvência ao redor do mundo[904].

---

[901] COMPARATO. *Aspectos jurídicos da macro-empresa...*, p. 95, 102.

[902] Exemplificativamente: REQUIÃO. A crise do direito falimentar brasileiro...; FRONTINI, Paulo Salvador. O caso da falência da Sanderson e as tendências atuais do direito falimentar. *Revista de Direito Mercantil, Industrial, Econômico, Financeiro*, a. XIII, n. 15/16, p. 247-250, 1974; LOBO, Jorge. O moderno direito concursal. *Revista de Direito Mercantil, Industrial, Econômico, Financeiro*, a. XXXIV, n. 99, p. 87-97, 1995; LOBO. *Direito concursal...*; TOLEDO. *A empresa em crise no direito francês e americano...*; ABRÃO, Nelson. *Curso de direito falimentar*. São Paulo: Revista dos Tribunais, 1993. Com resumo às posições de Rubens Requião, Nelson Abrão, Jorge Lobo e Paulo Fernando Campos Salles de Toledo, ver: BEZERRA FILHO, Manoel Justino. *Lei de Recuperação de Empresas e Falência*. 11 ed. São Paulo: Revista dos Tribunais, 2016, p. 47-53.

[903] Em 1974, em conferência proferida no Instituto dos Advogados Brasileiros, no Rio de Janeiro, Rubens Requião já destacava que "se a empresa insolvente tem condições de recuperação ou restauração, esse deve ser o desiderato do Estado, através do instituto falimentar. O tema da recuperação econômica da empresa insolvente, sob o controle judicial, contraposta à ágil e insensível liquidação falimentar à outrance, constitui, sem dúvida, o mais fascinante tema do Direito falimentar atual." (REQUIÃO. A crise do direito falimentar brasileiro..., p. 24).

[904] "A partir das últimas décadas do século passado diversos Países adaptaram suas leis concursais de forma a incluir a previsão de institutos que permitem a reestruturação e a recuperação de empresas em crise. Foi o caso, por exemplo, de Países como França, Alemanha, Itália, Portugal, Espanha e Argentina." (CEREZETTI. *A recuperação judicial de sociedade por ações...*, p. 85-86, 426-427).

Tudo isso fez com que se passasse a discutir, então, uma nova lei a regrar o direito da insolvência no Brasil, o que culminou com o advento da Lei 11.101/2005.

4.1. A Câmara dos Deputados e o Projeto de Lei 4.376/1993

O Projeto de Lei 4.376/93 iniciou seu trâmite legislativo no Congresso Nacional por iniciativa do Poder Executivo, tendo sido apresentado durante o governo do Presidente Itamar Franco (1992-1994). Apesar de bem-intencionada, a redação original contrastava com a lógica recuperatória que ele se propunha a defender.

Por exemplo, o projeto continha uma fórmula circular e contrária às negociações extrajudiciais entabuladas entre o devedor e seus credores. Explica-se: ao mesmo tempo em que suprimia a criticada proibição do art. 2º, III, do Decreto-Lei 7.661/45 — que previa como hipótese de falência convocação dos credores pelo devedor para propor a dilação, a remissão de créditos ou a cessão de bens —, criava como hipótese caracterizadora da falência o fato de o devedor cessar, em caráter geral, o cumprimento de suas obrigações, ou reconhecer judicial ou extrajudicialmente a impossibilidade de fazê-lo (art. 76, I)[905].

Até o ano de 2002, o projeto não teve movimentações relevantes no trâmite legislativo da Câmara dos Deputados. No entanto, a pressão de organismos internacionais e o interesse do Poder Executivo em modernizar a legislação falimentar do país revigorou a trajetória do projeto, que passou a receber críticas e sugestões da sociedade em geral e de juristas especialistas na matéria concursal[906]. Vale dizer, somente após o Poder Executivo federal ter assumido compromisso perante o Fundo Monetário Internacional para aprovar uma nova lei de falências, é que a tramitação do Projeto ganhou impulso e passou a figurar como prioridade de agenda no congresso, acabando por ser aprovado, com profundas modificações e com a incorporação de mecanismos indicados em diretrizes de organis-

---

[905] MARTINS, Glauco Alves. *A recuperação extrajudicial na Lei nº 11.101/2005 e a experiência do direito comparado em acordos preventivos extrajudiciais*. Dissertação (Mestrado em Direito). Faculdade de Direito da Universidade de São Paulo, São Paulo, 2009, p. 34.
[906] MARTINS. *A recuperação extrajudicial na Lei nº 11.101/2005...*, p. 35.

mos internacionais (*Principles and Guidelines*), encontrados em leis de países desenvolvidos[907].

Instigado pelas discussões e estimulado pela profusão de emendas e propostas apresentadas, o Relator do Projeto na Câmara Federal, o Deputado Oswaldo Biolchi[908], apresentou para aprovação de seus pares um texto praticamente novo, substancialmente distinto do anterior, que foi apelidado por seus pares de "Projeto Biolchi", já tramitando sob o nº 71 (Projeto de Lei da Câmara (PLC) 71/2003)[909].

Com significativas alterações de cunho substancial (quando comparado ao texto original do Projeto de Lei 4.376/93), foram, ao todo, 545 emendas e cinco substitutivos, dentre as quais se destaca a inclusão do instituto da recuperação extrajudicial. O Projeto Biolchi seguiu seu trâmite legislativo, tendo sido votado e aprovado pelo Plenário da Câmara dos Deputados na sessão de 15 de outubro de 2003 — praticamente dez anos após o início do trâmite legislativo do seu texto original —, na forma de Subemenda Substitutiva de Plenário apresentada por seu Relator[910].

Finalizada essa etapa, o texto foi encaminhado para análise e votação no Senado Federal, onde ficou sob a responsabilidade e relatoria do Senador Ramez Tebet.

---

[907] PENTEADO, Mauro Rodrigues. Capítulo I: Disposições preliminares. In: SOUZA JÚNIOR, Francisco Satiro de; PITOMBO, Antonio Sergio A. de Moraes (coord.). *Comentários à Lei de Recuperação de Empresas e Falências*. 2 ed. rev., atual. e ampl. São Paulo: Revista dos Tribunais, 2007, p. 60.

[908] Nas palavras do Deputado Oswaldo Biolchi: "(...) a nova ideologia da recuperação de empresa em crise, tão festejada pela sociedade brasileira, incorpora uma proposta que não se deve aos méritos do Relator do Projeto n 4.376/93, mas à sociedade brasileira organizada e ciente de suas necessidades. Nesses quase 10 anos de relatoria, viajamos todo o Brasil, ouvindo as mais diversas classes sociais: sindicatos, trabalhadores, empregados, industriais, prestadores de serviços, microempresários, agricultores, advogados, magistrados, promotores. O Congresso Nacional também participou de modo efetivo, dando uma contribuição por meio de sugestões e emendas ao Projeto de Lei. Cabe mencionar também que esse final feliz da dicção da redação alcançada, ainda que não exatamente aquela sonhada, contou com a inestimável contribuição de diversos profissionais dessa área, os quais foram os verdadeiros parceiros e artífices dessa obra." (BIOLCHI, Oswaldo. A Nova Lei de Recuperação de Empresas e Falências. *Revista do Advogado*, v. 25, n. 83. São Paulo: AASP, set. 2005, p. 9).

[909] NEGRÃO, Ricardo. *Manual de direito comercial e de empresa*, v. 3. 5 ed. São Paulo: Saraiva, 2010, p. 52.

[910] PARECER 534, de 2004, da Comissão de Assuntos Econômicos sobre o PLC 71, de 2003, que regula a recuperação judicial, a extrajudicial e a falência de devedores pessoas físicas e jurídicas que exerçam a atividade econômica, de relatoria do Senador Ramez Tebet.

4.2. O Senado Federal e o Projeto de Lei 71/2003

Desde o início da tramitação do PL 71/2003, o Senador Ramez Tebet manifestou desejo de promover alterações no texto votado e aprovado pela Câmara dos Deputados, inclusive no que toca ao recém incluído instituto da recuperação extrajudicial. Após colher opiniões e recomendações dos mais diversos setores da sociedade civil, o Relator optou por apresentar um Substitutivo ao PL 71/2003[911].

O texto substitutivo apresentado pelo Relator, por meio de parecer jurídico fundamentado e apresentado à Comissão de Assuntos Econômicos do Senado Federal no ano de 2004, evidenciou, entre outras questões, a correção e a viabilidade da convivência de dois sistemas recuperacionais paralelos (*i.e.*, recuperação judicial e extrajudicial), distintos em sua essência, direcionados para o enfrentamento e equacionamento de situações de crises empresariais de diferentes graus. Enquanto o procedimento de recuperação extrajudicial atenderia devedores em situação menos calamitosa, em crise de menor envergadura, com o objetivo de buscar uma solução simplificada sem acionar o Poder Judiciário, o regime da recuperação judicial deveria servir para salvaguardar crises de maior proporção econômica, com profundos reflexos no desenvolvimento da atividade econômica do devedor[912].

O projeto apresentado pelo Senador Ramez Tebet foi aprovado sem dificuldades no Senado Federal, com um total de 81 emendas, tendo sido reencaminhado à Câmara dos Deputados[913]. Após aprovação da referida Casa Legislativa (seu *locus* originário), o texto de lei foi remetido à sanção

---

[911] PARECER 534...
[912] PARECER 534...
[913] O texto do Substitutivo, encaminhado à apreciação do Senado Federal e aprovado em 15 de outubro de 2003, era composto de 222 artigos, divididos em onze capítulos: Disposições Preliminares (Capítulo I), Disposições Comuns à Recuperação Judicial e à Falência (Capítulo II), Da Recuperação Judicial (Capítulo III), Da Recuperação Extrajudicial (Capítulo IV), Da Convolação da Recuperação Judicial em Falência (Capítulo V), da Falência (Capítulo VI), Do Procedimento Especial da Recuperação Judicial e Falência de Microempresa e Empresa de Pequeno Porte (Capítulo VII), Do Procedimento Penal (Capítulo VIII), Dos Crimes (Capítulo IX), Dos Atos Processuais e Respectivos Prazos (Capítulo X) e Disposições Finais e Transitórias (Capítulo XI) (BIOLCHI, Oswaldo. *Relatório da Comissão Especial destinada a apreciar e oferecer parecer ao substitutivo do Senado Federal ao Projeto de Lei n. 4.376, de 1993, do Poder Executivo*, p. 2).

presidencial, sancionado e promulgado como "Lei 11.101/05", cuja vigência iniciou após o decurso de *vacatio legis* de 120 dias.

4.3. A Lei 11.101/2005

A Lei 11.101/2005 marca a quinta fase do direito concursal brasileiro[914], regulando a recuperação judicial, a recuperação extrajudicial e a falência, além de conter previsão sobre os crimes falimentares, sendo aplicada, como regra geral, somente aos empresários (empresários individuais ou sociedades empresárias) — excepcionadas as empresas sujeitas a regimes parafalimentares, bem como aquelas que não se sujeitam à LREF.

Influenciada pelo movimento internacional, e também inspirada nas legislações norte-americana e francesa, a Lei 11.101/05 quebrou o persistente — e culturalmente arraigado — paradigma pendular "credor-devedor", atentando para a preservação da empresa, não exclusivamente em favor do devedor, mas em prol de todas as classes que gravitam em torno da empresa, inclusive dos credores. Marcou, assim, "profunda modificação no direito concursal brasileiro", passando a conhecer o direito positivo brasileiro, pela primeira vez, "mecanismos especificamente criados para viabilizar a superação da crise empresarial, afastando-se de institutos como a concordata e a moratória", e sendo repelida "a ideia de que as dificuldades econômico-financeiras devem necessariamente caminhar à liquidação dos ativos do devedor, em vista da melhor satisfação dos seus credores"[915].

Dessa forma, a LREF permite a negociação extrajudicial entre devedor e credores e substitui a antiga concordata pela recuperação judicial e pela recuperação extrajudicial, objetivando-se a preservação da empresa viável. E, mesmo na falência, resta superada a perspectiva liquidatório-solutória, também se buscando, na medida do possível, a manutenção da empresa[916].

Muito embora não se possa dizer que há uniformidade de objetivos entre os diferentes sistemas nacionais, a legislação brasileira se insere claramente no grupo de países cujas leis concursais são voltadas à preservação da empresa, sendo esse o objetivo cardeal do sistema[917].

---

[914] CEREZETTI. *A recuperação judicial de sociedade por ações...*, p. 85.
[915] CEREZETTI. *A recuperação judicial de sociedade por ações...*, p. 79.
[916] CEREZETTI. *A recuperação judicial de sociedade por ações...*, p. 80-82.
[917] CEREZETTI. *A recuperação judicial de sociedade por ações...*, p. 85-86, 91, 153-154, 204, 427.

Capítulo 6. Apresentação da Lei 11.101/05

A Lei 11.101/05 (LREF) é dividida em parte geral e parte especial, à semelhança de vários códigos, mesmo sem utilizar essa nomenclatura de forma direta. Ao elaborá-la, o legislador adotou a divisão em capítulos, dedicando os dois primeiros às disposições preliminares (Capítulo I) e comuns à recuperação judicial e à falência (Capítulo II), enquanto dedicou os capítulos seguintes aos regimes em espécie: recuperação judicial (Capítulo III e IV), falência (Capítulo V) e recuperação extrajudicial (Capítulo VI). São tratadas, ainda, em capítulos específicos, as disposições penais (Capítulo VII) e as disposições finais e transitórias (Capítulo VIII).

A divisão adotada pelo legislador é passível de críticas, mormente quanto à deficiência do índice sistemático, à ausência de concatenação apropriada entre os capítulos e as seções, às constantes referências a artigos inseridos em seções distintas, bem como à confusa divisão das matérias no corpo do texto. Além disso, atente-se para o fato de o regime da recuperação extrajudicial estar regulado no Capítulo VI (arts. 161 a 167), localizado na parte final da LREF, imediatamente após a falência, ao passo que esta, regrada pelo Capítulo V (arts. 75 a 160), está situada na parte intermediária do texto, imediatamente após o Capítulo IV (arts. 73 e 74), que, por sua vez, trata do processo de convolação da recuperação judicial em falência.

A miscelânea e a ausência de um regime de sistematização mais criterioso confundem e pouco agregam à compreensão dos institutos. Melhor seria se o legislador tivesse optado pela divisão das matérias segundo o viés recuperatório ou liquidatório, dando tratamento homogêneo, preferencial e sistemático às recuperações judicial e extrajudicial nas partes inicial e intermediária da Lei para, na parte final, dispensar atenção unitária e integrada à falência e às disposições penais, evitando-se, por exemplo, que o intérprete tenha de se deslocar no texto para consultar matérias relativas aos regimes recuperatórios.

Em compensação, um aspecto merece aplauso: em contraposição à orientação processualista adotada pelo Decreto-Lei 7.661/45 — bastante criticada pela doutrina pátria por ir de encontro aos ordenamentos jurídicos mais desenvolvidos[918] —, a LREF privilegiou regras e institutos de direito material, outorgando ao sistema um caráter mais dinâmico e flexível às incontroláveis mudanças econômicas vindouras. Principalmente nos regimes recuperatórios, a LREF privilegia a autonomia privada das partes, evitando comandos imperativos e fechados e relativizando a ingerência do juiz no mérito da solução escolhida pelos envolvidos. Enfim, não resta dúvida de que o abandono da excessiva processualização e a valorização da liberdade contratual do devedor e dos credores são duas grandes conquistas da LREF[919].

1. Causas da Crise e Tentativa de Superação

Historicamente, tem-se observado que são inúmeras as causas que podem levar uma empresa ao estado de crise. A doutrina elenca uma série de motivos, alguns atribuídos à própria empresa (chamados "fatores internos"), outros decorrentes de eventos que, em grande medida, fogem ao controle de quem explora a atividade empresária (denominados "fatores externos"). Vale elencá-los, mesmo tendo em conta que a crise empresarial usualmente decorre de um conjunto dessas causas, não de um único fator isoladamente[920].

Os fatores internos são aqueles comumente ligados à ineficiência empresarial, sendo, portanto, imputáveis à própria empresa, tais como: (*i*) desin-

---

[918] Para uma crítica acerca da orientação processualista do regime anterior: COMPARATO. *Aspectos jurídicos da macro-empresa...*, p. 107-108. Ver, também: TOLEDO; PUGLIESI. Capítulo II: A preservação da empresa e seu saneamento..., p. 43-88, p. 58-59.
[919] Ver: TOLEDO; PUGLIESI. Capítulo II: A preservação da empresa e seu saneamento..., p. 87-88.
[920] VALVERDE. *Comentários à Lei de Falências* v. I..., p. 6; BLANCO. *Manual teórico-prático de derecho concursal...*, p. 14-21; LOBO. *Direito concursal...*, p. 187.

teligência/desentendimento entre sócios; (*ii*) problemas decorrentes da mudança de controle societário; (*iii*) falta de profissionalização da administração; (*iv*) inexperiência empresarial; (*v*) desqualificação da mão-de--obra; (*vi*) baixa produtividade; (*vii*) inadequação ou obsolescência dos equipamentos/maquinários; (*viii*) impossibilidade de realizar novos investimentos; (*ix*) desperdício de matéria prima; (*x*) excesso de imobilização; (*xi*) mal dimensionamento do estoque; (*xii*) insuficiência do capital ou estrutura de capital inadequada; (*xiii*) avaliação equivocada do mercado; (*xiv*) má escolha dos fornecedores; (*xv*) operação de alto risco; (*xvi*) alto investimento em operações com retorno aquém do esperado; e (*xvii*) prática de ilícitos fiscais, trabalhistas ou ambientais que resultem na aplicação de pesadas multas.

Já os fatores externos são eventos não diretamente ligados à ineficiência empresarial, mas, na maioria das vezes, relacionados a alterações substanciais nos ambientes econômico e institucional nos quais a empresa está inserida. Merecem destaque: (*i*) mudanças na política cambial, com a consequente valorização ou desvalorização demasiada da moeda, e perda da competitividade nos mercados nacional e internacional; (*ii*) redução das tarifas alfandegárias ou liberação de importações outrora proibidas, acirrando a concorrência com produtos nacionais; (*iii*) fechamento de mercados; (*iv*) aumento da carga tributária; (*v*) peso das obrigações trabalhistas e sociais; (*vi*) restrições creditícias, como a diminuição dos financiamentos bancários para determinados setores da atividade empresarial; (*vii*) retração do mercado consumidor; (*viii*) elevada inadimplência da clientela; (*ix*) aumento dos juros, com o consequente aumento do custo do crédito; e (*x*) variação brusca na cotação de insumos ou de produtos no mercado nacional ou internacional.

Há, ainda, os fatores externos extraordinários, que podem afetar substancialmente a economia da empresa, por exemplo: (*i*) maxidesvalorização cambial; (*ii*) bloqueio de papel moeda; (*iii*) conflitos armados; e (*iv*) catástrofes climáticas e ambientais. Esses fatores também podem estar relacionados ao acirramento da concorrência empresarial ou às ondas contínuas do que se convencionou chamar, em economia, de "destruição criativa"[921], resultantes, por exemplo: (*v*) da chegada de novos e revolucionários pro-

---

[921] SCHUMPETER, Joseph. *Capitalism, socialism, and democracy*. London: Routledge, 2006, p. 84.

dutos ao mercado; e *(vi)* da introdução de novas tecnologias e seu potencial exponencial.

Quando o empresário enfrenta uma situação de crise, normalmente busca uma solução extrajudicial para tal dificuldade, tentando, por exemplo, realizar a negociação direta com seus credores, acesso a novos recursos e a linhas de financiamento para reestruturar o próprio negócio, e assim por diante[922-923]. Na prática, é comum a tentativa de negociação extrajudicial e, em certa medida, coletiva com os credores, podendo-se realizar o chamado contrato de *standstill* — que, no Brasil, não possui um padrão, sendo negociado caso a caso[924].

Assim, em um primeiro momento, busca-se uma solução de mercado para o enfrentamento da crise. Caso a alternativa não seja capaz de reverter a situação de dificuldade, parte-se, então, para a busca das soluções jurídicas previstas na LREF.

---

[922] Essa alternativa de negociação extrajudicial do devedor com os credores consta no art. 167 da Lei 11.101/05 ("O disposto neste Capítulo não implica impossibilidade de realização de outras modalidades de acordo privado entre o devedor e seus credores"). Assim, além de a LREF não mais considerar a busca dos credores para negociar o passivo como ato falimentar, admite expressamente tal alternativa no art. 167. Essa previsão legal é importante se comparada com o regime do Decreto-Lei 7.661/45, que, seguindo orientação instituída pela Lei 2.024/1908, previa, no art. 2º, III, como ato falimentar (capaz, então, de justificar pedido de falência do devedor) a simples convocação, pelo devedor, de seus credores para propor dilação (moratória amigável), remissão de créditos (perdão) ou cessão de bens (dação em pagamento). Dessa forma, o regime anterior possuía dispositivo legal que, a rigor, impedia a tentativa do devedor de reunir seus credores a fim de propor-lhes uma solução de mercado que pudesse evitar a inadimplência ou fazê-la cessar — e somente a concordância unânime poderia elidir a falência. De qualquer sorte, tal dispositivo era objeto de muitas críticas, tendo, inclusive, sofrido diversas interpretações restritivas — sem contar que, mesmo com a proibição legal, esse tipo de negociação à margem do Poder Judiciário e da lei era, na prática, realizado pelos devedores, recebendo a alcunha de "concordata branca".

[923] No direito norte-americano, por exemplo, os acordos privados entabulados entre o devedor e seus credores, baseados fortemente no princípio da autonomia privada, possuem grande relevância prática entre os empreendedores em estado de crise (ou pré-crise) e são denominados *workout agreements*, referidos na doutrina como *out-of-court restructuring* ou *informal reorganization*. Ver: DUBERSTEIN, Conrad B. Out-of-court workouts. *American Bankruptcy Institute Law Review*, n. 347, p. 347-354, 1993; SCHWARTZ, Alan. Bankruptcy workouts and debt contracts. *Journal of Law and Economics*, Chicago, v. 36, p. 595-632, apr. 1993.

[924] Trata-se de um contrato firmado entre devedor e determinados credores por meio do qual estes se comprometem a, por um certo período de tempo, não tomar medidas contra o devedor enquanto renegociam seu débito, ou por determinado período de carência, livremente estabelecido entre as partes.

Se a crise for de menor proporção, recomenda-se o caminho da recuperação extrajudicial (LREF, arts. 161 a 166). Por sua vez, caso a crise seja de uma gravidade que demande solução mais amarga, sugere-se a recuperação judicial (LREF, arts. 47 e seguintes). Todavia, se a situação da empresa já tiver atingido um nível irreversível, segue-se com a sua liquidação por meio da falência (LREF, arts. 75 a 160), sendo que a não adoção das medidas adequadas pode ensejar a responsabilização de quem conduz a atividade empresária (mormente dos administradores e controladores), tendo em vista o possível descumprimento de seus deveres[925].

No Brasil, independentemente da natureza das causas da crise ou da sua gravidade, a LREF é o diploma legislativo responsável por regular as tentativas judiciais de superação do declínio empresarial e a liquidação da empresa na hipótese de sua inviabilidade.

2. Regimes Jurídicos

Em uma análise comparativa entre a sistematização dos regimes jurídicos previstos na LREF e o direito anterior, especialmente o regime do Decreto-Lei 7.661/1945 (antiga Lei de Falências), percebe-se que o sistema atual manteve a linha estrutural. Permanece atual, portanto, a afirmação de que, em se tratando de crise irreversível, a tendência será a aplicação do regime liquidatório da falência. Por outro lado, se a crise for sanável, são oferecidos meios para que a empresa se reorganize.

No entanto, os regimes recuperatórios da empresa em crise na LREF (recuperação judicial e extrajudicial) em nada se aproximam da alternativa anteriormente existente. A concordata não passava de um privilégio ("favor legal") garantido ao comerciante regular, através de combinações pré-concebidas de desconto (remissão parcial) e de prorrogação de vencimento de dívidas em face dos credores quirografários. Tratava-se de remédio jurídico que não levava em conta as peculiaridades do devedor nem possibilitava uma proposta diferenciada de solução para a crise, o que acabava gerando um resultado duplamente nefasto: empresas viáveis não tinham espaço para propor soluções adequadas aos seus problemas e

---

[925] Sobre o tema, no Brasil, ver: ARAGÃO, Leandro Santos de. Deveres dos administradores de sociedades empresárias em dificuldades financeiras: a teoria do *deepening insolvency* no Brasil. In: CASTRO, Rodrigo Monteiro de; ARAGÃO, Leandro Sandos de (coord.). *Direito societário*: desafios atuais. São Paulo: Quartier Latin, 2009, p. 178-185.

empresas inviáveis postergavam sua liquidação, se mantendo no mercado e aumentando o potencial prejuízo de seus credores[926].

A LREF adotou uma sistemática dúplice de solução para a crise empresarial: reorganização para as empresas viáveis (recuperação judicial e extrajudicial) e liquidação para as inviáveis (falência). A fim de propiciar uma visão panorâmica da Lei, abaixo será apresentada uma breve noção de cada um dos regimes legais do direito concursal brasileiro.

2.1. Recuperação Judicial

A recuperação judicial está regulada nos Capítulos III e IV da LREF. Trata-se de ação judicial, cuja legitimação ativa é somente do devedor, respeitados os requisitos legais (LREF, art. 48). A medida possibilita ao devedor uma renegociação coletiva do seu passivo em um ambiente regulado, tendo sido concebida pelo legislador para combater crises econômico-financeiras complexas e de maior envergadura.

O regime recuperatório judicial abrange uma parcela significativa dos créditos existentes na data do pedido, salvo os créditos tributários e aqueles previstos nos arts. 49, §3º, e 86, II, da LREF.

Quanto ao procedimento em si, em linhas gerais, deferido o processamento do pedido de recuperação judicial, as execuções em face do devedor são suspensas pelo período improrrogável de 180 dias (LREF, art. 6, §4º). Na prática, entretanto, tal prazo é usualmente prorrogado mediante pedido judicial, respeitados certos pressupostos fáticos, tais como a inexistência de mora por parte do devedor no cumprimento de seus deveres legais. A prorrogação do prazo serve para que a recuperanda possa elaborar e apresentar em juízo, no prazo de 60 dias (LREF, art. 53), um plano de recuperação apto a sanear a empresa.

As medidas recuperatórias (LREF, art. 50 – *e.g.*, parcelamentos, venda de ativos, entre outras) são apresentadas neste plano, que é apreciado em assembleia geral pelos credores, os quais dividem-se em classes, da seguinte forma: (*i*) titulares de créditos derivados da legislação do trabalho ou decorrentes de acidentes de trabalho; (*ii*) titulares de créditos com garantia real; (*iii*) titulares de créditos quirografários, com privilégio especial, com privilégio geral ou subordinados; e (*iv*) titulares de créditos enquadrados como

---

[926] PUGLIESI. *Direito falimentar e preservação da empresa...*, p. 54.

microempresa ou empresa de pequeno porte. Para a aprovação do plano, deverá haver a concordância de parte dos credores, nos termos do art. 45 da LREF, com quóruns de votação por cabeça e por crédito definidos pelo próprio legislador.

As obrigações abrangidas pelo regime de recuperação judicial são extintas, nos termos do art. 59 da LREF, surgindo, em seu lugar, novos direitos, deveres e obrigações. Esse fenômeno é denominado de "novação recuperacional", cujas obrigações deverão ser cumpridas em conformidade com o estipulado, sob pena de convolação da recuperação judicial em falência (LREF, art. 73).

Permanece o devedor em recuperação (*i.e.*, em juízo) até que se cumpram todas as obrigações que vencerem em até dois anos depois da sua concessão (LREF, art. 61), ainda que o plano de recuperação preveja prazo maior para o cumprimento das obrigações ali assumidas. Restando obrigações vincendas, estas serão cumpridas extrajudicialmente.

Em síntese, as empresas em crise buscam o regime jurídico da recuperação judicial pelas seguintes razões: (*i*) garante proteção contra as ações e execuções dos credores que tenham o condão de agredir o patrimônio do devedor (*stay period*) tão logo seja deferido seu processamento pelo magistrado; (*ii*) possibilita a negociação coletiva com os credores, tendo como base o princípio majoritário na assembleia geral de credores; (*iii*) viabiliza a venda de ativos sem o risco de o adquirente ter de arcar com as dívidas da devedora alienante (LREF, art. 60); e (*iv*) teoricamente incrementa as chances de financiamentos em função da extraconcursalidade do crédito constituído depois do deferimento do processamento. Essas são as principais vantagens da reestruturação da empresa em crise via recuperação judicial[927].

---

[927] Como ressalta Francisco Satiro: "A razão do arcabouço processual da recuperação judicial é a superação dos obstáculos representados pela livre negociação simultânea com vários credores, cada um deles buscando a satisfação egoística de seus interesses. Em outras palavras, o processo de recuperação judicial é, na verdade, simplesmente um meio, uma ferramenta de construção de uma solução negociada entre o devedor e seus credores e, obviamente, de preservação das premissas contratadas. Isso significa que o plano de recuperação judicial, não obstante construído no âmbito de um processo judicial, tem natureza de negócio jurídico celebrado entre o devedor e seus credores." (SOUZA JÚNIOR, Francisco Satiro de. Autonomia dos credores na aprovação do plano de recuperação judicial. In: CASTRO, Rodrigo R. Monteiro; WARDE JÚNIOR, Walfrido Jorge; TAVARES GUERREIRO, Carolina Dias (coords.).

Idealizada como um remédio de maior amplitude do que a recuperação extrajudicial (uma vez que permite, entre outras questões, a inclusão dos créditos trabalhistas), sua principal limitação é não alcançar os créditos tributários nem aqueles previstos nos arts. 49, §3º, e 86, II, da LREF, imunes ao plano apresentado pelo devedor.

Existe, ainda, previsão de recuperação judicial para micro e pequenas empresas. Trata-se de procedimento especial que abarca todos os credores (à exceção dos decorrentes de repasse de recursos oficiais, dos fiscais e dos previstos nos §§3º e 4º do art. 49), restringindo-se, a rigor, a um mero parcelamento nos moldes estabelecidos na própria LREF.

2.2. Recuperação Extrajudicial

O regime da recuperação extrajudicial constitui uma das novidades trazidas pela LREF, embora historicamente o instituto e a permissão de negociação privada entre o devedor e seus credores não representem soluções inéditas enquanto mecanismos formais de reorganização extrajudicial[928].

Essa constatação ganha importância comparativa porque o regime do Decreto-Lei 7.661/45 (antiga Lei de Falências), seguindo orientação instituída pela Lei 2.024/1908, sancionava como ato falimentar, capaz de justificar pedido de falência do devedor, a simples convocação, por ele, de seus credores com a finalidade de propor dilação, remissão de créditos ou cessão de bens (leia-se: moratória amigável, perdão e dação em pagamento). Em outras palavras, o regime anterior possuía dispositivo legal que sabotava qualquer tentativa do devedor de reunir seus credores a fim de propor-lhes uma solução de mercado que pudesse evitar a inadimplência ou fazê-la cessar (art. 2º, III, do Decreto-Lei 7.661/45). A rigor, somente a concordância unânime poderia elidir a falência.

Direito empresarial e outros estudos em homenagem ao Professor José Alexandre Tavares Guerreiro. São Paulo: Quartier Latin, 2013, p. 104).

[928] Sobre o assunto, entre outros, ver: SICA, Ligia Paula Pires Pinto. *Recuperação extrajudicial de empresas:* desenvolvimento do direito de recuperação de empresas brasileiro. Tese (Doutorado em Direito). Faculdade de Direito da Universidade de São Paulo, São Paulo, 2009, p. 45-51; MARTINS. *A recuperação extrajudicial na Lei nº 11.101/2005...*, p. 19-30; OCHOA; WEINMANN. *Recuperação empresarial...*, p. 129.

De qualquer forma, o referido dispositivo do Decreto-Lei 7.661/45 foi duramente criticado pelos comercialistas de então[929], existindo, igualmente, vários precedentes judiciais que, à época, concediam ao devedor o regime da concordata preventiva com base na renegociação dos débitos entre devedor e credores, com efeitos semelhantes aos da recuperação extrajudicial[930]. Ademais, a despeito da proibição legal de outrora, esse tipo de negociação era, na prática, realizado pelos devedores, recebendo a alcunha de "concordata branca".

Por tudo isso, e diante do cenário de grande insegurança reinante até então, o ordenamento jurídico necessitava, com urgência, de um mecanismo que permitisse, aberta e honestamente, a livre negociação entre devedor e seus credores, a fim de que pudessem chegar a uma solução de mercado para a crise empresarial.

A recuperação extrajudicial possui afinidades com o *prepackaged bankruptcy Chapter 11* e com o *Acordo Preventivo Extrajudicial* (APE) da *Ley de Concursos y Quiebras* da Argentina[931] e está regulada no Capítulo VI da LREF.

---

[929] REQUIÃO, Rubens. *Curso de direito falimentar*, v. 1. 9 ed. São Paulo: Saraiva, 1984, p. 74. Autores como Wilson de Souza Campos Batalha e Silvia Marina Labate Batalha, por sua vez, adotavam interpretação restritiva. Entendiam que somente deveria ser decretada a quebra com base no art. 2º, III, do Decreto-Lei 7.661/1945, caso restasse comprovada a má-fé do devedor. Ou seja, a simples procura dos credores, por parte do devedor, para renegociar os débitos não ensejaria a falência, uma vez que seria o caso de mera presunção *iuris tantum*, que deveria ceder diante da comprovação da boa-fé e da ausência de prejuízos (BATALHA, Wilson de Souza Campos; BATALHA, Silvia Marina Labate. *Falências e concordatas*. 2 ed. atual. São Paulo: LTr, 1996, p. 124).

[930] Exemplificativamente: TJSP, 2ª Câmara de Direito Privado, AI 9047784-15.2003.8.26.0000, Rel. Des. Milton Theodoro Guimarães, j. 25/05/2004; TJSP, 2ª Câmara de Direito Privado, AI 9047981-67.2003.8.26.0000, Rel. Des. Milton Theodoro Guimarães, j. 11/05/2004; TJSP, 2ª Câmara de Direito Privado, AI 9047978-15.2003.8.26.0000, Rel. Des. Milton Theodoro Guimarães, j. 11/05/2004. Da mesma forma, faz-se referência ao conturbado caso das Lojas Arapuã S/A, no qual, mesmo não cumprindo a concordata, o TJSP decidiu por não decretar a falência da devedora com base em sua função social e na concordância da grande maioria dos credores em um plano de reestruturação (TJSP, 8ª Câmara de Direito Privado, AI 257.217/5, Rel. Des. Silvio Marques Neto, j. 11/06/2003). Essa decisão foi revertida pela 4ª Turma do Superior Tribunal de Justiça nos anos de 2009 (STJ, 4ª Turma, REsp 707.158/SP, Rel. Min. Luis Felipe Salomão, j. 03/03/2009) e 2011 (EDcl no REsp 707.158/SP, Rel. Min. Maria Isabel Gallotti, j. 18/10/2011).

[931] SOUZA JÚNIOR, Francisco Satiro de. Capítulo VI: Da recuperação extrajudicial. In: ____; PITOMBO, Antonio Sergio A. de Moraes (coord.). *Comentários à Lei de Recuperação de Empresas e Falências*. 2 ed. São Paulo: Revista dos Tribunais, 2007, p. 525; MARTINS. *A recuperação*

Consiste, basicamente, em um acordo entabulado à margem do Poder Judiciário entre o devedor e seus credores (parte deles ou a sua totalidade), que somente pode ser requerida pelo devedor, respeitados os requisitos previstos na LREF.

Uma vez levado à homologação judicial, produzirá efeitos em relação aos credores que voluntariamente aderiram ao plano proposto, na forma do art. 162, ou, eventualmente, poderá ser imposto a todos os credores de uma mesma classe ou grupo de créditos, desde que aprovado pelo *quorum* previsto no art. 163 (respectivamente, as modalidades de recuperação extrajudicial *facultativa* e *impositiva*).

Homologado o plano, o processo é encerrado, e as obrigações devem ser cumpridas extrajudicialmente. Seu objetivo também é a superação da crise empresarial de menor envergadura e complexidade, ao passo que a recuperação judicial seria o regime jurídico indicado para salvaguardar crises de maior proporção econômica[932].

A despeito da diferença de enfoque, tem-se que a recuperação extrajudicial e a judicial são regimes recuperatórios paralelos, cuja escolha por um ou por outro dependerá de uma análise do caso concreto[933].

Uma das vantagens desse regime é a sua flexibilidade, vez que, de regra, só aderem ao plano os credores que desejam dele participar, em nada se alterando a situação dos demais. Em relação aos acordos privados, assegura uma maior estabilidade ao pacto firmado, bem como eventual imposição aos credores dissidentes.

Sua principal limitação está no fato de não contemplar os créditos tributários e os trabalhistas, nem aqueles previstos nos arts. 49, §3º, e 86, II, da LREF. Além disso, em tese, não possibilita a suspensão das execuções nem permite a alienação de ativos desonerados (isto é, livres do risco de sucessão do comprador nas dívidas tributárias e trabalhistas do vendedor), como pode ocorrer na recuperação judicial. Outrossim, os atos previstos

---

extrajudicial na Lei nº 11.101/2005..., p. 189-222; SICA. *Recuperação extrajudicial de empresas...*, p. 189-140; FRANCO, Vera Helena de Mello; SZTAJN, Rachel. *Falência e recuperação da empresa em crise*. Rio de Janeiro: Elsevier, 2008, p. 258-262.

[932] SOUZA JÚNIOR. Capítulo VI: Da recuperação extrajudicial..., p. 524); PARECER 534...; LISBOA, Marcos de Barros; DAMASO, Otávio Ribeiro; SANTOS, Bruno Carazza dos; COSTA, Ana Carla Abrão. A racionalidade econômica da Nova Lei de Falências e de Recuperação de Empresas. In: PAIVA, Luiz Fernando Valente de (coord.). *Direito falimentar e a Nova Lei de Falência e Recuperação de Empresas*. São Paulo: Quartier Latin, 2005, p. 45.

[933] SICA. *Recuperação extrajudicial de empresas...*, p. 137.

no plano podem ter sua ineficácia reconhecida ou serem revogados em caso de falência do devedor.

2.3. Falência

A falência, também conhecida como quebra ou bancarrota[934], possui caráter marcadamente processual[935], apesar de a LREF ter revisado o caráter excessivamente processualístico que historicamente marcou o instituto no Brasil, e está prevista no Capítulo V da Lei 11.101/2005.

É o regime jurídico liquidatório reservado aos empresários individuais e às sociedades empresárias, no qual se busca a liquidação do patrimônio do devedor presumidamente insolvente para o pagamento de seus credores[936] (de acordo com o regime de garantias e preferências legalmente estipuladas[937]), e para a apuração de responsabilidades e eventuais crimes falimentares. Inaugura um novo estado que recai sobre o devedor[938], ressalvando-se ser permitida a busca pela preservação da empresa também na falência.

---

[934] O termo *fallir* tem origem no latim *fallere* e exprime o sentido de enganar, faltar ao prometido, à palavra dada. Daí seus derivados *falimento* e *falência*, significando a omissão na observância de um dever, a falta do cumprimento exato de uma obrigação. O latim *fallere* procede da raiz sânscrita *sphall* (vacilar, mover, desviar), donde também o grego *sphallen* (faltar); o alemão, *fallen, fehlen* (cair, decair, faltar, cair em falta); o inglês *fall, fail* (cair, faltar); o francês, *faillir, faillite* (enganar, pecar, faltar); o italiano, *fallire, fallimento* com o mesmo significado. Já *quebra* e *bancarrota* são expressões sinônimas que remontam ao costume medieval de quebrar a banca (banca quebrada, bancarrota) do comerciante devedor que não conseguia honrar com as suas obrigações. Sobre o tema, ver: CARVALHO DE MENDONÇA. *Tratado de direito comercial brasileiro*, v. VII..., p. 7. Ver, também, LEITÃO. *Direito da Insolvência...*, p. 15.

[935] PROVINCIALI, Renzo. *Prolegomeni allo studio del diritto fallimentare*. Pompei: Morano, 1963, p. 15.

[936] FRANCO, Vera Helena de Mello. Seção IV: Do procedimento para a decretação da falência. In: SOUZA JÚNIOR, Francisco Satiro de; PITOMBO, Antônio Sérgio A. de Moraes (coord.). *Comentários à Lei de Recuperação de Empresas e Falência*. 2 ed. rev., atual. e ampl. São Paulo: Revista dos Tribunais, 2007, p. 399.

[937] CUNHA. *Do patrimônio...*, p. 197; VIVANTE, Cesare. *Trattato di diritto commerciale*, v. II. 5 ed. Milano: Casa Editrice Francesco Vallardi, 1935, p. 192; FERRI, Giuseppe. *Le società*. Torino: UTET, 1971, p. 325-326.

[938] A *falência* (ou *insolvência*) é um *estado*, designando também a palavra um *processo* "enquanto encadeamento de atos dirigidos a um fim: a composição de pretensões" (MARTINS. *Um curso de direito da insolvência...*, p. 42).

Trata-se de liquidação por concurso de credores (espécie de execução coletiva), de modo a garantir um tratamento igualitário entre eles. Pode-se dizer que a falência tem por objetivos a tutela do crédito e a satisfação dos credores, bem como eliminar o agente insolvente do mercado, buscando, na medida do possível, a preservação da empresa e do mercado em geral, conforme nova orientação principiológica da LREF.

A razão subjacente à existência do regime falimentar é bastante singela: a impossibilidade sistêmica de cada credor buscar individualmente a satisfação do seu crédito. Evita-se, assim, que a multiplicidade de execuções individuais, diante de um patrimônio insuficiente, favoreça alguns credores em detrimento de outros — daí porque ocorre a substituição das execuções individuais por uma execução coletiva[939].

Há, também, uma perspectiva econômica relevante[940]: o procedimento de falência busca eliminar do mercado o agente econômico inviável, tutelar o crédito, indispensável para uma economia de mercado e fornecer proteção aos credores — por meio da melhor repartição possível do patrimônio do falido, que, na grande maioria das vezes, não é suficiente para atender a todos.

Para levar a cabo os objetivos do processo falimentar nos termos da LREF, há certos princípios que pautam o seu regime. Assim, além dos princípios da preservação e da maximização do patrimônio da massa (art. 75, *caput*), da economia e celeridade processual (art. 75, parágrafo único, e

---

[939] Segundo Miranda Valverde: "Sob o ponto de vista formal, é a falência uma variante do processo das execuções." (VALVERDE. *Comentários à Lei de Falências*, v. I..., p. 17). Para aprofundamento da analogia entre a execução singular e a execução coletiva, gênero do qual a falência é espécie, ver: CUNHA. *Do patrimônio...*, p. 197; VIVANTE. *Trattato di diritto commerciale*, v. II..., p. 192; FERRI. *Le società...*, p. 325-326. Para estudo aprofundado sobre a natureza jurídica da falência ver: D'AVACK, Carlo. *La natura giuridica del fallimento*. Padova: CEDAM, 1940.

[940] Esse aspecto econômico-liquidatório do processo falimentar tem sua origem no direito norte-americano, embora neste sistema jurídico a ideia subjacente à falência seja muito mais de evidenciar aos credores a inexistência de ativos para cobrir o total da dívida do falido do que nutrir expectativas de receber uma parcela do seu crédito. Segundo ensina Douglas G. Baird: "The purpose of allowing corporations to file Chapter 7 petitions is not so much to give creditors assets, as it is to assure creditors that the corporation has no assets. Chapter 7 gives the managers of a corporation a way of surrending. It tells the creditors to stop their pursuit. A Chapter 7 petition is the easiest way for managers who are being constantly harassed to convince the creditors of the firm that the firm has no assets and that their lawsuits are pointless. The bankruptcy process can offer scrutiny of the debtor's overall health than no individual creditor can match." (BAIRD. *The elements of bankruptcy...*, p. 14).

79), e da *par conditio creditorum* (que serão vistos no item 4 deste Capítulo), há o princípio da universalidade do juízo da falência (art. 76) — que vem, em certa medida, sendo aplicado na recuperação judicial[941].

A falência divide-se em duas fases: uma cognitiva e outra executiva. Na primeira, conhece-se o estado patrimonial do devedor. Se a insolvência for constatada (trabalha-se com um sistema de presunções relativas e de verdade formal), decreta-se a falência do devedor. A partir daí, instaura-se a segunda fase do procedimento, de caráter executivo, cujo objetivo é arrecadar e avaliar os bens do falido para vendê-los e pagar os credores de acordo com a ordem legalmente estabelecida.

Segundo a LREF (art. 94), são três os fatores geradores legais que podem determinar a decretação de falência do empresário ou da sociedade empresária: (*i*) impontualidade no pagamento de obrigação no vencimento, sem relevante razão de direito e sujeita ao atingimento de determinado valor líquido, devidamente protestado; (*ii*) execução judicial frustrada, sem garantia do juízo; e (*iii*) prática de atos de falência, cuja materialização descortina presunção absoluta (*juris et de jure*) do estado de falência do devedor.

Assim, a falência, verdadeira execução coletiva, é decretada com base na presunção de insolvência. O sistema falimentar opera com um sistema sincronizado e fundado em presunções que busca coincidir a quebra econômica com a quebra jurídica, mas isso excepcionalmente pode não ocorrer[942]. A quebra econômica pode estar materializada sem que seja decretada a quebra jurídica, ao passo que pode haver decretação de insolvência jurídica sem que o estado de insolvência econômica reste caracterizado[943].

---

[941] Sobre o tema, ver: DEZEM. *A universalidade do juízo da recuperação judicial...*, p. 175 ss.

[942] COELHO, Fábio Ulhoa. *Comentários à Lei de Falências e Recuperação de Empresas*. 7 ed. rev. São Paulo: Saraiva, 2010, p. 298. Por exemplo, ao estabelecer, no art. 153, que, se todos os credores forem pagos, o saldo remanescente (se existente) será entregue ao falido, a LREF admite, implícita e lateralmente, que a insolvência real não é um requisito para a falência. Nesse sentido, a Súmula 43 do TJSP: "No pedido de falência fundado no inadimplemento de obrigação líquida materializada em título, basta a prova da impontualidade, feita mediante o protesto, não sendo exigível a demonstração da insolvência do devedor". Na mesma direção (*i.e.*, que não é preciso fazer prova da insolvabilidade): TJMG, 5ª Câmara Cível, AI 1.0672.03.114323-9/003, Rel. Des. Nepomuceno Silva, j. 14/05/2009. O acórdão chega a destacar, expressamente, que é possível a falência de empresa com ativo superior ao passivo.

[943] Nesse particular, ganha relevância a distinção entre os estados econômico e jurídico de insolvência. O pressuposto da insolvência, como fundamento jurídico para a decretação da falência, não se caracteriza por um determinado estado patrimonial, mas sim pela ocorrência concreta de um dos fatos estabelecidos pela lei como ensejadores da quebra (COELHO. *Co-*

Na LREF, a decretação da falência de um devedor prescinde de uma investigação da sua real condição econômica, financeira ou patrimonial[944-945]. Embora não exista plena coincidência entre os estados econômico e jurídico de insolvência, há uma correlação mínima de causa e efeito entre eles. Por exemplo, os comportamentos descritos pelo legislador no art. 94 são indicativos de que os empresários ou as sociedades empresárias se encontram em situação de insolvência econômica, os quais, na lógica da lei, passam a estar, também, em situação de insolvência jurídica (o que, no entanto, não é absoluto[946]).

mentários à Lei de Falências e Recuperação de Empresas..., p. 298). A doutrina consolidou o uso das expressões "insolvência jurídica" e "insolvência econômica". É digno de registro, entretanto, que Fábio Konder Comparato se vale das expressões "insolvência" e "insolvabilidade" para descrever o fenômeno. A primeira seria um fato: a falta de disponibilidade para a satisfação de credores, mesmo que o ativo (bens e direitos) seja maior que o passivo (obrigações); enquanto a segunda seria o estado econômico em que a pessoa não pode satisfazer as dívidas, porque a situação econômica do seu patrimônio torna impossível a prestação devida (ativo menor do que passivo) (COMPARATO, Fábio Konder. *Seguro de crédito*. Estudo jurídico. São Paulo: Revista dos Tribunais, 1968, p. 46-48). No mesmo sentido, retomando as lições de Umberto Azzolina: FERRO, Marcelo Roberto. *O prejuízo na fraude contra credores*. Rio de Janeiro: Renovar, 1998, p. 18-19. Sobre o tema, ver, ainda: TOLEDO, Paulo Fernando Campos Salles de; PUGLIESI, Adriana Valéria. Capítulo I: Insolvência e crise das empresas. In: CARVALHOSA, Modesto (coord.). *Tratado de direito empresarial*, v. V – recuperação empresarial e falência. São Paulo: Revista dos Tribunais, 2016, p. 29-42. Na linha defendida por Comparato, parece-nos que a utilização das expressões "insolvência" e "insolvabilidade" de forma discriminada possui relevância descritiva, pois se referem a fenômenos distintos, nada obstante se deva deixar claro que, ao nosso direito falimentar, basta a verificação da primeira (insolvência) para a decretação da quebra do devedor.

[944] Dentro do sistema da LREF, somente haverá uma investigação mais aprofundada acerca do estado econômico, financeiro e patrimonial do devedor quando do exame da viabilidade do plano de recuperação judicial e extrajudicial apresentado pelos devedores. Lembre-se que a demonstração da viabilidade econômica é requisito indispensável do plano de recuperação judicial (art. 53, II), assim como a apresentação de laudo econômico-financeiro, e de avaliação dos bens e ativos do devedor assinado por profissional legalmente habilitado ou empresa especializada (art. 53, III).

[945] Diferentemente do que ocorre com a insolvência civil, sistema no qual o art. 748 do Código de Processo Civil de 1973 (ainda aplicável em decorrência do art. 1.052 do Código de Processo Civil de 2015) assim dispõe: "Art. 748. Dá-se a insolvência toda vez que as dívidas excederem à importância dos bens do devedor".

[946] Como bem destaca Fábio Ulhoa Coelho: "Se o empresário é solvente — no sentido de que os bens do ativo, se vendidos, alcançariam preço suficiente para pagamento das obrigações passivas —, mas está passando por problemas de liquidez, não tem caixa para pagar os títulos que se vencem, então ele não se encontra em insolvência econômica, mas jurídica. Se ele

APRESENTAÇÃO DA LEI 11.101/05

A falência se caracteriza, portanto, como um procedimento judicial cujo objetivo é, primeiramente, obter a certeza — pelo menos *formal* — de que o devedor está insolvente para, num segundo momento, diante da confirmação dessa informação, liquidar o seu patrimônio para atender ao maior número de credores possível. Teoricamente, a insolvência é um fato econômico, enquanto que a falência é um estado de direito, que se constitui mediante a manifestação afirmativa do Poder Judiciário.

A falência pode ser requerida: (*i*) pelo próprio devedor (autofalência) ou por seus credores; (*ii*) pelo cônjuge sobrevivente, por qualquer herdeiro do devedor ou pelo inventariante; ou (*iii*) pelo cotista ou acionista do devedor, na forma da lei ou do ato constitutivo da sociedade. Em linhas gerais, uma vez decretada a quebra, é nomeado um administrador judicial para liquidar o patrimônio do falido no bojo do processo falimentar (*i.e.*, para arrecadar os seus bens, avaliá-los, aliená-los e, com o produto da venda, pagar aos credores).

Fato é que não se pode presumir o falido como fraudador, como ocorria outrora. Como vimos, desde a segunda metade do século XV, o direito concursal vem evoluindo no sentido de diferenciar a falência inocente da fraudulenta, reservando o tratamento mais severo apenas ao bancarroteiro doloso[947]. Isso porque a falência, por si só, não é nenhuma punição. Qualquer penalidade deverá ser aplicada pelas disposições de direito penal, em decorrência dos crimes falimentares eventualmente praticados.

O devedor que honestamente falhou sofrerá a perda de seu patrimônio — respeitadas as regras de impenhorabilidade e o princípio da limitação da responsabilidade, quando aplicável. Essa consequência já é suficiente para aquele que frustrou as expectativas dos seus credores de modo honesto, seja por despreparo, incompetência ou pelos azares da fortuna, devendo ser estendida a ele a possibilidade de recomeçar, sem qualquer espécie de pecha ou preconceito. Entretanto, muito mais do que os efeitos jurídicos que recaem sobre o falido a partir da incidência do regime falimentar, o abalo em sua reputação, de natureza não jurídica, talvez seja uma das grandes (ou mesmo a maior das) implicações incidentes sobre a figura do

---

não conseguir resolver o problema (por meio de financiamento bancário, securitização ou capitalização), sua quebra poderá ser decretada." (COELHO. *Comentários à Lei de Falências e Recuperação de Empresas...*, p. 298).

[947] SANTARELLI. *Per la storia del fallimento...*, p. 147 ss.

devedor, cujos desdobramentos tendem a não desaparecer em curto-médio prazo, podendo prejudicá-lo no seguimento da sua vida profissional.

3. Objetivos

A legislação falimentar é um importante marco regulatório para o ambiente de negócios de um país, na medida em que cria mecanismos de incentivo, que definem o comportamento dos agentes econômicos quando um deles se encontra em estado de crise. Entende-se que, diante de uma empresa em situação de dificuldade, uma lei falimentar é tão mais eficiente quanto possa oferecer soluções adequadas para a resolução do impasse entre o devedor e seus credores, com a rápida liquidação da empresa inviável e a recuperação da empresa economicamente viável[948].

Em última análise, "o tratamento dispensado à empresa em crise influencia, em maior ou menor medida, o custo do financiamento empresarial, seja por agentes financeiros (bancos), seja por investidores (acionistas). Repercute, ademais, na propensão à assunção de riscos por potenciais empresários e no nível de empreendedorismo"[949].

No plano internacional, não há um consenso acerca do tratamento a ser dispensado à insolvência[950]. Nos Estados Unidos — país em que não há um estigma tão intenso associado à crise empresarial[951] —, existe um importante debate teórico acerca de quais devem ser os objetivos de uma lei concursal[952]. De um lado, parte da doutrina (filiada à corrente da *Law*

---

[948] WARREN. Bankruptcy policy..., p. 775-814; WARREN, Elizabeth. Bankruptcy policy-making in an imperfect world. *Michigan Law Review*, v. 92, p. 336-387, 1993; LISBOA; DAMASO; SANTOS; COSTA. A racionalidade econômica da Nova Lei..., p. 31-32; ESTEVEZ. Das origens do direito falimentar à Lei n. 11.101/05..., p. 48.

[949] BUSCHINELLI, Gabriel Saad Kik. *Abuso do direito de voto na assembleia geral de credores*. São Paulo: Quartier Latin, 2014, p. 70.

[950] CEREZETTI. *A recuperação judicial de sociedade por ações*..., p. 132, nota 152.

[951] Até louvam-se empresários que recorrem aos regimes concursais, na medida em que comprovam a disposição de assumir os riscos necessários à promoção do capitalismo. (CEREZETTI. *A recuperação judicial de sociedade por ações*..., p. 93-94).

[952] Em 1919, Noel já defendia que os três principais objetivos de uma moderna legislação falimentar deveriam ser: (*i*) a arrecadação dos bens para pagamento dos credores; (*ii*) a liberação do devedor; e (*iii*) o combate/prevenção à fraude (NOEL. *A history of the bankruptcy law*..., p. 188).

and Economics)[953] defende a prevalência dos interesses dos credores, razão pela qual a legislação deve estar orientada para garantir a máxima satisfação dos créditos[954]. De outro, além da necessidade de tutelar o crédito, parte da doutrina entende que a preservação da empresa, com a consequente manutenção dos postos de trabalho e a minimização dos impactos sociais decorrentes da crise, deve ser o objetivo mais importante da legislação concursal[955].

Por uma questão de política legislativa, o debate teórico norte-americano acerca dos propósitos do sistema concursal se reproduz nos grandes sistemas atualmente existentes[956]. Em um grupo de países, a preservação da empresa é eleita como o objetivo principal do sistema (Estados Unidos e França). Em outro, a preservação é aceita, mas desde que maximize o retorno dos credores (Alemanha, Espanha e Portugal), motivo pelo qual está nas mãos destes a opção pela reorganização ou pela liquidação[957].

A legislação concursal brasileira atual (Lei 11.101/05) filia-se à primeira concepção[958], na medida em que elege como princípio cardeal a preservação da empresa, em atenção aos interesses de todas as classes que em

---

[953] Para uma visão geral sobre o tema, ver: POSNER, Richard A. *Economic analysis of law*. 17 ed. New York: Aspen Publishers, 2007; COOTER, Robert; ULLEN, Thomas. *Law and economics*. 5 ed. Boston: Pearson Education, 2008.

[954] Os principais teóricos dessa corrente são Douglas Baird e Thomas Jackson. Nesse sentido: BAIRD, Douglas G.; JACKSON, Thomas H. Corporate reorganizations and the treatment of diverse ownership interest: a comment on adequate protection of secured creditors in banckruptcy. *University of Chicago Law Review*, v. 51, p. 97-130, 1984; BAIRD, Douglas G. Loss distribution, forum shopping, and bankruptcy: a reply to Warren. *University of Chicago Law Review*, v. 54, p. 815-834, 1987; JACKSON, *The logic and limits of bankruptcy law*...

[955] Nesse sentido: WARREN. Bankruptcy policy...; WARREN. Bankruptcy policymaking in an imperfect world... No plano legislativo, porém, não há dúvidas de que o sistema norte-americano possui a preservação da empresa como o objetivo principal a ser alcançado.

[956] Ao ponto de um dos autores do anteprojeto da lei alemã de insolvências (*Insolvenzordnung*) ter declarado que o diploma seria uma codificação das ideias do professor Thomas Jackson. Na verdade, como bem destaca Sheila Cerezetti, os sistemas europeus dividem-se em dois grandes grupos e cada um deles reflete os posicionamentos doutrinários encontrados nos Estados Unidos (CEREZETTI. *A recuperação judicial de sociedade por ações*..., p. 132 (nota 141), 145-146).

[957] O direito alemão é o grande paradigma deste grupo, tanto que influenciou, decisivamente, os direitos espanhol e português (CEREZETTI. *A recuperação judicial de sociedade por ações*..., p. 135, 145).

[958] Assim como o direito norte-americano e o francês (CEREZETTI. *A recuperação judicial de sociedade por ações*..., p. 91, 153-154).

torno dela gravitam[959]. Entre nós (assim como nos Estados Unidos e na França), as medidas recuperatórias preferem às liquidatórias sempre que se trate de empresa economicamente viável — sendo que há estudos empíricos demonstrando a superioridade de um sistema capaz de equilibrar a proteção conferida às diferentes classes afetadas pela crise empresarial[960].

Não obstante, quando isso não for possível, a legislação de insolvência deve garantir uma rápida liquidação dos ativos do devedor, proporcionando a satisfação dos créditos ao maior número de credores possível[961]. Em suma, essa é a principal função que se espera de uma lei falimentar: possibilitar a recuperação do recuperável e liquidar rapidamente o negócio economicamente inviável[962], alcançando uma espécie de "equilíbrio transcendental" entre os interesses do devedor e dos credores.

Além disso, um sistema falimentar e de recuperação de empresas deve garantir a imparcialidade — ou o equilíbrio — na proteção dos interesses de cada parte envolvida no procedimento. Dito de outra forma, a lei não pode ser excessivamente favorável ao devedor, tampouco ao credor[963].

Considerando que o sistema econômico está alicerçado na disponibilidade de crédito, quando a lei garante excessiva proteção ao devedor, possibilitando que empresas inviáveis sigam operando no mercado — porque é leniente com o inadimplemento ou com o desrespeito aos contratos —, ela não garante a eficácia das garantias nem protege eficientemente o direito de propriedade. Isso acarreta, ao fim e ao cabo, uma perda para a economia como um todo e desencadeia um significativo aumento no grau de incerteza do mercado, determinando uma provável redução do número global de negócios[964]. Por outro lado, uma lei excessivamente protetiva ao crédito — que garantisse a liquidação, a qualquer custo, de todo devedor em estado de crise — levaria à extinção de empresas economicamente viáveis, cuja reorganização possibilitaria a manutenção de postos de tra-

---

[959] BUSCHINELLI. *Abuso do direito de voto na assembleia geral de credores...*, p. 69.
[960] CEREZETTI. *A recuperação judicial de sociedade por ações...*, p. 153-154.
[961] WESTBROOK, Jay et al. A Global View of Business insolvency Systems. *The World Bank*, Washington DC, 2010, p. 51 ss.
[962] LISBOA; DAMASO; SANTOS; COSTA. A racionalidade econômica da Nova Lei..., p. 34-35.
[963] Evitando aquilo que Fábio Konder Comparato chamou de "movimento pendular da legislação falimentar brasileira", ora tendente para o lado de um, ora para o do outro (COMPARATO. *Aspectos jurídicos da macro-empresa...*, p. 95-98).
[964] LISBOA; DAMASO; SANTOS; COSTA. A racionalidade econômica da Nova Lei..., p. 34-37.

balho, a arrecadação de tributos, a continuidade das interações econômicas com outros agentes e o desenvolvimento das comunidades nas quais estão inseridos seus centros de negócios[965].

Diante disso, entende-se que uma das principais funções da legislação de insolvência é propiciar um ambiente de cooperação entre os agentes envolvidos, sobretudo, nos processos recuperatórios, com a participação ativa dos credores. Outra função é a de alocar, na esfera de ação dos credores, boa parcela do poder decisório sobre o esforço de soerguimento da empresa, uma vez que eles são os mais afetados com as medidas de reorganização do devedor. A experiência econômica demonstra que os resultados globais das recuperações tendem a ser melhores quando as partes diretamente envolvidas no empreendimento cooperam entre si.

Ao fim e ao cabo, com a promulgação da LREF, buscou-se criar um sistema de insolvência capaz de preservar as empresas viáveis e de retirar rapidamente do mercado as inviáveis. Evidentemente que, para isso, é importante a tramitação célere dos procedimentos, bem como maior previsibilidade das decisões, o que a legislação falimentar brasileira procurou garantir. Ademais, a LREF busca atentar às peculiaridades da economia nacional, em alguma medida fundada em negócios de pequeno porte, dispensando, portanto, tratamento favorecido a eles para a superação do estado de crise. Isso sem esquecer de reprimir os crimes praticados em ambientes concursais.

4. Princípios

Os princípios apontam o sentido de um sistema jurídico. Nessa medida, podem ser considerados o "espírito da lei", pois estabelecem o fim a ser perseguido, ordenando que algo seja realizado na maior medida possível[966]. Possuem, assim, viés de parcialidade[967], sendo importantes pautas de interpretação e de aplicação das regras jurídicas — além de poderem

---

[965] LISBOA; DAMASO; SANTOS; COSTA. A racionalidade econômica da Nova Lei..., p. 34-37.
[966] ALEXY, Robert. *Teoria dos direitos fundamentais*. São Paulo: Malheiros, 2008, p. 90.
[967] ÁVILA, Humberto. *Teoria dos princípios:* da definição à aplicação dos princípios jurídicos. 16 ed. São Paulo: Malheiros, 2015, p. 102.

estabelecer direitos e deveres de ordens diversas[968]. Por tudo isso, é relevante que se conheçam os princípios informadores de uma disciplina jurídica para a sua adequada compreensão e aplicação. Abaixo estão listados alguns princípios que se relacionam e informam o direito concursal brasileiro contemporâneo[969].

4.1. Preservação da Empresa

O princípio basilar da LREF – e que informa todo o sistema – é o da preservação da empresa[970], especialmente diante dos interesses que gravitam

---

[968] MARTINS-COSTA, Judith. *A boa-fé no direito privado:* sistema e tópica no processo obrigacional. São Paulo: Revista dos Tribunais, 1999, p. 427 ss.

[969] A relação dos princípios informadores da LREF foi extraída, em boa medida, do PARECER 534, de 2004, da Comissão de Assuntos Econômicos sobre o PLC 71, de 2003, que regula a recuperação judicial, a extrajudicial e a falência de devedores pessoas físicas e jurídicas que exerçam a atividade econômica, de relatoria do Senador Ramez Tebet. A relação apresentada pelo referido Parecer também faz referência a outros princípios que perpassam a LREF e todo o ordenamento jurídico. A exemplo disso, tem-se o princípio da segurança jurídica – consubstanciado nas regras da não sucessão, previstas nos arts. 60, parágrafo único, e 141, II, da novação das obrigações, de acordo com o art. 59, e da manutenção da deliberação da Assembleia Geral de Credores, conforme art. 39, §§2º e 3º – e do rigor na punição dos crimes falimentares – existindo as previsões do Capítulo VII da LREF, em que encontramos as disposições penais do art. 168 ao art. 188. E isso faz todo sentido. Como destaca Noel, os princípios do direito da insolvência são extraídos do direito comum e possuem natureza híbrida: "The principles of bankruptcy laws are a departure from the common law, a comparatively modern creation developed in response to commercial demands and embracing concurrently elements of both civil law and criminal code" (NOEL. *A history of the bankruptcy law...*, p. 7).

[970] CEREZETTI. *A recuperação judicial de sociedade por ações...*, p. 80, 300; STJ, 2ª Seção, AgRg no CC 129.079/SP, Rel. Min. Antonio Carlos Ferreira, j. 11/03/2015; STJ, 2ª Turma, AgRg no REsp 1.462.032/PR, Rel. Min. Mauro Campbell Marques, j. 05/02/2015; STJ, 4ª Turma, REsp 1.173.735/RN, Rel. Min. Luis Felipe Salomão, j. 22/04/2014; STJ, 2ª Seção, CC 111.645/SP, Rel. Min. Paulo de Tarso Sanseverino, j. 22/09/2010; STJ, 2ª Seção, CC 108.457/SP, Rel. Des. Conv. Honildo Amaral de Mello Castro, j. 10/02/2010; STJ, 1ª Turma, REsp 844.279/SC, Rel. Min. Luiz Fux, j. 05/02/2009; STJ, 1ª Seção; CC 79.170/SP, Rel. Castro Meira, j. 10/09/2008; STJ, CC 129.626/MT (decisão monocrática), Rel. Min. Nancy Andrighi, 15/08/2013; STJ, CC 115.081/SP (decisão monocrática), Rel. Min. Marco Buzzi, j. 06/02/2012; e TJSP, Câmara Especial de Falências e Recuperações Judiciais de Direito Privado, AI 461.740-4/-00, Rel. Des. Pereira Calças, j. 28/02/2007 (assim decidindo: "a preservação da empresa é o maior princípio da Lei n. 11.101/2005, não se olvidando que os princípios têm peso e densidade, devendo ser mensurados. Violar um princípio é mais grave do que violar uma regra, mercê do que, havendo conflito entre um princípio e uma regra, o juiz deve dar prevalência ao princípio").

em torno dela[971]. A busca pelo atingimento deste objetivo deve perpassar toda a interpretação dos seus dispositivos legais[972]. Isso porque a empresa é a célula essencial da economia de mercado[973] e, como tal, cumpre relevante função social[974].

Curioso é que essa função social da empresa nada tem a ver com a prática de atos de caridade ou de cunho social, como em um primeiro momento pode parecer. Efetivamente, a empresa não cumpre função social ao doar itens aos desabrigados de uma enchente ou ao plantar árvores em áreas ambientalmente degradadas. Claro que essas são práticas louváveis, mas não se relacionam com a função das empresas — aliás, de acordo com a Lei das S.A., a prática de atos gratuitos só pode ocorrer com moderação, sob pena de responsabilização dos próprios administradores (LSA, art. 154, §2º, "a").

A função da empresa se revela com o exercício de uma atividade lucrativa. Isso porque, ao perseguir o lucro, ela produz ou coloca ao alcance das pessoas a maior parte dos bens e serviços consumidos. Ao explorar a sua atividade, promove interações econômicas com outras empresas, movimentando a economia. Compra, vende, paga salários e tributos, ajudando no desenvolvimento da comunidade em que está inserida. Cria e, ao seu modo, distribui riqueza. E é exatamente assim que a empresa cumpre função social.

A empresa cumpre a sua função social não querendo fazê-lo — ao menos, não objetivando isso —, mas como um efeito colateral benéfico

---

[971] CEREZETTI. *A recuperação judicial de sociedade por ações...*, p. 300. Sobre o tema, ver, ainda: SILVA, Vinicius Spaggiari. *O princípio da preservação da empresa na LRE 11.101/05:* conceito e crítica. Dissertação (Mestrado em Direito). Faculdade de Direito da Universidade de São Paulo, São Paulo, 2013.
[972] CEREZETTI. *A recuperação judicial de sociedade por ações...*, p. 206, 208, 236.
[973] COMPARATO, Fábio Konder. A reforma da empresa. *Revista de Direito Mercantil, Industrial, Econômico e Financeiro*, Nova Série, a. 22, n. 50, p. 57-74, abr./jun. 1983; ANTUNES, José Engrácia. Estrutura e responsabilidade da empresa: o moderno paradoxo regulatório. *Revista Direito GV*, v. 1, n. 2, p. 29-68, 2005, p. 29.
[974] COMPARATO, Fábio Konder. Estado, empresa e função social. *Revista dos Tribunais*, São Paulo, a. 85, v. 732, p. 38-46, out. 1996; e COMPARATO, Fábio Konder. Função social da propriedade dos bens de produção. *Revista de Direito Mercantil, Industrial, Econômico e Financeiro*, Nova Série, a. 25, n. 63, p. 71-79, jul./set. 1986.

do exercício da sua atividade e da perseguição do lucro — que os economistas chamam de "externalidade positiva"[975].
A redação do art. 47 da Lei é exemplar:

> A recuperação judicial tem por objetivo viabilizar a superação da situação de crise econômico-financeira do devedor, a fim de permitir a manutenção da fonte produtora, do emprego dos trabalhadores e dos interesses dos credores, promovendo, assim, a preservação da empresa, sua função social e o estímulo à atividade econômica[976].

---

[975] WONNACOTT, P.; WONNACOTT, R. *Ecomonia*. 2 ed. São Paulo: Makron, 1994, p. 25; COASE, Ronald. The firm, the market and the law. In: _____. *The problem of social cost*. Chicago: The University of Chicago Press, 1988, p. 95-156; COASE, Ronald. O problema do custo social. In: SALAMA, Bruno M. (org.). *Direito e Economia* – textos escolhidos. São Paulo: Saraiva, 2010, p. 59 ss. Sobre as externalidades (positivas e negativas) decorrentes do exercício da empresa, ver, exemplificativamente: KRUGMAN, Paul; WELLS, Robin. *Introdução à economia*. Trad. de Helga Hoffmann. Rio de Janeiro: Elsevier, 2007, p. 395-408; NUSDEO, Fábio. *Curso de economia* – introdução ao direito econômico. 5 ed. São Paulo: Revista dos Tribunais, 2008, p. 152-161; YAZBEK, Otávio. *Regulação do mercado financeiro e de capitais*. Rio de Janeiro: Elsevier, 2007, p. 47-49; VERÇOSA, Haroldo Malheiros Duclerc. *Curso de direito comercial*, v. 1. São Paulo: Malheiros, 2006, p. 174-180. Em razão disso, a conhecida equação: "quanto maior a iniciativa privada em determinada localidade, maior o progresso econômico" (STJ, 2ª Turma, REsp 363.206/MG, Rel. Min. Humberto Martins, j. 04/05/2010).

[976] Ainda que de forma indireta, a acomodação de interesses em torno da empresa em crise e a discussão conjunta acerca da melhor forma de recuperá-la retoma as premissas dos debates doutrinários acerca do interesse social, em especial das correntes ligadas ao contratualismo e ao institucionalismo. Calixto Salomão Filho enxerga na essência do art. 47 o ideário institucionalista, consubstanciado no princípio da preservação da empresa, "verdadeiro ponto comum de encontro" dos interesses dos trabalhadores, dos credores, da comunidade, dos acionistas da sociedade devedora, entre outros. Sobre o tema, ver: SALOMÃO FILHO, Calixto. Recuperação de empresas e interesse social. In: SOUZA JÚNIOR, Francisco Satiro de; PITOMBO, Antonio Sergio A. de Moraes (coord.). *Comentários à Lei de Recuperação de Empresas e Falências*. 2 ed. São Paulo: Revista dos Tribunais, 2007, p. 43-54. Ver, ainda: CEREZETTI. *A recuperação judicial da sociedade por ações...* Sobre o interesse social, institucionalismo, contratualismo e poder de controle, temas fundamentais para o estudo do direito societário, para o recuperatório e para o falimentar, ver: RATHENAU, Walther. Do sistema acionário – uma análise negocial. Trad. e introdução de Nilson Lautenschleger Jr. Reprodução do texto clássico. *Revista de Direito Mercantil, Industrial, Econômico e Financeiro*, Nova Série, a. 41, n. 128, p. 199-223, out./dez. 2002; JAEGER, Pier Giusto. *L'interesse sociale*. Milano: Giuffrè, 1972; JAEGER, Pier Giusto. Interesse sociale rivisitato (quarant' anni dopo). *Giurisprudenza Commerciale*, n. 1, p. 795-812, 2000; BERLE, Adolph A. Corporate powers as powers in trust. *Harvard Law Review*, v. 44, p. 1.049-1.079, 1931; DODD JR., Merrick E. For whom are corporate managers trustees? *Harvard Law Review*, v. 45, p. 1.145-1.163, 1932; HANSMANN, Henry; KRAAKMAN, Reinier. The end

O princípio da preservação da empresa está concretizado nos regimes recuperatórios legalmente previstos: na recuperação judicial, na extrajudicial e, inclusive, na existência de um regime de recuperação judicial supostamente favorável para as microempresas (ME) e empresas de pequeno porte (EPP)[977].

Outrossim, o princípio pode ser visto em vários dispositivos espalhados pela LREF, consubstanciado em mecanismos auxiliares que buscam viabilizar os regimes recuperatórios, tais como: (*i*) a existência do período de proteção do devedor (*stay period*), previsto no *caput* do art. 6º, e cujo prazo tem sido ampliado pela jurisprudência em benefício da preservação da empresa[978]; (*ii*) a proibição de retirada dos bens objeto de arrendamento

of history for corporate law. *Georgetown Law Journal*, Washington, n. 89, p. 439-468, jan. 2001; CLARK, Robert. *Corporate law*. Boston: Little Brown and Company, 1986, p. 20, 675-681, 702; EASTERBROOK, Frank H.; FISCHEL, Daniel R. *The economic structure of corporate law*. Cambridge: Harvard University Press, 1996; COMPARATO, Fábio Konder; SALOMÃO FILHO, Calixto. *O poder de controle na sociedade anônima*. 4 ed. Rio de Janeiro: Forense, 2005; LEÃES, Luiz Gastão Paes de Barros. *Comentários à Lei das Sociedades Anônimas*, v. 2. São Paulo: Saraiva, 1980, p. 248; GUERREIRO, José Alexandre Tavares. Sociedade anônima: poder e dominação. *Revista de Direito Mercantil, Industrial, Econômico e Financeiro*, Nova Série, a. 23, n. 53, p. 73-80, jan./mar. 1984; GUERREIRO, José Alexandre Tavares. Sociologia do poder na sociedade anônima. *Revista de Direito Mercantil, Industrial, Econômico e Financeiro*, Nova Série, a. 29, n. 77, p. 50-56, jan./mar. 1990; BULGARELLI, Waldirio. *Regime jurídico da proteção às minorias*. Rio de Janeiro: Renovar, 1988, p. 70-74; FRANÇA, Erasmo Valladão Azevedo e Novaes. *Conflito de interesses nas assembléias de S.A.* São Paulo: Malheiros, 1993, p. 21-63; MUNHOZ, Eduardo Secchi. *Empresa contemporânea e direito societário*: poder de controle e grupos de sociedade. São Paulo: Juarez de Oliveira, 2002, p. 36-60; SALOMÃO FILHO, Calixto. Interesse social: a nova concepção. In: _____. *O novo direito societário*. 4 ed. rev. e ampl. São Paulo: Malheiros, 2011, p. 27-51; SZTERLING, Fernando. *A função social da empresa no direito societário*. Dissertação (Mestrado em Direito). Faculdade de Direito da Universidade de São Paulo, São Paulo, 2003.

[977] Observe-se que a Jurisprudência em Teses do STJ, no Enunciado 1 da Edição 35, assim dispõe: "A recuperação judicial é norteada pelos princípios da preservação da empresa, da função social e do estímulo à atividade econômica, a teor do art. 47 da Lei n. 11.101/2005."

[978] Apesar da taxatividade da regra ao impor que o prazo de 180 de suspensão é improrrogável, os tribunais tendem a mitigar seu conteúdo, em atenção aos princípios da razoabilidade e da preservação da empresa, quando o devedor não contribuiu para o retardamento do feito. Nesse sentido: STJ, 2ª Seção, AgRg no CC 111.614/DF, Rel. Min. Nancy Andrighi, j. 10/11/2010; TJSP, 1ª Câmara Reservada de Direito Empresarial, AI 2159576-05.2017.8.26.0000, Rel. Des. Carlos Dias Motta, j. 15/01/2018; TJSP, 1ª Câmara Reservada de Direito Empresarial, AI 2000601-16.2016.8.26.0000, Rel. Des. Francisco Loureiro, j. 10/03/2016; TJSP, 1ª Câmara Reservada de Direito Empresarial, AI 2215674-15.2014.8.26.0000, Rel. Des. Francisco Loureiro, j. 08/04/2015; TJSP, 2ª Câmara Reservada de Direito Empresarial, AI 0262521-80.2012.8.26.0000, Rel. Des. José Reynaldo, j. 30/09/2013; TJSP, 34ª Câmara de Direito Priva-

do, AI 0032080-03.2012.8.26.0000, Rel. Des. Soares Levada, j. 18/06/2012 (assim decidindo: "Deferimento de prorrogação do prazo de 180 dias do artigo 6° da lei 11.101/2005 deferida, com fundamento no fato de a empresa em recuperação judicial não ter colaborado com o retardamento no andamento do feito. Possibilidade. Prevalência do juízo da recuperação para decidir sobre a suspensão das demandas durante o processamento do pedido"); TJRS, 1ª Câmara Especial Cível, AI 70041249335, Rel. Des. Ivan Balson Araújo, j. 24/05/2011 (assim decidindo: "Em que pese o art. 6º, §4º, da Lei de Falências estabeleça que o prazo de suspensão da demanda é improrrogável, admite-se em casos excepcionais a prorrogação, tendo em vista o prejuízo ao instituto da recuperação judicial"); TJRS, 5ª Câmara Cível, AI 70037888039, Rel. Des. Luiz Felipe Brasil Santos, j. 15/12/2010 ("Mostra-se razoável a prorrogação do prazo de suspensão de que trata o §4º do art. 6º da Lei 11.101/2005, considerando, sobretudo, o fim social da empresa, bem como para viabilizar a máxima possibilidade de composição dos débitos da empresa em recuperação"). No mesmo sentido: TJSP, 25ª Câmara de Direito Privado, AI 3208792201282600000, Rel. Des. Hugo Crepaldi, j. 23/05/2012; TJSP, 23ª Câmara de Direito Privado, APC 42283620098260185, Rel. Des. J. B. Franco de Godoi, j. 21/03/2012; TJSP, 35ª Câmara de Direito Privado, AI 0032051-50.2012.8.26.0000, Rel. Des. Melo Bueno, j. 27/03/2012; TJRS, 5ª Câmara Cível, AI 70047923263, Rel. Des. Isabel Dias Almeida, j. 30/05/2012; TJRS, 6ª Câmara Cível, AI 70038626511, Rel. Des. Antônio Corrêa Palmeiro da Fontoura, j. 04/11/2010; TJRS, 15ª Câmara Cível, AI 70038123568, Rel. Des. Angelo Maraninchi Giannakos, j. 13/10/2010. A rigor, quando o juiz enfrenta a questão acerca da "prorrogação do prazo do período de suspensão" *versus* o "prosseguimento imediato das ações e execuções", há de ponderar entre dois valores. De um lado, "a manutenção ou tentativa de soerguimento da empresa em recuperação, com todas as consequências sociais e econômicas daí decorrentes — como a preservação de empregos, o giro comercial da recuperanda e o tratamento igual aos credores da mesma classe, na busca da 'melhor solução para todos' —". De outro, o "direito ao imediato adimplemento do crédito". Justamente nesses termos e com base nesse fundamento, o STJ tende a se pronunciar pela prevalência do princípio da preservação da empresa (STJ, 2ª Seção, CC 112.799/DF, Rel. Min. Luis Felipe Salomão, j. 14/03/2011; também nesse sentido: STJ, 2ª Seção, AgRg no CC 92.664/RJ, Rel. Min. João Otávio de Noronha, j. 10/08/2011). Trata-se de um temperamento na aplicação da regra prevista no art. 6º, § 4º (impossibilidade de prorrogação do prazo), tendo em vista a finalidade do sistema de recuperação judicial da empresa (TJRS, 5ª Câmara Cível, AI 70038626461, Rel. Des. Luiz Felipe Brasil Santos, j. 15/12/2010). Em resumo, restou consolidado na jurisprudência que o simples decurso do prazo legal de 180 dias de que trata o art. 6º, § 4º, da Lei 11.101/2005 não enseja a retomada automática das execuções individuais (STJ, 2ª Seção, AgRg no CC 127.629/MT, Rel. Min. João Otávio de Noronha, j. 23/04/2014; STJ, 2ª Seção, RCD no CC 131.894/SP, Rel. Min. Raul Araújo, j. 26/02/2014; STJ, 2ª Seção, AgRg no CC 125.8930/DF, Rel. Min. Nancy Andrighi, j. 13/03/2013; STJ, 4ª Turma, AgRg nos EDcl no Ag 1.216.456/SP, Rel. Min. Maria Isabel Gallotti, j. 12/03/2013; STJ, 2ª Seção, AgRg no CC 119.624/GO, Rel. Min. Luis Felipe Salomão, j. 13/06/2012; STJ, 2ª Seção, AgRg no CC 104.500/SP, Rel. Min. Vasco Della Giustina (Des. Conv.), j. 27/04/2011; STJ, 2ª Seção, CC 112.390/PA, Rel. Min. Sidnei Beneti, j. 23/03/2011; STJ, 2ª Seção, AgRg no CC 113.001/DF, Rel. Min. Aldir Passarinho Júnior, j. 14/03/2011; STJ, CC 137051/SP (decisão monocrática), Rel. Min. Marco Aurélio Bellizze, j. 27/04/2015; STJ, AREsp 638.727/SP (decisão monocrática), Rel. Min. Moura Ribeiro, j. 12/03/2015; e STJ, CC

mercantil e de alienação fiduciária essenciais à atividade durante o *stay period* (art. 49, §3º); *(iii)* a novação das obrigações pela aprovação do plano (arts. 59 e 165); *(iv)* as regras de estímulo ao financiamento da empresa em crise (art. 67)[979]; *(v)* a possibilidade de alienação do estabelecimento sem a ocorrência de sucessão das obrigações do devedor, inclusive as de natureza tributária e trabalhista (art. 60, parágrafo único)[980]; *(vi)* a possibilidade de o juiz impor a recuperação "goela abaixo" *(cram down)*[981] aos credores dis-

---

132.807/SC (decisão monocrática), Rel. Min. Antonio Carlos Ferreira, j. 16/04/2015). Nesse sentido caminha o Enunciado 6 da Edição 35 da Jurisprudência em Teses do STJ.

[979] Isso torna créditos gerados, durante a recuperação judicial, extraconcursais em caso de falência da recuperanda, além de promover os créditos antigos na razão de um por um para a classe dos créditos com privilégio geral. Para cada real em crédito se promove um real do crédito antigo (espécie de *upgrade* na classificação). Na jurisprudência: STJ, 4ª Turma, REsp 1.399.853/SC, Rel. Min. Maria Isabel Gallotti (Rel. p/ acórdão Min. Antônio Carlos Ferreira), j. 10/02/2015 (assim decidindo: "créditos relativos a negócios jurídicos formalizados após o momento em que deferido o processamento da recuperação judicial (art. 52) possuem natureza extraconcursal. Aplicação do princípio da preservação da empresa (art. 47" (...) "A expressão 'durante a recuperação judicial', gravada nos arts. 67, caput, e 84, V, da Lei de Falências e de Recuperação de Empresas, abrange o período compreendido entre a data em que se defere o processamento da recuperação judicial e a decretação da falência, interpretação que melhor harmoniza a norma legal com as demais disposições da lei de regência e, em especial, o princípio da preservação da empresa"). Também nesse sentido: STJ, 3ª Turma, REsp 1.398.092/SC, Rel. Min. Nancy Andrighi, j. 06/05/2014; STJ, 4ª Turma, REsp 1.185.567/RS, Rel. Min. Maria Isabel Gallotti (Rel. p/ acórdão Min. Antonio Carlos Ferreira), j. 05/06/2014. Nesse sentido caminha o Enunciado 10 da Edição 35 da Jurispruência em Teses do STJ. Ver, também: TJRS, 6ª Câmara Cível, AI 70025116567, Rel. Des. Liege Puricelli Pires, j. 26/03/2009 (assim decidindo: "Os créditos de fornecedores que realizam operações comerciais com a empresa em recuperação — classificados como extraconcursais — preferem aos demais, inclusive aos de natureza trabalhista"); e TJRS, 6ª Câmara Cível, AI 70025116567, Rel. Des. Liege Puricelli Pires, j. 25/09/2008. Sobre o financiamento do devedor em recuperação, um dos aspectos mais sensíveis de qualquer processo recuperatório, ver: DIAS, Leonardo Adriano Ribeiro. *Financiamento na recuperação judicial e na falência*. São Paulo: Quartier Latin, 2014; KIRSCHBAUM, Deborah. *A recuperação judicial no Brasil*: governança, financiamento extraconcursal e votação do plano. Tese (Doutorado em Direito). Faculdade de Direito da Universidade de São Paulo, São Paulo, 2009, especialmente p. 127 ss; TROVO, Beatriz Villas Boas Pimentel. *Captação de recursos por empresas em recuperação judicial e Fundos de Investimentos em Direitos Creditórios (FIDC)*. Dissertação (Mestrado em Direito). Faculdade de Direito da Universidade de São Paulo, São Paulo, 2013.

[980] Benefício este que, infelizmente, não está disponível para o regime da recuperação extrajudicial.

[981] *Crammed down in the throats of the objectors*, na expressão em inglês.

sidentes quando o plano for rejeitado pela assembleia[982]; e *(vii)* a regra de manter o devedor no comando da empresa recuperanda *(debtor-in-possession)*, conforme *caput* do art. 64[983].

O exame da lista exemplificativa dos meios de recuperação judicial prevista no art. 50, também aplicável à recuperação extrajudicial, é mais um elemento que reforça o espírito recuperatório que perpassa a LREF, cujo objetivo primordial é estimular o devedor a estudar e a propor alternativas jurídicas capazes de reorganizar a empresa em crise.

Mesmo na falência, percebe-se a preocupação do legislador com a preservação da empresa, especialmente nas regras previstas no art. 95 — que autoriza o devedor a pleitear sua recuperação judicial como meio de defesa, de forma incidental, dentro do prazo legal para contestação de pedido de falência apresentado por determinado credor — e no art. 140 — que indica a preferência legal pela venda do conjunto de estabelecimentos do falido, pelos estabelecimentos singularmente considerados ou, pelo menos, de blocos de bens aptos à utilização produtiva (além de ser possível a transferência de contratos). Também favorecem a preservação da empresa na falência a regra que possibilita a venda de bens assim que realizada a arrecadação (LREF, art. 139), ainda que não formado o quadro-geral de credores, e a possibilidade de continuação da atividade mesmo após a decretação da sua quebra (LREF, art. 99, IX). Finalmente, o próprio art. 75 dispõe que a "falência, ao promover o afastamento do devedor de suas atividades, visa a preservar e otimizar a utilização produtiva dos bens, ativos e recursos produtivos, inclusive os intangíveis, da empresa"[984].

---

[982] Desde que observadas as condicionantes legais (art. 58, §§1º e 2º), hipótese também presente na recuperação extrajudicial relativamente aos credores que a ela não aderiram (art. 163).

[983] Benefício que estimula a recuperação, na medida em que o titular da empresa não precisa ter o receio de perder o controle sobre ela para se valer do regime recuperatório — além de garantir a elaboração de um plano por quem está ciente das questões relevantes do negócio. Sabe-se que credores que temem seu afastamento retardam ao máximo a solução recuperatória. (CEREZETTI. *A recuperação judicial de sociedade por ações...*, p. 101 e 106, nota 55).

[984] A propósito da preservação da empresa em contexto falimentar, ver: TOLEDO, Paulo Fernando Campos Salles de. A preservação da empresa, mesmo na falência. In: DE LUCCA, Newton; DOMINGUES, Alessandra de Azevedo (coord.). *Direito recuperacional*: aspectos teóricos e práticos. São Paulo: Quartier Latin, 2009, p. 517-534; PUGLIESI. *Direito falimentar e preservação da empresa...*; ABRÃO, Nelson. *A continuação do negócio na falência*. Tese (Livre--Docência em Direito). Faculdade de Direito da Universidade de São Paulo, São Paulo, 1975.

A LREF, ao regrar os institutos recuperatórios e a própria falência, reconhece que, em regra, a empresa tem maior valor quando está em atividade (*going concern*) do que liquidada, porque a organização dos fatores de produção agrega utilidade aos bens que, somados, constituem seus ativos.

É o caso, por exemplo, de uma empreiteira que tenha clientes e fornecedores, *know-how*, mão de obra qualificada, mas que não possua bens materiais de valor relevante; as máquinas, os equipamentos e os imóveis que utiliza no desempenho de sua atividade são todos alugados ou arrendados de terceiros. Trata-se tipicamente de uma empresa que, se liquidada, resultará em perdas, se comparado ao potencial de geração de riquezas. Nesse sentido, a liquidação de uma empresa viável economicamente, por mais que se procure manter agregados os fatores de produção no momento da venda, provavelmente resultará em perda da mais valia que a atividade lhe conferia.

Por conta disso é que a Lei traz uma série de institutos que tem por objetivo justamente preservar a empresa.

É importante destacar, ainda, o papel da jurisprudência na aplicação e na sedimentação do princípio da preservação da empresa, bem como na correta utilização de institutos próprios da LREF em prol do soerguimento de empresas recuperáveis. Nesse quesito, o Poder Judiciário é protagonista[985].

Por fim, lembre-se de que, por se tratar de matéria multidisciplinar e de ordem eminentemente prática, as soluções adequadas ao caso nem sempre se encontram de forma direta e objetiva na letra da Lei, exigindo do julgador um exercício dinâmico de interpretação da norma conforme os princípios da legislação e, dentro dos limites impostos pelo ordenamento, as necessidades práticas do devedor em estado de crise[986].

---

[985] CEREZETTI, Sheila C. Neder; MAFFIOLETTI, Emanuelle Urbano. Fotografias de uma década da Lei de Recuperação e Falência. In: _____; _____ (coord.). *Dez anos da Lei nº 11.101/2005*: estudos sobre a Lei de Recuperação e Falência. São Paulo: Almedina, 2015, p. 38.

[986] SICA. *Recuperação extrajudicial de empresas...*, p. 283-302. Nesse sentido, vale destacar interessante precedente da 6ª Câmara Cível do Tribunal de Justiça do Rio Grande do Sul (TJRS, 6ª Câmara Cível, AI 70040733479, Rel. Des. Ney Wiedemann Neto, j. 28/04/2011). A leitura da ementa do caso é suficiente para apreender o sentido da interpretação adotada pelo Tribunal: "Agravo de instrumento. Recuperação judicial. Pedido de convocação de nova assembléia de credores, formulado pela empresa recuperanda, com o intuito de apresentar proposta de modificação do plano anteriormente aprovado. Situação não prevista pela lei que, ao mesmo tempo, não está nela vedada. As particularidades do caso concreto, em face do princípio da

Assim sendo, entende-se que o art. 47 deve servir como fundamento para que sejam propostas soluções interpretativas teleológicas tendentes a preservar a empresa viável e internalizar os interesses que gravitam em torno dela[987]. Nesse sentido: "(...) se houver duas situações possíveis não previstas na lei, deve-se escolher aquela que melhor atenda o princípio que privilegia a possibilidade de recuperação"[988].

4.2. Separação Entre a Sorte da Empresa "Atividade" e a do Empresário "Titular da Atividade"

Segundo a clássica lição de Alberto Asquini, "empresa" é um fenômeno poliédrico, com diversos significados. Pelo perfil funcional, empresa é a atividade empresária; pelo subjetivo, é o sujeito que exerce a atividade empresária; e pelo objetivo, é o estabelecimento utilizado pelo empresário para o exercício da sua atividade[989]. E, de fato, no cotidiano, o termo "empresa" é empregado nos seus mais diferentes significados — o que também é feito, em diversas vezes, pelo próprio legislador.

---

preservação da empresa, pela sua função social, na forma do art. 47 da Lei n. 11.101, recomendam seja concedida a oportunidade. Recurso provido." A matéria objeto de recurso foi bem examinada e resumida no seguinte trecho do voto de autoria do Desembargador Ney Wiedemann Neto: "Como bem captou a culta Procuradora de Justiça, em seu parecer, o agravante antecipou que nesta assembléia pretende apresentar a proposta de dação em pagamento, o que está expressamente previsto no art. 50, inciso IX, da Lei n. 11.101. E, assim, mal algum haveria em oportunizar aos credores que se manifestem a respeito do desiderato. Além do mais, é fato incontroverso que a agravante está em mora quanto ao cumprimento do plano, o que de certo modo teve a concordância tácita de todos os que estão afetos ao plano, porque até então não se insurgiram. Como já se passaram tantos meses, não há mal algum em conceder-se essa derradeira oportunidade de readequação do plano, com o objetivo maior da preservação da empresa, que exerce na comunidade local importante função social, antes já destacada".

[987] CEREZETTI. *A recuperação judicial de sociedade por ações...*, p. 203-238; BUSCHINELLI. *Abuso do direito de voto na assembleia geral de credores...*, p. 73.

[988] BEZERRA FILHO, Manoel Justino. Capítulo IX: Procedimento da recuperação judicial – exame dos dispositivos dos arts. 55 a 69. In: CARVALHOSA, Modesto (coord.). *Tratado de direito empresarial*, v. V – recuperação empresarial e falência. São Paulo: Revista dos Tribunais, 2016, p. 231.

[989] Faz-se, também, referência ao perfil corporativo, vislumbrando a empresa como instituição. Sobre o tema, ver: ASQUINI, Alberto. Perfis da empresa. Trad. de Fábio Konder Comparato. *Revista de Direito Mercantil, Industrial, Econômico e Financeiro*, São Paulo, n. 104, p. 108-126, out./dez. 1996.

Todavia, tecnicamente, "empresa" significa a atividade (econômica e organizada, exercida profissionalmente para a produção ou a circulação de bens ou de serviços), enquanto que "empresário" é quem exerce a atividade empresária (seja um empresário individual, seja uma sociedade empresária ou uma empresa individual de responsabilidade limitada), por meio do "estabelecimento" (entendido como complexo de bens organizados para o exercício da empresa por empresário individual ou por sociedade empresária)[990].

O ponto focal da LREF não é o sujeito, isto é, o empresário individual ou a sociedade empresária (ou o seu controlador), e sim os fatores de produção devidamente organizados para o exercício da atividade empresária[991].

[990] Vide arts. 966, 980-A, 982, 983 e 1.142 do Código Civil. Nesse sentido, ver: ASCARELLI. *Corso di diritto commerciale...*, p. 145 ss; ASCARELLI, Tullio. A atividade do empresário. Trad. de Erasmo Valladão Azevedo e Novaes França. *Revista de Direito Mercantil Industrial, Financeiro e Econômico*, São Paulo, v. 42, n. 132, p. 203-215, out./dez. 2003; ASCARELLI, Tullio. O empresário. Trad. de Fábio Konder Comparato, *Revista de Direito Mercantil Industrial, Financeiro e Econômico*, São Paulo, n. 109, p. 183-189, jan./mar. 1998; MARCONDES, Sylvio. *Problemas de direito mercantil*. São Paulo: Max Limonad, 1970, p. 1-38, 129-161; MARCONDES, Sylvio. *Questões de direito mercantil*. São Paulo: Max Limonad, 1977, p. 1-28; GONÇALVES NETO, Alfredo de Assis. *Direito de empresa*: comentários aos artigos 966 a 1.195 do Código Civil. 2 ed. rev., atual. e ampl. São Paulo: Revista dos Tribunais, 2008, p. 33 ss, 573 ss; FRANÇA, Erasmo Valladão Azevedo e Novaes França. Empresa, empresário e estabelecimento. A nova disciplina das sociedades. In: _____. *Temas de direito societário, falimentar e teoria da empresa*. São Paulo: Malheiros, 2009, p. 511-530.

[991] Vale destacar que o direito concursal desconheceu por muito tempo a distinção entre empresário ou sociedade empresária (como sujeito), empresa (como atividade) e estabelecimento (como objeto). Nesse particular, interessante é a construção de Fábio Konder Comparato: "(...) A empresa segue a sorte do empresário como se fora simples objeto de sua propriedade" (COMPARATO. *Aspectos jurídicos da macro-empresa...*, p. 102). Em outra passagem, o Professor da Faculdade de Direito da USP defende que a diferenciação entre o titular da atividade econômica (o empresário) e a atividade econômica em si (a empresa) penetrou de forma muito menos audaciosa e rápida no direito comercial do que no direito trabalhista, por exemplo. Isso ocorreu porque, no direito laboral, a evolução no tratamento do problema da sucessão nas dívidas e obrigações trabalhistas, quando da transferência do controle societário, ressaltou o fato da empresa transcender o empresário (COMPARATO; SALOMÃO FILHO. *O poder de controle na sociedade anônima...*, p. 282-284). O Professor Calixto Salomão Filho ressalta a tentativa da Lei 11.101/05 de dissociar a ruína da empresa da ruína do empresário, de modo a possibilitar que a primeira sobreviva ao último (SALOMÃO FILHO. Recuperação de empresas e interesse social..., p. 54). Sobre a empresa na LREF, ver: CAVALLI, Cássio. Teoria da empresa na recuperação judicial. In: CEREZETTI, Sheila C. Neder; MAFFIOLETTI, Emanuelle Urbano (coord.). *Dez anos da Lei nº 11.101/2005*: estudos sobre a Lei de Recuperação e Falência. São Paulo: Almedina, 2015, p. 200-236.

Tanto é assim que são possíveis as seguintes soluções para sanear a crise, todas elas prevendo a substituição do titular da atividade empresarial. Na recuperação judicial: (*i*) o trespasse ou arrendamento de estabelecimento para outro titular, inclusive à sociedade constituída pelos próprios empregados (art. 50, VII); (*ii*) o usufruto do estabelecimento pelos credores (art. 50, XIII); (*iii*) a constituição de sociedade de propósito específico (SPE) para adjudicar, em pagamento dos créditos, os ativos do devedor (art. 50, XVI). Na falência: (*iv*) a preferência pela alienação do conjunto de estabelecimentos do devedor, dos estabelecimentos singularmente considerados ou, ao menos, blocos de bens suficientes para a utilização produtiva em relação à venda de bens singularmente considerados (art. 140).

É evidente que a Lei busca proteger a atividade, não necessariamente o seu titular — e o faz prevendo várias hipóteses de transferência da titularidade ou de exploração dos estabelecimentos do devedor, bem como por meio do próprio afastamento do devedor (ou seu controlador)[992] da empresa durante a recuperação judicial (arts. 64 e 65).

Como o estabelecimento empresarial possui aptidão funcional, sua existência depende do fato de o complexo de bens organizado pelo empresário estar a serviço de uma atividade econômica[993]. E quando não é possível a transferência da titularidade ou da exploração dos estabelecimentos do

---

[992] Essa é a posição de Eduardo Secchi Munhoz e de Sheila Cerezetti. Nesse sentido: MUNHOZ, Eduardo Secchi. Seção IV: Do procedimento de recuperação judicial. In: SOUZA JÚNIOR, Francisco Satiro de; PITOMBO, Antonio Sergio A. de Moraes (coord.). *Comentários à Lei de Recuperação de Empresas e Falências*. 2 ed. rev., atual. e ampl. São Paulo: Revista dos Tribunais, 2007, p. 308; CEREZETTI. *A recuperação judicial de sociedade por ações...*, p. 407. Esse foi o entendimento do magistrado da recuperação judicial da Varig S/A — Viação Aérea Rio-Grandense (1ª Vara de Direito Empresarial do Rio de Janeiro, processo 2005.001.072887-7), que afastou o acionista controlador, impedindo-o de interferir na composição do conselho de administração e da diretoria –como o que ocorreu, em certa medida, na recuperação judicial da Oi (Processo 0203711-65.2016.8.19.0001, 7ª Vara Empresarial da Comarca do Rio de Janeiro/RJ).

[993] O estabelecimento, de acordo como art. 1.142 do Código Civil, é o complexo de bens organizado *para exercício da empresa* pelo empresário ou pela sociedade empresária. Nesse sentido, diz-se que o estabelecimento possui a função de viabilizar a exploração da atividade econômica. Tem, portanto, caráter instrumental, uma vez que o conjunto de bens é organizado para o exercício da atividade empresária. Nesse sentido, entre outros, ver: BARRETO FILHO, Oscar. *Teoria do estabelecimento comercial*. São Paulo: Max Limonad, 1969, p. 132; GONÇALVES NETO. *Direito de empresa...*, p. 585; TOKARS, Fábio. *Estabelecimento empresarial*. São Paulo: LTr, 2006, p. 58-61.

devedor, em conjunto ou individualmente considerados, a LREF dá preferência, ao menos, à transferência de blocos de bens suficientes para a utilização produtiva. Eis o objetivo da LREF tanto na recuperação judicial (LREF, art. 47) e extrajudicial, quanto na falência (LREF, art. 75)[994].

4.3. Retirada da Empresa Inviável do Mercado

Nem toda empresa merece ser preservada. Não existe, no direito brasileiro ou em qualquer outro dos que temos notícia, um princípio da "preservação da empresa a todo custo"[995]. Na verdade, a LREF consagra, no sentido exatamente oposto, um princípio complementar ao da preservação da empresa, que é o da retirada da empresa inviável do mercado.

Ora, não é possível — nem razoável — exigir que se mantenha uma empresa a qualquer custo. Quando os agentes econômicos que exploram a atividade não estão aptos a criar riqueza e podem prejudicar a oferta de crédito, a segurança e a confiabilidade do mercado, é sistematicamente lógico que eles sejam retirados do mercado, o mais rápido possível, para o bem da economia como um todo[996].

---

[994] Nesse sentido, ver: TOLEDO. *A preservação da empresa, mesmo na falência...*; PUGLIESI. *Direito falimentar e preservação da empresa...*; ABRÃO. *A continuação do negócio na falência...*

[995] STJ, 2ª Seção, AgRg no CC 110.250/DF, Rel. Min. Nancy Andrighi, j. 08/09/2010 (assim decidindo: "A função social da empresa exige sua preservação, mas não a todo custo. A sociedade empresária deve demonstrar ter meios de cumprir eficazmente tal função, gerando empregos, honrando seus compromissos e colaborando com o desenvolvimento da economia, tudo nos termos do art. 47 da Lei nº 11.101/05").

[996] Veja-se a lição de Paula Forgioni: "O direito mercantil não é concebido para socorrer o agente individualmente considerado, mas o funcionamento do mercado; o interesse da empresa é protegido na medida em que implica o bem do tráfico mercantil." "O patrimônio jurídico do direito comercial deve ser analisado sob essa ótica; o ordenamento considerará e admitirá a racionalidade econômica do agente apenas enquanto mostrar-se útil ao sistema, dentro da racionalidade jurídica." "Mesmo normas que tutelam empresas em situação de inferioridade, como a repressão ao abuso da dependência econômica, de fato visam a incrementar as garantias para a atuação no mercado, impedindo que tenham lugar explorações desestimuladoras do tráfico." "Poderíamos seguir analisando inúmeros institutos, desde a coibição do abuso do poder econômico até a disciplina dos contratos e das sociedades comerciais. Alcançaríamos sempre a mesma conclusão: o direito mercantil não busca a proteção dos agentes econômicos singularmente considerados, mas da torrente de suas relações." (FORGIONI, Paula. *A evolução do direito comercial brasileiro*: da mercancia ao mercado. São Paulo: Revista dos Tribunais, 2009, p. 17-18).

Do ponto de vista estritamente econômico, a falência não é necessariamente má, pois se os recursos (capital, trabalho, etc.) são escassos — como de fato o são —, esses devem ser realocados para aqueles agentes que tenham efetiva capacidade de gerar riqueza[997]. Além disso, a total inexistência de consequências — ainda que sejam consequências de caráter jurídico-econômico — poderia estimular a irresponsabilidade e a adoção de práticas ainda mais danosas por parte dos empresários. Como já foi dito alhures, "capitalismo sem quebra é como cristianismo sem inferno: falta um pedaço essencial"[998].

Tem-se, portanto, que somente deve ser passível de recuperação a empresa economicamente viável[999]. Nesse sentido, cabe essencialmente aos credores da empresa em dificuldades o poder de julgar a sua viabilidade, seja aceitando o plano de recuperação apresentado judicialmente pelo devedor, seja aderindo ao plano de recuperação extrajudicial.

4.4. Tratamento Paritário dos Credores

O princípio da *par conditio creditorum* (igualdade entre os credores) é clássico no direito falimentar e denota a preocupação histórica (cujas raízes remontam ao Direito Romano) do legislador e da doutrina em garantir que créditos da mesma natureza sejam tratados uniformemente e quitados de maneira proporcional[1000].

---

[997] KRUGMAN; WELLS. *Introdução à economia...*, p. 5 ss.
[998] SALAMA, Bruno Meyerhof. *Recuperação judicial e trava bancária*. Palestra realizada na sede do Instituto Brasileiro de Direito Empresarial (IBRADEMP) em 29/11/2012. São Paulo. Disponível em <http://works.bepress.com/bruno_meyerhof_salama/75>. Acesso em: 15 dez. 2012.
[999] TABB; BRUBAKER. *Bankruptcy law...*, p. 595.
[1000] Sheila Cerezetti traz lúcida explicação de Aldo Fiale sobre a compreensão da regra: "La *par condicio*, in particolare, si traduce nella formula secundo cui *tutti i creditori* hanno uguale diritto su *tutti* i beni del comune debitore. Conseguenza di questa regola generale è che, in caso di insufficienza dei beni esistenti nel patrimônio escusso, ogni creditori será soddisfatto solo parzialmente, proporzionalmente all'ammontare del suo credito." (FIALE, Aldo. *Il fallimento e le altre procedure concorsuali, manuale teorico-pratico*. Napoli: Simoe, 2006, p. 9 *apud* CEREZETTI. *A recuperação judicial de sociedade por ações* – o princípio da preservação da empresa..., p. 365). Fábio Ulhoa Coelho prefere usar a expressão "tratamento paritário" ao invés de "tratamento igualitário": "Tratamento paritário não significa dispensar a todos os credores iguais chances de recebimento de seu crédito na falência da sociedade devedora. Significa distingui-los segundo a natureza do crédito. O tratamento paritário não é igualitário, em suma. Por essa razão, os credores são hierarquizados; uns receberão seus créditos antes de

Busca tal princípio a satisfação proporcional dos credores, excluindo a sistemática de que *prior in tempore potior in jure* ("o primeiro no tempo, preferente no direito")[1001] — o que, a rigor, ocorre nas execuções individuais. Não há problema nisso quando o devedor, ainda que tendo uma pluralidade de credores, está em situação de solvência patrimonial. Tal situação, todavia, muda radicalmente quando o devedor se encontra em uma situação de insolvência patrimonial, particularmente quando há uma pluralidade de credores, devendo prevalecer, nessas circunstâncias, a igualdade de tratamento e um processo de execução coletiva em favor da comunidade de credores[1002].

Nessa linha, enquanto nas execuções individuais o princípio da prioridade (*Prioritätsprinzip*) está em primeiro plano, as execuções coletivas são cunhadas pelo principio da igualdade de tratamento dos credores (*Gleichbehandlungsgrundsatz*). Assim, a noção básica de um processo de insolvência está no objetivo de satisfazer de modo igualitário os credores, ainda que parcialmente[1003].

Esse é um dos pilares de sustentação do regime falimentar, estando refletido, direta ou indiretamente, em uma série de dispositivos legais da LREF (arts. 7º, §§2º e 3º, 76, 83, 126, 129 e 130, além das regras penais que objetivam punir o falido que favorece um credor em detrimento de outro)[1004].

Ao examinar as quatro principais fases do processo falimentar (*i.e.*, arrecadação, avaliação, alienação e pagamento), percebe-se que o princípio da igualdade entre os credores reina absoluto nas três primeiras, sendo rela-

---

outros, em atenção à ordem de classificação e preferências disposta na lei." (COELHO, Fábio Ulhoa. *Curso de direito comercial*, v. 3. 12 ed. São Paulo: Saraiva, 2011, p. 347).

[1001] FRANCO; SZTAJN. *Falência e recuperação da empresa em crise...*, p. 8.

[1002] PONT; SANZ. *Manual de derecho mercantil*, t. II..., p. 546-547; LEITÃO. *Direito da insolvência...*, p. 18-19; GLEUβNER. *Insolvenzrecht...*, p. 1.

[1003] HESS. *Insolvenzrecht...*, p. 4-5.

[1004] CEREZETTI. *A recuperação judicial de sociedade por ações...*, p. 366; SOUZA JÚNIOR, Francisco Satiro de. Seção XI: Do pagamento aos credores. In: ____; PITOMBO, Antônio Sérgio A. de Moraes (coord.). *Comentários à Lei de Recuperação de Empresas e Falência*. 2 ed. rev., atual. e ampl. São Paulo: Revista dos Tribunais, 2007, p. 506; ZANINI, Carlos Klein. Capítulo V: Da falência. In: SOUZA JÚNIOR, Francisco Satiro de; PITOMBO, Antônio Sérgio A. de Moraes (coord.). *Comentários à Lei de Recuperação de Empresas e Falência*. 2 ed. rev., atual. e ampl. São Paulo: Revista dos Tribunais, 2007, p. 341; FRANCO; SZTAJN. *Falência e recuperação da empresa em crise...*, p. 8.

tivizado apenas na fase de pagamento, na qual há uma relação vertical dos credores entre si, cujos créditos serão classificados e pagos de acordo com o critério legalmente estabelecido no art. 83 da LREF — sem considerar, por óbvio, a existência de determinadas regras sobre o pagamento[1005]. Ou seja, a igualdade de direitos convive com uma ordem legal de pagamentos[1006].

Fala-se, também, em igualdade interna ou intraclasse (entre os credores de uma mesma classe), pois os pagamentos são rateados proporcionalmente entre os credores, à exceção dos créditos com garantia real, nos quais o produto da alienação da garantia vai diretamente para o credor garantido, de forma semelhante como ocorre com os créditos com privilégio especial[1007-1008].

[1005] "Disso tudo podemos concluir que o conteúdo do princípio [da igualdade] não é ditado pela necessidade de igualar todos os credores, cujos créditos podem ser tratados diversamente pelas normas de direito material, mas sim fazê-los concorrer no mesmo processo, perante o juízo universal, de modo que fica equiparada a sorte de todos, recebendo cada um o pagamento conforme a preferência ou privilégio que legalmente lhe seja atribuído." "Nestas circunstâncias, vemos o princípio da igualdade falimentar subordinado a relações de ordem patrimonial e obrigacional. E, como veremos, tais relações conduzem a Lei de Falências à perseguição de outros valores, especialmente de ordem econômica, além dos valores políticos e sociais. Toda essa situação vai refletir-se na formação do conceito de igualdade." (USTRA, José Augusto Brilhante. *A classificação dos créditos na falência*: o conceito de igualdade na Lei de Falências. Rio de Janeiro: Eldorado Tijuca, 1976, p. 35-36).

[1006] Segundo Francisco Satiro, isso ocorre porque: "(...) os credores sujeitos aos efeitos da falência e da recuperação não representam um grupo homogêneo. São diversas as peculiaridades de seus interesses, suas carências e seu grau de ingerência na constituição do crédito. Da mesma forma, sua não satisfação pode acarretar consequências proporcional e subjetivamente diversas, com diferentes reflexos, inclusive sociais" (SOUZA JÚNIOR, Francisco Satiro. Seção II: Da classificação dos créditos. In: ____; PITOMBO, Antônio Sérgio A. de Moraes (coord.). *Comentários à Lei de Recuperação de Empresas e Falência*: Lei 11.101/05. 2 ed. rev., atual. e ampl. São Paulo: Revista dos Tribunais, 2007, p. 359). Ver, também: USTRA. *A classificação dos créditos na falência*..., p. 32 ss.

[1007] VIGIL NETO. *Teoria falimentar e regimes recuperatórios*..., p. 274.

[1008] "Somos de opinião que o conceito de igualdade perante a Lei de Falências deve ser focalizado em dois planos distintos. Num sentido lato, o Direito Falimentar pretende atingir a igualdade através do tratamento desigual para aqueles que não são iguais, com relação aos seus créditos. Num sentido estrito, a igualdade é aplicada aos credores da mesma classe." (USTRA. *A classificação dos créditos na falência*..., p. 39).

APRESENTAÇÃO DA LEI 11.101/05

É verdade que a LREF também busca assegurar o tratamento paritário a todos os credores (*par conditio creditorum*) no âmbito da recuperação judicial (bem como na recuperação extrajudicial), ainda que não exista disposição legal expressa nesse sentido[1009]. O fundamento para tanto está no fato de o princípio da igualdade de tratamento em direito privado estender seu *locus* de aplicação às comunhões de interesses[1010].

Diante disso, por exemplo, credores da mesma classe e nas mesmas circunstâncias devem receber o mesmo tratamento, apesar de se permitir o tratamento diferenciado desde que respeitados determinados critérios (como, a rigor, permite-se interpretar mediante leitura do art. 58, §2º, da LREF, bem como do seu art. 161, §2º). Permite-se, então, que o plano (de recuperação judicial ou extrajudicial) dispense tratamento diferenciado aos credores do devedor (como se pode extrair do próprio art. 58, §2º, da LREF), conforme o interesse de cada um no deslinde da recuperação judicial, mesmo entre os credores de uma mesma classe, desde que respeitados

---

[1009] "81. Aplica-se à recuperação judicial, no que couber, o princípio da *par condicio creditorum*". (Enunciado 81 da II Jornada de Direito Comercial promovida pelo Conselho da Justiça Federal). Nesse sentido, o STJ já se manifestou afirmando que se extrai o princípio do tratamento igualitário do art. 47 da LREF (STJ, 4ª Turma, REsp 1.302.735/SP, Rel. Min. Luis Felipe Salomão, j. 17/03/2016).

[1010] BUSCHINELLI, Gabriel Saad Kik. Cessão de crédito na recuperação judicial. In: CEREZETTI, Sheila C. Neder; MAFFIOLETTI, Emanuelle Urbano (coord.). *Dez anos da Lei nº 11.101/2005*: estudos sobre a Lei de Recuperação e Falência. São Paulo: Almedina, 2015, p. 330.

critérios de homogeneidade e diante de razões fundadas para tanto[1011-1012-1013].

[1011] Nesse sentido, vale colacionar o texto do Enunciado 57 da 1ª Jornada de Direito Comercial, promovida pelo Conselho da Justiça Federal no ano de 2012: "O plano de recuperação judicial deve prever tratamento igualitário para os membros da mesma classe de credores que possuam interesses homogêneos, sejam estes delineados em função da natureza do crédito, da importância do crédito ou de outro critério de similitude justificado pelo proponente do plano e homologado pelo magistrado". O referido Enunciado foi proposto pela professora Sheila Cerezetti, da Faculdade de Direito da USP. Sobre o tema, ver, da autora: CEREZETTI, Sheila Christina Neder. As classes de credores como técnica de organização de interesses: em defesa da alteração da disciplina das classes na recuperação judicial. In: TOLEDO, Paulo Fernando Campos Salles de; SATIRO, Francisco. *Direito das empresas em crise*: problemas e soluções. São Paulo: Quartier Latin, 2012, p. 365-385; CEREZETTI. *A recuperação judicial de sociedade por ações...*, p. 365 ss. Sobre o tema, inclusive com análise crítica, ver: TOLEDO, Paulo Fernando C. S. de Toledo. Recuperação judicial – sociedades anônimas – debêntures – assembleia geral de credores – liberdade de associação – boa-fé objetiva – abuso de direito – *cram down – par conditio creditorum*. Revista de Direito Mercantil, v. 142, p. 262-281, 2006; BUSCHINELLI. *Abuso do direito de voto na assembleia geral de credores...*, p. 87; CAVALLI, Cássio. Plano de recuperação. In: COELHO, Fábio Ulhoa. *Tratado de direito comercial*, v. 7. São Paulo: Saraiva, 2015, p. 276-278; COELHO, Fábio Ulhoa. O credor colaborativo na recuperação judicial. In: TOLEDO, Paulo Fernando Campos Salles de; SATIRO, Francisco (coord.). *Direito das empresas em crise*: problemas e soluções. São Paulo: Quartier Latin, 2012, p. 101-118.

[1012] Na jurisprudência: TJSP, 2ª Câmara Reservada de Direito Empresarial, AI 2171802-76.2016.8.26.0000, Rel. Des. Cláudio Godoy, j. 14/08/2017; TJSP, 1ª Câmara Reservada de Direito Empresarial, AI 2162381-62.2016.8.26.0000, Rel. Des. Cesar Ciampolini, j. 21/02/2017; TJSP, 2ª Câmara Reservada de Direito Empresarial, AI 2040940-17.2016.8.26.0000, Rel. Des. Carlos Alberto Garbi, j. 31/01/2016; TJSP, 2ª Câmara Reservada de Direito Empresarial, AI 2260720-90.2015.8.26.0000, Rel. Des. Fabio Tabosa, j. 11/05/2016; TJPE, 2ª Câmara Cível, AI 353981-3, Rel. Des. Cândido José da Fonte Saraiva de Moraes, j. 04/03/2015. Ver, também: TJRJ, 14ª Câmara Cível, AI 0039682-69.2014.8.19.0000, Rel. Des. Gilberto Campista Guarino, j. 03/12/2014; TJSP, 2ª Câmara de Direito Empresarial, AI 02.35130-87.2011.8.26.0000, Rel. Des. Ricardo Negrão, j. 04/12/2012.

[1013] De qualquer sorte, o TJSP já decidiu que não se pode conferir tratamento desigual a credores de modo arbitrário, como manobra a direcionar a AGC e penalizar determinados credores (TJSP, 1ª Câmara Reservada de Direito Empresarial, AI 0099369-50.2012.8.26.0000, Rel. Des. Francisco Loureiro, j. 26/03/2013: "(...). Legalidade da criação de subclasses, que, porém, não serve de manobra para direcionar a assembleia, atingir quóruns legais e penalizar severa e injustificadamente outros credores. No caso concreto, intolerável a profunda desigualdade entre as diversas subclasses de credores quirografários, com prazos e remissões que, na prática, aniquilam determinados créditos."). No mesmo sentido, não se admitiu tratamento diferenciado aos credores a depender do momento do reconhecimento do crédito na recuperação judicial (*i.e.*, os valores apurados após o prazo de 90 dias a contar da data de decisão que concedeu a recuperação judicial seriam automaticamente objeto de deságio) (TJRS, 6ª Câmara Cível, AI 70062141973, Rel. Des. Luís Augusto Coelho Braga, j. 07/04/2016). Por outro lado, o TJSP já entendeu lícita a cláusula que prevê mecanismo diverso de pagamento para credores

Nesse sentido, tal tratamento deve ser devidamente justificado[1014], não sendo possível atribuir tratamento diferenciado aos credores por razões arbitrárias (idade, localização do devedor, etc.)[1015].

Tal orientação tem respaldo na prática recuperatória. Efetivamente, pode haver fornecedores na posição de credores quirografários interessados na manutenção da empresa e, por outro lado, credores quirografários que não mantêm (ou não têm mais interesse de manter) nenhum relacionamento comercial com a recuperanda. O mesmo pode ocorrer com empregados atuais, que buscam a manutenção de seus empregos, e empregados demitidos, cujo único objetivo é a maximização do crédito[1016].

Essa diversidade de interesses, bem como o próprio volume do crédito detido por cada credor, pode autorizar ao devedor dispensar tratamento desigual aos credores de uma mesma classe. Nessa linha, a jurisprudência entendeu ser possível, por exemplo, conferir tratamento privilegiado no plano aos fornecedores que tenham mantido relações comerciais com o devedor durante a recuperação judicial[1017], inclusive para aqueles que ofereceram novas linhas de crédito à recuperanda[1018], bem como admitiu a

---

retardatários ou que venham a ajuizar impugnação (TJSP, 2ª Câmara Reservada de Direito Empresarial, AI 2040940-17.2016.8.26.0000, Rel. Des. Carlos Alberto Garbi, j. 31/01/2016).

[1014] CAVALLI. Plano de recuperação..., p. 278.

[1015] COELHO. O credor colaborativo na recuperação judicial..., p. 110-111.

[1016] BUSCHINELLI. *Abuso do direito de voto na assembleia geral de credores...*, p. 82. Ver, também: CAVALLI. Plano de recuperação..., p. 276 ss; COELHO. O credor colaborativo na recuperação judicial..., p. 107 ss.

[1017] TJSP, 2ª Câmara Reservada de Direito Empresarial, AI 2260720-90.2015.8.26.0000, Rel. Des. Fabio Tabosa, j. 11/05/2016; TJSP, 1ª Câmara de Direito Empresarial, AI 0198440-25.2012.8.26.0000, Rel. Des. Maia da Cunha, j. 11/12/2012; TJSP, Câmara Reservada à Falência e Recuperação, AI 0303530-56.2011.8.26.0000, Rel. Des. Ricardo Negrão, j. 27/11/2012; TJSP, 2ª Câmara Reservada à Falência e Recuperação, AI 0048861-03.2012.8.26.0000, Rel. Des. Tasso Duarte de Melo, j. 07/08/2012; TJSP, Câmara Reservada à Falência e Recuperação, AI 0036029-69.2011.8.26.0000, Rel. Des. Romeu Ricupero, j. 26/07/2011; TJSP, Câmara Reservada à Falência e Recuperação, AI 0372448-49.2010.8.26.0000, Rel. Des. Pereira Calças, j. 01/02/2011.

[1018] TJSP, 2ª Câmara Reservada de Direito Empresarial, AI 2260720-90.2015.8.26.0000, Rel. Des. Fabio Tabosa, j. 11/05/2016; TJRJ, 5ª Câmara Cível, Agravo Interno no AI 0030788-12.2011.8.19.0000, Rel. Des. Nagib Slaibi Filho, j. 19/10/2011.

formação de subclasses[1019], mesmo em função do volume do crédito detido pelos credores[1020-1021].

4.5. Interesse e Participação Ativa dos Credores

Os credores são os principais afetados com a crise da empresa, seja porque acabam por financiar compulsoriamente a atividade do devedor, ou mesmo porque, na maior parte das vezes, recebem o seu crédito de modo diverso do originalmente pactuado. Isso sem mencionar o custo que lhes é imposto para a tutela de seus direitos no bojo dos processos de recuperação e de falência. Em função de tudo isso, cabe reconhecer a relevância do interesse dos credores, bem como atribuir a eles um papel mais ativo dentro do sistema concursal[1022].

Assim, diferentemente do que ocorria no regime anterior, em que a concordata era imposta aos credores após a avaliação judicial acerca do simples cumprimento de certos requisitos, a LREF reservou um papel de destaque aos credores nos regimes de crise, tanto na recuperação judicial quanto na recuperação extrajudicial, além de tê-lo feito, também, na falência. O credor passa, então, de coadjuvante a protagonista na cena dos regimes da LREF.

Na recuperação judicial, a aprovação do plano depende da chancela dos credores reunidos em assembleia (aprovação expressa) ou, no mínimo, da não apresentação de objeções ao plano (aprovação tácita), conforme se

---

[1019] TJSP, Câmara Especial de Falência e Recuperação Judicial, AI 493.240.4/1-00, Rel. Des. Boris Kauffmann, j. 01/08/2007.

[1020] TJSP, Câmara Reservada à Falência e Recuperação, AI 0313634-44.2010.8.26.0000, Rel. Des. Lino Machado, j. 01/02/2011.

[1021] Aqui, apesar de ser passível de críticas, é relevante salientar que a tendência, na prática, é que, mesmo quando dispensado tratamento diferenciado aos credores de uma mesma classe, eles votem, como regra, dentro da mesma classe para aprovação do plano. É de se salientar, entretanto, que o TJSP já decidiu que "A previsão de planos distintos dentro de uma única classe prevista no art. 41 da Lei n. 11.101/205 impõe, necessariamente, a colheita de votos em separado" (TJSP, Câmara Reservada de Direito Empresarial, AI 0010246-41.2012.8.26.0000, Rel. Des. Ricardo Negrão, j. 29/01/2013). Entendendo que a criação de subclasses exigiria votação em separado dentro de uma mesma classe, com o que tendemos a concordar, ver, entre outros: BUSCHINELLI. Cessão de crédito na recuperação judicial..., p. 342.

[1022] Aqui, o STJ já se manifestou no sentido de que o princípio da relevância do interesse dos credores é encontrado no art. 47 da LREF (STJ, 4ª Turma, REsp 1302735/SP, Rel. Min. Luis Felipe Salomão, j. 17/03/2016).

depreende do exame dos arts. 55 e 56. A desistência do devedor do pedido de recuperação já deferido depende de prévia aprovação pela AGC, nos termos do art. 35, I, *d*, c/c art. 52, §4º, da LREF.

Outrossim, a rejeição do plano pela assembleia geral de credores implicará a convolação da recuperação judicial em falência (art. 73, III), ressalvada a hipótese do art. 58, §1º. Mesmo nas hipóteses de *cram down*, situação em que o plano é imposto à minoria dissidente, a adesão dos credores é relevante, pois, ainda assim, um número mínimo de créditos deve tê-lo aprovado para que seja imposto (art. 58, §1º). A fórmula do *"cram down à brasileira"* nada mais é do que um rebaixamento do quórum de aprovação pelo juiz à luz da verificação, no caso concreto, da função social da empresa — não significa, em hipótese alguma, a desconsideração total da vontade dos credores.

Na recuperação extrajudicial, a participação dos credores é igualmente essencial, vez que a adesão ao regime é, por regra, facultativa (art. 162), podendo, de qualquer sorte, ser imposta aos credores (art. 163). Também nesse regime é possível a impugnação judicial do plano, sem que exista, no entanto, o risco de ser decretada a quebra do devedor no caso de procedência de tal impugnação (art. 164).

Consistem em uma importante mudança de perspectiva as regras que preveem uma participação ativa dos credores. Afinal de contas, como são os credores que sofrerão os efeitos da recuperação, nada mais justo que o poder decisório acerca disso recaia sobre eles. Ademais, parte-se da premissa de que os credores tenderão a cooperar para a solução da crise do devedor, já que os resultados advindos da conduta cooperativa costumam ser economicamente mais eficientes.

No que se refere especificamente à falência, também é possível verificar a materialização do princípio em exame em uma série de regras, dentre as quais se destacam: (*i*) a previsão genérica que estabelece a necessidade de deliberação da AGC sobre qualquer matéria que possa afetar o interesse dos credores (art. 35, II, *d*); (*ii*) as específicas que requerem sua manifestação nas hipóteses de constituição do comitê de credores, a escolha de seus membros e a sua substituição (art. 35, II, *b*); (*iii*) a adoção de outras modalidades de realização do ativo (art. 35, II, *c*, c/c art. 145); e (*iv*) a autorização do comitê de credores, quando constituído, para celebrar contratos que produzam renda para a massa falida (art. 114).

4.6. Redução do Custo do Crédito

A redução do custo de crédito é mais um dos objetivos da LREF. Em vários dispositivos, é possível verificar regras que criam direitos especiais para as instituições financeiras, reduzindo os riscos que elas normalmente enfrentariam em suas operações de crédito. Em razão disso, poderiam cobrar juros proporcionalmente mais baixos, segundo a lógica: quanto menor o risco, menores os juros. Exemplo disso é a exclusão de certos créditos em relação aos efeitos da recuperação[1023].

[1023] Exemplificativamente, vale mencionar a previsão dos arts. 49, §§3º e 4º, 86, II, 161, §1º, e 199, §§1º, 2º e 3º, que põem a salvo as relações negociais fundadas em contratos tipicamente bancários (como a alienação fiduciária em garantia, o arrendamento mercantil, o adiantamento sobre contrato de câmbio, o *leasing* de aeronave e suas partes, entre outros). Os créditos decorrentes dos referidos contratos são excluídos em relação aos efeitos das recuperações judicial e extrajudicial (apesar de que, na prática, muitas vezes, a jurisprudência acaba relativizando o previsto nos referidos dispositivos), bem como possuem benefícios nos processos falimentares. Isso não significa, todavia, que os credores que não se sujeitam, por exemplo, à recuperação judicial restam imunes a este processo. Nesse sentido, por exemplo, a alienação de bens no bojo da recuperação judicial e prevista no plano de recuperação judicial, tendo sido realizada de forma legal, sem indícios de má-fé e com autorização do juízo competente, não é hábil a caracterizar fraude à execução, ainda que o processo executivo seja movido por credores não sujeitos à recuperação judicial (credor de adiantamentos sobre contratos de câmbio, no caso). Ou seja: mesmo que o credor não esteja sujeito à recuperação judicial, ele não resta imune ao que se passa neste processo (STJ, 3ª Turma, REsp 1.440.783/SP, Rel. Min. Moura Ribeiro, j. 14/06/2016). Ver, também: TRF3, 4ª Turma, AI 0026018-19.2012.4.03.0000, Rel. Des. Alda Basto, j. 26/07/2013; TJMT, 6ª Câmara Cível, AI 91095/2009, Rel. Des. Guiomar Teodoro Borges, j. 12/01/2009). Igualmente, normalmente dependerão do referido processo satisfazer seu crédito. Nesse sentido: STJ, 2ª Seção, AgRg no CC 113.228/GO, Rel. Min. Luis Felipe Salomão, j. 14/12/2011 ("O art. 49, § 4º, da Lei nº 11.101/05 estabelece que o crédito advindo de adiantamento de contrato de câmbio não está sujeito aos efeitos da recuperação judicial, ou seja, tem preferência sobre os demais, não sendo novado, nem sofrendo rateio. Todavia, para obter sua devolução, cabe ao credor efetuar o pedido de restituição, conforme previsto no art. 86, II, da mesma norma, ao qual faz referência o mencionado art. 49. 2. Cabe ao Juízo da recuperação judicial apurar, mediante pedido de restituição formulado pela instituição financeira, se o crédito reclamado é extraconcursal e, portanto, excepcionado dos efeitos da recuperação, sendo certo que o conflito de competência não é a via própria para essa discussão. Precedente. 3. A fim de impedir que as execuções individualmente manejadas possam inviabilizar a recuperação judicial das empresas, tem-se por imprescindível a suspensão daquelas, cabendo aos credores procurar no juízo universal a satisfação de seus créditos. 4. O deferimento da recuperação judicial acarreta para o Juízo que a defere a competência para distribuir o patrimônio da massa aos credores conforme as regras da Lei nº 11.101/05. 5. Agravo regimental não provido."). Ainda, a competência para promover atos de execução

APRESENTAÇÃO DA LEI 11.101/05

Outra vantagem encontra-se na composição da AGC: os titulares de

do patrimônio da empresa recuperanda é do juízo em que se processa a recuperação judicial (independente se o crédito se sujeita ou não ao regime recuperatório, evitando-se, assim, que medidas expropriatórias prejudiquem o esforço recuperatório). Dessa forma, inclusive, caminham o Enunciado 11 da Edição 35 e o Enunciado 8 da Edição 37 da Jurisprudência em Teses do STJ. Na jurisprudência, ver: STJ, 2ª Turma, AgRg no REsp 1.499.530/PR, Rel. Min. Humberto Martins, j. 17/03/2015; STJ, 2ª Seção, AgRg no CC 129.079/SP, Rel. Min. Antonio Carlos Ferreira, j. 11/03/2015; STJ, 2ª Seção, AgRg no CC 133.509/DF, Rel. Min. Moura Ribeiro, j. 25/03/2015; STJ, 2ª Seção, AgRg no CC 125.205/SP, Rel. Min. Marco Buzzi, j. 25/02/2015; STJ, 2ª Seção, AgRg no CC 136.978/GO, Rel. Min. Marco Aurélio Bellizze, j. 10/12/2014; STJ, 2ª Seção, AgRg no CC 124.052/SP, Rel. Min. João Otávio de Noronha, j. 22/10/2014; STJ, AgRg no CC 130.433/SP, 2ª Seção, Rel. Min. Sidnei Beneti, j. 26/02/2014; STJ, 2ª Seção, AgRg no CC 128.267/SP, Rel. Min. Ricardo Villas Bôas Cueva, j. 09/10/2013; STJ, 2ª Seção, CC 116.213/DF, Rel. Min. Nancy Andrighi, j. 28/09/2011; no mesmo sentido: STJ, 2ª Seção, AgRg no CC 140.146/SP, Rel. Min. Marco Buzzi, j. 24/02/2016 ("1. O Superior Tribunal de Justiça firmou o entendimento de que é do juízo em que se processa a recuperação judicial a competência para promover os atos de execução do patrimônio da empresa, evitando-se, assim, que medidas expropriatórias possam prejudicar o cumprimento do plano de soerguimento. 2. No que diz respeito à Lei n.º 13.043/2014, que acrescentou o art. 10-A à Lei n.º 10.522/2002, possibilitando o parcelamento de crédito de empresas em recuperação, a Segunda Seção decidiu que a edição da referida legislação não repercute na jurisprudência desta Corte Superior a respeito da competência do juízo da recuperação, sob pena de afrontar o princípio da preservação da empresa."); TRF4, 1ª Turma, AI 5000538-82.2016.404.0000, Rel. Des. Eduardo Vandré Garcia, j. 27/04/2016 ("1. Esta Corte tem precedentes no sentido de que, embora tal fato não tenha o condão de determinar a suspensão do feito executivo, os atos constritivos de fato devem ser realizados na recuperação judicial. Nesse sentido: Embora a execução fiscal não se suspenda em razão do deferimento da recuperação judicial da empresa executada, são vedados os atos judiciais que importem a redução do patrimônio da empresa, ou exclua parte dele do processo de recuperação, sob pena de comprometer, de forma significativa, a sobrevivência desta. Precedentes: (TRF4 5022835-88.2013.404.0000, 1ª Turma, Rel. p/ Acórdão Des. Jorge Antonio Maurique, j. 24/10/2013) 2. A interpretação literal do art. 6º, § 7º, da Lei 11.101/05, inibiria o cumprimento de eventual plano de recuperação apresentado por empresa ainda produtiva, tendo em vista o prosseguimento dos atos de constrição em sede de execuções fiscais."); TRF4, 1ª Turma, AI 5004909-89.2016.404.0000, Rel. Des. Jorge Antonio Maurique, j. 27/04/2016. Nesse sentido, o Enunciado 74 da II Jornada de Direito Comercial promovida pelo Conselho da Justiça Federal: "74. Embora a execução fiscal não se suspenda em virtude do deferimento do processamento da recuperação judicial, os atos que importem em constrição do patrimônio do devedor devem ser analisados pelo Juízo recuperacional, a fim de garantir o princípio da preservação da empresa". E o próprio STJ já desconstituiu bloqueios de bens de empresas em recuperação judicial (STJ, CC 145.482/SP (decisão monocrática), Rel. Min. João Otávio Noronha, j. 03/05 2016). Lembramos, ainda, da Súmula 480 do STJ: "O juízo da recuperação judicial não é competente para decidir sobre a constrição de bens não abrangidos pelo plano de recuperação da empresa" – caminhando, no mesmo sentido, o Enunciado 3 da Edição 35 da Jurisprudência em Teses do STJ.

garantias reais (geralmente instituições financeiras) formam uma classe própria (art. 41, II, c/c art. 45), com direito de voto em separado para deliberar sobre o plano, o que lhes garante um virtual poder de bloquear a aprovação do plano caso com ele não concordem. Da mesma forma, a própria posição do crédito bancário na ordem de pagamentos da falência (art. 83, II) revela o objetivo de reduzir o custo do crédito: o crédito com garantia real — a modalidade típica de garantia exigida pelos bancos em suas operações de financiamento — ocupa o segundo grau na ordem de pagamento dos créditos concursais, logo abaixo dos créditos trabalhistas e acima do Fisco.

Apesar disso, estudos realizados após 2005 não demonstram um impacto significativo da LREF sobre a taxa média de juros cobrada pelas instituições financeiras no Brasil[1024].

4.7. Proteção ao Trabalhador

Quis o legislador proteger, também, aqueles que trabalham na empresa em crise. É o princípio da proteção do trabalhador, consubstanciado em vários dispositivos da LREF.

Na falência, destaca-se a própria classificação do crédito trabalhista no quadro dos credores. Conforme dispõe o art. 83, I, o crédito trabalhista, como regra, está em primeiro lugar entre os créditos concursais — além do previsto no art. 151, que ordena o pagamento imediato de determinadas verbas salariais.

São regras que existem em atenção à natureza eminentemente alimentar do crédito trabalhista e da conhecida hipossuficiência do trabalhador, agente que usualmente não consegue negociar garantias em seu contrato de trabalho, tampouco embutir em sua remuneração uma taxa de risco — tal como o fazem as instituições financeiras e os grandes fornecedores, por exemplo. Ainda, também protetiva é a regra que considera extraconcursal o crédito dos trabalhadores pelo serviço prestado depois da decretação da falência da empresa (art. 84, I).

No âmbito da recuperação judicial, o dispositivo preambular do regime já contém uma norma de natureza programática no sentido da necessária

---

[1024] Nesse sentido, fazemos referência ao relatório da Fundação Getúlio Vargas citado em: DIAS. *Financiamento na recuperação judicial e na falência...*, p. 50, nota de rodapé 94.

tutela do trabalhador (art. 47)[1025]. Além disso, o art. 54 prevê um prazo máximo de um ano dentro do plano de recuperação para o pagamento dos créditos derivados da legislação do trabalho ou decorrentes de acidentes de trabalho vencidos até a data do pedido de recuperação judicial (*caput*), e um prazo de 30 dias para o pagamento dos créditos de natureza estritamente salarial, vencidos até três meses antes do pedido de recuperação, no limite de até cinco salários-mínimos por trabalhador (parágrafo único).

Assim sendo, a natureza alimentar do crédito trabalhista faz dele um crédito superprivilegiado no sentido de que o seu pagamento deve ser quase imediato[1026]. Finalmente, o referido dispositivo legal somente impõe

---

[1025] "A recuperação judicial tem por objetivo viabilizar a superação da situação de crise econômico-financeira do devedor, a fim de permitir a manutenção da fonte produtora, do emprego dos trabalhadores...".

[1026] Tem-se visto a aprovação de planos de recuperação judicial em que ao devedor é concedido, muitas vezes, prazo de 25 ou 30 anos para o pagamento de suas obrigações. No entanto, por força dos dispositivos legais ora em comento, os créditos trabalhistas, todos eles, deverão ser pagos dentro do prazo máximo de um ano. Mesmo que os credores estejam dispostos a aceitar condições que afrontem as regras acima elencadas, o juiz não poderá admiti-las, haja vista a natureza cogente da norma. Entende-se que cláusulas nesse sentido podem ser consideradas inválidas de ofício pelo magistrado. Nesse caso, declara-se a invalidade da cláusula, não do plano como um todo, que subsistirá caso sua essência não seja afetada (VIGIL NETO. *Teoria falimentar e regimes recuperatórios...*, p. 168; TJSP, 1ª Câmara Reservada de Direito Empresarial, AI 0119660-37.2013.8.26.000, Rel. Des. Francisco Loureiro, j. 06/02/2014 ("Credor trabalhista que requer a decretação da falência ou, subsidiariamente, a anulação do plano de recuperação judicial em razão de violação do art. 54 da Lei n.º 11.101/2005. Natureza novativa do plano. Autonomia privada que não supera violação de norma cogente. Aprovação do plano de recuperação judicial pela assembleia de credores que não o torna imune à verificação, pelo Poder Judiciário, sobre aspectos de sua legalidade e de obediência a princípios cogentes do direito contratual. Clara afronta ao art. 54 da Lei n.º 11.101/2005, já que o plano ultrapassou em muito o limite de um ano para pagamento dos créditos trabalhistas. Norma cogente."); TJSP, 1ª Câmara Reservada de Direito Empresarial, AI 2162636-20.2016.8.26.0000, Rel. Des. Cesar Ciampolini, j. 15/03/2017; TJSP, 1ª Câmara Reservada de Direito Empresarial, AI 2162381-62.2016.8.26.0000, Rel. Des. Cesar Ciampolini, j. 21/02/2017; TJRJ, 4ª Câmara Cível, AI 4.916/2008, Rel. Des. Jair Pontes de Almeida, j. 08/07/2008). Nada obstante, a jurisprudência já aceitou cláusula de plano de recuperação judicial que previa o pagamento dos créditos trabalhistas no prazo de cinco anos — muito acima do limite máximo de um ano posto na LREF (art. 54, *caput*) —, levando em consideração que houve a aprovação unânime por parte dos credores trabalhistas (TJSP, 1ª Câmara Reservada de Direito Empresarial, AI 0038422-30.2012.8.26.0000, Rel. Des. Pereira Calças, 02/10/2012 (em síntese: os trabalhadores aprovaram, de forma unânime, a proposta em assembleias da categoria sindical previamente à realização da AGC e, segundo o Tribunal, em que pese o caráter de ordem pública do art. 54, este não se sobrepõe aos interesses expressamente protegidos pela LREF, cabendo,

limite temporal ao pagamento do crédito trabalhista, o que significa que não existiria óbice à realização, por exemplo, de desconto (deságio). Todavia, para alguns tal medida não seria admissível (inclusive na jurisprudência), na medida em que não faria sentido deixar de proteger o credor trabalhista quanto ao montante de seu crédito[1027].

De qualquer sorte, reconhece-se que a proteção conferida aos trabalhadores e à sua participação no deslinde da recuperação judicial ou da falência se dá, basicamente, apenas quando estes detiverem também a posição de credores. Nas situações em que não são titulares de créditos, os trabalhadores não participam da AGC, não nomeiam membros do comitê de credores nem podem apresentar impugnações a créditos constantes da relação de credores apresentada pelo administrador judicial. Em outras palavras, não se verificando inadimplemento dos créditos trabalhistas, a classe não tem voz na recuperação judicial ou na falência. Veja-se, então, que não é conferida uma participação aos trabalhadores enquanto trabalhadores, mas tão somente na qualidade de trabalhadores-credores, o que é objeto de crítica por parte da doutrina[1028].

Por outro lado, a LREF, aparentemente com a intenção de tutelar o trabalhador, o exclui do regime da recuperação extrajudicial (art. 161, §1º),

---

neste caso, a flexibilização da regra pelos seus próprios destinatários protegidos). No mesmo sentido: TJSP, 1ª Câmara Especial de Falências e Recuperações Judiciais de Direito Privado, AI 473.877-4/1, Rel. Des. Pereira Calças, j. 30/05/2007 ("Recuperação Judicial da VASP. Credor trabalhista irresignado com a proposta do plano de recuperação da empresa, que não prevê o pagamento de seu crédito, nos termos do artigo 54 e parágrafo único da LRF. Plano aprovado por unanimidade pela classe constituída por titulares de créditos derivados da legislação do trabalho ou decorrentes de acidentes de trabalho. Soberania da Assembléia-Geral de Credores. Direitos trabalhistas que são disponíveis e podem ser objeto de negociação ou transação, sendo a Assembléia-Geral o palco próprio para deliberações sobre tal matéria. Legitimidade da representação dos trabalhadores pelos respectivos sindicatos, desde que observados os requisitos do artigo 37, §§ 5o e 6º, da LRF. Agravo desprovido"); TJSP, 1ª Câmara Especial de Falência e Recuperação Judicial, AI 471.362-4/7-00, Rel. Des. Pereira Calças, j. 30/05/2007.
[1027] CAVALLI. Plano de recuperação..., p. 280-281. Nesse sentido, por exemplo, o juízo da 1ª Vara Cível Especializada de Falências, Recuperação Judicial e Cartas Precatórias de Cuiabá/MT, ao homologar plano de recuperação judicial de sociedade devedora (processo 23113-52.2015.811.0041), anulou a previsão de deságio de 30% aos credores trabalhistas. O deságio seria aplicado em relação a direito indisponível (Constituição Federal, art. 7º, VI), uma vez que há garantia da irredutibilidade salarial salvo acordo ou convenção coletiva (o que estaria também previsto no art. 50, VIII, da LREF). Ver, também: TJMT, 2ª Câmara de Direito Privado, AI 99638/2015, Rel. Des. Marilsen Andrade Addario, j. 04/11/2015.
[1028] CEREZETTI. A recuperação judicial de sociedade por ações..., p. 217-220, 329.

crendo que uma negociação extrajudicial poderia causar graves prejuízos à classe. Isso se justifica com base na dificuldade de coordenação de tais credores, na extrema necessidade que pode gerar o inadimplemento do crédito destinado ao sustento do empregado e de sua família, e em outras peculiaridades envolvendo esse tipo de crédito. Mais uma vez, aqui, o legislador parece considerar o trabalhador apenas na sua faceta trabalhador-credor, desconsiderando que ele mesmo poderia participar do regime da recuperação extrajudicial sem que seu crédito fosse objeto de negociação.

4.8. Preservação e Maximização dos Ativos do Falido

Para atender a um maior número de credores na falência e para aumentar as chances de recuperação da empresa em crise, a LREF busca oferecer mecanismos para assegurar a obtenção do máximo valor possível pelos ativos do falido, (*i*) evitando a deterioração provocada pela demora excessiva do processo, (*ii*) priorizando a venda da empresa em bloco para evitar a perda dos intangíveis, e (*iii*) possibilitando ao administrador judicial celebrar contratos que gerem renda a partir da exploração dos bens da massa falida, enquanto estes não forem alienados.

Nesse sentido, vislumbra-se o objetivo de preservar e maximizar os ativos do falido: (*i*) na regra que permite ao administrador judicial fazer a avaliação dos bens arrecadados, se tiver conhecimento técnico para tanto, possibilitando, ainda; (*ii*) a avaliação dos bens em bloco se isso for possível (art. 108); (*iii*) na permissão, em razão dos custos e no interesse da massa falida, de aquisição ou adjudicação, de imediato, pelos credores, dos bens arrecadados, pelo valor da avaliação, atendida a regra de classificação e preferência entre eles, desde que autorizado pelo juiz e ouvido o Comitê de Credores, se houver (art. 111); (*iv*) na hipótese de venda antecipada dos bens perecíveis, deterioráveis, sujeitos a considerável desvalorização ou que sejam de conservação arriscada ou dispendiosa (art. 113); e (*v*) na permissão de celebrar contratos para gerar renda a partir dos bens da massa (art. 114).

Ademais, o princípio se materializa na preferência legal pela venda do mais abrangente conjunto de bens possível (art. 140), iniciando pela (*i*) venda da empresa em bloco, com todos os seus estabelecimentos (art. 140, I); (*ii*) como segunda opção, a alienação da empresa por estabelecimento (art. 140, II); (*iii*) como terceira, a alienação de bens em bloco (art. 140, III); e, como última, (*iv*) a alienação individual de bens (art. 140, IV). Por óbvio, as hipóteses iniciais permitiriam obter um maior valor de venda, e até a continuação da atividade nas mãos de outro empresário.

Importante, ainda, lembrar as técnicas de recuperação que importam o trespasse do estabelecimento (art. 50, VII) e o usufruto da empresa (art. 50, XIII), hipóteses essas que consideram que o conjunto de bens pode gerar valor para o devedor — estando, a rigor, a noção de maximização e de preservação dos ativos do devedor igualmente ínsitas aos regimes recuperatórios.

Por fim, fazemos referência às regras que possibilitam a alienação de ativos livres de passivos na recuperação judicial e na falência (arts. 60, parágrafo único, e 141, II). Isso porque, na ausência de tais previsões, pouco ou nenhum interesse despertaria a aquisição de bens, caso o adquirente viesse a responder pelas dívidas do devedor (ou, alternativamente, o desconto na operação seria muito elevado, em detrimento do conjunto de credores).

A propósito, o STF, no julgamento da Ação Direta de Inconstitucionalidade (ADI) de n. 3934/DF, de relatoria do Min. Ricardo Lewansowski, datado de 27 de maio de 2009, já se manifestou sobre a constitucionalidade dos dispositivos da LREF referentes à inexistência de sucessão do adquirente nas dívidas do alienante no contexto da falência e da recuperação judicial[1029].

4.9. Celeridade, Eficiência e Economia Processual

Os princípios da celeridade, da eficiência e da economia processual prescrevem que as normas procedimentais sejam aplicadas e interpretadas de modo a privilegiar a condução ágil, adequada e econômica dos regimes falimentar e recuperatórios[1030].

Nesse sentido, o art. 75, parágrafo único, da LREF, textualmente afirma que o "processo de falência atenderá aos princípios da celeridade e da economia processual" — o que, logicamente, deve abranger todos os seus inci-

---

[1029] STF, Pleno, ADI 3934/DF, Rel. Min. Ricardo Lewansowski, j. 27/05/2009.

[1030] É senso comum que a gestão do processo interfere diretamente no seu custo financeiro. Essa é uma realidade ainda mais presente nos processos concursais. Sobre o tema, ver: COSTA, Daniel Carnio. O novo método da gestão democrática de processos de insolvência. In: CEREZETTI, Sheila C. Neder; MAFFIOLETTI, Emanuelle Urbano (coord.). *Dez anos da Lei nº 11.101/2005*: estudos sobre a Lei de Recuperação e Falência. São Paulo: Almedina, 2015, p. 66-81.

dentes, apensos e recursos[1031]. De qualquer sorte, também são aplicáveis os arts. 6º e 8º do novo Código de Processo Civil, bem como a previsão contida na Constituição Federal, art. 5º, LXXVIII[1032].

A doutrina, abordando especificamente a questão no processo falimentar, esclarece que o magistrado, ao definir as questões incidentais ocorrentes no processo, deverá pautar-se pelas decisões que tenham uma mais rápida produção jurídica de efeitos, pois a demora no processo traz a deterioração do patrimônio e a perda de seu valor econômico, acarretando prejuízo irrecuperável tanto para o devedor quanto para os credores.

O princípio da economia visa a garantir ao credor o menor gasto possível na busca da satisfação de seu crédito, bem como na definição por parte do magistrado, acompanhado pela manifestação do Ministério Público, de

---

[1031] Assim também determina, por exemplo, o art. 9º do Código da Insolvência e da Recuperação de Empresas – o CIRE português.

[1032] Sobre os temas da efetividade, eficiência, celeridade e duração razoável do processo, ver: BEDAQUE, José Roberto dos Santos. *Efetividade do processo e técnica processual*. 3 ed. São Paulo: Malheiros, 2010; ALVARO DE OLIVEIRA, Carlos Alberto. *Do formalismo no processo civil*. 4 ed. São Paulo: Saraiva, 2010; ALVARO DE OLIVEIRA, Carlos Alberto. Efetividade e processo de conhecimento. *Revista da Faculdade de Direito da Universidade Federal do Rio Grande do Sul*, Porto Alegre, UFRGS, v. 16, p. 7-19, 1999; CONRADO, Paulo Cesar. "Efetividade" do processo, segurança jurídica e tutela jurisdicional diferençada. *Revista do Tribunal Regional Federal 3ª Região*, n. 76, p. 47-65, mar./abr. 2006; MOREIRA, José Carlos Barbosa. Efetividade do processo: por um processo socialmente efetivo. *Revista Síntese de Direito Civil e Processual Civil*, Porto Alegre, Síntese, v. 2, n.11, p. 5-14, 2001; DIDIER JR., Fredie. *Curso de direito processual civil*, v. 1. 17 ed. Salvador: Juspodivm, 2015, p. 93-96, 98-104, 113-114; MARINONI, Luiz Guilherme; ARENHART, Sérgio Cruz; MITIDIERO, Daniel. *Novo curso de processo civil*, v. 1. São Paulo: Revista dos Tribunais, 2015, p. 247 ss; MARINONI, Luiz Guilherme. *Técnica processual e tutela dos direitos*. São Paulo: Revista dos Tribunais, 2004; MARINONI, Luiz Guilherme. Direito fundamental à duração razoável do processo. *Interesse Público*, Belo Horizonte, v. 10, n. 51, p. 42-60, set./out. 2008; THEODORO JÚNIOR, Humberto. Direito fundamental à duração razoável do processo. *Revista Magister de Direito Civil e Processual Civil*, Porto Alegre, v. 5, n. 29, p. 83-98, mar./abr. 2009; TORRES, Juliana. O direito fundamental à razoável duração do processo na Constituição Federal brasileira. *Cadernos do Programa de Pós-Graduação em Direito*: PPGDir./UFRGS, Porto Alegre, v. 6, n. 7/8, p. 293-339, set. 2007; ASSIS, Araken de. Duração razoável do processo e reformas da lei processual civil. *Revista Jurídica*, Porto Alegre, v. 56, n. 372, p. 11-27, out. 2008; TUCCI, José Rogério Cruz e. Garantias constitucionais da duração razoável e da economia processual no projeto do Código de Processo Civil. *Revista de Processo*, São Paulo, v. 36, n. 192, p. 193-209, fev. 2011; ROSITO, Francisco. O princípio da duração razoável do processo sob a perspectiva axiológica. *Revista de Processo*, São Paulo, v. 33, n.161, p. 21-38, jul. 2008; YARSHELL, Flávio Luiz. A reforma do judiciário e a promessa de "duração razoável do processo". *Revista do Advogado*, v. 24, n. 75, p. 28-33, abr. 2004.

medidas menos burocratizantes que não só prolongarão a tramitação do processo, como também o tornarão mais oneroso[1033].

Um processo caro e longo torna-se desinteressante ao credor, que acabará buscando formas alternativas para a satisfação do seu crédito ou, mesmo, diante da ineficiência sistêmica, poderá restringir sua participação na atividade econômica do país, buscando mercados mais seguros com regimes jurídicos mais eficientes[1034]. Isso sem mencionar que um processo demorado está na contramão da necessidade de preservação dos bens do devedor, inclusive dos intangíveis envolvidos na exploração da atividade empresarial e da sua destinação para uma atividade produtiva capaz de preservar a empresa (e o pagamento dos credores).

A LREF buscou, em diversas oportunidades, concretizar tais princípios. O art. 79, por exemplo, dispõe que os processos de falência e os seus incidentes preferem a todos os outros na ordem dos feitos, em qualquer instância[1035] — sendo possível se questionar se não se aplicaria a mesma regra à recuperação judicial e à recuperação extrajudicial, uma vez que havia disposição semelhante a essa da falência para a concordata preventiva (art. 203 do Decreto-Lei 7.661/45).

Igualmente, faz-se referência à previsão do art. 40, a qual impede o deferimento de qualquer medida judicial para a suspensão ou adiamento da AGC em razão de pendência de discussão acerca da existência, da quantificação ou da classificação de créditos. Vale mencionar, ainda, as regras que possibilitam a prática imediata de atos ao longo do procedimento falimentar, tais como a alienação dos ativos do falido logo após a arrecadação,

---

[1033] PACHECO, José da Silva. *Processo de recuperação judicial, extrajudicial e falência*. 3 ed. Rio de Janeiro: Forense, 2009, p. 240.

[1034] VIGIL NETO. *Teoria falimentar e regimes recuperatórios...*, p. 272-273.

[1035] Para Vera Helena de Mello Franco e Rachel Sztajn, o art. 79 da Lei traria positivado "o princípio da precedência" (FRANCO; SZTAJN. *Falência e recuperação da empresa em crise...*, p. 26). E quanto ao tema, vale lembrar as palavras de Carlos Klein Zanini: "Nem sempre, contudo, terá o dispositivo eficácia prática. No primeiro grau, a existência de vara especializada de falências – situação comum apenas nas capitais – torna-o de certo modo inócuo, devendo prevalecer a ordem natural do serviço. De outra parte, inexistindo vara especializada, impõe-se lhe seja dada interpretação razoável, não se podendo olvidar de outros processos cuja urgência é indiscutível, a exemplo dos *habeas corpus*, alimentos e cautelares em geral." "A mesma regra vale para o Tribunal, dela decorrendo a necessidade de atualização dos Regimentos, que não poderão olvidar a existência da preferência, a ser interpretada com a mesma razoabilidade.". (ZANINI. Capítulo V: Da falência..., p. 348).

independentemente da formação do quadro-geral de credores, de acordo com os arts. 139 e 140, §2º.

A título programático, cumpre a todos os envolvidos no processo (de falência, de recuperação judicial ou de recuperação extrajudicial), e especialmente ao magistrado, concretizar tais princípios, adotando-se uma perspectiva instrumentalista da jurisdição, afastando-se do formalismo exagerado em prol da efetividade[1036].

4.10. Favorecimento das Empresas de Menor Porte

Outra inovação trazida pela LREF foi a busca por um regime favorecido à microempresa (ME) e à empresa de pequeno porte (EPP), cuja matriz constitucional está nos arts. 170, IX, e 179 da Constituição Federal.

Nesse sentido, foi projetado o plano especial de recuperação judicial (arts. 70 a 72), que buscou realizar o princípio da simplificação da recuperação das empresas de menor porte ao prever, entre outras medidas, a desnecessidade de realização de assembleia geral de credores para apreciar o plano de recuperação e a predeterminação dos meios de recuperação[1037].

O objetivo é que tais empresas não sejam oneradas pelo trâmite da recuperação judicial tradicional, mais lento e custoso. A partir dessa lógica, tais empresas teriam ampliado seu acesso à recuperação. No entanto, curiosamente, as supostas vantagens tendem a ser um importante fator a inviabilizar a recuperação pelo regime especial, em razão dos riscos embutidos na ausência de AGC e na reduzida maleabilidade dos meios de recuperação disponíveis[1038].

[1036] ZANINI. Capítulo V: Da falência..., p. 339. Sobre perspectiva instrumentalista do processo, ver: DINAMARCO, Cândido Rangel. *A instrumentalidade do processo*. 14 ed. São Paulo: Malheiros, 2009; da mesma forma, ver: BEDAQUE, José Roberto dos Santos. *Direito e processo* – influência do direito material sobre o processo. 6 ed. São Paulo: Malheiros, 2011. Ver, também: ALVARO DE OLIVEIRA. *Do formalismo no processo civil...*

[1037] Parcelamento em até 36 parcelas mensais, iguais e sucessivas, corrigidas monetariamente e acrescidas de juros equivalentes à taxa SELIC, com o pagamento da primeira parcela em até 180 dias contados da distribuição do pedido de recuperação, podendo ainda conter proposta de abatimento do valor das dívidas (leia-se: "deságio"). Vide art. 71, II, da LREF.

[1038] Sobre os problemas que afetam o regime especial em questão (embora não atualizado com as reformas perpetradas pela LC 147/2014) ver: SPINELLI, Luis Felipe; SCALZILLI, João Pedro; TELLECHEA, Rodrigo. Regime especial da Lei nº 11.101/2005 para as microempresas

Cumpre registrar que a LC 147/2014, responsável pela alteração da LC 123/2006 (Estatuto das Microempresas e das Empresas de Pequeno Porte), acrescentou regras que favorecem as empresas de menor porte no contexto recuperatório e falimentar, dentre as quais se destacam (*i*) a criação de uma classe específica para os credores enquadrados como microempreendedor individual (MEI), ME ou EPP na assembleia geral de credores, e (*ii*) a atribuição de privilégio especial aos créditos detidos por agentes econômicos que se enquadrem nessa categoria na falência[1039].

5. Reformas Legislativas: Panorama

Em 2015, a LREF completou dez anos de vigência. A aplicação da Lei durante esse período permitiu que a doutrina realizasse um exame crítico do nosso sistema recuperatório e falimentar à luz do direito estrangeiro, do repertório de decisões judiciais disponíveis sobre a matéria[1040] e dos gargalos, problemas e polêmicas que permanecem gerando dúvidas entre os profissionais do direito sobre a melhor forma de interpretar e de aplicar a legislação concursal, bem como a proposta de atualizações legais[1041].

e empresas de pequeno porte. *Revista Síntese de Direito Empresarial*, a. 4, n. 23, p. 94-121, nov./dez. 2011.

[1039] Para uma análise crítica das alterações promovidas pela Lei Complementar 147/2014, ver: CORRÊA JUNIOR, Gilberto Deon; SPINELLI, Luis Felipe; SILVA, Rodrigo Tellechea. Mudanças feitas pela LC 147 no instituto de falência são questionáveis. *Consultor Jurídico*. São Paulo, 22 set. 2014. Disponível em: <http://www.conjur.com.br/2014-set-22/mudancas-feitas-lc-147-instituto-falencia-sao-questionaveis>. Acesso em: 13 jun. 2018.

[1040] Destaca-se, nesse sentido, a atuação ativa do Superior Tribunal de Justiça, dos Tribunais Estaduais e das Varas Especializadas em Recuperação de Empresas e Falência. A contribuição da magistratura para o desenvolvimento do tema é significativa e já se desdobrou em doutrina. Veja-se, por exemplo: SALOMÃO, Luis Felipe; PENALVA, Paulo. *Recuperação judicial, extrajudicial e falência*. 3 ed. Rio de Janeiro: Forense, 2017; COSTA, Daniel Carnio. *Comentários completos à Lei de Recuperação de Empresas e Falências*, v. I. Curitiba: Juruá, 2015, p. 17-62; AYOUB, Luiz Roberto; CAVALLI, Cássio. *A construção jurisprudencial da recuperação judicial de empresas*. Rio de Janeiro: Forense, 2013.

[1041] Exemplificativamente: CEREZETTI, Sheila C. Neder; MAFFIOLETTI, Emanuelle Urbano (coord.). *Dez anos da Lei nº 11.101/2005*: estudos sobre a Lei de Recuperação e Falência. São Paulo: Almedina, 2015; ABRÃO, Carlos Henrique; ANDRIGHI, Fátima Nancy; BENETI, Sidnei. *10 Anos de vigência da Lei de Recuperação e Falência*. São Paulo: Saraiva, 2015. Quanto às obras propondo alterações da LREF, ver: TOLEDO, Paulo Fernando Campos Salles de. A necessária reforma da Lei de Recuperação de Empresas. *Revista do Advogado – Direito das Empresas em Crise*, a. XXXVI, n. 131, p. 171-175. São Paulo: AASP, out./2016; PAIVA, Luiz Fernando

Ao longo dessa década, a LREF sofreu apenas alterações[1042] e/ou complementações[1043] pontuais que, além de nem sempre priorizarem pela

---

Valente de. A eliminação da assembleia de credores e a escolha de foro: duas propostas para alteração da Lei nº 11.101/2005. *Revista do Advogado – Direito das Empresas em Crise*, a. XXXVI, n. 131, p. 123-132. São Paulo: AASP, out. 2016; PAIVA, Luiz Fernando Valente de. Necessárias alterações no sistema falimentar brasileiro. In: CEREZETTI, Sheila C. Neder; MAFFIOLETTI, Emanuelle Urbano (coord.). *Dez anos da Lei nº 11.101/2005*: estudos sobre a Lei de Recuperação e Falência. São Paulo: Almedina, 2015, p. 136-159; PAIVA, Luiz Fernando Valente de. Recuperação extrajudicial: o instituto natimorto e uma proposta para sua reformulação. In: TOLEDO, Paulo Fernando Campos Salles de; SOUZA JÚNIOR, Francisco Satiro de (coord.). *Direito das empresas em crise*: problemas e soluções. São Paulo: Quartier Latin, 2012, p. 229-263.

[1042] Veja-se por exemplo, a já referida Lei Complementar n. 147/14, cujo conteúdo, apesar de bem-intencionado, bagunçou sobremaneira o processo de votação do plano de recuperação judicial pela assembleia geral de credores ao criar uma classe específica para os titulares de créditos enquadrados como microempresa ou empresa de pequeno porte sem ajustar o sistema de votação anteriormente existente, além de não ter cuidado de ajustar o art. 58, §1º, III. Nos termos do Enunciado 62 da II Jornada de Direito Comercial promovida pelo Conselho da Justiça Federal: "79. O requisito do inc. III do § 1º do art. 58 da Lei n. 11.101 aplica-se a todas as classes nas quais o plano de recuperação judicial não obteve aprovação nos termos do art. 45 desta Lei". Nesse sentido, o quórum de 1/3 (um terço) de votos favoráveis dos credores deve se dar por contagem única (por cabeça) nas classes I e IV e por dupla contagem (por crédito e por cabeça) nas classes II e III. Além disso, cometeu outras atecnicidades, por exemplo, ao não definir a época em que se deve enquadrar o credor como ME e EPP, assim se posicionando o Enunciado 80 da II Jornada de Direito Comercial promovida pelo Conselho da Justiça Federal: "80. Para classificar-se credor, em pedido de habilitação, como privilegiado especial, em razão do art. 83, IV, d da Lei de Falências, exige-se, cumulativamente, que: (a) esteja vigente a LC 147/2014 na data em que distribuído o pedido de recuperação judicial ou decretada a falência do devedor; (b) o credor faça prova de que, no momento da distribuição do pedido de recuperação judicial ou da decretação da falência, preenchia os requisitos legais para ser reconhecido como microempreendedor individual, microempresa ou empresa de pequeno porte".

[1043] Veja-se, por exemplo, a promulgação da Lei 13.043/14 — que trouxe a possibilidade de regularização fiscal de empresas em recuperação judicial, mediante o parcelamento de débitos em até 84 meses. Vale registrar, aqui, que o art. 6º, §7º, determina que "As execuções de natureza fiscal não são suspensas pelo deferimento da recuperação judicial, ressalvada a concessão de parcelamento nos termos do Código Tributário Nacional e da legislação ordinária específica". O art. 57, por seu turno, estabelece que, na recuperação judicial, após a juntada aos autos do plano aprovado pela assembleia-geral de credores ou decorridos 30 (trinta) dias após a apresentação do plano sem objeção de credores, o devedor deverá apresentar certidões negativas de débitos tributários, conforme previsto no Código Tributário Nacional. Ocorre que, mesmo após a edição da Lei nº 13.043/14, o Judiciário permaneceu, majoritariamente, concedendo a recuperação judicial independentemente da apresentação de certidões negativas de débitos fiscais. Em muitos casos, o argumento subjacente à concessão era a insuficiência

melhor técnica e pela realidade econômica, tentaram de modo infrutífero resolver impasses e/ou insuficiências resultantes da interação entre o diploma legal e o universo dos fatos. As modificações, no entanto, não prejudicaram a higidez e o funcionamento do sistema recuperatório originariamente concebido pelo Projeto de Lei aprovado em 2005.

do prazo legal concedido para a regularização dos débitos, que, usualmente, não condiz com a frágil saúde financeira das empresas em recuperação judicial. E tal argumento se mostra verdadeiro, o que exige a retomada do tema pelo Congresso Nacional. Embora não se possa deixar de lado a existência de tratamento legal dos débitos fiscais – até porque a ausência deste tende a prejudicar a seriedade da Lei nº 11.101/05 como sistema legal de pagamentos dos devedores em crise –, a Lei nº 13.043/14 não foi razoável na concessão do prazo para regularização fiscal, o qual foi estabelecido completamente fora da realidade de uma empresa em crise. Ora, não raro as dívidas mais vultosas de empresas em recuperação judicial são justamente aquelas perante o Fisco, as quais, na grande maioria das vezes, não podem ser quitadas em meras 84 parcelas sem que seja comprometido o pagamento de outros credores, concursais e extraconcursais, bem como a continuidade do negócio. Com o advento da Lei nº 13.043/14, o julgador, ao decidir pela concessão da recuperação judicial, se depara com a necessidade de selecionar uma alternativa — a preservação da empresa ou a estruturação dos débitos tributários —, sabendo que a opção por uma delas pode, em muitos casos, inviabilizar a outra. Como se não bastasse a desproporcionalidade do tratamento dispensado ao Fisco, tendo em vista o exíguo prazo de parcelamento, a lei, entre outras deficiências, também condiciona a adesão ao "benefício", pela empresa em crise, à renúncia expressa e irrevogável a qualquer medida, administrativa ou judicial, por meio da qual se possa discutir os débitos tributários — ainda que a adesão ao parcelamento não possua efeitos absolutos, persistindo algumas hipóteses de exceção a tal renúncia. Isso significa que, no atual regime, para obter a recuperação judicial, a recuperanda é submetida a condições excessivamente penosas, satisfazendo os interesses de um único credor, que sequer está submetido aos efeitos do plano recuperacional. Dessa forma, é latente a necessidade de aprimoramento do parcelamento instituído, principalmente no que se refere a prazos de pagamento mais dilatados e à possibilidade de o contribuinte questionar amplamente o débito parcelado. Somente com uma reforma da legislação nesse sentido é que se poderá melhorar o equilíbrio entre a preservação da empresa e os interesses do Fisco.

APRESENTAÇÃO DA LEI 11.101/05

O ocaso do modelo do presidencialismo de coalizão, o descrédito do quadro político e a gravidade da crise econômica do país abriram as portas do Congresso Nacional para a discussão de reformas legislativas que acelerem a retomada do investimento privado na economia. Na esfera recuperatória e falimentar, além de projetos de leis esparsos e que, muitas vezes, não guardam congruência entre si nem trazem relevantes modificações à LREF[1044], há dois movimentos de reforma da Lei 11.101/2005 que

---

[1044] Encontramos diversos projetos tramitando no Congresso Nacional, em 14 de junho de 2018, objetivando mudanças na Lei 11.101/2005. Na Câmara dos Deputados, encontramos os que seguem: (*i*) PL 8238/2017 (altera a LREF para "conferir mais segurança jurídica ao negócio jurídico firmado com empresa em recuperação judicial"); (*ii*) PL 4847/2005 ("Exingue limite de pagamento dos créditos trabalhistas em caso de decretação de falência; suprime o dispositivo que permite a suspensão, no âmbito da recuperação judicial, de todas as ações ou execuções contra o devedor relativas a créditos decorrentes de financiamento de valores garantidos por penhor e o dispositivo que estabelece que em caso de recuperação judicial e falência das sociedades empresárias, em nenhuma hipótese ficará suspenso o exercício de direitos derivados de contratos de arrendamento mercantil de aeronaves ou de suas partes."); (*iii*) PL 5721/2005 ("Acrescenta novo parágrafo ao art. 83 da Lei nº 11.101, de 9 de fevereiro de 2005.", "Estabelecendo a prioridade de micro e pequenas empresas no recebimento de créditos devidos por empresas em processo de falência."); (*iv*) PL 5962/2005 ("Altera os incisos I, II e VI do art. 83 da Lei nº 11.101, de 9 de fevereiro de 2005, (...) para alterar a ordem na classificação dos créditos na falência.", modificando "a classificação dos créditos na falência para receber os créditos quirografários logo após os créditos trabalhistas."); (*v*) PL 921/2011 ("Altera os arts. 26, 41, 45 e 83 da Lei nº 11.101, de 9 de fevereiro de 2005, (...) para fins de assegurar ao produtor rural, que venda sua produção a prazo, prioridade no recebimento de seus créditos no caso de recuperação judicial ou falência de empresa que beneficie produtos agrícolas."); (*vi*) PL 8216/2014 ("Altera o art. 83 da Lei nº 11.101, de 9 de fevereiro de 2005", com o objetivo de assegurar "prioridade na classificação na ordem dos créditos na falência aos devidos a agricultores familiares pela venda de seus produtos."); (*vii*) PL 4271/2012 ("Altera o art. 151 da Lei nº 11.101, de 9 de fevereiro de 2005", estabelecendo "que os créditos trabalhistas de natureza rescisória do contrato de trabalho do empregado serão pagos tão logo haja disponibilidade em caixa."); e (*viii*) PL 7366/2014 ("Altera a Lei nº 11.101, de 2005, para permitir que, no processo de recuperação judicial, as execuções da Fazenda Pública contra o devedor fiquem suspensas e que, na falência, o empresário, sócio ou acionista de sociedade empresária receba seus créditos em seguida aos trabalhadores e antes dos fornecedores, figurando os créditos tributários em último lugar na classificação prevista no art. 83."). Já no Senado Federal, há os seguintes projetos: (*i*) PLS 205/2017 ("Altera a Lei de Recuperação Judicial (Lei 11.101/2005) para ampliar de 36 para 48 meses o prazo de parcelamento para a recuperação judicial das microempresas e das empresas de pequeno porte."); (*ii*) PLS 245/2015 ("Acrescenta §5º ao art. 49 da Lei nº 11.101/2005 (Lei de recuperação de empresas), para impedir, durante a recuperação judicial da empresa, a retomada, por falta de pagamento de aluguel, dos imóveis essenciais a sua atividade empresarial."); (*iii*) PLS 624/2015

"Altera a Lei nº 11.101, de 9 de fevereiro de 2005, que regula a recuperação judicial, a extrajudicial e a falência do empresário e da sociedade empresária, a fim de estabelecer que os produtores rurais inadimplentes possam vir a se beneficiar da referida lei.", estentendo "aos produtores rurais a incidência da Lei nº 11.101, de 9 de fevereiro de 2005"); (*iv*) PLS 140/2011 ("Insere o art. 37-A na Lei nº 11.101/2005 (Lei de Falências), para disciplinar o rito das assembleias de credores nas deliberações sobre o plano de recuperação judicial da empresa; determina que o tempo para manifestação seja igual para todas as classes de credores; estabelece que ao final da discussão sejam formuladas as propostas de aprovação, modificação ou rejeição do plano de recuperação judicial; define a ordem de votação por classes de credores: a) trabalhistas; b) quirografários, com privilégio especial, com privilégio geral ou subordinados; c) os com garantia real."); (*v*) PLS 370/2012 ("Altera a redação da Lei de Falências (Lei nº 11.101/2005), para incluir os créditos decorrentes de contratos firmados com microempreendedor individual (estes limitados a cinco salários-mínimos por credor) e microempresa dentro daqueles previstos no plano de recuperação judicial da empresa para pagamento em até um ano (modificando a redação do caput e incluindo § 2º no art. 54); e inserir os mesmos créditos, com limite de 150 salários-mínimos por credor, no rol dos créditos privilegiados no processo falimentar, logo após os créditos trabalhistas e à frente dos tributários (inserindo novo inciso II no texto do art. 83, renumerando os demais)."); (*vi*) PLS 239/2018 ("Obriga a contagem dos prazos previstos na lei de falências e de recuperação judicial em dias úteis e não em dias corridos."); (*vii*) PLS 76/2015 ("Trata do pedido de recuperação judicial do empresário e da sociedade empresária que exercem atividade rural.", alterando o art. 48 da LREF); (*viii*) PLS 391/2017 ("Altera a Lei nº 11.101, de 9 de fevereiro de 2005, para prever como requisito para o processamento de recuperação judicial que o devedor não tenha condenação por órgão colegiado pelos crimes que especifica.", prevendo que o "que o óbice da condenação por crime falimentar só incide após confirmada a condenação por órgão judicial colegiado.") (*ix*) PLS 191/2015 ("Acrescenta § 6º ao art. 94 da Lei nº 11.101, de 9 de fevereiro de 2005, que regula a recuperação judicial, a extrajudicial e a falência do empresário e da sociedade empresária, com o objetivo de estender os efeitos da falência às sociedades coligadas e controladas pela sociedade falida, quando se constatar a influência de um grupo societário nas decisões do outro, em prejuízo da massa de credores."); (*x*) PLS 720/2011 ("Altera o § 4º do art 6º Lei 11.101, de 2005, que "Regula a recuperação judicial, a extrajudicial e a falência do empresário e da sociedade empresária" ampliando para 1 ano o prazo máximo da suspensão do curso da prescrição e de todas as ações de execuções em face do devedor na recuperação judicial, contado do deferimento do processamento da recuperação, restabelecendo-se, após o decurso do prazo, o direito dos credores de iniciar ou continuar suas ações e execuções, independentemente de pronunciamento judicial."); (*xi*) PLS 248/2012 ("Altera o § 4º do art. 6º da Lei nº 11.101/2005 (Lei de Falências), para permitir a prorrogação, por uma única vez, por igual período, do prazo de suspensão, de 180 dias, da prescrição e de todas as ações e execuções em face do devedor, a partir do deferimento do processamento da recuperação judicial."); (*xii*) PLS 147/2010 ("Autoriza a União a indenizar os aposentados e pensionistas vinculados a entidades fechadas de previdência complementar abrangidos pelos planos de benefícios patrocinados por empresas aéreas; altera a Lei nº 11.101, de 9 de fevereiro de 2005; determina a promoção de transação judicial ou extrajudicial por parte da União nas ações judiciais propostas por empresas aéreas contra a União e nas ações judiciais promovidas pelos assistidos e beneficiários de planos de benefícios de entidades fechadas de

merecem referência: (*i*) o primeiro deles é o debate em torno dos Projetos de Lei que regulam/instituem o Código Comercial, a saber: (*a*) o projeto que institui o novo Código Comercial, de autoria do parlamentar Vicente Cândido, em trâmite na Câmara dos Deputados (PL 1572/2011), e (*b*) o projeto que reforma o Código Comercial existente, de autoria do parlamentar Renan Calheiros, em trâmite no Senado Federal (PL 487/2013); (*ii*) o segundo é a proposta legislativa em construção por uma comissão de juristas, formada pelo Ministério da Fazenda, que recomenda alterações significativas na LREF (PL 10220/2018).

previdência complementar vinculadas a empresas de transporte aéreo, e dá outras providências."); (*xiii*) PLS 391/2009 ("Altera os arts. 2º, 3º, 27, 49, 56, 64, 65, 71 e 83 e acrescenta art. 69-A à Lei no 11.101, de 9 de fevereiro de 2005, para prever que as disposições que tratam da falência se aplicam a instituição financeira pública ou privada, cooperativa de crédito, consórcio, entidade de previdência complementar, sociedade operadora de plano de assistência à saúde, sociedade seguradora, sociedade de capitalização e outras entidades legalmente equiparadas às anteriores; definir principal estabelecimento do devedor; excluir dos efeitos da recuperação judicial o credor fiduciário de direitos sobre coisas móveis ou de títulos de crédito; permitir o suprimento pelo juiz da concordância do devedor quanto a alterações do plano de recuperação judicial; possibilitar o afastamento do empresário ou do sócio controlador por decisão da assembléia-geral de credores; permitir a revisão do plano de recuperação judicial no caso de crise econômica superveniente; aumentar o prazo de parcelamento do plano especial das microempresas e empresas de pequeno porte, e dá outras providências."); (*xiv*) PLS 390/2009 ("Altera os arts. 57, 70 e 71 da Lei nº 11.101, de 9 de fevereiro de 2005, que regula a recuperação judicial, a extrajudicial e a falência do empresário e da sociedade empresária, para facilitar as condições de concessão de plano de recuperação extrajudicial a devedor que seja microempresa ou empresa de pequeno porte."); (*xv*) PLS 389/2009 ("Altera a Lei nº 11.101, de 9 de fevereiro de 2005, que regula a recuperação judicial, a extrajudicial e a falência do empresário e da sociedade empresária."); (*xvi*) PLS 392/2009 ("Acrescenta art. 3º-A e altera o caput do art. 59 da Lei nº 11.101, de 9 de fevereiro de 2005, que regula a recuperação judicial, a extrajudicial e a falência do empresário e da sociedade empresária, para permitir, no contrato social ou no estatuto da empresa, que se submetam a arbitragem as divergências decorrentes da aplicação da lei de recuperação de empresas, e dá outras providências."); e (*xvii*) PLS 219/2009 ("Altera o art. 70 da Lei nº 11.101, de 9 de fevereiro de 2005, para permitir que as associações e as fundações possam requerer o plano especial de recuperação judicial, que abrangerá qualquer tipo de crédito e não implicará em falência do devedor em caso de seu descumprimento.").

Fato é que a LREF necessita de diversos ajustes. Se, de um lado, há institutos disfuncionais; de outro, há omissões legislativas inconcebíveis. Nesse sentido, é urgente, por exemplo, a atribuição de competência a varas especializadas (e a tribunais) para (*i*) julgar processos concursais, (*ii*) definir o regramento de processos de insolvência internacional, (*iii*) conceber regras apropriadas para o financiamento de empresas em recuperação, (*iv*) estabelecer o tratamento para a crise dos grupos de sociedades, bem como (*v*) unificar o regime jurídico da crise aos empresários e não empresários, etc.

Todavia, a instabilidade política do país torna impossível realizar qualquer prognóstico minimamente preciso sobre o trâmite legislativo de tais proposições. É inegável que são relevantes e materialmente superiores as mudanças desenhadas pela comissão de juristas que elaboraram a minuta que deu origem ao PL 10220/2018, em comparação ao tratamento dispensado ao tema pelos projetos de Código Comercial — especialmente o que tramita na Câmara dos Deputados. Esse projeto apresenta, sobretudo, soluções mais condizentes com os atuais problemas enfrentados pela lei em vigor e demonstra capacidade para enfrentar e alterar orientações retrógradas do nosso direito concursal, como é o caso da impossibilidade de estender dos regimes da crise a não empresários[1045].

Ocorre que o trabalho realizado pela referida comissão de juristas foi substancialmente alterado pelo Planalto. O Projeto de Lei encaminhado ao Congresso Nacional não enfrenta adequadamente os gargalos que os processos de insolvência enfrentam no Brasil, tendo em vista que sua grande preocupação é a defesa do crédito fiscal. Ao tentar proteger seus próprios interesses, em detrimento da proteção da lógica do sistema recuperatório, o Governo contraria os maiores interessados na reforma da LREF (os próprios agentes econômicos) ao mesmo tempo em que desafia o pedagógico e realista dizer shakespeaneano de que palavras não pagam dívidas.

[1045] A propósito, sobre o tema, ver excelente apanhado histórico e de direito comparado em: CARVALHO DE MENDONÇA. *Das fallencias e dos meios preventivos de sua declaração*, v. I..., p. 23-32.

Oxalá o legislador tenha responsabilidade e sensatez para dar encaminhamento a uma reforma efetivamente capaz de aperfeiçoar o arcabouço institucional recuperatório e falimentar do país, e de reduzir o nível de insegurança do mercado e dos investidores, não se deixando influenciar por aventuras legislativas desconectadas da realidade nacional, cuja motivação, por vezes, ultrapassa a seara jurídica.

Capítulo 7. Considerações Finais

O sistema concursal passou, nos primórdios, por um período eminentemente punitivo (focado na pessoa e no corpo do devedor). Adentrou, depois, em uma fase patrimonial, cujos objetivos eram exclusivamente liquidatórios, em prol da satisfação dos credores. Alcançou propósitos conservativos, mediante a utilização de mecanismos preventivos e suspensivos (concordata), fundados em interesses essencialmente privados do devedor. Por fim, atinge um período de valorização da preservação da empresa, em decorrência do reconhecimento dos interesses que em torno dela gravitam (trabalhadores, comunidade, fornecedores, entre outros). Migrou, assim, de um sistema que visava, inicialmente, à proteção individual do credor ou do devedor, para uma proteção funcional da economia e da coletividade devido ao reconhecimento de diversos interesses na manutenção da empresa[1046].

Essa foi a história que quisemos contar — e que buscamos relatar, em última análise, com propósito egoístico, pois não escrevemos para ensinar, mas para aprender.

Em nosso sentir, é importante compreender essa evolução porque, no campo da ciência, o estudo da história representa um ambiente positivo e experimental que dominou o espectro do pensamento jurídico do século XX. Se está correta a máxima de que a memória da história procura sal-

---

[1046] CEREZETTI. *A recuperação judicial de sociedade por ações...*, p. 82-83 (notas 185 e 187), 426.

var o passado para servir ao presente e ao futuro[1047], o caráter orgânico e vivo dos institutos jurídicos no curso do seu desenvolvimento funcional permite ajustes temporais na sua finalidade, cuja plena compreensão exige uma narrativa histórica de cunho muito mais científico do que literário[1048].

Tal constatação ganha especial importância no campo do direito falimentar, que está estritamente vinculado às estruturas econômicas e aos efeitos de suas mazelas na esfera jurídica. Como refere a doutrina, "o direito concursal não é, mas está sendo, pois é um direito 'em construção' no marco da evolução das estruturas econômicas"[1049].

O estopim da crise empresarial resulta em perda de valor e traz dificuldades para todos os envolvidos no seu entorno. Os azares da fortuna do devedor variam de acordo com seu domicílio, seu mercado e sua praça de atuação, o que permite uma analogia com a clássica afirmação de Tolstói sobre a felicidade[1050]: famílias felizes o são de forma semelhante; cada família infeliz o é a sua própria maneira[1051].

Espera-se que a lei falimentar trate da estrutura geral do regime de insolvência, regulando os detalhes que circunscrevem seus institutos e o universo regulado, sem se alinhar a interesses classistas, nem descuidar da parte orgânica da obra[1052]. Nesse universo, cada processo de insolvência tem suas particularidades. Mesmo que haja certa homogeneidade e constância nas causas da desgraça econômico-financeira, é inegável que cada crise empresarial adquire contornos, riscos e desafios próprios, cujo endereçamento, ao fim e ao cabo, determina o sucesso ou insucesso da empreitada[1053].

[1047] LE GOFF, Jacques. *História e memória*. 7 ed. Trad. Bernardo Leitão, Irene Ferreira e Suzana Ferreira Borges. Campinas: Unicamp, 2013, p. 437.
[1048] BONFANTE. *Storia del diritto romano*, v. I..., p. XIII.
[1049] EZQUERRA; GILSANZ; VARONA; LÓPEZ. *Manual de derecho concursal...*, p. 39.
[1050] TOLSTÓI, Liev. *Anna Kariênina*. Trad. Rubens Figueiredo. São Paulo: Cosac Naify, 2005, p. 1.
[1051] A analogia foi extraída de: RASMUNSSEN. *Bankruptcy law stories...*, p. 5.
[1052] THALLER. *Des faillites en droit comparé*, t. I..., p. 5.
[1053] Nesse sentido, segue apontamento de Carvalho de Mendonça: "Diz-se, há séculos, que o juiz faz boas as leis más. Se ele não sabe ou não quer, por comodismo, cumprir o seu dever, se não tem compreensão do seu alto sacerdócio, não há leis possíveis, não há sequer nas leis de falências sempre com pontos vulneráveis que bastem para impedir as trapaças." (CARVALHO DE MENDONÇA. *Tratado de direito comercial brasileiro*, v. V..., p. 7).

Não apenas isso: ao contrário do que ocorre com as pessoas naturais não empresárias, os empresários e as sociedades empresárias enxergam nas alternativas legais para o soerguimento do seu negócio um novo começo (*fresh start*), uma espécie de redenção que lhes garante novo fôlego empresarial para o que está por vir, tal qual narrado na fábula da pessoa jurídica construída por Galgano[1054].

Esse conjunto de fatores oferta traços de arte a um ramo jurídico que, historicamente, buscou se consolidar apenas como ciência[1055]. E, como tal, além de uma estrutura erigida a partir de conceitos bem definidos (*v.g.*, devedor, cessação de pagamentos, impontualidade, desapossamento, plano de recuperação, alienação de estabelecimento, sucessão de passivos), concatenados de forma harmônica e sistemática em prol dos objetivos e princípios traçados pelo legislador (*e.g.*, liquidação dos ativos ou preservação da empresa), depende, para o atingimento de seu desiderato, de uma constante e simbiótica interação com o mercado, de uma interpretação jurisprudencial adequada e, especialmente, da flexibilidade e da criatividade dos agentes que dela fazem uso.

Não se pode olvidar que o regime falimentar não está fechado em si mesmo. A materialização do princípio da preservação da empresa, no caso da recuperação judicial ou extrajudicial, ou da comunhão das perdas/contribuições[1056] na hipótese da falência, exige uma constante interação dos profissionais do direito com outros campos jurídicos (*e.g.*, penal, societário, civil, mercado de capitais, concorrencial) e outras áreas afins (*e.g.*, contabilidade, economia, finanças, administração de empresas)[1057], cuja beleza colateral — em contrapartida à complexidade do intercâmbio — está justamente na construção de um ecossistema qualificado e único, que se retroalimenta em termos de desafios e de soluções, e converge em termos de princípios e propósitos.

Esse caleidoscópio de forças faz com que cada corpo jurídico seja fruto de vetores e orientações do seu tempo histórico, que devem se apresentar

---

[1054] GALGANO, Francesco. La favola della persona giuridica. In _____. *Tutto il rovescio del diritto*. Milano: Giuffrè, 2007.
[1055] RASMUNSSEN. *Bankruptcy law stories...*, p. 5.
[1056] DINIZ. *Da fallencia...*, p. 4.
[1057] CARVALHO DE MENDONÇA. *Das fallencias e dos meios preventivos de sua declaração*, v. I..., p. 13.

de forma unitária e contínua para fins interpretativos[1058]. A tendência mundial no sentido de polarizar a legislação em prol dos interesses do devedor ou do credor pode ser equiparada, em certa medida e guardadas as devidas proporções, ao movimento de extremização político-econômica vivenciada no pós-guerra entre EUA e União Soviética ("a era dos extremos")[1059], com sérias externalidades negativas para um ambiente de negócios ávido por remédios legais capazes de recuperar atividades economicamente viáveis e de liquidar celeremente atividades economicamente inviáveis.

A bandeira da convergência hasteada pela comunidade internacional, a partir da liderança de instituições como o Banco Mundial e UNCITRAL, tenta amenizar a destemperança, a imprevisibilidade e a insegurança desse movimento legislativo capturado por interesses (alguns deles espúrios, é verdade).

A história, nesse particular, se torna o motor do progresso do direito comercial[1060], ao passo que o estudo da evolução da falência nos permite evidenciar que, tal qual um laboratório científico, o sucesso da fórmula legislativa depende da correta dosagem das substâncias utilizadas e de um complexo equilíbrio entre as variáveis de realidade, os interesses do devedor, dos credores e dos demais *stakeholders* — elementos que, ao fim e ao cabo, culminam em um processo de depuração e de destruição criativa da letra da lei junto ao mercado e a seus agentes econômicos.

A correção da forma depende da qualidade do seu conteúdo e da evolução funcional dos seus institutos a partir da experiência prática. Da *missio in bona* romana, passando pela bancarrota medieval e pela falência processualista moderna, chegando ao contemporâneo princípio da preservação da empresa viável, eis a síntese histórica do tortuoso e encantador caminho percorrido em matéria de direito falimentar no mundo ocidental (até o momento).

No Brasil, a promulgação da Lei 11.101/05 modernizou nosso sistema concursal, reinserindo-o entre os mais modernos do mundo. Decorridos mais de dez anos do início da sua vigência, a lei necessita de uma série de

---

[1058] ASCARELLI, Tullio. *Ensaios e pareceres*. São Paulo: Saraiva, 1952, p. 411.
[1059] A referência histórica é da obra: HOBSBAWM. *A era dos extremos...*
[1060] A afirmação não é unânime na doutrina, especialmente em matéria falimentar. Embora concorde com conexão entre direito e história, Charles Warren alerta que: "History and law have too long been regarded as distinct subjects, to be treated separately in watertight compartments." (WARREN. *Bankruptcy in United States history...*).

reformas e adaptações[1061], que têm sido objeto de debate entre especialistas no âmbito do nosso moroso e nem sempre confiável Congresso Nacional e do Governo Federal.

Reformas são necessárias, pois apresentam correções ao regramento atual, ao mesmo tempo em que colaboram para a preparação do ordenamento jurídico brasileiro aos desafios que advêm da revolução tecnológica. Como proceder, por exemplo, à recuperação de uma empresa que atua nos cinco continentes, não tem ativos imobilizados em seu balanço patrimonial, mas permite que proprietários aluguem seus imóveis a determinados usuários?

Espera-se que o legislador, olhando para o passado, tenha retidão moral e honestidade intelectual para reformar, com prudência e sapiência, a legislação em vigor, permitindo-nos, de uma vez por todas, abandonar o complexo de vira-lata[1062] que insiste em nos assombrar e desdizer a máxima do Barão de Itararé, tão implacável quanto real nos dias de hoje, especialmente abaixo da Linha do Equador – "[d]e onde menos se espera, daí é que não sai nada". Oremos.

[1061] Segundo o relatório do *Doing Business* organizado anualmente pelo Banco Mundial (2017), o Brasil ocupa a 67ª posição no quesito "Resolução de Insolvência" (esse tópico identifica as deficiências na lei de falências existente e os principais gargalos processuais e administrativos no processo de insolvência) entre mais de 190 países. A taxa de recuperação é de 15.8, o prazo médio de duração do processo é de 4 anos e o custo médio consome 12% do ativo em discussão. O índice de eficiência do regime é 13 em uma pontuação máxima de 16. (THE WORLD BANK. *Doing business – 2017*. Disponível em: <http://portugues.doingbusiness.org/reports/global-reports/doing-business-2017>. Acesso em: 31 mar. 2018).

[1062] "Por 'complexo de vira-latas' entendo eu a inferioridade em que o brasileiro se coloca, voluntariamente, em face do resto do mundo. Isto em todos os setores e, sobretudo, no futebol. Dizer que nós nos julgamos 'os maiores' é uma cínica inverdade. Em Wembley, por que perdemos? Porque, diante do quadro inglês, louro e sardento, a equipe brasileira ganiu de humildade. Jamais foi tão evidente e, eu diria mesmo, espetacular o nosso viralatismo. Na já citada vergonha de 50, éramos superiores aos adversários. Além disso, levávamos a vantagem do empate. Pois bem: e perdemos da maneira mais abjeta. Por um motivo muito simples: porque Obdulio nos tratou a pontapés, como se vira-latas fôssemos. Eu vos digo: o problema do escrete não é mais de futebol, nem de técnica, nem de tática. Absolutamente. É um problema de fé em si mesmo. O brasileiro precisa se convencer de que não é um vira-latas e que tem futebol para dar e vender, lá na Suécia. Uma vez que se convença disso, ponham-no para correr em campo e ele precisará de dez para segurar, como o chinês da anedota. Insisto: para o escrete, ser ou não ser vira-latas, eis a questão." (RODRIGUES, Nelson. À sombra das chuteiras mortais. São Paulo: Cia das Letras, 1993, p. 51-52).

Referências

ABRÃO, Carlos Henrique; ANDRIGHI, Fátima Nancy; BENETI, Sidnei. *10 Anos de vigência da Lei de Recuperação e Falência*. São Paulo: Saraiva, 2015.

ABRÃO, Nelson. *A continuação do negócio na falência*. Tese (Livre-Docência em Direito). Faculdade de Direito da Universidade de São Paulo, São Paulo, 1975.

_____. *Curso de direito falimentar*. São Paulo: Revista dos Tribunais, 1993.

ALEXY, Robert. *Teoria dos direitos fundamentais*. São Paulo: Malheiros, 2008.

ALPERS, Svetlana. *O projeto Rembrandt*: o ateliê e o mercado. Trad. Vera Pereira. São Paulo: Companhia das Letras, 2010.

ALVAREZ, Rodolfo Mezzera. *Curso de derecho comercial*: quiebras, t. V. Montevideo: FCU, 1997.

ALVARO DE OLIVEIRA, Carlos Alberto. *Do formalismo no processo civil*. 4 ed. São Paulo: Saraiva, 2010.

_____. Efetividade e processo de conhecimento. *Revista da Faculdade de Direito da Universidade Federal do Rio Grande do Sul*, Porto Alegre, UFRGS, v. 16, p. 7-19, 1999.

ANDERSON, Hamish. *The framework of corporate insolvency law*. Oxford: Oxford University Press, 2017.

ANTUNES, José Engrácia. Estrutura e responsabilidade da empresa: o moderno paradoxo regulatório. *Revista Direito GV*, v. 1, n. 2, p. 29-68, 2005.

ARAGÃO, Leandro Santos de. Deveres dos administradores de sociedades empresárias em dificuldades financeiras: a teoria do *deepening insolvency* no Brasil. In: CASTRO, Rodrigo Monteiro de; ARAGÃO, Leandro Sandos de (coord.). *Direito societário*: desafios atuais. São Paulo: Quartier Latin, 2009, p. 178-185.

ARANGIO-RUIZ, Vicenzo. *Historia del derecho romano*. 4 ed. Trad. Francisco de Pelsmaeker e Ivanez. Madrid: Reus, 1980.

_____. *La società in diritto romano*. Napoli: Casa Editrice Dott. Eugenio Jovene, 1950.

_____. *Istituzioni di diritto romano*. 14 ed. Napoli: Casa Editrice Dott. Eugenio Jovene, 2006.

ARAÚJO, Jéronimo da S. de. *O perfeito advogado (Perfectus advocatus)*. Sem editora. Trad. de Miguel Pinto de Meneses sobre um dos raros exemplares da edição única de 1743 da obra "Perfectus advocatus", existente na Faculdade de Direito de Coimbra.

ARCANGELI, Argeo. Gli istituti del diritto commerciale nel costituto senese del 1310. *Rivista di Diritto Commerciale, Industriale e Marittimo*, v. IV, p. 243-255, 1906.

ASCARELLI, Tullio. A atividade do empresário. Trad. de Erasmo Valladão Azevedo e Novaes França. *Revista de Direito Mercantil Industrial, Financeiro e Econômico*, São Paulo, v. 42, n. 132, p. 203-215, out./dez. 2003.

_____. Antigona e Porcia. In: _____ *Problemi giuridici*, t. II. Milano: Giuffrè, 1959, p. 5-15.

_____. *Corso di diritto commerciale*. 3 ed. Milano: Giuffrè, 1962.

_____. *Ensaios e pareceres*. São Paulo: Saraiva, 1952.

_____. *Istituzioni di diritto commerciale*. Milano: Giuffrè, 1938.

_____. *Panorama de direito comercial*. São Paulo: Saraiva, 1947.

_____. O empresário. Trad. de Fábio Konder Comparato, *Revista de Direito Mercantil Industrial, Financeiro e Econômico*, São Paulo, n. 109, p. 183-189, jan./mar.1998.

_____. O desenvolvimento histórico do direito comercial e o significado da unificação do direito privado. *Revista de Direito Mercantil, Industrial, Econômico e Financeiro*, v. 37, n. 114, p. 237-252, abr./jun. 1999.

ASQUINI, Alberto. Perfis da empresa. Trad. de Fábio Konder Comparato. *Revista de Direito Mercantil, Industrial, Econômico e Financeiro*, São Paulo, n. 104, p. 108-126, out./dez. 1996.

ASSIS, Araken de. Duração razoável do processo e reformas da lei processual civil. *Revista Jurídica*, Porto Alegre, v. 56, n. 372, p. 11-27, out. 2008.

AUBRY, Charles; RAU, Charles. *Cours de droit civil français*. 5 ed. Paris: Marchal et Billard, 1917.

AUTRAN, Manoel Godofredo de Alencastro. *Das fallencias e seu respectivo processo segundo o Decreto 917 de 24 de outubro de 1890*. 2 ed. Rio de Janeiro: Laemmert, 1895.

ÁVILA, Humberto. *Teoria dos princípios*: da definição à aplicação dos princípios jurídicos. 16 ed. São Paulo: Malheiros, 2015.

AYMARD, André; AUBOYER, Jeannine. *História geral das civilizações*: o Oriente e a Grécia Antiga, t. I, v. 1. 3 ed. Trad. Pedro Moacyr Campos. São Paulo: Difusão, 1960.

_____; AUBOYER, Jeannine. *História geral das civilizações*: Roma e seu império, t. III, v. 3. 2 ed. Trad. Pedro Moacyr Campos. São Paulo: Difusão, 1958.

AYOUB, Luiz Roberto; CAVALLI, Cássio. *A construção jurisprudencial da recuperação judicial de empresas*. Rio de Janeiro: Forense, 2013.

AZERRAD, Rafael. *Extensión de la quiebra*. Buenos Aires: Atrea, 1979.

BAIRD, Douglas G. Loss distribution, forum shopping, and bankruptcy: a reply to Warren. *University of Chicago Law Review*, v. 54, p. 815-834, 1987.

_____. *The elements of bankruptcy*. New York: The Foundation Press Inc., 1992.

_____; JACKSON, Thomas H. Corporate reorganizations and the treatment of diverse ownership interest: a comment on adequate protection of secured creditors in banckruptcy. *University of Chicago Law Review*, v. 51, p. 97-130, 1984.

_____; RASMUSSEN, Robert K. The end of bankruptcy. *Stanford Law Review*, v. 55, 2002.

BARBOSA MOREIRA, José Carlos. Efetividade do processo: por um processo socialmente efetivo. *Revista Síntese de Direito Civil e Processual Civil*, Porto Alegre, Síntese, v.

2, n. 11, p. 5-14, 2001.
BARBOUR, Violet. *Capitalism in Amsterdam in the 17th century*. 2 ed. Michigan: Arbor, 1966.
BARLETTA, Laura. Introdução. In: ECO, Umberto (dir.). *Idade Média:* explorações, comércio e utopias, v. IV. Trad. Carlos Aboim de Brito e Diogo Madre Deus. Lisboa: D. Quixote, 2011, p. 17, 26.
BARRETO FILHO, Oscar. A dignidade do direito mercantil. *Revista de Direito Mercantil Industrial, Financeiro e Econômico*, São Paulo, n. 11, p. 11-21, 1973.
_____. Síntese da evolução histórica do direito comercial brasileiro. *Revista de Direito Mercantil, Industrial, Econômico, Financeiro*, a. XV, n. 24, p. 23-27, 1976.
_____. *Teoria do estabelecimento comercial*. São Paulo: Max Limonad, 1969.
BATALHA, Wilson de Souza Campos; BATALHA, Silvia Marina Labate. *Falências e concordatas*. 2 ed. atual. São Paulo: LTr, 1996.
BEDAQUE, José Roberto dos Santos. *Direito e processo* – influência do direito material sobre o processo. 6 ed. São Paulo: Malheiros, 2011.
_____. *Efetividade do processo e técnica processual*. 3 ed. São Paulo: Malheiros, 2010.
BEIRNE, Brian Logan. Painted into a corner: Rembrandt's bankruptcy today. *Journal of Transnational Law and Policy*, v. 18, p. 90-107, 2008-2009.
BENTO DE FARIA, Antônio. *Direito comercial*, v. IV. Rio de Janeiro: A. Coelho Branco, 1947.
BERGER, Dora. *A insolvência no Brasil e na Alemanha*. Porto Alegre: Sérgio Fabris, 2001.
BERLE, Adolph A. Corporate powers as powers in trust. *Harvard Law Review*, v. 44, p. 1.049-1.079, 1931.
BEVILAQUA, Achilles. *Fallencias*. 3 ed. atual. por Floriano Aguiar Dias. Rio de Janeiro: Forense, 1958.
_____. *Fallencias*. Rio de Janeiro: Freitas Bastos, 1933.
BEZERRA FILHO, Manoel Justino. Capítulo IX: Procedimento da recuperação judicial – exame dos dispositivos dos arts. 55 a 69. In: CARVALHOSA, Modesto (coord.). *Tratado de direito empresarial*, v. V – recuperação empresarial e falência. São Paulo: Revista dos Tribunais, 2016, p. 215-239.
_____. *Lei de Recuperação de Empresas e Falência*. 11 ed. São Paulo: Revista dos Tribunais, 2016.
BIOLCHI, Oswaldo. A Nova Lei de Recuperação de Empresas e Falências. *Revista do Advogado*, v. 25, n. 83, p. 7-14. São Paulo: AASP, set. 2005.
_____. *Relatório da Comissão Especial destinada a apreciar e oferecer parecer ao substitutivo do Senado Federal ao Projeto de Lei n. 4.376, de 1993, do Poder Executivo*.
BLANCO, Camilo Martínez. *Manual teórico-prático de derecho concursal*. Montevideo: Universidade de Montevideo, 2003.
BLOCH, Marc. *A sociedade feudal*. Trad. Liz Silva. Lisboa: Edições 70, 2009.
_____. *The historian's craft*. Manchester: University Press, 1992.
_____. *Apologia da história ou o ofício do historiador*. Trad. André Talles. Rio de Janeiro: Jorge Zahar Ed., 2001.
BLOCKMANS, Wim. Constructing a sense of community in rapidly growing European cities in the eleventh-thirteenth centuries. *Historical Research*, 83 (222), p. 575-587, 2010.
BOCCACCIO, Giovanni. *Decameron*. Trad. Maurício Santana Dias. São Paulo: Cosac Naify, 2013.

BOLAFFIO, Leon. *Derecho mercantil*. Trad. José L. De Benito. Madrid: Reus, 1935.
BONELLI, Gustavo. *Del fallimento*, v. I. Milano: Casa Editrice Dottor Francesco Vallardi, 1923.
BONFANTE, Pietro. *Istituzioni di diritto romano*. 3 ed. Milano: Francesco Villardi, 1902.
_____. *Storia del commercio*, v. II. 2 ed. Milano: Giuffrè, 1938.
_____. *Storia del commercio*, v. I. Torino: UTET, 1936.
_____. *Storia del commercio*, v. II. Torino: UTET, 1936.
_____. *Storia del diritto romano*, v. I. 4 ed. Milano: Giuffrè, 1958.
BRAGAGNOLO, Giovanni. *Storia romana*. Dalla fondazione di Roma alla caduta dell'Imperio Romano d'Occidente. 2 ed. Torino: Tipografia Vicenzo Bona, 1896.
BRASSEUL, Jacques. *Histórica econômica do mundo*. Lisboa: Textos e Grafia, 2010.
BRAUDEL, Fernand. *Civilização material, economia e capitalismos:* séculos XV-XVIII, v. 2. Trad. Telmo Costa. São Paulo: Martins Fontes, 2009.
BRAUN, Eberhard. *Commentary on the German Insolvency Code*. 2 ed. München: Beck, 2018.
BRUNETTI, Antonio. *Lezioni sul fallimento*. Padova: CEDAM, 1936.
_____. *Diritto fallimentare italiano*. Roma: Foro Italiano, 1932.
BULGARELLI, Waldirio. *Regime jurídico da proteção às minorias*. Rio de Janeiro: Renovar, 1988.
BURCKHARDT, Jacob. *The civilization of the Renaissance*. Oxford: Phaidon Press, 1944.
BUSCHINELLI, Gabriel Saad Kik. *Abuso do direito de voto na assembleia geral de credores*. São Paulo: Quartier Latin, 2014.
_____. Cessão de crédito na recuperação judicial. In: CEREZETTI, Sheila C. Neder; MAFFIOLETTI, Emanuelle Urbano (coord.). *Dez anos da Lei nº 11.101/2005:* estudos sobre a Lei de Recuperação e Falência. São Paulo: Almedina, 2015, p. 311-347.
BUTERA, Antonio. *Della frode e della simulazione*. Torino: UTET, 1934.
CALASSO, Francesco. *Lezioni di storia del diritto italiano*. Gli ordinamenti giuridici del Rinascimento. Milano: Giuffrè, 1948.
CALDEIRA, Jorge. *História da riqueza no Brasil*. Rio de Janeiro: Estação Brasil, 2017.
_____. *Mauá*: empresário do Império. São Paulo: Companhia das Letras, 1995.
CAMPOBASSO, Gian Franco. *Diritto commerciale*, v. 3. 5 ed. A cura di Mario Campobasso. Padova: UTET, 2015.
CARAVALE, Mario. *Ordinamenti giuridici dell'Europa medievale*. Bologna: Il Mulino, 1994.
CARVALHO DE MENDONÇA, José Xavier. *Tratado de direito comercial brasileiro*, v. VII. 6 ed. atual por Roberto Carvalho de Mendonça. Rio de Janeiro: Freitas Bastos, 1964.
_____. A Lei Federal dos Estados Unidos da América. *S. Paulo Judiciário*, v. II, n. 5, mai. 1903.
_____. *Das fallencias e dos meios preventivos de sua declaração*, v. I. São Paulo: Gerke & Cia, 1899.
_____. *Das fallencias e dos meios preventivos de sua declaração*, v. II. São Paulo: Gerke & Cia, 1899.
CASSANDRO, Giovanni. *Le rappresaglie e il fallimento a Venezia nei secoli XIII-XVI*. Con documenti inediti. Torino: S. Lattes, 1938
_____. *Lezioni di diritto comune*. Napoli: Edizioni Scientifiche Italiani, 1971.
CAVALLI, Cássio. Teoria da empresa na recuperação judicial. In: CEREZETTI, Sheila C.

REFERÊNCIAS

Neder; MAFFIOLETTI, Emanuelle Urbano (coord.). *Dez anos da Lei nº 11.101/2005*: estudos sobre a Lei de Recuperação e Falência. São Paulo: Almedina, 2015, p. 200-236.

_____. Plano de recuperação. In: COELHO, Fábio Ulhoa. *Tratado de direito comercial*, v. 7. São Paulo: Saraiva, 2015, p. 258-294.

CEREZETTI, Sheila Christina Neder. *A recuperação judicial de sociedade por ações* – o princípio da preservação da empresa na Lei de Recuperação e Falência. São Paulo: Malheiros, 2012.

_____. As classes de credores como técnica de organização de interesses: em defesa da alteração da disciplina das classes na recuperação judicial. In: TOLEDO, Paulo Fernando Campos Salles de; SATIRO, Francisco. *Direito das empresas em crise*: problemas e soluções. São Paulo: Quartier Latin, 2012, p. 365-385.

_____; MAFFIOLETTI, Emanuelle Urbano (coord.). *Dez anos da Lei nº 11.101/2005*: estudos sobre a Lei de Recuperação e Falência. São Paulo: Almedina, 2015.

_____; _____. Fotografias de uma década da Lei de Recuperação e Falência. In: _____; _____ (coord.). *Dez anos da Lei nº 11.101/2005*: estudos sobre a Lei de Recuperação e Falência. São Paulo: Almedina, 2015, p. 15-38.

CHAMOUN, Ebert. *Instituições de direito romano*. 3 ed. rev. e aum. Rio de Janeiro: Forense, 1957.

CIPOLLA, Carlo M. *The industrial revolution*. London: Collins/Fontana Books, 1973.

_____. *História econômica da Europa pré-industrial*. Trad. Joaquim João Coelho da Rosa. Lisboa: Edições 70, 1974.

CLARK, Robert. *Corporate law*. Boston: Little Brown and Company, 1986.

COASE, Ronald. O problema do custo social. In: SALAMA, Bruno M. (org.). *Direito e economia* – textos escolhidos. São Paulo: Saraiva, 2010.

_____. The firm, the market and the law. In: _____. *The problem of social cost*. Chicago: The University of Chicago Press, 1988, p. 95-156.

COELHO, Fábio Ulhoa. *Curso de direito comercial*, v. 3. 12 ed. São Paulo: Saraiva, 2011.

_____. *Comentários à Lei de Falências e Recuperação de Empresas*. 7 ed. rev. São Paulo: Saraiva, 2010.

_____. O credor colaborativo na recuperação judicial. In: TOLEDO, Paulo Fernando Campos Salles de; SATIRO, Francisco (coord.). *Direito das empresas em crise*: problemas e soluções. São Paulo: Quartier Latin, 2012, p. 101-118.

COLANGES, Fustel de. *A cidade antiga*. 5 ed. São Paulo: Martins Editora, 2004.

COLLINGWOOD, R. G. *A idéia de história*. Trad. de Alberto Freire. Lisboa: Editorial Presença, 1972.

COMPARATO, Fábio Konder. *Seguro de crédito*. Estudo jurídico. São Paulo: Revista dos Tribunais, 1968.

_____. *Aspectos jurídicos da macro-empresa*. São Paulo: Revista dos Tribunais, 1970.

_____. A reforma da empresa. *Revista de Direito Mercantil, Industrial, Econômico e Financeiro*, Nova Série, a. 22, n. 50, p. 57-74, abr./jun. 1983.

_____. Estado, empresa e função social. *Revista dos Tribunais*, São Paulo, a. 85, v. 732, p. 38-46, out. 1996.

_____. Função social da propriedade dos bens de produção. *Revista de Direito Mercantil, Industrial, Econômico e Financeiro*, Nova Série, a. 25, n. 63, p. 71-79, jul./set. 1986.

_____. Na proto-história das empresas multinacionais — o Banco Médici de Florença. *Revista de Direito Mercantil, Industrial, Econômico e Financeiro*, v. 54, p. 105-111, 1984.

_____. SALOMÃO FILHO, Calixto. *O poder de controle na sociedade anônima*. 4 ed. Rio de Janeiro: Forense, 2005.

CONRADO, Paulo Cesar. "Efetividade" do processo, segurança jurídica e tutela jurisdicional diferençada. *Revista do Tribunal Regional Federal 3ª Região*, n. 76, p. 47-65, mar./abr. 2006.

COOTER, Robert; ULLEN, Thomas. *Law and economics*. 5 ed. Boston: Pearson Education, 2008.

CORDEIRO, António Menezes. *Manual de direito das sociedades*, v. 1. 2 ed. Coimbra: Almedina, 2007.

CORRÊA JUNIOR, Gilberto Deon; SPINELLI, Luis Felipe; SILVA, Rodrigo Tellechea. Mudanças feitas pela LC 147 no instituto de falência são questionáveis. *Consultor Jurídico*. São Paulo, 22 set. 2014. Disponível em:<http://www.conjur.com.br/2014-set-22/mudancas-feitas-lc-147-instituto-falencia-sao-questionaveis>. Acesso em: 13 jun. 2018.

COSTA, Adroaldo M. *A falência*. Porto Alegre: Nação, 1941.

COSTA, Daniel Carnio. *Comentários completos à Lei de Recuperação de Empresas e Falências*, v. I. Curitiba: Juruá, 2015.

_____. O novo método da gestão democrática de processos de insolvência. In: CEREZETTI, Sheila C. Neder; MAFFIOLETTI, Emanuelle Urbano (coord.). *Dez anos da Lei nº 11.101/2005*: estudos sobre a Lei de Recuperação e Falência. São Paulo: Almedina, 2015, p. 66-81.

COSTA, Salustiano Orlando de. *Codigo commercial do Brazil*. 6 ed. Rio de Janeiro: Laemmert e C, 1896.

CRETELLA JÚNIOR, José. *Curso de direito romano*. 20 ed. Rio de Janeiro: Forense, 1997.

CROUZET, Maurice. *História geral das civilizações:* a época contemporânea, t. VII, v. 1. Trad. Paulo Zing e J. Guinsburg. São Paulo: Difusão, 1958.

_____. *História geral das civilizações:* a época contemporânea, t. VII, v. 2. Trad. Paulo Zing e J. Guinsburg. São Paulo: Difusão, 1958.

_____. *História geral das civilizações:* a época contemporânea, t. VII, v. 3. Trad. Paulo Zing e J. Guinsburg. São Paulo: Difusão, 1958.

CUNHA, Paulo. *Do patrimônio*. Lisboa: Minerva, 1934.

CUZZERI, Emanuele. Del fallimento. In: BOLAFFIO, Leone, VIVANTE, Cesare (coords.). *Il Codice di Commercio commentado*. 2 ed. Verona: Tedeschi e Figlio, 1901.

D'AVACK, Carlo. *La natura giuridica del fallimento*. Padova: CEDAM, 1940.

DAVIDE, Diego. Mercados, feiras, comércio e vias de comunicação. In: ECO, Umberto (dir.). *Idade Média*: explorações, comércio e utopias, v. IV. Trad. Carlos Aboim de Brito e Diogo Madre Deus. Lisboa: D. Quixote, 2011, p. 157-161.

DAY, Clive. *Historia del comercio*, t. I. Trad. Teodoro Ortiz. Ciudad de México: Cultura Economica, 1941.

DE PAULA, Eurípedes Simões. As origens das corporações de ofício. As corporações em Roma. *Revista de História*, São Paulo, v. XXXII, n. 65, p. 3-68, jan./mar. 1966.

DE SEMO, Giorgio. *Diritto fallimentare*. Padova: CEDAM, 1968.

DEZEM, Renata Mota Maciel Madeira. *A universalidade do juízo da recuperação judicial*. São

Paulo: Quartier Latin, 2017.

DIAS, Leonardo Adriano Ribeiro. *Financiamento na recuperação judicial e na falência*. São Paulo: Quartier Latin, 2014.

DIDIER JR., Fredie. *Curso de direito processual civil*, v. 1. 17 ed. Salvador: Juspodivm, 2015.

DINAMARCO, Cândido Rangel. *A instrumentalidade do processo*. 14 ed. São Paulo: Malheiros, 2009.

DINIZ, Almachio. *Da fallencia*. São Paulo: Monteiro Lobato, 1924.

DI PORTO, Andre. *Impresa collettiva e schiavo "manager" in Roma antiga*: II sec. a.C. – II sec. d.C. Milano: Giuffrè, 1984.

DODD JR., Merrick E. For whom are corporate managers trustees? *Harvard Law Review*, v. 45, p. 1.145-1.163, 1932.

DUBERSTEIN, Conrad B. Out-of-court workouts. *American Bankruptcy Institute Law Review*, n. 347, p. 347-354, 1993.

DUNBAR, Charles. The bank of Venice. *The Quarterly Journal of Economics*, v. 7, Iss. 2, p. 210-212, 1 January 1893.

EASTERBROOK, Frank H.; FISCHEL, Daniel R. *The economic structure of corporate law*. Cambridge: Harvard University Press, 1996.

EPIFÂNIO, Maria do Rosário. *Manual de direito da insolvência*. 6 ed. Coimbra: Almedina, 2014.

EPSTEIN, David G.; NICKLES, Steve; H. WHITE, James J. *Bankruptcy*. St. Paul Minn: West Publishing Co., 1993.

ESCUTI, Ignacio; BAS, Francisco. *Derecho concursal*. Buenos Aires: Astrea, 2006.

ESTEVEZ, André Fernandes. Das origens do direito falimentar à Lei n. 11.101/05. *Revista Jurídica Empresarial*, n. 15, p. 11-50, ago./jul. 2010.

EZQUERRA, Juana Pulgar (dir.); GILSANZ, Andrés Gutiérrez; VARONA, Fco. Javier Arias; LÓPEZ, Javier Megías (coord.). *Manual de derecho concursal*. Madrid: Wolters Kluwer, 2017.

FARIA, Alberto de. *Mauá*. Rio de Janeiro: Pongetti e Cia, 1926

FASSI, Santiago C. GEBHARDT, Marcelo. *Concursos y quiebras*. 6 ed. Buenos Aires: Astrea, 1999.

FAUSTO, Boris. *História do Brasil*. São Paulo: EDUSP, 2015.

FEDERAL JUDICIAL CENTER. *The evolution of U.S. Bankruptcy Law*: a time line. Disponível em: <http://www.rib.uscourts.gov/newhome/docs/the_evelution_of_bankruptcy_law.pdf>. Acesso em: 31 mai. 2018.

FERGUSON, Niall. *A ascensão do dinheiro*. Trad. Cordelia Magalhães. 2 ed. São Paulo: Planeta, 2017.

_____. *A guerra do mundo*: a era de ódio na história. Trad. Solange Pinheiro. São Paulo: Planeta, 2015.

_____. *Civilização*: ocidente X oriente. 2 ed. Trad. Janaína Marco Antonio. São Paulo: Planeta, 2016.

_____. *Colosso*: ascensão e queda do império americano. Trad. Marcelo Musa Cavallari. São Paulo: Planeta, 2011.

_____. *Império*: como os britâncos fizeram o mundo moderno. 2 ed. Trad. Marcelo Musa Cavallari. São Paulo: Planeta, 2016.

_____. *The house of Rothschild.* New York: Penguin, 1998.

FERNANDEZ, Raymundo L. *Tratado teorico-practico de la quiebra.* Buenos Aires: Compañia Impresora Argentina S. A., 1937.

FERRARA JR., Francesco; BORGIOLI, Alessandro. *Il fallimento.* 5 ed. Milano: Giuffrè, 1995.

FERREIRA, Waldemar. José Xavier Carvalho de Mendonça. *Revista da Faculdade de Direito da Universidade de São Paulo,* v. 56, n. 1, p. 9-25, 1961.

_____. *Tratado de direito comercial,* v. 14. São Paulo: Saraiva, 1965.

_____. *As directrizes do direito mercantil brasileiro.* Lisboa: Anuário Comercial, 1933.

FERRI, Giuseppe. *Manuale di diritto commerciale.* 30 ed. A cura di Carlos Angelici e Giovanni B. Ferri. Milano: UTET, 2011.

_____. *Le società.* Torino: UTET, 1971.

FERRO, Marcelo Roberto. *O prejuízo na fraude contra credores.* Rio de Janeiro: Renovar, 1998.

FLETCHER, Ian F. *The laws of insolvency.* 5 ed. London: Sweet & Maxwell, 2017.

FORGIONI, Paula. *A evolução do direito comercial brasileiro*: da mercancia ao mercado. São Paulo: Revista dos Tribunais, 2009.

FRANÇA, Erasmo Valladão Azevedo e Novaes. Empresa, empresário e estabelecimento. A nova disciplina das sociedades. In: _____. *Temas de direito societário, falimentar e teoria da empresa.* São Paulo: Malheiros, 2009, p. 511-530.

_____. *Conflito de interesses nas assembléias de S.A.* São Paulo: Malheiros, 1993.

_____. ADAMEK, Marcelo Viera von (coord). *Temas de direito empresarial e outros estudos em homenagem ao Professor Luis Gastão Paes de Barros Le*ães. São Paulo: Malheiros, 2014.

FRANCO, Gustavo. *A moeda e a lei.* Rio de Janeiro: Zahar, 2017.

FRANCO, Vera Helena de Mello. Seção IV: Do procedimento para a decretação da falência. In: SOUZA JÚNIOR, Francisco Satiro de; PITOMBO, Antônio Sérgio A. de Moraes (coord.). *Comentários à Lei de Recuperação de Empresas e Falência.* 2 ed. rev., atual. e ampl. São Paulo: Revista dos Tribunais, 2007, p. 397-418.

_____; SZTAJN, Rachel. *Falência e recuperação da empresa em crise.* Rio de Janeiro: Elsevier, 2008.

FRIEDMAN, Thomas. *O mundo é plano.* Uma breve história do séc. XXI. 3 ed. São Paulo: Objetiva, 2009.

FRONTINI, Paulo Salvador. O caso da falência da Sanderson e as tendências atuais do direito falimentar. *Revista de Direito Mercantil, Industrial, Econômico, Financeiro,* a. XIII, n. 15/16, p. 247-250, 1974.

GALGANO, Francesco. *La forza del numero e la legge della ragione*: storia del principio di maggioranza. Bologna: Il Mulino, 2007.

_____. La favola della persona giuridica. In _____. *Tutto il rovescio del diritto.* Milano: Giuffrè, 2007.

_____. *La globalización en el espejo del derecho.* Trad. de Horacio Roitman y María de la Colina. Buenos Aires: Rubinzal-Culzoni Editores, 2005.

_____. *Lex mercatoria.* 5 ed. Bologna: Il Mulino, 2010.

GARDNER, Edmund G. *The story of Florence.* London: Dent & Co., 1908.

GARRIGUES, Joaquín. *Curso de derecho mercantil,* t. V. 7 ed. Bogotá: Temis, 1987.

GELDERBLOM, Oscar. *Cities of commerce.* New Jersey: Princeton, 2013.

_____; Grafe, Regina. The rise and fall of the merchant guilds: re-thinking the comparative study of commercial institutions in premodern Europe. *The Massachusetts Institute of Technology and the Journal of Interdisciplinary History*, v. 40, Iss. 4, p. 477-511, Spring 2010.

GIERKE, Otto von. *Über die Geschichte des Majoritätsprinzips* – separata do Schmollers Jahrbuch. Berlim: Duncler & Humblot, 1915 (tradução italiana sob o título *Sulla storia del principio di maggioranza*, na Rivista delle Società, p. 1.103-1.120, 1961).

GILISSEN, John. *Introdução histórica ao direito*. 2 ed. Trad. A. M. Hespanha e I. M. Macaísta Malheiros. Lisboa: Fundação Calouste Gulbekian, 1995.

GILLI, Patrick. *Cidades e sociedades urbanas na Itália medieval*. Trad. Marcelo Cândido da Silva e Victor Sobreira. Campinas: Unicamp, 2011.

GIORDANI, Mário Curtis. *História do mundo feudal*. Petrópolis: Vozes, 1974.

GLEUβNER, Irmgard. *Insolvenzrecht*. Heidelberg: C. F. Müller, 2015.

GOLDSCHMIDT, Levin. *Storia universale del diritto commerciale*. Torino: Unione Tipografico-Editrice Torinese, 1913.

GONÇALVES NETO, Alfredo de Assis. *Direito de empresa*: comentários aos artigos 966 a 1.195 do Código Civil. 2 ed. rev., atual. e ampl. São Paulo: Revista dos Tribunais, 2008.

GOODE, Ray. *Principles of corporate insolvency law*. 4 ed. London: Sweet & Maxwell, 2011.

GROSS, Charles. *The guild merchant*. Oxford: Clarendon Press, 1890.

GROSSI, Paolo. *A ordem jurídica medieval*. Trad. Denise Rossato Agostinetti. São Paulo: Martins Fontes, 2014.

_____. *Introduzione al Novecento giuridico*. Bari: Laterza, 2012.

GUARINO, Antonio. *La società in diritto romano*. Napoli: Jovene, 1988.

GUASTI, Cesare. *Studi e bibliografici sopra gli statuti de'comuni italiani*. Toscana: Celini, 1855.

GUERREIRO, José Alexandre Tavares. Sociedade anônima: poder e dominação. *Revista de Direito Mercantil, Industrial, Econômico e Financeiro*, Nova Série, a. 23, n. 53, p. 73-80, jan./mar. 1984.

_____. Sociologia do poder na sociedade anônima. *Revista de Direito Mercantil, Industrial, Econômico e Financeiro*, Nova Série, a. 29, n. 77, p. 50-56, jan./mar. 1990.

GUREVIC, Aron Ja. O mercador. In: LE GOFF, Jacques. *O homem medieval*. Lisboa: Presença, 1989, p. 165-189.

HANSMANN, Henry; KRAAKMAN, Reinier. The end of history for corporate law. *Georgetown Law Journal*, Washington, n. 89, p. 439-468, jan. 2001.

HAYEK, Friedrich A. The use of knowledge in society. In: _____. *Individualism and economic order*. London: Routledge & Kegan Paul Ltd., 1948.

HESPANHA, António Manuel. *Cultura jurídica europeia*. Florianópolis: Boiteux, 2005.

HESS, Harald. *Insolvenzrecht*: Gro⊠kommentar in zwei Bänden. 2 Aufl. Heidelberg: F. C. Müller, 2013.

HIBBERT, Christopher. *The rise and fall of the House of Medici*. New York: Penguin, 1979.

HILAIRE, Jean. *Le droit, les affaires et l'histoire*. Paris: Economica,1995.

HOBSBAWM, Eric. *A era dos extremos*. Trad. Marcos Santarrita. São Paulo: Cia das Letras, 1995.

_____. *Sobre história*. Trad. Cid Knipel Moreira. São Paulo: Cia das Letras, 2013.

HOLMES JR., Oliver Wendell. *The common law*. (reprint; originally published: Boston, Little, Brown & Co., 1881). New York: Dover Publications, 1991.

HOLZ, Eva; POZIOMEK, Rosa. *Curso de derecho comercial*. 3 ed. Montevideo: Amalio M. Fernandez, 2016.
HUNTINGTON, Henry of. *The history of the english people* – 1000-1154. New York: Oxford University Press, 2002.
HUVELIN, Paul. *Études d'histoire du droit commercial romain* (histoire externe – droit maritime). Paris: Librairie du Recueil Sirey, 1929.
_____. *L'histoire du droit commercial*. Paris: Leopold Cerf, 1904.
IGLESIAS, Juan. *Derecho romano*. 15 ed. Barcelona: Ariel, 2007.
JACKSON, Thomas H. *The logic and limits of bankruptcy law*. Cambridge: Harvard University Press, 1986.
_____. *The logic and limits of bankruptcy law*. Washington: Beardbooks, 2001 (reprinted).
JAEGER, Pier Giusto. Interesse sociale rivisitato (quarant' anni dopo). *Giurisprudenza Commerciale*, n. 1, p. 795-812, 2000.
_____. *L'interesse Sociale*. Milano: Giuffrè, 1972.
JAPPUR, José. *O falido no moderno direito falimentar brasileiro*. Porto Alegre: Sulina, 1954.
JHERING, Rudolf Von. *O espírito do direito romano*, v. 1. Trad. Rafael Benaion. Rio de Janeiro: Alba, 1943.
JORDAN, Robert L; WARREN, William, D. *Bankruptcy*. New York: Foudantion Press, 1993.
JOURDAIN, M; MALEPEYRE, M. *Traité des sociétés commerciales*. Bruxelles: Tarlier, 1836.
JUSTO, A. Santos. *Direito privado romano II:* direito das obrigações. 2 ed. Coimbra: Coimbra Editora, 2006.
KASER, Max. *Direito privado romano*. Trad. de Samuel Rodrigues e Ferdinand Hämmerle. Lisboa: Fundação Calouste Gulbenkian, 1999.
KEEN, Maurice. *The penguin history of medieval Europe*. London: Penguin Books, 1991.
KELLER, Ulrich. *Insolvenzrecht*. 2 Aufl. München: Vahlen, 2018.
KIRSCHBAUM, Deborah. *A recuperação judicial no Brasil*: governança, financiamento extraconcursal e votação do plano. Tese (Doutorado em Direito). Faculdade de Direito da Universidade de São Paulo, São Paulo, 2009.
KOHLER, Josef. *Lehrbuch des Konkursrechts*. Stuttgart: Ferdinand Enke, 1891.
KRUGMAN, Paul; WELLS, Robin. *Introdução à economia*. Trad. de Helga Hoffmann. Rio de Janeiro: Elsevier, 2007.
KULISCHER, J. M. *Storia economica del Medioevo e dell'epoca moderna*, v. I. Trad. G. Bohm. Firenze: Sansoni, 1955.
LANE, Fredric. *Venice*. A maritime republic. Maryland: John Hopkins University Press, 1973.
LATTES, Alessandro. *Il diritto commerciale nella legislazione statutaria delle città italiane*. Milano: Ulrico Hoepli, 1884.
_____. *Il fallimento nel diritto comune e nella legislazione bancaria della Republica di Venezia*. Venezia: M. Visentini, 1880 (reimprezione).
_____. *Studi di diritto statutario*. Milano: Ulrico Hoepli, 1886.
LATTES, Elias. *La libertà delle banche a Venezia dal secolo XIII al XVII*. Milano: Valentiner, 1869.
LEÃES, Luiz Gastão Paes de Barros. *Comentários à Lei das Sociedades Anônimas*, v. 2. São Paulo: Saraiva, 1980.

LEEMANS, W. F. *Old-babylonian merchant.* His business and social position. Leiden: Brill, 1950.
LEFRANC, Georges. *História breve do comércio.* Lisboa: Editorial Verbo, 1962.
LE GOFF, Jacques. *A bolsa e a vida:* a usura na Idade Média. Brasília: Editora Brasiliense, 1989.
_____. *A civilização do ocidente medieval.* Trad. Monica Stahel. Petrópolis: Vozes, 2017.
_____. *A Idade Média e o dinheiro.* 2 ed. Trad. Marcos de Castro. Rio de Janeiro: Civilização Brasileira, 2014
_____. *La città medievale.* Firenze: Giunti, 2011.
_____. *Mercadores e banqueiros da Idade Média.* Trad. Antônio de Pádua Danesi. São Paulo: Martins Fontes, 1991.
_____. *História e memória.* 7 ed. Trad. Bernardo Leitão, Irene Ferreira e Suzana Ferreira Borges. Campinas: Unicamp, 2013.
LEIST, B. W. *Zur Geschichte der römischen Societas.* Iena: Ed. Gustav Fischer, 1881.
LEITÃO, Luís Manuel Teles de Menezes. *Direito da insolvência.* 6 ed. Coimbra: Almedina, 2015.
LEME, Ernesto. Os mestres do direito comercial da Faculdade de Direito de São Paulo. *Revista de Direito Mercantil, Industrial, Econômico e Financeiro,* São Paulo, n. 39, p. 9-19, jul./set. 1980.
LESTER, V. Markham. *Victorian insolvency bankruptcy, imprisonment for debt and company winding-up in nineteenh century England.* New York: Oxford University Press, 1995.
LEVINTHAL, Louis E. *The early history of bankruptcy law.* University of Pennsylvania Law Review, 66 U. Pa. L. Rev. 223-250 (1918).
LIMA, Adamastor. *Nova lei de fallencias.* Rio de Janeiro: Coelho Branco, 1930.
LISBOA, José da Silva. *Princípio de direito mercantil e leis de marinha,* t. I. 6 ed. Rio de Janeiro: Academica, 1874.
_____. *Princípio de direito mercantil e leis de marinha,* t. II. 6 ed. Rio de Janeiro: Academica, 1874.
LISBOA, Marcos de Barros; DAMASO, Otávio Ribeiro; SANTOS, Bruno Carazza dos; COSTA, Ana Carla Abrão. A racionalidade econômica da Nova Lei de Falências e de Recuperação de Empresas. In: PAIVA, Luiz Fernando Valente de (coord.). *Direito falimentar e a Nova Lei de Falência e Recuperação de Empresas.* São Paulo: Quartier Latin, 2005, p. 29-60.
LOBO, Jorge. *Direito concursal.* Rio de Janeiro: Forense, 1996.
_____. O moderno direito concursal. *Revista de Direito Mercantil, Industrial, Econômico, Financeiro,* a. XXXIV, n. 99, p. 87-97, 1995.
LOPES, José Reinaldo de Lima. *O direito na história.* 3 ed. São Paulo: Atlas, 2009.
LOPEZ, Robert. *A revolução comercial da Idade Média – 950-1350.* Lisboa: Editorial Presença, 1976.
LOPUCKI, Lynn M. The nature of the bankrupt firm: a reply to Baird and Rasmussen's 'The end of bankruptcy'. *Stanford Law Review,* v. 56, n. 3, p. 645-671, November 2003.
LUCAS, François-Xavier. *Manuel de droit de la faillite.* Paris: PUF, 2016.
LUZZATTO, Gino. *Storia del commercio,* v. I. Firenze: G. Barbera Editore, 1914.
_____. *Storia economica dell'età moderna e contemporanea,* v. II. Padova: CEDAM, 1938.

MACHADO, Brasilio. *Direito commercial*. São Paulo: Mignon, 1909.
MAFFÍA, Osvaldo J. *Derecho concursal*, t. I. Buenos Aires: Del Palma, 1993.
_____. *Derecho concursal*, t. II. Buenos Aires: Del Palma, 1993.
MAGALHÃES, Basílio de. *História do comércio*. Rio de Janeiro: Francisco Alves, 1943.
MALAGARRIGA, Carlos C. *Tratado elemental de derecho comercial*, t. IV. 2 ed. Buenos Aires: Tipográfica Argentina, 1958.
MANN, Bruce H. *Republic of debtors*. Bankruptcy in the age of American Independence. Cambridge: Harvard University Press, 2002.
MARCHI, Eduardo C. Silveira. *Da concordata no concurso de credores*. São Paulo: Quartier Latin, 2010.
MARCONDES, Sylvio. *Direito comercial*: falência (direito comercial: 4º ano). São Paulo: Faculdade de Direito da Universidade de São Paulo – Centro Acadêmico XI de Agosto, 1954.
_____. *Problemas de direito mercantil*. São Paulo: Max Limonad, 1970.
_____. *Questões de direito mercantil*. São Paulo: Max Limonad, 1977.
MARINONI, Luiz Guilherme. *Técnica processual e tutela dos direitos*. São Paulo: Revista dos Tribunais, 2004.
_____. Direito fundamental à duração razoável do processo. *Interesse Público*, Belo Horizonte, v. 10, n. 51, p. 42-60, set./out. 2008.
_____; ARENHART, Sérgio Cruz; MITIDIERO, Daniel. *Novo curso de processo civil*, v. 1. São Paulo: Revista dos Tribunais, 2015.
MARKY, Thomas. *Curso elementar de direito romano*. 8 ed. São Paulo: Saraiva, 1995.
MARRONE, Matteo. *Istituzioni di diritto romano*. 3 ed. Palermo: Palumbo, 2006.
MARTINS, Alexandre de Soveral. *Um curso de direito da insolvência*. 2 ed. rev. e atual. Coimbra: Almedina, 2016.
MARTINS, Glauco Alves. *A recuperação extrajudicial na Lei nº 11.101/2005 e a experiência do direito comparado em acordos preventivos extrajudiciais*. Dissertação (Mestrado em Direito). Faculdade de Direito da Universidade de São Paulo, São Paulo, 2009.
MARTINS-COSTA, Judith. *A boa-fé no direito privado*: sistema e tópica no processo obrigacional. São Paulo: Revista dos Tribunais, 1999.
MAUÁ, Visconde. *Exposição aos credores e ao público*. Rio de Janeiro: Expressão e Cultura, 1996.
MENDES, Octavio. *Fallencias e concordatas*. São Paulo: Saraiva, 1930.
MISES, Ludwig von. *Teoria e história*. Trad. Rafael Sales de Azevedo. São Paulo: Instituto Mises Brasil, 2014.
_____. *Teoria e história*. Trad. Rigoberto Juárez-Paz. Madrid: Unión Editorial, 1975.
MITCHELL, William. *An essay on the early history of law of merchant*. Cambridge: University Press, 1904.
MONTEIRO, Honório. *Preleções de direito comercial*. São Paulo: USP, 1937.
MONTLUC, L. A. de. *La faillite chez les romains*. Paris: Alcán-Levy, 1870.
MOREIRA ALVES, José Carlos. *Direito romano*. 14 ed. Rio de Janeiro: Forense, 2007.
MOSSA, Lorenzo. *Historia del derecho mercantil en los siglos XIX y XX*. Trad. Francisco Hernandez Borondo. Madrid: Revista de Derecho Privado, 1948.
_____. *Diritto commerciale*, parte II. Milano: Società Editrice, 1937.

_____. Scienza e metodi del diritto commerciale. *Rivista di Diritto Commerciale*, v. XXXIX, n. I, p. 97-128, 1941.
MOUNT, Toni. *Everyday life in medieval London*. London: Amerley, 2015.
MOUSNIER, Roland, LABROUSSE, Ernest. *História geral das civilizações:* o século XVIII, t. V, v. 1. 2 ed. Trad. Vitor Ramos. São Paulo: Difusão, 1961.
_____. *História geral das civilizações:* os séculos XVI e XVII, t. IV, v. 1. 2 ed. Trad. Vítor Ramos e J. Guinsburg. São Paulo: Difusão, 1960.
MUNHOZ, Eduardo Secchi. *Empresa contemporânea e direito societário:* poder de controle e grupos de sociedade. São Paulo: Juarez de Oliveira, 2002.
_____. Seção IV: Do procedimento de recuperação judicial. In: SOUZA JÚNIOR, Francisco Satiro de; PITOMBO, Antonio Sergio A. de Moraes (coord.). *Comentários à Lei de Recuperação de Empresas e Falências*. 2 ed. rev., atual. e ampl. São Paulo: Revista dos Tribunais, 2007, p. 270-319.
MUSI, Aurelio. A formação do Estado moderno. In: ECO, Umberto (dir.). *Idade Média:* explorações, comércio e utopias, v. IV. Trad. Carlos Aboim de Brito e Diogo Madre Deus. Lisboa: D. Quixote, 2011, p. 27-31.
_____. As aristocracias e as burguesias. In: ECO, Umberto (dir.). *Idade Média:* explorações, comércio e utopias, v. IV. Trad. Carlos Aboim de Brito e Diogo Madre Deus. Lisboa: D. Quixote, 2011, p. 170-174.
MUTINELLI, Fabio. *Del commercio dei veneziani*. Venezia: Filippi Editore, 1835.
NAVARRINI, Umberto. *Trattato teorico-pratico di diritto commerciale*, v. VI. Torino: Fratelli Bocca, 1926.
NEGRÃO, Ricardo. *Manual de direito comercial e de empresa*, v. 3. 5 ed. São Paulo: Saraiva, 2010.
NOEL, Francis Regis. *A history of the bankruptcy law*. Washington: Potter & Co., 1919.
NOYES, Ella. *The story of Milan*. London: Dent & Co., 1908.
NUSDEO, Fábio. *Curso de economia* – introdução ao direito econômico. 5 ed. São Paulo: Revista dos Tribunais, 2008.
OCHOA, Roberto Ozelame; WEINMANN, Amadeu de Almeida. *Recuperação empresarial*. Porto Alegre: Livraria do Advogado, 2006.
OGILVIE, Sheilagh. *Instituions and european trade:* merchant guilds – 1000-1800. New York: Cambridge University Press, 2011.
OKEY, Thomas. *The story of Paris*. London: Dent & Co., 1925.
_____. *The story of Venice*. London: Dent & Co., 1931.
PACHECO, José da Silva. *Processo de recuperação judicial, extrajudicial e falência*. 3 ed. Rio de Janeiro: Forense, 2009.
PAIVA, Luiz Fernando Valente de. A eliminação da assembleia de credores e a escolha de foro: duas propostas para alteração da Lei nº 11.101/2005. *Revista do Advogado – Direito das Empresas em Crise*, a. XXXVI, n. 131, p. 123-132. São Paulo: AASP, out. 2016.
_____. Necessárias alterações no sistema falimentar brasileiro. In: CEREZETTI, Sheila C. Neder; MAFFIOLETTI, Emanuelle Urbano (coord.). *Dez anos da Lei nº 11.101/2005*: estudos sobre a Lei de Recuperação e Falência. São Paulo: Almedina, 2015, p. 136-159.
_____. Recuperação extrajudicial: o instituto natimorto e uma proposta para sua reformulação. In: TOLEDO, Paulo Fernando Campos Salles de; SOUZA JÚNIOR, Francisco

Satiro de (coord.). *Direito das empresas em crise:* problemas e soluções. São Paulo: Quartier Latin, 2012, p. 229-263.

PAJARDI, Piero. *Manuale di diritto fallimentare*. Milano: Giuffrè, 1969.

PARDO, Rafael I. Bankrupt slaves. *71 Vanderbilt Law Review*, p. 1-95, 2018.

PARECER 534, de 2004, da Comissão de Assuntos Econômicos sobre o PLC 71, de 2003, que regula a recuperação judicial, a extrajudicial e a falência de devedores pessoas físicas e jurídicas que exerçam a atividade econômica, de relatoria do Senador Ramez Tebet.

PARENTONI, Leonardo Netto; GALIZZI, Gustavo Oliva. É o fim da falência? In: CASTRO, Moema A. S. de; CARVALHO, William Eustáquio de (coord.). *Direito falimentar contemporâneo*. Porto Alegre: Sergio Antonio Fabris Editor, 2008, p. 261-314.

PELA, Juliana Krueger. Rembrandt e o direito privado. *Revista da Faculdade de Direito da Universidade de São Paulo*, v. 110, p. 319-327, jan./dez. 2015.

PELLETIER, Nicolas. *La responsabilité au sein des groupes de sociétés en cas de procédure collective*. Paris, LGDJ, 2013.

PENTEADO, Mauro Rodrigues. Capítulo I: Disposições preliminares. In: SOUZA JÚNIOR, Francisco Satiro de; PITOMBO, Antonio Sergio A. de Moraes (coord.). *Comentários à Lei de Recuperação de Empresas e Falências*. 2 ed. rev., atual. e ampl. São Paulo: Revista dos Tribunais, 2007, p. 58-129.

PERCEROU, Jean. *Des faillites & banqueroutes et des liquidations judiciaires*, t. I. Paris: Rousseau, 1909.

PEREIRA DA SILVA, J. M. *História da fundação do Império brasileiro*, v. 1. Rio de Janeiro: Garnier, 1864.

_____. *História da fundação do Império brasileiro*, v. 2. Rio de Janeiro: Garnier, 1864.

PÉROCHON, Françoise. *Entreprises en difficulté*. 10 ed. Paris: LGDJ, 2014;

PERROY, Édouard. *História geral das civilizações*: a Idade Média, t. III, v. 1. 2 ed. Trad. Pedro Moacyr Campos. São Paulo: Difusão, 1958.

_____. *História geral das civilizações*: a Idade Média, t. III, v. 2. 2 ed. Trad. Pedro Moacyr Campos. São Paulo: Difusão, 1958.

PERTILE, Antonio. *Storia del diritto italiano:* dalla caduta dell'Impero Romano alla codificazione, v. III. Torino: Unione Tipografico Editrice, 1893-1894.

_____. *Storia del diritto italiano:* dalla caduta dell'Impero Romano alla codificazione, v. IV. Torino: Unione Tipografico Editrice, 1893-1894.

PETRIS, Antonio de. *L'abolizione del fallimento*. Venezia, 1879.

PIRENNE, Jacques Henri. *História econômica e social da Idade Média*. São Paulo: Jou, 1978.

_____. *Medieval cities*: their origins and the revival of trade. Princeton: Princeton Universities Press, 1980.

_____. *Panorama da história universal*. São Paulo: EDUSP, 1973.

PONT, Manuel Broseta; SANZ, Fernando Martinez. *Manual de derecho mercantil*, t. II. 24 ed. Madrid: Tecnos, 2017.

PONTES DE MIRANDA, Francisco Cavalcanti. *Tratado de direito privado*, v. I. 4 ed. São Paulo: Revista dos Tribunais, 1983.

PORTUGAL. *Código Philippino ou Ordenações e Leis no Reino de Portugal*: recopiladas por mandado D'el-Rey D. Philippe I. 14 ed. atual. por Candido Mendes de Almeida. Rio de Janeiro: Typographia do Instituto Philomathico, 1870.

REFERÊNCIAS

_____. *Ordenações Afonsinas*. Lisboa: Fundação Calouste Gulbenkian, 1998. Edição conforme o original.

_____. *Ordenações Manuelinas*. Lisboa: Fundação Calouste Gulbenkian, 1998. Edição conforme o original.

POSNER, Richard A. *Economic analysis of law*. 17 ed. New York: Aspen Publishers, 2007.

PROVINCIALI, Renzo. *Manuale di diritto fallimentare*. 2 ed. Milano: Giuffrè, 1951.

_____. *Prolegomeni allo studio del diritto fallimentare*. Pompei: Morano, 1963.

_____. *Trattato di diritto fallimentare*, v. I. Milano: Giuffrè, 1974.

PUGLIESI, Adriana Valéria. *Direito falimentar e preservação da empresa*. São Paulo: Quartier Latin, 2013.

RAMELLA, Agostino. *Trattato del fallimento*, v. I. Milano: Libraria, 1903.

_____. *Trattato del fallimento*, v. II. 2 ed. Milano: Libraria, 1915.

RASMUNSSEN, Robert K (editor). *Bankruptcy law stories*. New York: Foundation Press, 2007.

RATHENAU, Walther. Do sistema acionário – uma análise negocial. Trad. e introdução de Nilson Lautenschleger Jr. Reprodução do texto clássico. *Revista de Direito Mercantil, Industrial, Econômico e Financeiro*, Nova Série, a. 41, n. 128, p. 199-223, out./dez. 2002.

REHME, Paul. *Historia universal del derecho mercantil*. Trad. de E. Gómez Orbaneja. Madrid: Editorial Revista de Derecho Privado, 1941.

RENOUARD, Augustin-Charles. *Traité des faillites et banqueroutes*, t. I. Paris: Guillaumin, 1857.

RENOUARD, Yves. *Les hommes d'affaires italiens du Moyen Âge*. Paris: Texto, 1968.

REQUIÃO, Rubens. A crise do direito falimentar brasileiro – reforma da Lei de Falências. *Revista de Direito Mercantil, Industrial, Econômico, Financeiro*, a. XIII, n. 14, p. 23-33, 1974.

_____. *Curso de direito falimentar*, v. 1. 3 ed. São Paulo: Saraiva, 1978.

_____. *Curso de direito falimentar*, v. 1. 9 ed. São Paulo: Saraiva, 1984.

RIPERT, Georges. *Tratado elemental de derecho comercial*, v. IV. Trad. Felipe de Solá Canizares. Buenos Aires: Tea, 1954.

ROBERTI, Mechiorre. *Lineamenti di storia del diritto dalle origini di Roma ai nostri giorni*, v. I. Milano: Giuffrè, 1933.

ROBERTI, Mechiorre. *Lineamenti di storia del diritto dalle origini di Roma ai nostri giorni*, v. II. Milano: Giuffrè, 1933.

ROCCO, Alfredo. *Il fallimento*. Napoli: Fratelli Bocca, 1917.

_____. *Principios de derecho mercantil*. 10 ed. Trad. Revista de Derecho Privado. Ciudad de México: Nacional, 1981.

_____. Studi sulla teoria generale del fallimento. *Rivista di Diritto Commerciale e degli Diritto Generale delle Obbligazioni*, v. IV, p. 669-697, 1910.

ROCHA POMBO, J. M. *História do Brasil*, v. III. Rio de Janeiro: Jackson, 1947.

_____. *História do Brasil*, v. V. Rio de Janeiro: Jackson, 1947.

RODRÍGUES, Carlos E. Lopez. *Ley de Declaración Judicial del Concurso y Reorganización Empresarial*, t. I. Montevideo: La Ley, 2012.

RODRIGUES, Nelson. *À sombra das chuteiras mortais*. São Paulo: Cia das Letras, 1993.

RODRÍGUEZ, Nuri E. Oliveira. *Manual de derecho comercial uruguayo*: quiebra, t. 1, v. 6. Montevideo: FCU, 2004.

ROE, Mark J. *Corporate Reorganization and Bankruptcy Legal and Financial Materials*. New York: Foundation Press, 2000.

ROSITO, Francisco. O princípio da duração razoável do processo sob a perspectiva axiológica. *Revista de Processo*, São Paulo, v. 33, n.161, p. 21-38, jul. 2008.

ROTHBARD, Murray. *A grande depressão americana*. Trad. Pedro Sette-Câmara. São Paulo: Mises Brasil, 2012.

RUSER, Rachel. Analysis of the Bankruptcy Abuse Prevention and Consumer Protection Act of 2005 (BAPCPA). *SPNA Review*, v. 2, Iss. 1, p. 86-103, 2006.

SAAIED, Sémia. *L'échec du plan de sauvegarde de l'entreprise en difficulté*. Paris: LGDJ, 2015.

SAINT-ALARY-HOUIN, Corinne. *Droit des entreprise en difficulté*. 10 ed. Paris: LGDJ, 2016.

SALAMA, Bruno Meyerhof. *Recuperação judicial e trava bancária*. Palestra realizada na sede do Instituto Brasileiro de Direito Empresarial (IBRADEMP) em 29/11/2012. São Paulo. Disponível em: <http://works.bepress.com/bruno_meyerhof_salama/75>. Acesso em: 15 dez. 2012.

SALOMÃO, Luis Felipe; PENALVA, Paulo. *Recuperação judicial, extrajudicial e falência*. 3 ed. Rio de Janeiro: Forense, 2017.

SALOMÃO FILHO, Calixto. "Societas" com relevância externa e personalidade jurídica. *Revista de Direito Mercantil, Industrial, Econômico e Financeiro*, v. 81, p. 66-78, 1991.

_____. Interesse social: a nova concepção. In: _____. *O novo direito societário*. 4 ed. rev. e ampl. São Paulo: Malheiros, 2011, p. 27-51.

_____. Recuperação de empresas e interesse social. In: SOUZA JÚNIOR, Francisco Satiro de; PITOMBO, Antonio Sergio A. de Moraes (coord.). *Comentários à Lei de Recuperação de Empresas e Falências*. 2 ed. São Paulo: Revista dos Tribunais, 2007, p. 43-54.

SAMPAIO DE LACERDA, J. C. *Manual de direito falimentar*. 10 ed. Rio de Janeiro: Freitas Bastos, 1978.

SANTARELLI, Umberto. *L'esperienza giuridica basso-medievale*. Torino: Giappichelli, 1977.

_____. *Per la storia del fallimento nelle legislazione italiane dell'età intermedia*. Padova: CEDAM, 1964.

SANTOS, Moacyr Amaral. *Primeiras linhas de direito processual civil*, v. 1. 5 ed. São Paulo: Saraiva, 1977.

SAPORI, Armando. *Compagnie e mercanti di Firenzi antica*. Firenze: Barbera, 1978.

_____. *Le marchand italien au Moyen Âge*. Paris: A. Colin, 1952.

SATANOWSKY, Marcos. *Tratado de derecho comercial*, t. I. Buenos Aires: Tipográfica Argentina, 1957.

SCARANO, Emilio. *Tratado teorico-practico de la quiebra*, t. I. Montevideo: Claudio Garcia & Cia. – Editores, 1939.

SCHIOPPA, Antonio Padoa. *Saggi di storia del diritto commerciale*. Milano: Led, 1992.

SCHMIDT, Max Georg. *Historia del comercio mundial*. Trad. Manuel Sánchez Sarto. Barcelona: Labor, 1938.

_____. *História do comércio*. Rio de Janeiro: Athena Editora, 1933.

SCHNERB, Robert. *História geral das civilizações:* o século XIX, t. VI, v. 1. 2 ed. Trad. J. Guindsburg. São Paulo: Difusão, 1961.

SCHULZ, Fritz. *Derecho romano clásico*. Trad. de José Santa Cruz Teigeiro. Barcelona: Bosch, 1960.

SCHUMPETER, Joseph. *Capitalism, socialism, and democracy*. London: Routledge, 2006.
SCHWARTZ, Alan. Bankruptcy workouts and debt contracts. *Journal of Law and Economics*, Chicago, v. 36, p. 595-632, apr. 1993.
SCIALOJA, Antonio. Sull' origine delle società commerciali. In: *Saggi di vario diritto*, v. I. Roma: Società Editrice del Foro Italiano, 1927, p. 223-252.
SEGRE, Arturo. *Storia del commercio*. Torino, Genova: S. Lattes & Co. Editori, 1923.
SERAFINI, Enrico. *Della revoca degli atti fraudolenti compiuti dal debitore secondo il diritto romano*, v. I. Pisa: Mariotti, 1887.
_____. *Della revoca degli atti fraudolenti compiuti dal debitore secondo il diritto romano*, v. II. Pisa: Mariotti, 1889.
SICA, Ligia Paula Pires Pinto. *Recuperação extrajudicial de empresas*: desenvolvimento do direito de recuperação de empresas brasileiro. Tese (Doutorado em Direito). Faculdade de Direito da Universidade de São Paulo, São Paulo, 2009.
SICILIA, Rossana. O equilíbrio entre os estados italianos. In: ECO, Umberto (dir.). *Idade Média*: explorações, comércio e utopias, v. IV. Trad. Carlos Aboim de Brito e Diogo Madre Deus. Lisboa: D. Quixote, 2011, p. 48-53.
SILVA, Vinicius Spaggiari. *O princípio da preservação da empresa na LRE 11.101/05: conceito e crítica*. Dissertação (Mestrado em Direito). Faculdade de Direito da Universidade de São Paulo, São Paulo, 2013.
SHAKESPEARE, William. *O mercador de Veneza*. São Paulo: Martin Claret, 2006.
SKEEL JR., David. A. *Debt's dominion*: a history of bankruptcy law in America. Princeton and Oxford: Princeton University Press, 2001.
_____. The genius of the 1898 Bankruptcy Act. *Faculty Scholarship*. Paper 720, p. 321-341, 1999.
_____. The story of Saybrook: defining the limits of debtor-in-possession financing. In: RASMUNSSEN, Robert K (editor). *Bankruptcy law stories*. New York: Foundation Press, 2007.
SORANI, Ugo. *Il fallimento, note e ricordi dell'esercizio della professione e legislazione comparata*. Roma: Società Editrice Dante Alighiere, 1896.
SOUZA, H. M. Inglez de. *Prelecções de direito comercial*. Rio de Janeiro: Typographia Leuzinger, 1906.
SOUZA JÚNIOR, Francisco Satiro de. Seção II: Da classificação dos créditos. In: ____; PITOMBO, Antônio Sérgio A. de Moraes (coord.). *Comentários à Lei de Recuperação de Empresas e Falência*: Lei 11.101/05. 2 ed. rev., atual. e ampl. São Paulo: Revista dos Tribunais, 2007, p. 357-376.
_____. Capítulo VI: Da recuperação extrajudicial. In: ____; PITOMBO, Antonio Sergio A. de Moraes (coord.). *Comentários à Lei de Recuperação de Empresas e Falências*. 2 ed. São Paulo: Revista dos Tribunais, 2007, p. 523-543.
_____. Autonomia dos credores na aprovação do plano de recuperação judicial. In: CASTRO, Rodrigo R. Monteiro; WARDE JÚNIOR, Walfrido Jorge; TAVARES GUERREIRO, Carolina Dias (coords.). *Direito empresarial e outros estudos em homenagem ao Professor José Alexandre Tavares Guerreiro*. São Paulo: Quartier Latin, 2013, p. 101-114.
_____. Seção XI: Do pagamento aos credores. In: ____; PITOMBO, Antônio Sérgio A. de Moraes (coord.). *Comentários à Lei de Recuperação de Empresas e Falência*. 2 ed. rev.,

atual. e ampl. São Paulo: Revista dos Tribunais, 2007, p. 503-514.

SPINELLI, Luis Felipe; SCALZILLI, João Pedro; TELLECHEA, Rodrigo. Regime especial da Lei nº 11.101/2005 para as microempresas e empresas de pequeno porte. *Revista Síntese de Direito Empresarial*, a. 4, n. 23, p. 94-121, nov./dez. 2011.

STANGHELLINI, Lorenzo. *Le crisi di impresa fra diritto ed economia*: le procedure di insolvenza. Bologna: Il Mulino, 2007.

STRACCA, Benvenuto. *Tractatus de mercatura seu mercatore*. Veneza: Lugduni, 1556.

SUPINO, David. *Istituzioni di diritto commerciale*. 14 ed. Firenze: Barbera, 1919.

SZTERLING, Fernando. *A função social da empresa no direito societário*. Dissertação (Mestrado em Direito). Faculdade de Direito da Universidade de São Paulo, São Paulo, 2003.

TABB, Charles Jordan; BRUBAKER, Ralph. *Bankruptcy law*: principles, policies, and practice. Cincinnati: Anderson Publishing Co., 2003.

_____. The history of the bankruptcy laws in the United States. *American Bankruptcy Institute Law Review*, v. 3, p. 5-51, 1995.

THALLER, Edmond. *Des faillites en droit comparé*, t. I. Paris: Arthur Rousseau, 1887.

_____. *Des faillites en droit comparé*, t. II. Paris: Arthur Rousseau, 1887.

_____. *Traité élémentaire de droit commerciale*. Paris: Rousseau, 1898.

THEODORO JÚNIOR, Humberto. Direito fundamental à duração razoável do processo. *Revista Magister de Direito Civil e Processual Civil*, Porto Alegre, v. 5, n. 29, p. 83-98, mar./abr. 2009.

THE WORLD BANK. *Principles for Effective Insolvency and Creditor/Debtor Regimes*. Disponível em: <http://www.worldbank.org/en/topic/financialsector/brief/the-world-bank-principles-for-effective-insolvency-and-creditor-rights>. Acesso em: 01 jun. 2018.

_____. *Principles for Effective Insolvency and Creditor/Debtor Regimes*. Disponível em: <http://siteresources.worldbank.org/EXTGILD/Resources/5807554-1357753926066/ICRPrinciples-Jan2011%5bFINAL%5d.pdf>. Acesso em: 01 jun. 2018.

_____. *Doing business – 2017*. Disponível em: <http://portugues.doingbusiness.org/reports/global-reports/doing-business-2017>. Acesso em: 31 mar. 2018.

TOCQUEVILLE, Alexis de. *A democracia na América*: sentimentos e opiniões: de uma profusão de sentimentos e opiniões que o estado social democrático fez nascer entre os americanos. Trad. Eduardo Brandão. São Paulo: Martins Fontes, 2000.

_____. *O antigo regime e a revolução francesa*. 2 ed. São Paulo: Martins Fontes, 2016.

TOKARS, Fábio. *Estabelecimento empresarial*. São Paulo: LTr, 2006.

TOLEDO, Paulo Fernando Campos Salles de. *A empresa em crise no direito francês e americano*. Dissertação (Mestrado em Direito). Faculdade de Direito da Universidade de São Paulo, São Paulo, 1987.

_____. A necessária reforma da Lei de Recuperação de Empresas. *Revista do Advogado – Direito das Empresas em Crise*, a. XXXVI, n. 131, p. 171-175. São Paulo: AASP, out./2016.

_____. A preservação da empresa, mesmo na falência. In: DE LUCCA, Newton; DOMINGUES, Alessandra de Azevedo (coord.). *Direito recuperacional*: aspectos teóricos e práticos. São Paulo: Quartier Latin, 2009, p. 517-534.

_____. Recuperação judicial – sociedades anônimas – debêntures – assembleia geral de credores – liberdade de associação – boa-fé objetiva – abuso de direito – *cram down – par conditio creditorum*. *Revista de Direito Mercantil*, v. 142, p. 262-281, 2006.

REFERÊNCIAS

_____; PUGLIESI, Adriana Valéria. Capítulo I: Insolvência e crise das empresas. In: CARVALHOSA, Modesto (coord.). *Tratado de direito empresarial*, v. V – recuperação empresarial e falência. São Paulo: Revista dos Tribunais, 2016, p. 29-42.

_____; _____. Capítulo II: A preservação da empresa e seu saneamento. In: CARVALHOSA, Modesto (coord.). *Tratado de direito empresarial*, v. V – recuperação empresarial e falência. São Paulo: Revista dos Tribunais, 2016, p. 43-88.

TOLSTÓI, Liev. *Anna Kariênina*. Trad. Rubens Figueiredo. São Paulo: Cosac Naify, 2005.

TORRES, Juliana. O direito fundamental à razoável duração do processo na Constituição Federal brasileira. *Cadernos do Programa de Pós-Graduação em Direito*: PPGDir./ UFRGS, Porto Alegre, v. 6, n. 7/8, p. 293-339, set. 2007.

TROVO, Beatriz Villas Boas Pimentel. *Captação de recursos por empresas em recuperação judicial e Fundos de Investimentos em Direitos Creditórios (FIDC)*. Dissertação (Mestrado em Direito). Faculdade de Direito da Universidade de São Paulo, São Paulo, 2013.

TUCCI, José Rogério Cruz e. Garantias constitucionais da duração razoável e da economia processual no projeto do Código de Processo Civil. *Revista de Processo*, São Paulo, v. 36, n. 192, p. 193-209, fev. 2011.

UNCITRAL. *UNCITRAL Legislative Guide on Insolvency Law*. Disponível em: <http://www.uncitral.org/uncitral/en/uncitral_texts/insolvency/2004Guide.html>. Acesso em: 02 jun. 2018.

URIA, Rodrigo. *Derecho mercantil*. 12 ed. Madrid: Aguirre, 1982.

USTRA, José Augusto Brilhante. *A classificação dos créditos na falência*: o conceito de igualdade na Lei de Falências. Rio de Janeiro: Eldorado Tijuca, 1976.

VAINBERG, Sigismond. *La faillite d'après le droit romain*. Paris: Nationale, 1874.

VALLADÃO, Haroldo. *História do direito especialmente do direito brasileiro*, parte II. Rio de Janeiro: Freitas Bastos, 1973.

VALLANSAN, Jocelyne; DIN-LANGER, Laurence; CAGNOLI, Pierre. *Difficultés des entreprises*. 6 ed. Paris: Lexis Nexis, 2012.

VALVERDE, Trajano de Miranda. *A fallencia no direito brasileiro*, v. 1, parte I. Rio de Janeiro: Freitas Bastos, 1931.

_____. *Comentários à Lei de Falências*, v. I. 2 ed. Rio de Janeiro: Forense, 1955.

VAMPRÉ, Spencer. *Tratado elementar de direito comercial:* da fallencia, parte I. Rio de Janeiro: F. Briguiet & Cia, 1921.

VENÂNCIO FILHO, Alberto. As ações judiciais de Mauá. In: FRANÇA, Erasmo Valladão Azevedo e Novaes; ADAMEK, Marcelo Vieira von (coord.). *Temas de direito empresarial e outros estudos em homenagem ao Professor Luis Gastão Paes de Barros Leães*. São Paulo: Malheiros, 2014, p. 358-376.

VERÇOSA, Haroldo Malheiros Duclerc. *Curso de direito comercial*, v. 1. São Paulo: Malheiros, 2006.

VIANNA, Sá. *Das fallencias*. Rio de Janeiro: L. Figueiredo, 1907.

VIGIL NETO, Luiz Inácio. *Teoria falimentar e regimes recuperatórios*. Porto Alegre: Livraria do Advogado, 2008.

VIVANTE, Cesare. *Il fallimento civile*. Torino: Fratello Boca, 1902.

_____. *Trattato di diritto commerciale*, v. I. 5 ed. Milano: Francesco Vallardi, 1922.

_____. *Trattato di diritto commerciale*, v. II. 5 ed. Milano: Casa Editrice Francesco Vallardi,

1935.

WARDE JÚNIOR, Walfrido Jorge. *Responsabilidade dos sócios*: a crise da limitação da responsabilidade e a teoria da desconsideração da personalidade jurídica. Belo Horizonte: Del Rey, 2007.

WARREN, Charles. *Bankruptcy in United States history*. Boston: Harvard University Press, 1935.

WARREN, Elizabeth. Bankruptcy policy. *University of Chicago Law Review*, v. 54, Iss. 3, article 1, 1987.

_____. Bankruptcy policymaking in an imperfect world. *Michigan Law Review*, v. 92, p. 336-387, 1993.

_____; WESTBROOK, Jay Laurence; PORTER, Katherine; POTTOW, John A. E. *The law of debtors and creditors*. New York: Wolters Kluwer, 2014.

WEBER, Max. *Historia agrária romana*. Trad. V.A. Gonzálvez. Madrid: Akal, 2004.

_____. *The history of commercial partnerships in the Middle Ages*. Trad. de Lutz Kaelber. Lanham, Boulder, New York, Oxford: Rowman & Littlefield Publishers, Inc., 2003.

WESTBROOK, Jay et al. A global view of business insolvency systems. *The World Bank*, Washington DC, 2010.

WIEACKER, Franz. *História do direito privado moderno*. 3 ed. Trad. A. M. Botelho Haspanha. Lisboa: Calouste Gulbenkian, 1967.

WIEL, Alethea. *The story of Bologna*. London: Dent & Co., 1923.

WONNACOTT, P.; WONNACOTT, R. *Ecomonia*. 2 ed. São Paulo: Makron, 1994.

YARSHELL, Flávio Luiz. A reforma do judiciário e a promessa de "duração razoável do processo". *Revista do Advogado*, v. 24, n. 75, p. 28-33, abr. 2004.

YAZBEK, Otávio. *Regulação do mercado financeiro e de capitais*. Rio de Janeiro: Elsevier, 2007.

ZANINI, Carlos Klein. Capítulo V: Da falência. In: SOUZA JÚNIOR, Francisco Satiro de; PITOMBO, Antônio Sérgio A. de Moraes (coord.). *Comentários à Lei de Recuperação de Empresas e Falência*. 2 ed. rev., atual. e ampl. São Paulo: Revista dos Tribunais, 2007, p. 337-356.

SOBRE OS AUTORES

Rodrigo Tellechea

Doutor em Direito Comercial pela USP. Especialista em Liderança e Negócios pela *McDonough School of Business, Georgetown University*. Especialista em Direito Empresarial pela UFRGS. Membro associado ao Instituto Brasileiro de Estudos de Recuperação de Empresas (IBR), ao *International Association of Restructuring, Insolvency & Bankruptcy Professionals* (INSOL), ao *Turnaround Management Association* (TMA). Presidente do Instituto de Estudos Empresariais (IEE) – Gestão 2016/2017. Foi Diretor de Formação do Instituto de Estudos Empresariais (IEE) – Gestão 2014/2015 – e Vice Presidente – Gestão 2015/2016. Autor dos livros "Arbitragem nas Sociedades Anônimas: Direitos Individuais e Princípio Majoritário" (Quartier Latin, 2016) e "Autonomia Privada no Direito Societário" (Quartier Latin, 2016), e coautor dos livros "Recuperação de Empresas e Falência" (Almedina, 2018, 3 ed.) e "Recuperação extrajudicial de empresas" (Quartier Latin, 2013). É autor e coautor de artigos jurídicos publicados em livros e revistas especializadas. Advogado.

João Pedro Scalzilli

Professor da Faculdade de Direito da PUCRS. Doutor em Direito Comercial pela USP. Mestre em Direito Privado e Especialista em Direito Empresarial pela UFRGS. Membro associado ao Instituto Brasileiro de Estudos de Recuperação de Empresas (IBR), ao *International Association of Restructuring, Insolvency & Bankruptcy Professionals* (INSOL) e ao *Turnaround Manage-*

ment Association (TMA). Autor dos livros "Confusão Patrimonial no Direito Societário" (Quartier Latin, 2015) e "Mercado de Capitais, Ofertas Hostis e Técnicas e Defesa" (Quartier Latin, 2015), e coautor dos livros "Recuperação de Empresas e Falência" (Almedina, 2018, 3 ed.), "Sociedade em conta de participação" (Quartier Latin, 2014) e "Recuperação extrajudicial de empresas" (Quartier Latin, 2013). É autor e coautor de artigos jurídicos publicados em livros e revistas especializadas. Advogado.

Luis Felipe Spinelli

Professor de Direito Empresarial da Faculdade de Direito da UFRGS. Pesquisador bolsista (*Postdoc-Stipendium I*) no *Max-Planck-Institut für ausländisches und internationales Privatrecht*. Doutor em Direito Comercial pela USP. Mestre em Direito Privado e Especialista em Direito Empresarial pela UFRGS. Membro associado ao Instituto Brasileiro de Estudos de Recuperação de Empresas (IBR), ao *International Association of Restructuring, Insolvency & Bankruptcy Professionals* (INSOL), ao *Turnaround Management Association* (TMA), ao Instituto de Direito Privado (IDP) e ao Instituto de Estudos Culturalistas (IEC). Autor dos livros "Exclusão de sócio por falta grave na sociedade limitada" (Quartier Latin, 2015) e "Conflito de interesses na administração da sociedade anônimas" (Malheiros, 2012), e coautor dos livros "Recuperação de Empresas e Falência" (Almedina, 2018, 3 ed.), "Sociedade em conta de participação" (Quartier Latin, 2014) e "Recuperação extrajudicial de empresas" (Quartier Latin, 2013). É autor e coautor de artigos jurídicos publicados em livros e revistas especializadas. Advogado.

ÍNDICE

Nota dos autores 9

Agradecimentos 13

Sumário 15

Capítulo 1. Introdução 19

Capítulo 2. Antiguidade 33

Capítulo 3. Idade Média 67

Capítulo 4. Idades Moderna e Contemporânea 105

Capítulo 5. Os Regimes Concursais no Brasil 155

Capítulo 6. Apresentação da Lei 11.101/05 201

Capítulo 7. Considerações Finais 259

Referências 265